21世纪普通高等院校系列教材

创新创业基础实训教程

CHUANGXIN CHUANGYE JICHU SHIXUN JIAOCHENG

西南财经大学出版社
四川·成都

图书在版编目(CIP)数据

创新创业基础实训教程/万玺主编 .—成都:西南财经大学出版社,2020. 3
(2021. 3 重印)
ISBN 978-7-5504-3180-5

Ⅰ. ①创… Ⅱ. ①万… Ⅲ. ①大学生—创业—高等学校—教材
Ⅳ. ①G647. 38

中国版本图书馆 CIP 数据核字(2020)第 032587 号

创新创业基础实训教程
万玺 主编
尹文专 吕奇光 副主编

责任编辑:杨婧颖
封面设计:杨红鹰 墨创文化
责任印制:朱曼丽

出版发行	西南财经大学出版社(四川省成都市光华村街 55 号)
网 址	http://www. bookcj. com
电子邮件	bookcj@ swufe. edu. cn
邮政编码	610074
电 话	028-87353785
照 排	四川胜翔数码印务设计有限公司
印 刷	郫县犀浦印刷厂
成品尺寸	185mm×260mm
印 张	15
字 数	359 千字
版 次	2020 年 3 月第 1 版
印 次	2021 年 3 月第 3 次印刷
印 数	4001— 7000 册
书 号	ISBN 978-7-5504-3180-5
定 价	39. 80 元

前言

QIANYAN

2013年10月21日，习近平总书记在欧美同学会成立100周年庆祝大会上的讲话中指出：创新是一个民族进步的灵魂，是一个国家兴旺发达的不竭动力，也是中华民族最深沉的民族禀赋。在激烈的国际竞争中，惟创新者进，惟创新者强，惟创新者胜。2017年8月，习近平总书记在给第三届中国“互联网+”大学生创新创业大赛“青年红色筑梦之旅”的大学生回信中提出：祖国的青年一代有理想、有追求、有担当，实现中华民族伟大复兴就有源源不断的青春力量。希望你们扎根中国大地了解国情民情，在创新创业中增长智慧才干，在艰苦奋斗中锤炼意志品质，在亿万人民为实现中国梦而进行的伟大奋斗中实现人生价值，用青春书写无愧于时代、无愧于历史的华彩篇章。在2014年9月的夏季达沃斯论坛开幕式上，李克强总理首次提出，要借改革创新的“东风”，在960万平方公里土地上掀起“大众创业”“草根创业”的浪潮，形成“万众创新”“人人创新”的新态势。

如何启迪创新思维、激发创业热情，普及创新创业基本知识技能以及提升大学生创新创业的能力是目前创新创业教育面临的重要核心问题。放眼全国，有关创业创新的学术专著和教材非常多，编者在编写本书过程中拜读了上百部有关的教材和学术专著，获益匪浅。编者一直在思考，如何在众多的教材中形成自己的特色，为广大学子做好服务，切实地使课堂活起来，让学生动起来。2018年，教育部印发了《关于狠抓新时代全国高等学校本科教育工作会议精神落实的通知》，要求各高校要全面梳理各门课程的教学内容，淘汰“水课”、打造“金课”，合理提升学业挑战度、增加课程难度、拓展课程深度，切实提高课程教学质量。为此，我们编写团队反复讨论，夙兴夜寐。我们认为，虽然创新创业管理在理论与实践两个方面都取得了长足的发展，但是，目前的创新创业管理教材更多的是从创业研究的角度切入，偏重理论，实训方面的教材还不多见，因此，本书应运而生。

为了及时总结经验，惠及更多的学子，服务青年学生成长，编者着重实训，取百家之长，将创新创业教育最新的实践成果融合在一起编写了本书，并形成以下三个特色：

第一，把立德树人作为中心环节，体现德育教育。编者在案例、习题及讨论中，力图达到潜移默化地培养学生创新创业思维的目的。本书在案例选择方面，优先选择中国企业家的案例。编者以学生为中心，通过讲述具有代表性的中国企业家如张瑞敏、任正非等的创业案例，积极培养大学生的创新创业素养。

第二，内容紧跟前沿，体例形式创新。在内容方面，本书紧跟创新创业管理理论与实践的发展，吸收最新研究成果。在形式方面，本书从传统教材过渡到适应信息化教学与满足学生个性化需求的新型立体化教材，通过二维码实现部分外延教学内容如案例、拓展阅读的直接关联，使教材更生动，更能满足信息化教学的需要。

第三，兼顾理论与实践，系统整合，兼容并包。本书以普及性教育为指引，从用户需求的视角考虑不同类型、不同专业学生学习的要求，凸显适用标准，不贪多，力求务实精要，对稍难的研究性内容没有涉及，强调实践实训，让学生愿“听”想“学”。通过学习本书，学生不仅能够对一般创新创业管理的理论知识点有清晰的把握，还可以了解到必要的分析工具，在短期内即可窥全貌、抓重点，真正动脑、动手练习，提高创新创业能力，为真正实施创新创业做好必要的知识储备。

本书主要包括创新实训、创业实训、商业计划书与路演实训三大模块，共计 14 章内容，由重庆科技学院万玺担任主编，负责制定编写大纲、确定编写体例、协调组织编写及最后统稿。具体的编写分工如下：万玺编写第四、五、六、七、八、九章以及第十章的部分内容；重庆科技学院吕奇光编写第一、二、三、十一章；重庆科技学院尹文专编写第十二、十三、十四章以及第十章的部分内容。

教师授课时，既可以采用研讨式、问题驱动方法（Problem-Bzased Learning，PBL）等授课方式，也可以充分利用本书的配套的创新创业基础慕课（Massive Open Online Course，MOOC）资源，尝试结合翻转课堂等多种方式进行教学，适合 16～32 学时的“创业管理”“创新创业基础”等课程的教学。

编者在编写本书的过程中，参考了很多国内外学者的著作及大量的网络资料，已将这些文献及资料的出处列于书后，在此向相关作者表示衷心的感谢。本书的出版还得到了重庆科技学院教务处柏伟处长、龙学渊副处长、黄志玉副处长、李云科长和研究生工作部张琪敏部长、重庆科技学院工商管理学院的关心和帮助，以及西南财经大学出版社的鼎力支持，在此表示衷心的感谢。

由于编者水平和时间的限制，书中难免存在不妥之处，敬请广大读者批评指正。

编　者

2019 年 11 月

目录

MULU

模块一　创新实训

模块二　创业实训

模块三　商业计划书与路演实训

模块一

创新实训

- 第一章　创新
- 第二章　创新思维
- 第三章　创新过程与方法

第一章

创新

知识与能力目标

ZHISHI YU NENGLI MUBIAO

知识目标

1. 理解创新的定义和内涵。
2. 了解创新的特点和类型，以及相关概念的辨析。

能力目标

1. 理解创新。
2. 理解创新的本质内涵。

知识要点

ZHISHI YAODIAN

一、创新的定义和内涵

（一）创新的定义

创新一词，亦作“刱（chuàng）新”，寓意为创立或创造新的事物，包含有“首先”的含义，出自《南史·后妃传》。

在1912年出版的《经济发展理论》中，经济学家约瑟夫·熊彼特（Joseph Alois Schumpeter）首次将创新作为一种理论，并将其定义为：创新是建立一种生产函数，实现生产要素的从未有过的组合。随着经济社会的发展，这一定义被扩展为：创新是将包括新产品、新技术、新市场、新的组织方式等关于生产要素的新组合引入生产体系，或者是把科学、技术、管理等各类知识转化为经济价值的活动。

虽然从不同的视角或在不同的历史阶段，创新的内涵具有不同的表述，但从广义上来讲，创新是人类为了满足自身的需要，不断拓展对客观世界及其自身的认知，从而产生有价值的新思想、新举措、新事物的实践活动。这一定义可以提炼出三层含义，一是首创、更新，二是创造新的东西，三是改变。从而可以看出，创新的本质是人类创新思维的外化、物化、形式化，是人们运用知识来创造价值。

（二）定义的扩展

任何创新都必须是一种首创活动，当然，由于参照对象的不同，创新出现了两种不同的含义：

第一，相对于其他人或全人类来说，你做的事是首创，比如爱因斯坦发现相对论、爱迪生发明电灯等。

第二，虽然相对于其他人来说，你不是第一个；但相对于个体来说，你是第一次，是首创，比如在自己的工作岗位上进行了工作方法或某些方面的改进等。

我们将第一种情况是称为狭义的创新，而将第二种情况称为广义的创新。

作为人类所特有的特征，创新又存在着三种原理。

第一种原理：创新是人脑的一种机能和属性，是与生俱来的。推动人类发展的原动力深隐在人类大脑中，人类通过将自然因素与自身内在需求相结合，发现高度复杂的、存在于自然物质之中的创新意识与创新能力。例如，筷子、锅等日常用品的出现，是人类在历史发展过程中，为了满足进食更便利、更安全的需求而进行不断创新的产物。

第二种原理：创新是人类自身的本质属性，是人人皆有的。比如著名教育家陶行知先生在《创造宣言》中提道："处处是创造之地，天天是创造之时，人人是创造之人"。

第三种原理：创新是可以被某种原因激活或由教育培训引发的一种潜在的心理品质，是可挖掘和提升的潜力。例如当前华为公司为了解决因信息技术垄断可能带来的发展危机，进行了持续的技术创新，创造了"鸿蒙""海思"芯片等一系列"备胎"技术成果。

（三）内涵的表现

如果将创新的定义进一步浓缩和提炼，创新的内涵可以表述为：

创新的目的：满足人类自身的需要，包括人类的衣、食、住、行。

创新的主体：人类。

创新的客体：包括人类自身在内的客观世界。

创新的过程：不断拓展和改变对客观世界认知的行为的动态活动。

创新的核心：创新思维。

创新的本质：改变，向着有益于人类的方向改变。

创新的结果：两种，一种是物质的，另一种是非物质的。

从上述内涵的表述来看，创新是人类特有的认识能力和实践能力，是人类主观能动性的高级表现，更是推动民族进步和社会发展的不竭动力。一个民族要想走在时代前列，就不能没有创新思维，不能停止各种创新。创新在经济、技术、社会学以及建筑学等领域的研究中举足轻重。因此，我国《国民经济和社会发展第十三个五年规划纲要》

把创新放在了五大新发展理念之首，并明确提出“创新是引领发展的第一动力。必须把创新摆在国家发展全局的核心位置，不断推进理论创新、制度创新、科技创新、文化创新等各方面创新”。

当前人类社会处于科学技术不断革新的时代，未来很多工种、专业都可能会被替代，因此，对我们每一个人而言，创新不是触不可及的，我们需要从创新的内涵出发，进一步理解创新的本质并将其应用到创新活动中。

二、创新的类型

创新的本质是改变，从其表现形式上来说，创新可以分为两种类型：第一种是从0到1，第二种是1到N。从0到1是在原有环境中创造全新的产品和事物；而从1到N是将现有产品和事物做得更好。在创新实践当中，创新活动在不同的领域会表现出不同的要求。从现代经济社会发展的角度出发，创新的基本类型有四种：产品创新、工艺创新、服务创新和商业模式创新。

（一）产品创新

产品创新是指技术上有变化的产品的商品化。传统意义上，产品被定义为有形的、物理的物品或原材料，从牙膏到塑料，从计算机到工业黏合剂，从喷气式飞机到汽车再到大豆，所有这些物品或原材料都可以成为产品；当然，对于保健、保险、金融等相关服务行业的公司，它们提供的服务也可以是产品。当这些产品出现了技术上的变化，且由于变化后的产品能更好地满足顾客需要或解决顾客问题，成为市场流通的商品，这时产品提供商就实现了产品创新。

在产品创新的过程中，根据产品创新的形式和特征不同，其又可以细分为一定数量组件发生变化的元器件创新，整个产品系统结构或者组件关系变化的构架创新及研发开发投入大、技术含量高的大型产品、系统或基础设施的变化形成的复杂产品系统创新。

（二）工艺创新

创新的第二种基本类型是工艺创新。工艺创新也称过程创新、流程创新，是指把一种新的生产方式和流程引入生产体系。它包括新工艺的应用及新装备和新的生产管理方式流程的应用。对制造型企业来说，工艺创新包括采用新工艺、新方式、整合新的制造方法和技术以获得成本、质量、周期、开发时间、配送速度方面的优势，或者提高大规模定制产品和服务的能力。例如，企业在生产洗衣机时采用了新钢板材料，或者把生产洗衣机的生产线设备从传统机床更换为数控机床，从而降低50%的成本，或提高3倍的生产效率，这些都是工艺创新的例子。

产品创新和工艺创新也存在着一定的区别：产品创新的目的是增强产品设计与性能的独特性；而工艺创新的目的是提高产品质量、降低生产成本、提高生产效率、降低消耗与改善工作环境等。

（三）服务创新

服务创新是企业为了提高服务质量和创造新的市场价值而发生的服务要素变化，对服务系统进行有目的、有组织地改变的动态过程。例如，为解决招商银行网点不足的问题，招商银行抓住互联网变革的机会，于1999年率先在国内推出网上银行，并在全国众多城市推广“一网通”业务，成为国内首家开展在线金融服务的商业银行，而这个过程就表现为通过金融服务载体的变化，提升服务质量和创新价值。类似地，当前手机在线支付服务的创新也是这一过程的体现。

不同于产品创新和工艺创新，服务创新是无形的，服务的产生与消费通常是同步的，因此顾客能够参与服务创新的过程。而服务创新与产品创新具体的概念对比如表 1-1 所示。

表 1-1　服务创新与产品创新概念对比表

产品（制造）	服务
产品是有形的	服务是无形的
当交易发生时，所有权发生转移	服务的所有权通常不发生转移
产品可以验证	服务不易于验证
产品可以多次买卖	服务无法重复出售
买卖双方可以存储产品	服务无法存储
产品的生产在消费之前发生	服务的产生与消费通常是同步的
产品的生产、销售和消费是分开的过程	服务的生产、销售和消费是一体化的过程
产品可以运输	服务不能运输
供应商在销售产品，顾客一般不参与生产过程	顾客能参与到服务过程中
在产品生产商与用户之间可以是间接的联系	服务提供商与用户通常是直接的联系
核心价值在工厂里被生产出来	核心价值在双方接触中产生

（四）商业模式创新

所谓商业模式创新，是指对目前行业内通用的顾客创造价值的方式提出挑战，力求满足顾客不断变化的要求，为顾客提供更多的价值，为企业开拓新的市场，吸引新的客户群。商业模式是一种包含了一系列要素及其关系的概念性工具，用以阐明某个特定实体的商业逻辑，一般通过价值主张、客户关系等衡量其效果。现实当中的商业模式创新案例很多。例如，相对传统的门店式书籍销售模式，亚马逊和当当网利用互联网来销售书籍就是一种商业模式创新；又如，淘宝、京东、瓜子二手车等现代互联网公司，都打破了原有的商业模式，重新定义了公司的客户、产品和服务，改变了创收和盈利模式。

除了上述创新的基本类型，从不同视角出发，创新还有不同的类型划分。例如，按影响程度的不同，我们可以将创新划分为渐进性创新、根本性创新；按照创新过程的开放程度的不同，我们可以将创新划分为开放式创新、封闭式创新。

三、创新的特点

创新具备以下六个特点：

第一，普遍性。创新存在于一切领域，没有哪个行业、哪个领域是一成不变的。

第二，永恒性。这里的永恒并非指创新的成果，而是创新本身；创新是人的本能，只要有人类，就有创新，这种活动受人类自我实现本能的支配。另外，人类的其他活动有可能终止，但创新永远不会终止。

第三，超前性。创新就是相对于他人的首创行为，因此社会认识必然滞后于创新，创新总是超前的。

第四，艰巨性。有两个因素导致了创新的艰巨性：其一是创新的超前性，因为超前，所以创新可能得不到他人的理解和支持，甚至遭到反对，给创新者造成很大的压力，并制造了艰难的创新环境；其二是创新本身，创新是做前人或他人没有做过的事情，实现创新的过程和方法都需要探索，因此具有不确定性和技术上的难度。

第五，社会性。完成创新，不但要想，还要做、要实施。实施过程中就要与社会发生联系，产生社会性。随着分工的细化，单打独斗的时代已经一去不复返。

第六，创新是无止境、无边界、无权威、无条条框框的。最好的创新永远是下一个！任何学科、领域、部门都是人为划分的结果，既然是人为划分，就可以人为打破，故创新也无边界、无条条框框。规律表明，那些真正的创新大师往往都是知识渊博的人，他们在多个领域都有建树，只是在某个领域更加突出而已。就像某位哲人所说，科学的殿堂就像一所大房子，不同的学科只不过是这所大房子开的一扇扇窗户而已。换句话说，不同学科之间的原理可能是相通的。

另外，在创新面前人人平等，谁都可以成为创新的强者，没有人是权威的。很多时候，我们对权威的过分迷信会形成对创新活动的巨大阻碍。

心理学家穆勒（John Stuart Mill）曾做过一个实验，他提出一些问题，请100名学生作书面回答。答卷交上后，他做了简单讲评，并谈到了某位学术权威对这些问题的见解。后来他又发下答卷，要学生进行修改，结果学生们都不假思索地采用了专家权威的意见。这便是心理学上著名的“权威实验”，其证明了人们普遍存在相信权威胜于相信自己的心理。

20世纪20年代初，美国遗传学家潘特（T. S. Painter）就在其书中指出：大猩猩、黑猩猩的染色体都是48条，由此可以推断人类的染色体也是48条。之后的几十年，大家都认为人类的染色体是48条。到了20世纪50年代，生物学家徐道觉的一位助手，在配制冲洗组织平衡盐溶液时，无意中发现染色体溢出后，铺展情况良好，染色体的数目清晰可见。这本来已使徐道觉找到了观察人类染色体数目的正确途径，可是他盲目地相信潘特的结论，因此放弃了自己的独立研究，错失了一次原本该属于他的殊荣。后来又过了几年，另一位美籍华裔生物学家蒋有兴，也采用了相同的处理方法，终于发现人类染色体不是48条，而是46条。

这两个例子充分说明了迷信权威的不利影响；但如果要打破权威，必然要经过长时间的知识积累、仔细的问题分析，这样才能实现有效的创新。而这也表现出，创新的特征是相互关联的，需要在实践过程中有效把握和理解这些特征。

四、相关概念的辨析

（一）创造的定义

创造在《辞海》中被表述为：“首创前所未有的事物”。

《现代汉语词典》将创造定义为：想出新方法、建立新理论、做出新的成绩。创造就是首创或改进的形形色色的事物。

在百度百科中，创造被表述为将两个或两个以上概念或事物按一定方式联系起来，主观地制造客观上能被人普遍接受的事物，以达到某种目的的行为。

从这些不同来源中，“创造”这一概念有不同的阐述，但从这些定义我们可以发现一些共有的特征：一是创造表现为人类有意识地对世界进行探索性的劳动；二是首创或改进形形色色的事物。

创造活动在人类社会历史当中扮演着重要作用，是推动历史发展的重要动力。比如源于战国时期的指南针，民间工匠通过对天然磁石的改造，制成了司南，样子像一把圆底汤勺，可以放在平滑的“地盘”上并保持平衡，且可以自由旋转。当时的著作《鬼谷子》中记载了司南的应用：郑国人为保证进山采玉时不迷失方向，就使用了随身携带的司南。司南的出现也正体现了创造的特征和作用，即劳动人民对磁石的探索性改造，促进和提升了人类在自然环境中的生存能力和生产能力。而随着司南向指南针的演变、推广，这种创造活动的成果更是在后来的大航海时代发挥了重要作用。

在人类社会的历次工业革命中，创造活动的作用同样得到了体现：蒸汽机的出现标志着第一次工业革命的开始，使英国及其他西方国家迅速走上了工业革命的道路，而经过工业革命的洗礼，人们的思维方式从传统的手工思维向机械思维转变，进而带来了更多的发明和变革。第一次工业革命主要为纺织业、煤矿、冶金、机械制造工业带来了变革。内燃机和电力的使用成为第二次工业革命的主导力量，带动了交通运输的发展。随着汽车、飞机和轮船制造的强势兴起，人类社会从蒸汽时代进入到电气时代。电子计算机技术、纳米技术、航空航天技术、核技术和基因技术等尖端科技的出现和发展，使“计算”和信息技术成了第三次工业革命的主导。

每次工业革命都是一场思维革命和技术革新，同时也引领着经济社会的发展。当前的人类社会，正处于第三次工业革命的末端，而即将来临的5G时代或将掀起第四次工业革命或技术革命的浪潮，以华为等公司为代表的5G技术引领者也将带动一波新的创造。

上述例子体现了创造的重要性，而通过这些案例我们也可以进一步深化对创造的认识。

创造活动首创或改进了原有事物或技术，能够开启新的生产方式，改变社会生产关系和社会结构，改变人们的生活方式。人们会源于各种不同需求而进行创造，但归根到底，人们的创造活动是为了满足需要。而这也体现了创造的本质与动力：一是人类生存发展的需要；二是人类的经验或向自然学习的需要；三是创造是人类智慧和创造力的结晶。

从创造的内容上来看，创造可以分为三种：物质财富的创造、精神财富的创造和社会组织的创造。例如，人类通过蒸汽机的创造，带来了新的技术和财富；通过乐器的创造实现对声音的改造，形成律动的音乐，进而增加人们的精神财富。社会组织的创造主要是指人类社会从宏观或微观方面为了一定目的而进行的组织机构的创造，如不同的社会制度、不同的公司制度等。

从创造的过程来看，创造可以分为科学研究、技术发明、艺术创造三种类型。科学研究是指认识客观事物的内在本质和运动规律，为创造发明新产品和新技术提供理论依据；技术发明是指人类技术领域的实践，发明的成果或是提供前所未有的人工自然物模型，或是提供加工制作的新工艺、新方法；艺术创造通常指艺术创作，是运用一定的创作方法，通过对生活经验等的提炼、加工，塑造艺术形象，创作艺术作品的创造性劳动。

（二）创造力及其构成

创造是人类有意识地对世界进行的探索性劳动，是首创或改进形形色色的事物。那么高智商、高学历是不是就意味着高创造力呢？答案是否定的。

研究表明，创造力与智力的关系并非简单的线性关系，二者既有独立性，又在一定条件下具有相关性，其基本关系又被人们形象地描述为“饼状”关系（如图 1-1 所示），具体表现在以下几个方面：①低智商者不可能具有高创造性；②高智商者可能有高创造性，也可能有低创造性；③高创造性者必须有高于一般水平的智商。因此，高智商虽非高创造性的充分条件，但却是高创造性的必要条件。

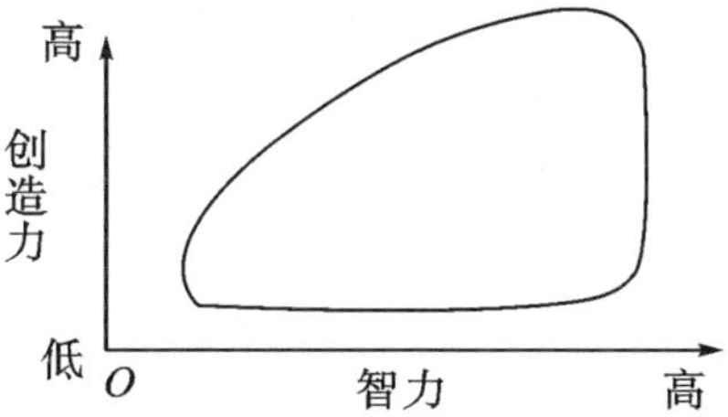

图 1-1　创造力与智力的“饼状”关系

另外，张力观和地基观是两种描述知识与创造力关系的常见观点。张力观认为知识并不与创造力成正比，知识达到一定量后反而使思维陷入定势，进而影响创造力；而地基观表示知识乃创造力的基础，知识越丰富则创造力越强。其实，两者的辩证统一就表现了知识与创造力的关系：一方面，知识、经验能够指导社会生产，引导创造，但如不能突破原有的局限，这反而会约束首创或改进的出现；另一方面，当知识能够发现、提炼新问题，并转化为实践能力，就能够助推创造活动。比如，知识丰富、善于考试的人，可能不擅长想象、发挥、批判，从而没有激发、形成创造能力的活力。

创造力是指每个正常人或群体在支持的环境下运用已知的信息发现新问题，并通过分析问题寻求答案，产生某种新颖而独特、有社会价值或个人价值的物质或精神产品的能力。通俗来说，创造力可以表述为我们有发现和解决新问题、提出新设想、创造新事物的能力。

创新力的构成主要包括知识、智力因素和非智力因素。其中，知识包括与问题对象及环境相关的、普遍性的一般知识，根据问题特征而形成的针对性的专门知识；也包括一般智能创造性、批判性的思维、特殊才能等智力因素；还包括创造意识、创造精神等非智力因素。

当然，不同的学者对创造力构成要素也有不同的见解。例如，有心理学家提出创造力由 10 种要素构成，即知识、自学能力、好奇心、观察力、记忆力、客观性、怀疑态度、专心致志、恒心、毅力。也有学者提出了创造力的表达公式：

$$创造力=K\times创造性\times知识量^2$$

其中，K为一个常量，在式中亦可视为个体的潜在创造力；创造性又可以分解为创造性人格、创造性思维、批判性思维等要素。

从创造力及构成要素可以看出，每个人的创造力并不是一成不变的，人们可以通过强化、学习来不断提升自我创造力。因此，创造力的特点表现为三点：一是创新能力是人人皆有的一种潜在的自然属性；二是可通过科学的教育和训练激发出来并不断得到提高；三是人的创新能力是无穷无尽的。

（三）相关概念的辨析

创新创业活动中，我们经常可以遇到与创新、创造相关的词汇。例如：发现、发明、创新、创意、探索、革新、创作等，这些词与创新、创造或相近，或相关，而又不完全相同。

为厘清课程知识点，这里也通过一些案例来分别辨析这一系列概念。

创意是具有新颖和创造性的想法，是人们想出的与众不同的好点子。一个好创意的特点包括：新奇、简单、实用、与众不同，能使人眼前一亮，令人久久难忘。

创造是需要将创意具体化，形成具体的概念，甚至是具体的实物，完成具有重要意义的新事物，适用范围较宽。

创新在概念上与创造很接近，都有更新、创造新的东西或是改变的含义，就是对原有的东西进行发展和改造。其一般包括五种情况：引入种新产品，引入新的生产方法，开辟一个新的市场，获得原材料或半成品的新的供应来源，实现一种新的工业组织形式。但只有创造性成果推广到市场上才算创新。

发明是指人类运用自然规则研制出新的事物或新的方法，是为解决技术领域中特有问题而提出的创新性方案、措施的过程和成果，这些事物或方法是过去没有的。它包括新产品的研制和新方法的发明两类，发明的成果一般采用专利来衡量。将好的、有潜力的创意和概念转化为有形的产物的过程就是发明，发明也是一种创造性成果，可能引发创新，但也可能不会转化为创新，而有些创新可能并不包含发明。

广义的发明是指人类对于自我的内在、具体性的自然及其整体的认识或再创造，而狭义的发明包含于创造当中。

创造发明与技术创新之间通常存在滞后期，这说明先有创造，后有创新。我们可以简单地将上述概念的关系表述为：发现诱发创意、创意产生思路，进而形成创造性成果，然后促进发明的出现，最终通过创新产生效益。

此外，科研是将金钱转换为知识的过程，是一种探索性的活动，产生创造性成果。创新则是将知识（创造性成果）转换为金钱的过程，产生经济效益。

例如，20世纪70年代，美国政府为清理翻新自由女神像，扔下的废料，向社会招标。但好几个月过去了，没人应标。而一位犹太人听说后，立即飞往纽约，看过自由女神下堆积如山的铜块、螺丝和木料后，未提任何条件，当即就签了字。纽约许多运输公司对他的这一愚蠢举动暗自发笑，因为在纽约州，垃圾处理有严格的规定，处理不好会受到环保组织的起诉。而就在一些人准备看这个犹太人的笑话时，他开始组织工人对废料进行分类。他让人把废铜熔化，铸成小自由女神像；把水泥块和木头用来加工底座；把废铅、废铝做成了纽约广场的钥匙。最后，他甚至把从自由女神身上扫下来的灰包装起来，出售给花店，不到 3 个月的时间，他让这堆废料变成了 350 万美元现金，每磅铜的价格整整翻了 1 万倍。

在这个过程中，这位犹太人首先发现别人所不看好的金属废品与自由女神像的特征关系，由此产生了利用自由女神像的旅游价值包装金属废品的创意，创造性地将废品转化成了具有纪念意义的商品，制造了一个创新性的商机，并获得了惊人的经济效益。

在整个过程中，这位犹太人并没有实质性的发明，也没有进行相应的科研探索，但通过创造和创新活动获得了收益。

这个例子一方面诠释了创造、创新等概念，同时也说明，上述概念之间的层次关系也不是绝对的：创造性成果可能形成发明，但也可以直接转化为创新活动，相互之间并不是绝对的层次关系；发现—创意—创造—发明—创新之间也不是绝对的顺序关系，可以在实践过程中灵活运用。

拓展阅读：

惟创新者进 惟创新者强 惟创新者胜

扫一扫

课堂练习

主题：理解创新

练习 1

创新有广义和狭义之分，对于个人而言，狭义的创新可能就是自己在某一方面的一点点进步。请写出你自己在学习、生活当中的创新活动。

创新名称	创新的具体表现

练习 2

创新是可以被某种原因激活或由教育培训而引发的一种潜在的心理品质，是可挖掘和提升的潜力。请举例分析，你在哪些环节的学习或经历，提升了你的创新能力。

相应的学习或经历	提升了哪些创新能力

练习 3

高智商、高学历都不一定演化为高创造力。请你分析一下，作为大学生的你，可以通过哪些手段，将这些转化为高创造力的优势。

手段 1：____________________

手段 2：____________________

手段 3：____________________

手段 4：____________________

手段 5：____________________

案例实训

1. 背景材料

王永庆早年因家庭贫寒读不起书，只好去做买卖。16 岁的王永庆从老家来到嘉义开了一家米店。那时的嘉义已有近 30 家米店，竞争非常激烈。而他的米店开办最晚，规模最小，没有任何优势。怎么办呢？怎样才能打开销路呢？

那时，所有的米店都是坐等顾客上门的，只有王永庆开始沿街去推销。那时候的台湾，农业还处在手工作业状态，由于稻谷收割与加工技术的落后，米里很容易掺杂很多小石子之类的杂物。人们在做饭之前，都要淘好几次米，还得拣掉石子，很不方便。但大家都已见怪不怪，习以为常。

王永庆就从这司空见惯中找到了突破口。他和两个弟弟一起动手，一点一点地将夹杂在米里的秕糠、砂石之类的杂物拣出来，然后再卖。一时间，小镇上的主妇们都说王永庆卖的米质量好，省去了很多麻烦。这样，一传十，十传百，王永庆米店的生意日渐红火起来。

另外，王永庆还增加了送货上门的服务方式，这在当时也是一项创举。更重要的是，在送货上门时，他还做了以下工作：

第一，在送米上门的同时，他还总是见缝插针地做一些精心的统计，比如这户人家有几口人，每天用米量是多少，需要多长时间送一次，每次送多少等，他都将这些信息一一列在本子上，并据此估计该户人家下次买米的时间、米量。到时候，不等顾客上门，他就主动将相应质量的米送到顾客的家里。

第二，在送米的时候，王永庆还细心地为顾客擦洗米缸，记下米缸的容量，如果米缸里还有陈米，他就将旧米倒出来，把米缸擦干净，再把新米倒进去，然后将旧米放在上层，这样，陈米就不至于因存放过久而变质。王永庆这一精细的服务令顾客深受感动，赢得了很多顾客的赞赏。

第三，王永庆还会了解顾客家发工资的日子，并记录下来，然后在他们发了工资一两天内去讨米钱。

王永庆这些精细、务实、跟别人不一样的服务，使嘉义人都知道在米市马路尽头的巷子里，有一个卖好米并送货上门的王永庆。王永庆就是这样从小小的米店生意开始了他后来问鼎台湾首富的事业。

从王永庆创业的例子中我们可以得出以下结论：不要以为创新就非得轰轰烈烈、惊天动地。把卖米这样细小的工作做好同样也是一种了不起的创新！

2. 实训任务

分析上述案例中创造、创新的表现。

3. 实训步骤

（1）个人阅读。

教师督促学生认真阅读案例，对案例背景进行简单陈述，并进行分组。

（2）小组讨论与报告。

围绕实训任务进行讨论，要求每个小组将讨论要点记录下来，便于课堂互动。具体要点如下所示：

小组讨论与报告

小组名称或者编号：________________

组长：________________

小组成员：________________

记录人：________________

① 小组讨论记录：

发言人1：________________

发言人2：________________

发言人3：________________

发言人4：________________

发言人5：________________

发言人6：________________

发言人7：________________

发言人8：________________

____

② 小组共识要点：

（3）师生互动。

各组派代表对讨论结果进行陈述，教师与学生进行互动，并回顾本章的关键知识点，同时激发学生进行进一步思考。

（4）课后形成正式的实训报告。

通过课外作业的方式，要求学生根据课堂讨论，进一步回顾课堂所学内容，并形成正式的实训报告（见附录1 实训报告）。

（5）实训考核。

根据学生课堂表现及实训报告质量，评定实训成绩。

第二章

创新思维

知识与能力目标

ZHISHI YU NENGLI MUBIAO

知识目标

1. 理解创新思维的定义。
2. 理解创新思维的产生条件、影响因素。

能力目标

1. 理解并能够实践创新思维方式。
2. 掌握一至两种创新思维方法。

知识要点

ZHISHI YAODIAN

一、创新思维的定义

（一）创新思维

创新的核心就是创新思维，后者是前者的源泉。

创新思维是一个相对于常规思维而言的概念，是指发明或发现一种新方式来处理某件事情或表达某种事物的思维过程，亦称为创造性思维。

一个人的能力主要取决于思维能力，同样，创新能力的核心也是创新性思维能力。创新思维是在常规思维的基础上发展起来的，但它是思维活动中最积极、最有价值的形式，是思维的高级形式，是人类探索事物本质，获得新知识、新能力的有效手段。德国物理学家普朗克（Max Karl Ernst Ludwig Planck）曾说过："思考可以构成一座桥，让我们通向新知识。"他这里提到的思考，其实就是指的创新思维。

创新思维有三个主要特点：多向性、非定势性和非逻辑性。

多向性表现在遇到问题时不是一味地进行单方向探索，而是从多角度、多渠道、多因素、多方面来考虑问题。

非定势性则表现了思维的开放性。如元宵可以是乒乓球大小的，还可以是弹球大小的；除了是白色的，还可以是彩色的。

非逻辑性则是创新思维和常规思维的重要区别。例如爱因斯坦相对论的建立就体现了非逻辑性特征，由于该理论创立初期省略了中间环节，其创新成果曾一时令人无法理解和接受，爱因斯坦因此被讥笑为"疯子"。

（二）创新思维的条件和影响因素

产生创新思维需要一定的条件，主要表现为四个方面：

创新思维的第一个条件是需要我们去寻找问题，而不是等待问题的出现。除了创新精神，寻找问题的意识也是创造者非常重要的一个特征。可以说，任何创新都是基于对问题的挖掘，寻找问题是创新者的重要能力。《十万个为什么》是陪伴很多人成长的科普性读物，它通过发现问题、分析问题，最终引导我们进行突破常规的思考，从新角度去看旧问题。例如，"二战"期间，美国人兰德（Edwin Land）给他的小女儿拍照后，女儿问父亲他们为什么必须等很长时间才能看到照片，有没有马上就能看到照片的照相机呢？这个问题引发了他的思考，他立即着手研制"马上就能看到照片的照相机"。通过兰德的努力，半年之后，世界上第一架拍摄、冲洗一次完成的"拍立得"照相机诞生了。

创新思维的第二个条件是突破思维的条条框框。拿破仑被流放到圣赫勒拿岛后，他的一位善于谋略的密友通过秘密方式给他捎来一副用象牙和软玉制成的国际象棋。拿破仑爱不释手，从此一个人默默下起了象棋，打发寂寞痛苦的时光。象棋被摸光滑了，他的生命也走到了尽头。拿破仑死后，这副象棋经过多次转手拍卖。后来一个拥有者偶然发现，有一枚棋子的底部居然可以打开，里面塞有一张如何逃出圣赫勒拿岛的详细计划！故事结局的原因，不是别的，是因为拿破仑的思维没有突破象棋的"框框"。

创新思维的第三个条件是勤于用脑，提升随机应变的能力。思维的灵活性又称为思维的变通性，特指那种随机应变、举一反三、触类旁通的思考能力。思维灵活的人，不易受思维定式和事物现状的束缚，常常能提出不同凡响的新思路。这样的人善于组织多方面的信息，善于灵活运用已经拥有的知识和证据，并能根据事物变化的具体情况，及时地调整自己的思想和看法，从而提出各种不同的观点、假设、方法或方案。

创新思维的第四个条件是善于积累信息，并有适时调用信息的本领。一个好的创新者一定是一个非常重视收集信息的人。这不仅仅是因为有价值的创意必定要以大量的信息作基础，而且还因为了解信息才能了解创新领域的进展情况，以避免出现以下情况：费了很大力气才研究出来的东西，但前人或他人早已经研究出了相似或相同的成果。例如，我们写论文，首先要做的就是完成文献综述，收集、整理、归纳前人所做的研究成果，然后才能做出新的创新成果。

与创新思维的产生条件相对应的，是创新思维的影响因素。

阻碍创新的根本原因是心智枷锁。随着生活的经验增多，每个人都有心智模式，如果看待某件事情的心智模式，刚好与这件事情的真实情况相一致，那么它有助于我们的判断与行动；相反，如果不一致，则会变成心智枷锁，束缚我们的思想，妨碍我们的创新。

心智枷锁可以分解成以下两个方面：

一是传统观念和固定观念：受传统观念的影响，人们就会因循守旧，墨守成规，跳不出原有的框架，因而就无法实现对原有认识和现存世界的超越；固定观念在特定实践领域、该学科范围内是适用的，但是超出这个范围，它们就可能变得不适用了，如果不能破除它的影响，固定观念只能起排斥新思想、扼杀新观念的作用。

二是常规思维：常规思维之所以要冠以“常规”二字，是因为它的主要特点是习惯性、单向性和逻辑性。

我们先来看看习惯性。习惯性是一种思维定式，一提到思维定式，很多人认为它就是思维障碍，但其实这是片面的。事实上，绝大多数人90%以上的行为都是依赖于思维定式。换句话说，这种思维的习惯性既可能成为良好的助手，帮我们形成正确的行为，也可能成为我们最坏的敌人，把我们的思维拖入特定的陷阱。单向性思维就是我们常说的“一条道儿走到黑”“一棵树上吊死”，特指思维比较僵化，不够灵活。而逻辑性也是常规思维的一个显著特点，它是指人们遵循着一些固有的常理，按照一定的模式进行思维。

二、创新思维的方式

创新思维方式可以分为方向性思维和形象思维。

（一）方向性思维

其中，常见的方向性思维有四种：

1. 发散思维与收敛思维

发散思维是对同一问题从不同层次、不同角度、不同方向进行探索，从而提出新结构、新点子、新思路或新发现的思维过程。它与常规思维的区别是：平常我们遇到问题，往往是提出一个解决方案，如果能行得通，就不再去想其他方案，思维就此搁浅。扩散思维则要求围绕一个问题，尽可能多地提解决方案，先不管方案是否可行，先求多、求新、求独创、求前所未有，允许“异想天开”和标新立异。

而收敛思维是尽可能利用已有的知识和经验，将各种信息重新进行组织、整合，从不同的角度和层面，把众多的信息和解题的可能性逐步引导到条理化的逻辑序列中，寻求相同目标和结果的思维方法。

2. 横向思维与纵向思维

横向思维是一种同时性的思维，这是将思路横向扩展，而致创造性思维向邻近领域渗透移植的一种思维方法。它具有相互感应、横向推进、触发性、网状性等特点，所以横向受激面大，思维网络多，拓展了信息源，因而增强了思维信息的触发与互感，由此也就提高了发明创造的成功率。

纵向思维是指在一种结构范围内，按照有顺序的、可预测的、程式化的方向进行的思维形式，这是一种符合事物发展方向和人类认识习惯的思维方式，遵循由低到高、由浅到深、由始到终等线索，因而清晰明了，合乎逻辑。我们平常的生活、学习中大都采用这种思维方式。

3. 正向思维与逆向思维

正向思维是按照常规思路，遵照时间发展的自然过程，以事物的常见特征、一般趋势为标准的思维方式，是一种从已知到未知来揭示事物本质的思维方法。

逆向思维则是在思维线路上与正向思维相反，在思考问题时，为了实现创造过程中设定的目标，跳出常规，改变思考对象的空间排列顺序，从反方向寻找解决办法的一种思维方式。

4. 求同思维与求异思维

求同思维是指在创造活动中，将两个或两个以上的事物，根据实际的需要，联系在一起进行“求同”思考，寻求它们的结合点，然后从这些结合点中产生新创意的思维活动。

求异思维是指对某一现象或问题进行多起点、多方向、多角度、多层次、多结局的分析和思考，捕捉事物内部的矛盾，揭示表象下的事物本质，从而选择富有创造性的观点、看法或思想的一种思维方法。

（二）形象思维

形象思维包括：想象思维、联想思维、直觉思维、灵感思维。

1. 想象思维

想象是人脑对记忆中的表象进行加工和改造以后，组合成新形象的过程。它是形象思维的具体化，是人脑借助表象进行加工操作的最主要形式。想象思维可分为无意想象和有意想象。无意想象是不受意识主体支配的想象，没有特定的目的性，可以让思维的翅膀任意飞翔，达到一种非常自由的状态，如做梦、走神等。有意想象有再造性想象、创造性想象、憧憬性想象三种，即根据语言文字的描述或图样的示意，在大脑中随即形成相应形象的再造性想象；根据一定目的和任务在头脑中创造出新形象的创造性想象；由个人愿望或社会需要而引起憧憬性想象。

2. 联想思维

联想思维是根据当前感知到的事物、概念或现象，想到与之相关的事物、概念或想象的思维活动。联想思维方式也就是通常所说的由此及彼、举一反三，触类旁通。联想思维包括相关联想、相似联想、类比联想、对称联想、因果联想。

3. 直觉思维

直觉思维，指不受某种固定的逻辑规则约束而直接领悟事物本质的一种思维形式，是对一个问题依据内因的感知，迅速地对问题答案做出判断、猜想、设想。当然，直觉思维过程体现出来的不是草率、浮躁和鲁莽行为，而是一种理智性思维的过程，具有直接性、快速性、跳跃性、理智性的特征。

4. 灵感思维

灵感思维，是指经过长期的冥思苦想之后突然产生新设想，瞬间解决问题的思维活动。灵感思维是突如其来的，瞬间产生的是一种顿悟，是思维过程中的一种短暂的最佳状态。灵感思维的出现往往带有神秘感，具有不可确知性，但它是可以开发的，可以通过勤奋思考获得的。

创新思维的众多方式在人们的创新活动当中也得到了体现，同时人们也可以通过这些方式有针对性地提升创新思维能力。

三、创新思维的工具

（一）思维导图

创新思维是创新的核心，而创新思维方式的展现可以借助特定的工具，并通过工具的应用强化创新思维。思维导图就是这样的一个工具。

思维导图又叫心智导图、脑图、心智地图或脑力激荡图，是表达发散性思维的有效图形思维工具，它简单却又很有效，是一种实用性的思维工具。自从“大脑先生”托尼·博赞（Tony Buzan）发明思维导图以来，思维导图被用在突破思维限制、活动策划、头脑风暴、项目管理、任务管理等领域，也正因如此，越来越多像谷歌（Google）、苹果、腾讯这样的大型企业开始把思维导图作为提升员工系统思维、创新思维以及辅导其产出创意的必备工具之一。

放射性思考是人类大脑的自然思考方式，每一种进入大脑的资料或信息，不论是感觉、记忆或是想法——包括文字、数字、符码、香气、食物、线条、颜色、意象、节奏、音符等，都可以成为一个思考中心，并由此中心向外发散出成千上万的关节点，每一个关节点代表与中心主题的一个联结，而每一个联结又可以成为另一个中心主题，再向外发散出成千上万的关节点，呈现出放射性立体结构，而这些关节的联结可以视为你的记忆，就如同大脑中的神经元一样互相连接。

根据这些特征，思维导图充分运用左右脑的机能，利用记忆、阅读、思维的规律，协助人们在科学与艺术、逻辑与想象之间平衡发展，也形成了特有的构成要素，包括：位于图形中心的思维导图“核心主题”；从中间延伸出几个主要的“分类主题”；从“分类主题”中延伸出的“细分类”。

思维导图在应用时多以图文并重的方式进行绘制和布局，把各级主题的关系用相互隶属与相关的层级图表现出来，将主题关键词与图像、颜色等建立记忆链接，形成思维和对象形象化。

图 2-1 是解析中性笔的构成所绘制的一张思维导图。

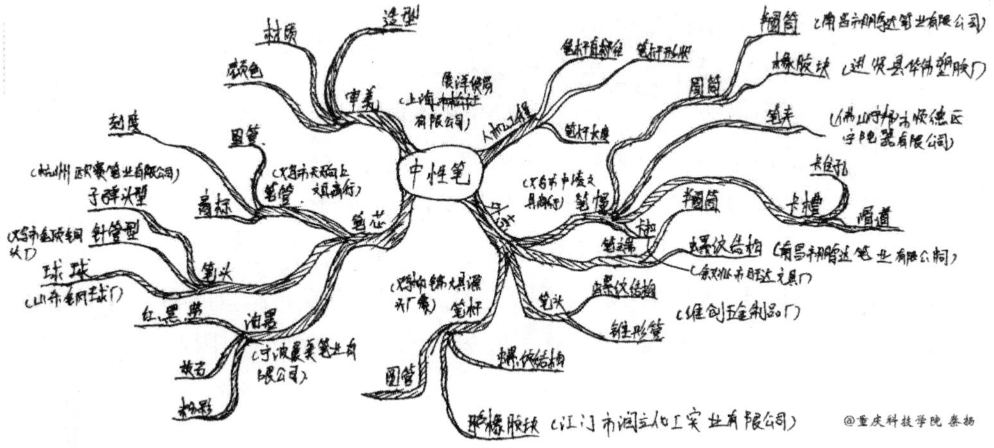

图 2-1　思维导图示意图

图形中间为醒目的核心主题“中性笔”，并由此衍生出各二级分类主题，进而不断细化，直到最终的原材料及生产厂家。通过这张图形的发散式表现形式，横纵向的逻辑关系，我们可以清晰地了解到各主题的构成信息相互之间的关系，形成一个中性笔构成、关系、供应商等系列信息的思维导图。

在绘制和应用思维导图时，我们一般遵循以下步骤：

首先写下中心主题，然后根据对象或内容扩展层次，分别标注各分类关键词，完成各分类之间的连线实现逻辑关系的表现，为图形增加颜色、图形元素等措施强化效果，最后是利用图形触发记忆和灵感。

同时，在绘制过程中，我们还应注意：

第一，绘图要清晰明白，从中央开始，每条线上只写一个关键词，不同级别主题的线条粗细合理，间隔要安排合理，边界要有分支概要；

第二，突出重点，一定要用中央图，设置一定数量的次主题，尽可能用色彩丰富的图形，中央图形上要用三种或者更多的颜色，图形要有层次感，可以用 3D（三维）图，字体、线条和图形尽量多一些变化；

第三，需要使用联想，在分支之间进行连接时，可使用箭头，使用代码、相关的色彩、图示、符号强化联想或记忆；

第四，要形成个人风格，清楚易懂，颜色搭配要和谐。

当然，在现实的应用当中，在保证构成要素齐备的基础上，思维导图也可以以不同的形式进行展现。例如，为了强化记忆，可以通过不同颜色、主题图形来加深主观印象，也可以通过比较简捷的线图关系，来突出对象的逻辑关系。

（二）六顶思考帽

在日常生活、工作当中，人们经常会陷入思维误区。例如，从自身的角度或从片面的角度进行考虑会影响思维的效率，从而形成局限性思维；过分强调问题或自己的观点，容易引起争论，破坏讨论者之间的关系，导致缺乏建设性、计划性和创新性，形成对抗性思维。而要跳出这些思维误区，需要我们从不同侧面和角度进行分解，分别进行考虑，即采用横向思维，或称为平行思维。平行思维也是创新思维的一种具体方法，在应用时需要同一个时间从同一个角度或侧面进行思考；每一位思考者都同等对待自己的观点和其他人的观点，而不是一味地批判其他人的观点。为实现平行思维，我们在这里介绍一种创新思维工具：六顶思考帽。

六顶思考帽是英国学者爱德华·德·博诺（Edward de Bono）博士开发的一种思维训练模式，或者说是一个全面思考问题的模型，它提供了“平行思维”的工具，这种思维训练模式避免将时间浪费在互相争执上。它在应用的时候强调“能够成为什么”，而不是“本身是什么”，是寻求一条向前发展的路，而不是争论谁对谁错。

六顶思考帽的构成要素包括：用不同颜色代表的思考帽（这里的帽子并不是真实的帽子实体，而是六种不同的思维方式）；不同思考帽的序列和时间限制。思考帽有六种颜色，分别是：

白色思考帽：白色代表中立而客观。白帽的特征是保持中立，注意客观数据和事实。戴上白色思考帽，只需要关注现实和数据，像打印机一样地思考，即只中立、客观地举出事实，不要加以解释。

红色思考帽：红色代表“情感色彩”，代表着情绪、直觉、预感。戴上红色思考帽，人可以表现自己的情绪，还可以表达直觉、感受、预感等方面的看法。红色思考帽的特征是不必合乎逻辑，不必始终如一，不必有原因。在使用红色思考帽时，我们必须限定具体的时间，并不假思索地回答，比如，可以限定在 3~30 秒内完成特定问题的回答；同时，回答的内容、获得的线索可以作为决策思考的一部分，并在做出决定之后使用。

黄色思考帽：黄色代表价值与肯定。应用黄色思考帽，人们需要从正面考虑问题，表达满怀希望的、乐观的、建设性的观点。这种思考方式更注重未来而不是现实，当未来不确定的时候，黄帽思维通过一些问题建立可行性的基础，比如寻求线索、预测趋势和其他可能性。

黑色思考帽：黑色代表着警告、怀疑、困难和风险。应用黑色思考帽，人们可以运用怀疑、否定、质疑的看法，合乎逻辑地进行批判，尽情发表负面的意见，找出逻辑上的错误。但同时，这需要避免将讨论变成为一个批判会，应该是合乎逻辑的分析、评价。

黑色思考帽和黄色思考帽其实是一对相对的帽子，例如：同样面对半杯水，黑色思考帽可能会说：“哎呀，只有半杯水了。”而黄色思考帽会说：“哈，还有半杯水。”

绿色思考帽：绿色思考帽的寓意是创造力和想象力。它具有创造性思考、头脑风暴、求异思维等功能，其特征表现为新创的、改变的。其作用主要是寻求新想法，为创造提供时间和空间，改正缺点，平衡黑帽思维的主导地位。

蓝色思考帽：蓝色代表着公正、组织、协调和控制。蓝色思考帽负责控制和调节思维过程，包括控制各种思考帽的使用顺序，整个思考过程；流程时间的控制，比如各色思考帽的时间范围、红色思考帽表现时间等。蓝色思考帽不以批评的方式，集中进行思维观察和评论，并负责做出结论。

我们在使用六顶帽子的时候要注意：每种帽子都有限定的时间，不能无限制地使用；帽子可以单独使用，也可以系统进行使用、多次使用；没有绝对正确的使用序列，六顶帽子在序列中可多次使用或不使用，需要根据实际情况正确使用初始序列、中间序列、结尾序列。

图 2-2 分别展示了六顶思考帽的作用。

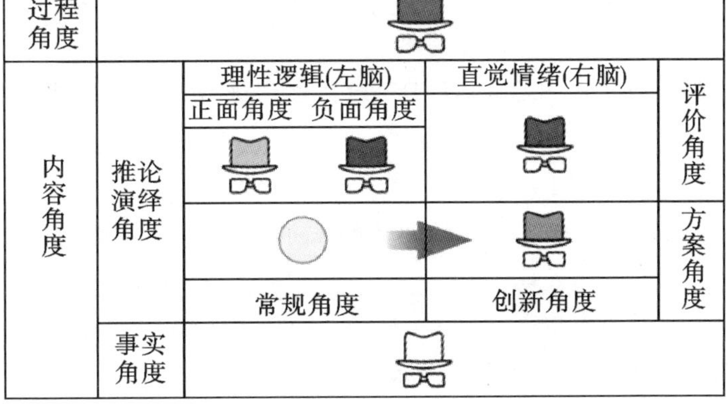

图 2-2　六顶思考帽的作用示意图

六顶思考帽不仅定义了思维的不同类型，而且定义了思维的流程结构对思考结果的影响。人们一般认为六顶思考帽是一个团队协同思考的工具，然而事实上六顶思考帽对于个人应用来说同样拥有巨大的价值。一个人需要考虑某一个任务计划，那么他有两种状况是最不愿面对的，一个是头脑的空白，他不知道从何开始；另一个是他头脑的混乱，过多的想法交织在一起造成的淤塞。六顶思考帽可以帮助他设计一个思考提纲，按照一定的次序思考下去。就这个思考工具的实践而言，它会让大多数人感到头脑更加清晰，思维更加敏捷。这就像武侠小说中周博通的左右互搏，当个人按照一定规则、一定时间，戴上不同的帽子进行问题、计划的抽丝剥茧，不断完善目标。

此外，对六顶思考帽理解的最大误区就是仅仅把思维分成六种不同颜色。对六顶思考帽的应用关键在于使用者用何种方式去排列帽子的顺序，也就是组织思考的流程。人们只有掌握了如何编制思考的流程，才能说是真正掌握了六顶思考帽的应用方法。而帽子顺序的编制和应用仅通过阅读学习是难以达到理想效果的，需要运用者在不断的实践当中不断提升。

拓展阅读：

像创新者一样思考：
改变世界的创新大师们

扫一扫

课堂练习

主题：理解创新思维

练习 1

在第一章中以潘特（T. S. Painter）的事例来强化说明创新的特点。

当以“遗传学”和“潘特”为关键词进行百度，你搜索到遗传学家潘特的主要事例是：

当以“染色体”和“T. S. PAINTER”为关键词进行百度，你搜索到遗传学家潘特的主要事例是：

从创新思维方式的视角出发，解释两者的差异：

练习 2

请试着实现一笔连接下图中的九个点。

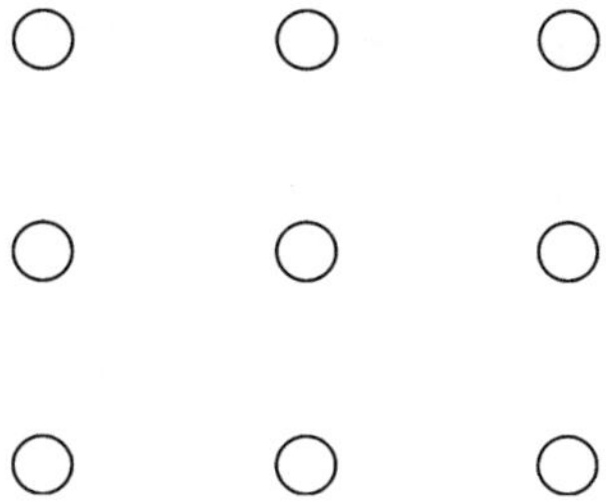

你完成了吗？从思维枷锁的视角出发，阐述你是如何解决的。

练习 3

创新思维要求我们打破常规、突破思维枷锁，同时也有很多很常见的训练方法，比如，你可以选择下列任一主题，尽可能多地写出答案从而达到扩展思维的目的。

（1）学习本门课的目的是什么？

（2）上课迟到会导致什么后果？

（3）将大量课余时间花在网络游戏，有什么不好的影响？

（4）尽可能多地写出网络的作用。

练习 4

2018 年 10 月，印尼狮航一架波音 737MAX 8 型客机坠毁，造成 189 人遇难；2019 年 3 月，埃塞俄比亚航空公司又有一架同一型号客机发生坠机，导致 157 人遇难。波音 737MAX 客机随即在全球范围内遭停飞和禁飞。

请使用不同的创新思维方式，尽可能多地写出这一事件的影响。

练习 5

如果以“提升班级创业氛围”为主题，使用六顶思考帽来组织班级会议，你会怎么组织？请简要表述。

案例实训

1. 实训任务

请以自己“在学校的学习”为主题，绘制思维导图。

2. 实训步骤

(1) 个人或小组讨论。

教师简要回顾、表述思维导图的构成，组织小组讨论绘制方法。

(2) 小组讨论与报告。

根据教学班的实际情况，可以个人单独绘制或小组共同绘制的方式，绘制主题导图，见附录2 实训报告。

第三章

创新过程与方法

知识与能力目标

ZHISHI YU NENGLI MUBIAO

知识目标

1. 理解不同阶段创新活动的表现。
2. 理解不同创新方法。

能力目标

1. 理解创新过程的辩证统一。
2. 掌握一定的创新方法，并能够灵活运用。

知识要点

ZHISHI YAODIAN

一、创新过程

（一）创新过程的划分

创新的实现需要按照一定过程开展相应活动。

创新的核心就是创新思维，创新的本质就是向着有益于人类的方向改变。如果从这一定义出发，创新过程可以被简单地划分为“想”和“做”，这里的“想”就是产生创新思维的过程，而“做”是指如何把思维转化为行动和结果。

当然，不同的学者、实践者在不同领域根据不同视角又将创新过程细分成了不同的过程。例如：

三阶段划分法：发现问题、形成课题、解决课题。

四阶段划分法：准备、思考、顿悟、验证。

七个阶段划分法：定向、准备、分析、观念、沉思、结合、估价。

（二）四阶段划分法下的创新过程

综合以往众多的过程划分方式，本书以英国心理学家华莱士（G. Wallas）的四阶段划分法进行解析，即准备阶段、思考阶段、顿悟阶段、验证阶段。

第一个阶段是准备阶段。在准备阶段，我们需要根据实际情况，找准问题，搜集资料，分析问题，找到创新的关键点。“发现问题比解决问题更重要”“发现问题等于解决问题的一半”，这个俗语表现出了发现问题的重要性，同时，这恰恰也是准备阶段的重要工作。比如在18~19世纪，对于“空间是什么，时间是什么?”的问题似乎已经是人人皆知的、极为普通的概念，牛顿早已在经典力学中做了明确说明，可是爱因斯坦却意味深长地说：“空间、时间是什么，别人在很小的时候就已经搞清楚了，我智力发育迟，长大后还没有搞清楚，于是一直在揣摩这个问题，结果也就比别人钻研得深入一些。”正是因为爱因斯坦思索了一般人看起来没有问题的“问题”，才促使他创立了“相对论”时空观。

第二个阶段是思考阶段，也被称作酝酿阶段。在这一阶段我们需要在找到问题关键点后，开始寻找解决问题的突破口，并进入深思熟虑和探索试验阶段。人在这个阶段有时会感觉答案好像就在眼前，仿佛抓住了解决问题的钥匙；有时又会百思不得其解，好像走进了死胡同。这个时候人们需要客观、理性、科学地分析遇到的问题，如果确信自己的研究障碍是方向、方法上的问题，就要赶快进行调整，迅速改变研究方向或研究方法，把创造继续进行下去。如果确信自己的研究不是方向、方法上的问题，就应暂时搁置起来，并继续从事正常的工作。例如，英国科学家高尔顿（Francis Galton）兴趣广泛，他原来是学医的，但他对气象学、地理学、优生学、指纹学、创造心理学、数学都做出过贡献。他在遇到一个问题长久不能突破时，就暂时搁下，随即转向另外一个自己感兴趣的问题，有时还会转向第三个问题，在适当时，他又转回第一个问题，这样交错穿插，他的创新成果就有很多。

第三个阶段是顿悟阶段。人们在顺着问题的解决思路思考的过程中，会有所顿悟，人脑有意无意地突然出现某些新的形象、新的思想，使一些长久未能解决的问题在突然之间得以解决。进入这一阶段，人一下子变得豁然开朗。最为典型的例子就是牛顿与苹果的故事，苹果落到他的脚边，牛顿终于顿悟。在这个故事中，苹果落地成了力学创新的一个引子。现实当中很多创新活动也是在特定机会下激发的，彼得·德鲁克（Peter F. Drucker）的“创新七扇窗”理论正是这一现象的重要表现，它包括意外事件、不协调的事件、程序需求、行业和市场变化、人口结构的变化、认知上的变化和知识上的变化。

第四个阶段是验证阶段。在启迪阶段所获得的灵感是否就是答案，是否就是一种可用的发明，尚须经过验证。创意的验证过程就是把灵感中产生的思维结果付诸实施，用新的技术方案去固化顿悟引发的创意思维成果。这些创意只有通过验证，才是可信的。产品可靠性是设计和制造出来的，但必须通过试验验证。比如，我们最常见的智能手机，在手机的研制阶段，为了提高手机的可靠性，要通过可靠性增长试验来暴露手机的缺陷，并将这些缺陷一一进行分析，并对应采取有效纠正措施，使手机的可靠性得到增强，例如，在重复跌落测试项目中，手机被机械手一次次地从不同的高度松开，自由跌落，屏幕、背面、机身、侧面，每台手机都要经历多达 4.8 万次跌落。

需要注意的是，上述四个阶段是辩证统一的、密不可分的。例如，牛顿并不是因为苹果落到他的脚边，就直接顿悟出经典力学了，而是在发现问题、不断思考、论证的基础上，才受到苹果落地的启发，找到了解决方法和思路，进而通过不断的推导、实验，最终才形成完整的经典力学理论体系。

二、创新的方法

（一）创新方法的概念

笛卡尔说过："最有价值的知识是关于方法的知识。"因为方法不仅可以提高个人的学习和工作效率，达到事半功倍的效果，而且更重要的价值还在于掌握了方法就能够复制成功！

如果你会打乒乓球，请想想初学时的体验，在没学发球方法和技巧之前，我们发出去的球基本不具备任何攻击力。一旦学了有关的方法，我们并没有增加用力，但却可以让它随意旋转或更具有攻击力，这就是方法的魔力。

创新的方法同样如此。创新的方法是指创新活动中带有普遍规律的方法和技巧。它是通过研究一个个具体的创新过程，比如创新的题目是怎样确定的、创新的设想是怎样提出的、设想又是如何变成现实的等，从而揭示创新的一般规律和方法。

20 世纪有太多的发明，但最大的发明是什么？不是蒸汽机，也不是电脑，而是找到了创新的方法！应用这些方法，就能诱发人们潜在的创造力，使长期以来被人们认为神秘的、只有少数发明家或创新者所独有的创新设想，为每一个普通人所掌握。

但在这里必须指出的是尽管方法是非常重要的，但从某种角度说，方法也是一种框框！因此，我们既要学习方法，又不能受方法的限制。换句话说，就是在学习、运用的基础上，对方法还要加以灵活应用，同时，当一种方法成为创新的阻碍时，我们就要勇于对方法本身进行创新，寻找适合创新发展的新方法。

创新的方法首先在创意丰富的美国出现。1906 年，美国的普林德尔（E. J. Prindell）在《发明的艺术》一文中，通过发明案例介绍了发明者们日常不自觉使用的各种发明方法，最早提出了对工程师进行创造力训练的建议，并以实例阐述了一些改进及创新的技巧和方法。这基本上是能找到的、最早的探索创新方法的文章。

1931 年，内布拉斯加大学教授克劳福德（Robet Crawford）发表了《创造思维的技术》一文，提出了列举法，并在大学讲授，这个方法至今仍然是受到广泛欢迎的方法。同年，还有一位专利审查人罗斯·曼（Ross Mann）为取得博士学位而完成的著作《发明者的心理学》中，专门写了关于发明方法的一章。

1938 年，被誉为"创造方法之父"的奥斯本（Alex Faickney Osborn）提出了现在非常著名的"头脑风暴法"，并取得应用的成功。为推广这种方法，他撰写了一系列著作，如《思考的方法》《所谓创造能力》《创造性想象》等，并深入到学院、社会团体和企业，组织大家学习和运用这些方法。现在，这种方法已经作为一种最常用的方法而普及到了全世界。此后，先后有不同的人创造了各种各样的创新方法，到目前为止，已经达到340种之多，但常用的方法只有十几种。

如此多的方法，我们必须有选择地进行学习。法国生理学家贝尔纳（Claud Bernard）说过："良好的方法能使我们更好地发挥运用天赋的才能，而拙劣的方法则可能阻碍才能的发挥。因此，科学中难能可贵的创造性才华，可能会由于方法拙劣而被削弱，甚至被扼杀；而良好的方法则会促进这种才华增长。"

创新的方法有多种分类法，如图3-1所示。但如何分类并不是最重要的，因此本书推荐给大家一种简单的分类法，即将其分为两大类：第一类是解决"要创新什么"，也就是如何进行创新的选题，如何提出问题；第二类是解决"怎样去创新"，也就是怎样提出创新的设想和解决问题的方案。第一类方法叫做选题的方法，比如，缺点列举法、优点列举法；第二类方法叫做构思的方法，比如，组合法、移植法、奥斯本检核表法等。当然，在后续课程当中，我们也会选择四种用途比较广泛、实用的创新方法进行讲解。

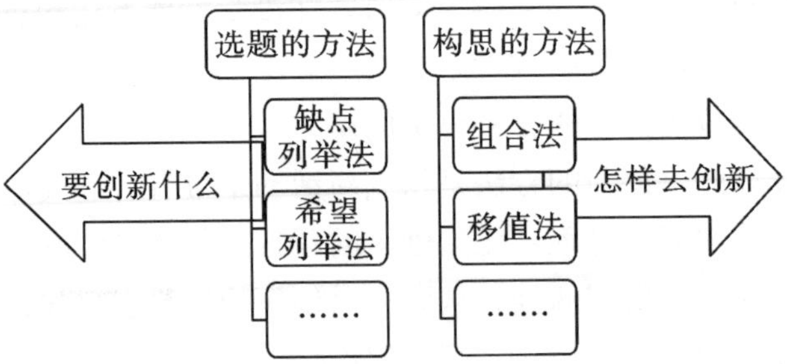

图3-1　创新方法分类示意图

（二）列举法

手机等电子产品给人们带来巨大的便利，但经常出行、住酒店的人可能会遇到一些尴尬的事情，就是外出后发现自己没有带充电器，这种时候，几乎所有的人都会抱怨酒店配套服务不完善。但也有人从这个问题出发，发现了商机，那就是共享充电器或设备。这些人将二维码、在线支付等技术结合，根据人们平时所抱怨的问题设计出了一个创新的产品，造就了一种新的商业模式。

这个过程就是通过缺点的罗列，分析原因、查找机会的过程，是列举法的一种具体展现。

列举法是一种将具体的特定对象（如特点、缺点等），从逻辑上进行分析并将其本质内容全面地罗列出来，用以自发创造设想找到发明创造的创新方法。而根据列举的属性，列举法又可以分为缺点列举法、希望点列举法等。在这里，我们就通过缺点列举法来学习下这一方法。

一般来说，创新者总有做不完的课题，不过对于初学者，可能会遇到"不知道创新什么""怎么选题才能创新"这些问题。缺点列举法可帮助你选题，它是一种选题的方法，且是一种易于掌握、被广泛采用的方法。"任何事物都不够完美，都是因为没有完成创新！"这不但是我们进行创新的前提，也是缺点列举法存在的前提。

所谓缺点列举法，就是通过对已有的、熟悉的事物进行深入的分析，在对其缺点一一列举的基础上，找出相应的解决方案，从而完成创新的方法。这种方法很简单，但有个应用前提，那就是要“常见生疑”。对于创新，“常见不疑”的心理会极大地影响人们的创新活动和创新效果。若“常见不疑”，人们就很难看到事物的问题，而问题意识的缺乏，恰恰是创新的首要敌人。看不到问题，久而久之，人们就容易形成思维的定势，就很难突破。

缺点列举法是对现有事物的革新，因此基本属于有中生无型的创新。这种方法用得好，也能产生创新程度非常高的设想。

以刚才的共享充电器为例，如果按缺点列举法，或许这个发明人的经历可能是这样的。由于出行忘带充电器而无法充电，于是他就开始自己提问、列举缺点：我的记性怎么这么差？这个地方怎么没有充电器呢？在此基础上，这个人可能会进一步地提问：是不是很多人也会出现和我一样情况呢？是不是很多公共场所也存在同样的问题呢？在这个过程中，发明人可能已经发现了商机，并进一步分析存在的缺点及原因：为什么没有提供便利性强的、数量足够多的充电器呢？是有什么样的技术障碍吗？有没有相应的技术和载体来解决呢？……

通过对一系列的缺点和问题的分析，发明人发现可以利用互联网技术解决这些缺点，并创造了新的商机。

从找缺点到创新，我们和这些发明人的差别可能就在于：一是没有随时持批判的眼光，尤其是第一次遇到一种新事物时，更没有增强发现问题的意识；二是没有随时做记录，一般来说，对事物的认识，包括发现它的缺点、提出改进方案，中间可能有一个漫长的过程，思想的火花可能随时出现，因此要及时记录下来。

类似的例子还很多，如慈善机构（Because International）的创始人肯顿（Kenton Lee），在旅游的时候看到一个小女孩穿着一双特别小的鞋子，脚趾都露在外边。这引起了他的注意：小孩子的脚生长得太快，而贫困的非洲人却没有钱来给孩子买一双新鞋。难道不能让孩子的鞋随着孩子的脚一起长大吗？受到触动的肯顿，发明了一款可以调节尺寸的鞋子，让孩子们的鞋可以一直合脚，而且这双鞋价格并不高。旅行过程中一个无意的问题，即鞋子跟不上小孩的生长速度，就这样转化成了一种新的产品。

当然，从列举法的应用到真正的创新，也还需要不断地训练和实践。大家也可以按照以下步骤进行自我的训练：

第一，选定某项事物，有形的、无形的、工作上的、生活中的均可；

第二，运用扩散思维，尽可能多地列出现有事物的各种缺点；

第三，找出急需解决的1~2个缺点；

第四，围绕主要缺点，应用各种创新思维尽可能多地提出解决方案；

第五，从众多的解决方案中选出一个最佳方案加以实施。

（三）组合法

瑞士人埃尔森纳（Karl Elsener）是公认的瑞士军刀发明者，是制帽匠的儿子，长大后去了刀具厂学习制刀。这家刀具厂主要生产生活用的小型刀具。埃尔森纳对制刀很痴迷，业余时间也在关注行业内的动态。在为瑞士军方生产袋装刀具的过程中，埃尔森纳发现军人在野外作业、宿营驻扎时都有不同的使用需求，因此他将小刀、螺丝刀和开罐器等工具功能组合到同一个刀具当中，这个刀具逐渐演变发展成了我们所熟知的瑞士军刀。

有人对1900年以来的480项重大创新成果进行了分析，发现从1950年以后，原理突破型成果的比例开始明显降低，而组合型发明开始成为技术创新的主要方式。据统计，现代技术创新中组合型成果已经占到了60%~70%。这也验证了晶体管发明者之一的肖克莱（William Bradford Shockley）所说的一句话："所谓创新，就是把以前独立的发明组合起来。"

这两个例子都表现了组合法在创新当中的应用。

组合法是通过整个创造系统内部的要素分解、重组和创造系统之间要素的组合，从而产生新的功能和最优的结果的方法，是将两种或两种以上的事物或理论的部分或全部进行有机的组合、变革、重组，从而诞生新的产品、新思路或形成独一无二的新技术。

组合创新是最常见的创新活动，许许多多的发明和革新都是组合的结晶。即使是在我们生活中，组合的产品随处可见，例如带充电功能的背包、带照相机的手机、带过滤功能的水杯、带GPS（全球定位系统）功能的手表等，甚至如京东、当当等公司，也可以被认为是互联网技术与传统销售组合而来的商业模式的创新。可以说，组合的思维方法和组合的技巧是创新者的基本技能。

在应用组合法进行创新时，可以通过不同实现方式：

第一种实现方式是主体附加。主体附加就是在原有的事物中补充新内容，是在原有的产品上增加新附件的创新方法。

这个方法有四个要点：一是在组合创新中，主体不变或变化不大，即原有的技术思想或者产品基本保持不变；二是附加的部分只起到补充完善主体的作用，不会导致主体大的波动；三是附加部分有两种，第一种是已有的产品，第二种是根据主体的情况专门设计的产品；四是附加物大都是为主体服务的，用于弥补主体的不足。

比如上面所说的带过滤功能的水杯，主体是用来喝水的杯子，功能是弥补所泡物质容易流出的缺点，在不改变杯子整体功能的基础上，附加了一个过滤网。

这个例子其实也说明一个原理，即运用主体附加法时，可以首先用缺点列举法全面分析主体的缺点，然后围绕这些缺点提出解决方案，通过增加附属物来达到改善主体性能的目的。

第二种实现方式是异类组合，即两种或两种以上不同领域的思想、理论方法的组合，或两种及两种以上不同功能的产品的组合。异类组合的三个要点是：第一，组合对象来自不同方面，一般没有主次关系；第二，参与组合的对象从意义、原理、构造、成分、功能等任一方面或多方面相互渗透，整体变化显著；第三，异类组合是异中求同，相对于主体附加来说，创造性更强。

第三种实现方式是辐射组合。辐射组合是扩散思维的表现形式，是以一种新事物为中心，将其原理、结构、材料、方法等应用到多种事物中的方法，其中的新事物称为辐射源。辐射组合的要点是：确定辐射源后，充分运用扩散思维，从已有的信息出发，不受限制地向四周扩散，直到才思用尽。

例如，在法拉第（Michael Faraday）发现电磁感应现象时，有人在法拉第做实验表演时，问他这有什么用途，法拉第风趣地回答说："一个初生的婴儿会有什么用途呢?"而在此后的若干年，由这一发现引发的电力工业革命席卷整个世界，小电机同各种产品的组合层出不穷。

第四种实现方式是同物组合。同物组合就是相同事物的自组。如我们身边的子母路由器、可共享流量的手机子母卡等。

同物组合在应用过程中也有注意事项：第一，组合的对象是两个或两个以上的同一事物；第二，组合前后，参与组合的事物，其基本原理、基本结构一般没有根本变化；第三，在保持原有功能和意义的前提下，通过增加数量来弥补原功能的不足，或求取新的功能和意义，而这种新功能和新意义是事物单独存在时不具有的。

组合法的应用同样需要我们不断在生活、工作当中不断训练和强化，我们也可以按照如下步骤进行自我训练：

一是选定某事物；二是选择适用的组合方式，或逐一应用以上几种方式；三是运用扩散思维尽可能多地提出组合设想或方案；四是运用集中思维分析设想或者方案的可行性，确定可执行的方案。

（四）移植法

1893 年，美国芝加哥一位精力充沛的发明家威特库姆·贾德森（Whitcomb Judson）做了一项他称为"用一次连续性滑动，使一连串钩子自动咬合和分离"的设计，通过后续的不断改良，最终形成了被称作"方便人们生活的十大发明之一"的拉链。

生活中，我们难免会有磕磕碰碰，不小心受伤就得使用创可贴，但如果伤势比较严重，可能就得缝针了，而且伴随而来的还有漫长的恢复，甚至明显的疤痕。为此，美国一家公司发明了一种神奇的皮肤"拉链"——无创伤口缝合器，或称医用手术拉链，应用时，只需在伤口处轻轻一拉，受伤的地方就能闭合在一起了。而其原理跟我们常见的束线带、拉链类似。

"他山之石，可以攻玉"，拉链到医用手术拉链的演变正是这句古话的重要体现，同时也是移植法的一种应用体现。

所谓移植法，就是指将某个领域中已有的原理、技术、方法、结构、功能等，移植应用到其他领域，导致新设想诞生的方法。

近年来科学技术以前所未有的速度迅猛发展，新的知识和技术都会经历"萌生—形成—发展"和"综合—分化—交叉"的过程。随着科学技术的进步，虽然各行各业的分工越来越细化，但同时各行业之间的新技术、新思想的转移也不断加快。人们在某一领域取得的科学理论和技术成果，包括该成果诞生的环境、过程、思路、方法和手段，都可能在其他领域具有同等重要甚至更加重要的创新意义。

"移植是科学研究中最有效、最简便的方法，也是应用研究中运用最多的方法""重大的科学成果有时来自移植"，这些表述都体现了移植法在创新过程当中的重要作用。

在应用过程中，移植法的有效性需要有三个方面的必要条件：

一是用常规方法难以找到理想的设计方案或解题设想，或者利用本专业领域的技术知识根本就无法找到出路；

二是其他领域存在解决相似或相近问题的方式方法；

三是对移植结果能否保证系统整体的新颖、先进和实用性有一个估计或肯定性判断。

当这三个条件都具备时，采用移植法的创新活动才有实质性的意义。

此外，移植法有以下四种类型：

第一种是原理移植。原理移植是指把某一领域的原理移植到另一不同的领域，从而产生新设想的方法。比如，磁这一自然现象被发现后，人们就不断利用其原理进行各种创新应用，远的有我们古代的指南针——司南，近的有变压器、发电机、磁悬浮列车，等等。

第二种类型是功能移植。功能移植是指将某项技术独特的功能，应用到其他领域，导致功能扩展的方法。如拉链过去用在衣服上、用在鞋上，近年来有人把拉链用在自行车外胎上，还用在外科手术伤口的缝合上。

第三种是材料移植。材料移植就是将原有材料进行创造性的应用，从而带来新的使用功能和使用价值的方法。例如，树脂通常是指受热后有软化或熔融范围，软化时在外力作用下有流动倾向，常温下是固态或半固态，有时也可以是液态的有机聚合物。人类利用树脂材料的特征，通过创新形成了我们身边众多的产品，包括眼镜的树脂镜片、树脂工艺品，甚至是电扇、空调、电话机等家电制品上也都可以看到树脂材料的影子。

第四种移植类型是方法移植。方法同样可以从一个领域移植到另一个领域，例如，解析几何，是数学家笛卡尔将代数方法移植到几何领域而创立的。

掌握移植法的关键是要善于运用联想思维，即善于从看来无关的事物中找到联系。我们也可以通过以下方式来实现自我训练：

第一步，确定待解决的问题；第二步，在此基础上，明确问题或事物相应的原理；第三步，据此寻找可移植的对象；第四步，将相应的原理移植到待解决的问题中；第五步，提出具体的设想或方案。

（五）奥斯本检核表法

1. 奥斯本检核表法的概念

所谓检核表，就是围绕需要解决的问题或者创新的对象，把所有的问题罗列出来，然后一个个来讨论，以促进旧的思维框架的突破，引向创新设想。检核表法几乎适用于任何类型与场合的创新活动，因此享有“创新方法之母”的美称。目前，在各领域同时有众多检核表版本在使用，但知名度最高的还要数奥斯本检核表，而且其他许多检核表版本都源于这张表。

亚历克斯·奥斯本（Alex Faickney Osborn）是美国创新技法和创新过程之父，他在世界上第一部创新学专著《创造性想象》中，提出了奥斯本检核表法。该方法是针对某种特定要求制定的检核表，主要用于新产品的研制开发。奥斯本检核表法是指以发明者奥斯本命名，在创造过程中引导主体对照9个方面的问题进行思考，以便启迪思路，开拓思维想象空间，促进人们产生新设想、新方案的方法。

虽然奥斯本检核表是围绕产品设计进行的，但也可广泛适用于各个领域。下面是奥斯本检核表的内容：

一是分析用途：分析现有的产品有无其他用途？在保持原状不变情况下，能否扩大用途？稍加改变，有无别的用途？运用扩散思维的方法，想方设法广泛开发它的用途。

二是类比启发：分析能否从别处得到启发？能否借用别处的经验和发明？过去有无类似的东西可供模仿？谁的东西可模仿？现有的发明能否引入到其他的创造设想之中？

三是改变要素：分析现有的东西是否可以做某些改变？改变一下会怎样？可改变一下形状、颜色、味道吗？是否可能改变一下型号模具或运动形式？改变之后，效果如何？

四是增加要素：现有的东西能不能增加一些东西？能否添加部件、拉长时间、增加长度、提高强度、延长使用寿命、提高价值或加快转速？

五是减少要素：缩小一些会怎样？现在的东西能否缩小体积、减轻重量、降低高度，使之变小、变薄？能否省略，能否进一步细分？

六是替代要素：能否由别人代替，能否用别的材料代替？用别的方法、工艺代替？用别的能源代替？可否选取其他地点？

七是交换要素：有无可互换的成分？可否变换模式？能否更换顺序？可否变换工作规范？

八是颠倒要素：上下是否可以倒过来？左右、前后是否可以对调位置？里外可否对换？正反可否对换？可否用否定代替肯定？

九是组合要素：组合起来的效果怎样？能否装配成一个系统？能否把几个目的进行组合？能否将各种想法进行组合？能否将几个部件进行组合？

2. 奥斯本检核表法的应用

奥斯本检核表法的核心是改进，或者说，关键词是改进，通过变化来改进。

其基本做法是：首先选定一个要改进的产品或方案；然后，面对一个需要改进的产品、方案或问题，从不同角度提出一系列的问题，并由此产生大量的思路；最后，根据提出的思路，进行筛选和进一步思考、完善。

利用奥斯本检核表法，可以产生大量的原始思路和原始创意，使思考问题的角度具体化；但它是改进型的创意产生方法，我们必须先选定一个有待改进的对象。

当然，我们也可以对它进行灵活运用。这里，我们利用共享充电器来模拟一下该方法的应用。

首先是确定要解决的问题，即使充电器从私有物变为更加方便的共享物。

按奥斯本检核表的内容，我们运用想象力，强制性地一个个分析核对，写出新设想。例如根据该表格，我们可以对照检核表的空白，一一列出存在的问题、可能的方案，甚至分析可能的解决方法。当然，如果某项项目没有对应的内容，也可以留空，但应尽可能地列出相应内容，例如表中的替代要素、颠倒要素。

最终，我们要对新设想进行筛选，选出最有价值或最可靠的组合方式或改进创新成果。

为了使奥斯本检核表更实用、更方便地指导人们的生活和工作，我们可以从设问项中选择几项，进行反复练习。要利用好奥斯本检核表，最重要的是我们要学会自己编制检核表。也就是说，当遇到问题时，尤其是同类的问题时，我们可以通过检核表来迅速找到解决问题的思路。

在制订和练习使用检核表的过程中，有两个问题很重要：问题意识和想象力。若没有这两点，检核表的设问只是简单的语言启示，就不可能产生广泛的联想，也就会降低创新的价值。

拓展阅读：

透视高校优秀创新创业项目的九大来源

扫一扫

课堂练习

主题：学会使用创新方法

练习 1

自选一项事物，按照以下步骤训练列举法。

事物名称：________________

存在的缺点：________________

急需解决的缺点：________________

可能的解决方法：________________

可行的方法及原因：________________

练习 2

手机是当前常见的电子产品，它从只能打电话、发短信的简单产品，到现在的智能手机，手机的功能发生了很多变化，而且在物联网时代，手机的功能可能会更加强大。

请使用组合法表述：

可能的功能 1：________________　　可能的组合方式 1：________________

可能的功能 2：________________　　可能的组合方式 2：________________

可能的功能 3：________________　　可能的组合方式 3：________________

可能的功能 4：________________　　可能的组合方式 4：________________

可能的功能 5：________________　　可能的组合方式 5：________________

练习 3

自选任一事物或原理，训练自己的移植法使用能力。

待解决的问题：________________

可移植事物或原理：________________

移植的设想或方案：________________

____

案例实训

1. **背景材料**

一种手机充电线的制作方法

手机是生活中必不可少的物品，由于手机电池容量是有限的，手机在使用频率高的情况下，耗电也会快。电量用完后，手机就必须进行充电，现有的手机产品一般都是不可拆卸电池的设计，因此，充电的时候必须连接一条充电线，现有的充电线功能单一，在充电的时候，将手机平放于某个位置，充电完成后拿起手机即可使用。手机支架也是生活中常见的产品，其作用是将手机支撑起来，方便观看。现有的手机支架都是独立的产品，其体积较大，携带不便。如何设计出一款既能满足充电需求又能实现支撑手机功能的产品？

2. **实训任务**

请以上述阅读材料为背景，实践运用创新方法。

3. **实训步骤**

（1）个人或小组讨论。

教师简要分析阅读材料，组织小组讨论可能的方法（小组也可自选创业、发明项目进行讨论）。

（2）小组讨论与报告。

根据教学班实际情况，可以个人或小组共同创作的方式，完成创新方法的实践运用，见附录3 实训报告。

模块二

创业实训

- 第四章　创新与创业
- 第五章　创业选择
- 第六章　创业机会
- 第七章　商业模式
- 第八章　创业团队
- 第九章　创业融资
- 第十章　新创企业
- 第十一章　企业初创期管理

第四章

创新与创业

知识与能力目标

ZHISHI YU NENGLI MUBIAO

知识目标

1. 了解创新与创业的关系。
2. 理解创业的要素与一般过程。

能力目标

1. 理解创业。
2. 理解创业过程中要素的作用。

知识要点

ZHISHI YAODIAN

一、创业与创新的关系

（一）创新与创业的区别

纵览各类古籍，其中有不少关于“创业”的描述。如《孟子·梁惠王下》：“君子创业垂统，为可继也。”《三国演义》第二十回：汉献帝对董承说“吾高祖皇帝起身何地？如何创业？”诸葛亮在《出师表》中说：“先帝创业未半，而中道崩殂。”根据《辞海》的定义，创业由创和业组成，即开创建立基业、事业。

在现代社会中创业被普遍用于描述开创某种事业的活动。创业是创业者对自己拥有的资源或通过努力对能够拥有的资源进行优化整合，从而创造出更大经济或社会价值的过程。英文中创业经常用“entrepreneurship”来表示。其含义包括“企业家精神”和“创业”两个意思。

而创新一词出现很早。例如,《广雅》中有:“创,始也;新,与旧相对。”《魏书》中有“革弊创新”,《周书》中有“创新改旧”。和创新含义近同的词汇有维新、鼎新等,如“咸与维新”“革故鼎新”“除旧布新”“苟日新、日日新,又日新”。在英文中,创新的单词是“innovation”,它这个词起源于拉丁语。它原意有三层含义:第一,更新;第二,创造新的东西;第三,改变。

那么创新是否等同于创业呢?显然不尽相同。创业可以是创新性的,也可以不是创新性的,比如爱迪生的创业以他的发明为基础,是创新性的创业。同样,福特、乔布斯和比尔·盖茨等人的创业也是创新性的创业。这种包含技术创新的创业有着比较高的门槛,实际上并不具有普遍性,大部分创业者从事的是产品的创新性要求并不高的事业。例如,在改革开放之初的中国,绝大多数创业者是做小商品生产和买卖生意的,比如经营纽扣、领带、皮革、袜子和打火机等这样不起眼的,看上去没有什么技术含量的商品。正泰集团的南存辉从补鞋开始创业,娃哈哈的宗庆后从拉三轮车开始创业,我们身边很多创业都是在模仿甚至是复制别人的产品、服务和经营模式,自身并不具有创新性。

(二)创新与创业的联系

二者的联系可以说创新引领创业,创业推动创新。在西方,创新概念的起源可追溯到 1912 年美国经济学家熊彼特的《经济发展概论》。熊彼特在其著作中提出:创新是指把一种新的生产要素和生产条件的新结合引入生产体系。它包括四种情况:引入一种新产品,引入一种新的生产方法,开辟一个新的市场以及获得原材料或半成品的一种新的供应来源。熊彼特的创新概念包含的范围很广,如涉及技术性变化的创新及非技术性变化的组织创新。创新始终是一个国家、一个民族发展的重要力量,也始终是推动人类社会进步的重要力量。纵观世界发展史,人类的一切文明成果,都是创新思维的胜利果实,都是创新智慧的结晶。世界经济中心的几度迁移,其中很重要的因素是创新,特别是科技创新这个主轴在旋转、在发力,并支撑着经济发展,引导着社会走向;相反,一些传统大国、强国的衰落,其原因往往与失去或缺乏进取和创新精神有关。对此习近平总书记总结的“惟创新者进,惟创新者强,惟创新者胜”体现了对人类社会发展客观规律的深刻认识。同时,创业过程中会遇到各种各样的问题,解决这些问题需要创新精神。因此,创新创业既有区别又有联系,无法完全割裂开来。

二、创业的要素与一般过程

杰弗里·蒂蒙斯(Jeffry A. Timmons),有“创业教育之父”的称号,《商业周刊》和《成功》等杂志将杰弗里·蒂蒙斯教授评选为创业管理教育领域的权威人士。自 1999 年起,蒂蒙斯教授开始担任美国国家创业委员会的特别顾问。1999 年,他在《创业学》(*New Venture Creation*)一书中提出了创业管理模型。他认为,成功的创业活动必须对商机、创业团队和资源三者进行最适当的匹配,并且随着事业的发展还要不断进行动态平衡。创业过程由机会启动,在创业团队建立以后,团队就应该设法获得创业所必需的资源，这样才能顺利实施创业计划。

在蒂蒙斯的模型（如图 4-1 所示）中，商机、资源和创业团队这三个创业核心要素构成一个倒立三角形，创业团队位于这个倒立三角形的顶部。在创业初始阶段，商业机会较大，而资源较为稀缺，于是三角形向左边倾斜；随着新创企业的发展，可支配的资源不断增多，而商业机会则可能会变得相对有限，从而导致另一种不均衡。创业者必须不断寻求更大的商业机会，并合理使用和整合资源，以保证企业平衡发展。商机、资源和创业团队三者必须不断动态调整，以最终实现动态均衡。这就是新创企业的发展过程。蒂蒙斯认为，在创业过程中，由于机会模糊、市场不确定、资本市场风险以及外部环境变化等因素经常影响创业活动，创业过程充满了风险，因此，创业者必须依靠自己的领导、创造和沟通能力来发现和解决问题，掌握关键要素，及时调整机会、资源、团队三者的组合搭配，以保证新创企业顺利发展。

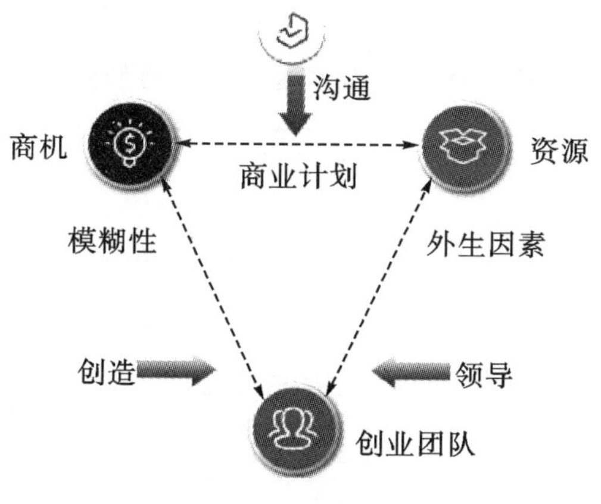

图 4-1 创业过程的 Timmons 模型

总体而言，Timmons 模型主要包括以下几个要点：①创业过程是由机会驱动、团队领导和资源保证的；②创业过程依赖于商机、创业团队和资源这三个要素的匹配和平衡；③创业过程是连续的寻求平衡的行为组合。以上结论简单来说就是：任何创业活动，三要素都是“缺一不可”；创业长久之道是动态把握创业过程，抓住创业过程关键点，踩准创业节奏。

蒂蒙斯认为，商业机会是创业过程的核心要素，创业的核心是发现和开发机会，并利用机会实施创业。因此，识别与评估市场机会是创业过程的起点，也是创业过程中的一个关键阶段。资源是创业过程不可或缺的支撑要素，为了合理利用和控制资源，创业者往往要制订设计精巧、用资谨慎的创业计划书。而创业团队则是实现创业这个目标的关键组织要素。因此我们可以总结出创业的一般过程，即识别与评估商业机会→撰写商业计划书→获取资源与组建团队→管理新创企业。

拓展阅读：

共绘世界经济增长新蓝图

扫一扫

课堂练习

主题：理解创业

练习 1

请写出你知道的五个企业名称，并回答这些企业的经营范围及与我们的联系。

企业名称	这些企业是做什么的和我们有什么联系

练习 2

请写出你认为未来会发展很好的五个行业。如果可能，你是否愿意去该行业创业？

行业名称	如果可能，你会去这个行业就业或者创业么

练习 3

你如何理解下面句子、短语中的“创业”两字？

先帝创业未半，而中道崩殂。

____

独立自主、自力更生的艰苦创业精神

____

柳传志的创业故事

____

案例实训

1. **背景材料**

新东方俞敏洪的创业故事①

1978年，俞敏洪高考失利后回到家里喂猪种地。由于知识基础薄弱，俞敏洪第一次高考严重失利，英语才得了33分；第二年他又考了一次，英语也只得了55分，依然是名落孙山。那时俞敏洪并没有远大的志向，作为农民的孩子，离开农村到城市生活就是他的梦想，而在当时，高考几乎是离开农村的唯一出路。尽管生活条件比较艰苦，俞敏洪仍在微弱的煤油灯下坚持学习。

1979年，县里办了一个外语补习班，俞敏洪挤了进去，这是他第一次学习外语。俞敏洪住在30人一间的大房子里，但当时他的感觉就是进了天堂：可以一整天都用来学习了，可以在电灯下读书了。到了第二年春节，俞敏洪的成绩在班里排前几名。功夫不负有心人，1980年，俞敏洪坚持考了三年后，最终考进了北京大学西语系。

1985年，俞敏洪毕业后留在北大成了一名教师。接下来是两年平淡的生活。随后中国出现留学热潮，俞敏洪也萌生了出国的想法。1988年俞敏洪托福考了高分，但就在他全力以赴为出国而奋斗时，美国对中国紧缩留学政策。以后的两年，中国赴美留学人数大减，再加上他在北大时的学习成绩并不算优秀，赴美留学的梦想在努力了三年半后付诸东流，一去不复返的还有他所有的积蓄。

为了谋生，俞敏洪在校外兼职教书，后来又约上几位同学一块儿出去办托福班，挣出国的学费。1990年秋天，俞敏洪的如意算盘被打碎了：因为打着学校的名头私自办学，北京大学在校园广播、有线电视和著名的三角地橱窗里高调宣布了对俞敏洪的处分决定。对此，俞敏洪没有任何思想准备。

1991年，俞敏洪被迫辞去了北京大学英语教师的职务，为了挽回颜面，他不得不离开北大，生命和前途似乎都到了暗无天日的地步。但正是这些折磨使他找到了新的机会。尽管留学失败，俞敏洪却对出国考试和出国流程了如指掌；尽管不能在北大待下去，他因此却对培训行业越来越熟悉。俞敏洪找到他以前兼职的民办学校东方大学，跟他们商议，希望能够借用东方大学的牌子，在外面办一个英语培训部。最后，双方达成协议，俞敏洪用东方大学的牌子，每年上交15%的管理费。

1991年的冬天，俞敏洪在中关村第二小学租了一间10平方米的教室，在外面挂一

① 天津理工大学中环信息学院机械工程系."留学教父"俞敏洪的创业故事——在绝望中寻找希望[EB/OL].(2017-11-17)[2020-02-15]. https://www.sohu.com/a/205071176_100008991.

块“东方大学英语培训部”的招牌，开始创业了。最初，培训部只有俞敏洪和他妻子两个人。每天上午，俞敏洪都会冒着零下十几摄氏度的寒冷，骑着自行车，拎着糨糊桶，四处寻找电线杆子粘贴广告。下午，夫妇俩就在培训部里虔诚地守候着，盼望来报名的学生。新东方的三驾马车之一，创业元老徐小平则这样评价：“俞敏洪左右开弓的糨糊刷，在中国留学生运动史上刷下了最激动人心的一页华章。”1993 年，俞敏洪创办了北京新东方学校。俞敏洪说，最初成立新东方，只是为了使自己能够活下去，为了每天能多挣一点钱。作为一个男人，快到三十而立的年龄，连一本自己喜欢的书都买不起，连为老婆买条像样的裙子都做不到，无家可归，连家徒四壁都谈不上，自己都觉得没脸活在世界上。当时他曾对自己说，只要能赚到十万元，就一辈子什么也不干了。

1995 年，俞敏洪已经意识到中国越来越多的出国留学生与改革开放有着密切联系。“这些留学生是一股强大的力量，尽管我不是其中一员，但我可以帮助他们变得更强大。”他还强烈意识到，要鼓励留学生回国发展，为祖国做出自己的贡献，于是，新东方提出要成为“出国留学的桥梁，归国创业的彩虹”。

师从北大，又在北大的讲坛上站了多年的俞敏洪，凭借多年的钻研，以专家的身份在同业中很快就显示出不凡的身手。

他和他的新东方将中国人望而生畏的托福、GRE（美国研究生入学考试）变成了福特汽车式的生产线，不断为全球范围内英语最高得分者贴上“新东方制造”的标签。

彼时，新东方的学生已经达到一万五千人。此时俞敏洪已经能够感受到教育产业的魅力，有了稳固的后方和明确的信念，新东方步入了迅速发展的黄金时期。

新东方学校迅速膨胀，为了使事业健康发展，他开始寻找合作伙伴。昔日的同窗徐小平、王强来到了新东方，开始了新东方的“第二个黄金时期”。

新东方完成了从一个手工作坊向一个现代化企业转变的过程。新东方教育也由兄弟式合伙企业到家庭式合伙企业再到股份制的上市企业。

此后，在别人开始模仿新东方时，它却向着全方位的教育集团迈进，以培训为核心，亲子、少儿、中学教育、基础英语培训、大学英语及考研培训、出国考试培训、多语种培训等多个培训体系，还组建了出版公司，开启了远程教育，搞起了资本运作，并在 2006 年赴美上市，造就了一批教育界的富翁。

历经了二十年的奋斗，截至 2014 年年底，新东方已成为中国最大的私立教育服务机构，在全国拥有 25 所学校、111 个学习中心和 13 个书店，大约有 1 700 名教师分布在 24 个城市，累计已有 300 万名学生参与新东方培训。外语培训和考试辅导课程在新东方营收中所占比例高达 89%，是该公司最主要的营收来源和增长动力。

2. 实训任务

分析俞敏洪创业的特点及创业成功的关键要素。

3. 实训步骤

（1）个人阅读。

督促学生认真阅读案例，教师对案例背景进行简单陈述，并进行分组。

（2）小组讨论与报告。

围绕实训任务进行讨论，要求每个小组将讨论要点或者关键词记录下来，便于课堂互动。具体要点如下所示：

小组讨论与报告

小组名称或者编号：________________________________

组长：________________________________

小组成员：________________________________

记录人：________________________________

① 小组讨论记录：

发言人1：________________________________

发言人2：________________________________

发言人3：________________________________

发言人4：________________________________

发言人5：________________________________

发言人6：________________________________

发言人7：________________________________

发言人8：________________________________

____

② 小组共识要点：

____

（3）师生互动。

各组派代表对讨论结果进行陈述，教师与学生进行互动，并回顾本章的关键知识点，同时激发学生进行进一步思考。

（4）课后形成正式的实训报告（见附录4 实训报告）。

根据课堂讨论，学生进一步回顾课堂所学内容，形成正式的实训报告，可通过课外作业的方式进行。

（5）实训考核。

根据学生课堂表现以及实训报告质量，评定实训成绩。

第五章

创业选择

知识与能力目标

ZHISHI YU NENGLI MUBIAO

知识目标

1. 了解创业动机，掌握马斯洛需求层次理论。
2. 了解创业者素质，理解冰山模型与洋葱模型。
3. 了解企业家精神。
4. 了解创业决策评估。

能力目标

1. 理解创业类型。
2. 分析创业者素质。
3. 掌握创业决策过程。

知识要点

ZHISHI YAODIAN

一、创业动机

创业动机是指引起和维持个体创业活动，并使创业活动朝向某些目标推进的内部动力。它是鼓励和引导个体为实现创业成功而行动的内在力量。也就是为什么选择创业的内在动力。全球创业观察（Global Entrepreneurship Monitor，GEM）报告（2001）最早提出了生存型创业和机会型创业的分类概念。2002 年，Reynolds 等人指出生存型创业就是那些由于没有其他就业选择，或对其他就业选择不满意，而从事创业的活动。机会型创业就是指那些为了追求一个商业机会而同时创业的创业活动。随后他们对概念进行了进一步的完善。

生存型创业者，其创业行为是被迫的、无奈的，并非自愿。机会型创业者其动机往往是自发自动的，有较强的内驱力。机会型创业者更多的是在拥有稳定的经济基础之上，才开始准备从事创业活动的，机会型创业者往往在他们所熟悉的或者擅长的一个领域内开始创业，这些因素使得他们与生存型创业者相比有着较大的生存空间。

这种分类是形式上的简单分类，我们可以更进一步用马斯洛的需求层次理论（也被称为马斯洛需求金字塔）深入分析创业者的动机。该理论是美国心理学家亚伯拉罕·马斯洛在 1943 年发表的《人类激励理论》(*A Theory of Human Motivation Psychological Review*) 论文中提出的。1954 年，马斯洛出版了影响深远的巨著《动机与人格》(*Motivation and Personality*)，对需求层次理论进行了详细阐述。

马斯洛将人类需求像阶梯一样从低到高按层次分为五种，即生理需求（physiological-needs)、安全需求（safety needs)、爱和归属感（love and belonging，亦称为社交需求)、尊重需求（csteem needs）和自我实现需求（self-actualization needs）五类，如图 5-1 所示。人都潜藏着这五种不同层次的需要，但在不同的时期表现出来的各种需要的迫切程度是不同的。人的最迫切的需要才是激励人行动的主要原因和动力。低层次的需要基本得到满足以后，它的激励作用就会降低，人们就会产生更高层次的需求。需求层次理论是解释人格的重要理论，也是解释动机的重要理论。其提出个体成长的内在动力是动机(motivation)。而动机是由多种不同层次与性质的需求（needs）组成的，而各种需求间有高低层次与顺序之分，每个层次的需求与满足的程度将决定个体的人格发展境界。

图 5-1　马斯洛需求层次理论

生理需求是人类维持自身生存的最基本要求，包括饥、渴、衣、住、行等方面的要求。如果这些需要得不到满足，人类的生存就成了问题。

安全需求是人类保障自身安全等方面的需要。

社交需求包括两个方面的内容。一是友爱的需要，即人人都需要同伙伴、同事之间保持融洽的关系或稳定的友谊；人人都希望得到爱情，希望爱别人，也渴望接受别人的爱。二是归属的需要，即人都有一种归属于一个群体的感情，希望成为群体中的一员，并相互关心和照顾。

尊重需求。人人都希望自己有稳定的社会地位，要求个人的能力和成就得到社会的承认。尊重的需要又可分为内部尊重和外部尊重。内部尊重是指一个人希望在各种不同情境中有实力、能胜任、充满信心、能独立自主。总之，内部尊重就是人的自尊。外部尊重是指一个人希望有地位、有威信，受到别人的尊重、信赖和高度评价。马斯洛认为，尊重需要得到满足，能使人对自己充满信心，对社会满腔热情，体验到自己活着的用处和价值。

自我实现需求。这是最高层次的需要，它是指个人实现理想、抱负，发挥个人的能力到最大程度，完成与自己的能力相称的一切事情的需要。马斯洛提出，为满足自我实现需要所采取的途径是因人而异的。自我实现的需要是在努力实现自己的潜力，使自己越来越接近自己所期望成为的人物。

对于创业者来说，生存型创业者基本是为了满足生理需求和安全需求等物质层面的需求，而机会型创业是为了满足社交需求、尊重需求以及自我实现需求等精神层面的需求。即便是一个创业团队，不同的创业者也会有不同的创业动机。

二、创业者素质

（一）能力素质冰山模型

1895 年，弗洛伊德与他人合作发表了《歇斯底里研究》，“冰山理论”从此走上了心理学的舞台。该理论认为，人格可见的只是浮在水面的部分，看不见的却是水下那巨大的部分，正是这看不见的水下部分决定着人类的行为，看不见的水下部分是人格冰山的基础。

20 世纪 70 年代初，麦克伯咨询公司接到美国政府关于选拔驻外联络官（Foreign Service Information Officers，FSIO）的任务。美国政府为了挑选适合的人员，设计出“驻外服务官员测试”方式。这个测试的要求十分严格，主要测评内容分为三大类：智商；学历、文凭和成绩；一般人文常识与相关的文化背景知识（包括美国历史、欧美文化、英文、政治、经济等相应的专业知识）。美国政府希望通过这种严苛的考试挑选出合适的人选，从而担负起驻外联络官的重要使命。遗憾的是，测试效果并不理想，许多经过严格筛选的联络官并不称职。为此，美国政府委托麦克利兰，寻找并设计出能够有效测评选拔驻外联络官的新方式。

1973 年，麦克利兰在《美国心理学家杂志》（*American Psychologist*）上发表了著名的《测量素质而非智力》（*Testing for Competency Rather Than Intelligence*）一文，正式提出“素质”的概念。他在文章中引用了大量的资料，说明仅凭智力测验来判断个人能力的不合理性，并进一步指出，人们主观上认为能够决定工作绩效的一些诸如人格、智力、价值观等方面的因素，在现实中并没有表现出预期的效果。因此，麦克利兰强调要抛弃传统的理论假设和主观判断，坚持从第一手的材料出发，发掘那些能够真正影响工作绩效的特质和因素。他在文章中指出，人的工作绩效由一些更根本、更潜在的因素决定，这些因素能够更好地预测人在特定职位上的工作绩效，这些“能区分在特定的工作岗位和组织环境中绩效水平的个人特征”，就是素质，即胜任力（competence）。素质是员工潜在的特性，例如：动机（motive）、特质（trait）、技能（skill）、自我认知（self-image）、社会角色（social role）、所拥有的知识（knowledge），等等。这些因素决定着工作是否有效，决定着一个人是否能产生杰出的绩效。这篇文章的发表，标志着素质研究的开端。麦克利兰提出了“能力素质冰山模型”，如图 5-2 所示。在这个模型中，他把人的素质描绘成一座冰山，这座冰山分为水面之上的和水面之下两个部分。其中，“冰山水面以上部分”包括基本知识、基本技能，是外在表现，是容易了解与测量的部分，相对而言也比较容易通过培训来改变和发展。而“冰山水面以下部分”包括社会角色、自我认知、特质和动机，是人内在的、难以测量的部分。它们不太容易通过外界的影响而得到改变，但却对人的行为与表现起着关键性的作用。

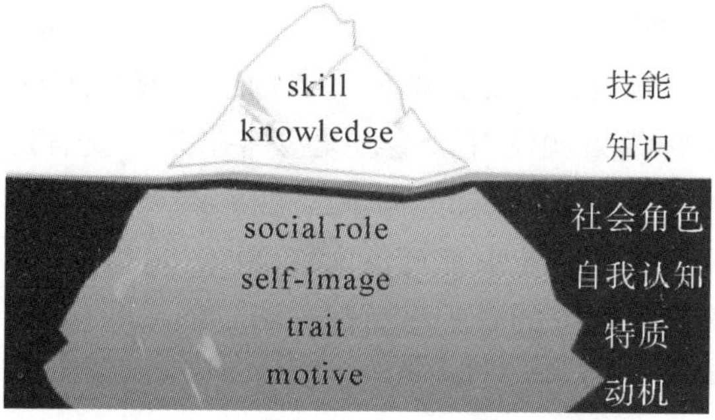

图 5-2　麦克利兰能力素质冰山模型

（二）洋葱模型

1981 年，理查德·博亚齐斯（Richard Boyatzis）在麦克利兰研究的基础上，提出了与“冰山模型”类似的“洋葱模型”，如图 5-3 所示。所谓洋葱模型，是把胜任素质由内到外概括为层层包裹的结构，最核心的是动机与个性、随后是自我形象与价值观、态度，最后是知识、技能。越向外层，越易于培养和评价；越向内层，越难以评价和习得。大体上，“洋葱”最外层的知识和技能，相当于“冰山”的水上部分；“洋葱”最里层的动机和个性，相当于“冰山”水下最深的部分；“洋葱”中间的自我形象与角色等，则相当于“冰山”水下浅层部分。洋葱模型同冰山模型相比，本质是一样的，都强调核心素质或基本素质。对核心素质的测评，可以预测一个人的长期绩效。相比而言，洋葱模型更突出潜在素质与显现素质的层次关系，比冰山模型更能说明素质之间的关系。

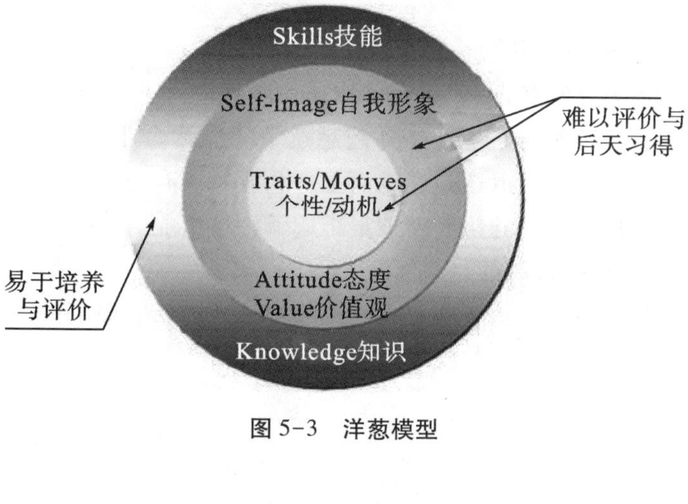

图 5-3　洋葱模型

胜任力素质的研究和实践从20世纪90年代开始得到广泛应用。美国心理学家斯班瑟博士（Spencer）也进行了深入的研究。由此我们可以得出结论，决定创业成功的不仅仅是技能与知识，而更多的是冰山以下的那些特质。

（三）企业家精神

那么成功创业者应该具有哪些素质呢？创业者的素质可以汇总成企业家精神这个总的特征。“企业家”这一概念由法国经济学家理查德·坎蒂隆（Richard Cantillon）在18世纪30年代首次提出，即企业家使经济资源的效率由低转高；企业家精神则是企业家特殊技能（包括精神和技巧）的集合。或者说，企业家精神指企业家组织建立和经营管理企业的综合才能的表述方式，它是一种重要而特殊的无形生产要素。那么企业家精神包括什么呢？那就是创新、冒险、合作、敬业、学习、执着、诚信。

1. 创新是企业家精神的灵魂

大师约瑟夫·熊彼特曾说，企业家是从事“创造性破坏（creative destruction）”的创新者。没有破坏，没有毁灭就没有再生，就没有未来。没有这种“创造性破坏”精神内涵的人，首先就不是企业家。创新是优秀企业家所具备的特质之一，也是企业家精神的核心。国内外但凡优秀的企业家都具备这一精神，从杰克·韦尔奇到乔布斯，从柳传志到马云，这些优秀的企业家的骨子里面都流淌着创新的基因。

2. 冒险是企业家精神的天性

冒险是优秀企业家的天性。创业和企业发展本身会存在很多风险，如果缺乏冒险精神，没有甘冒风险和承担风险的魄力，就不可能成为企业家。企业创新要么成功，要么失败，企业家没有别的第三条道路。

3. 合作是企业家精神的精华

企业家在重大决策中实行集体行为而非个人行为。尽管伟大的企业家表面上常常是一个人在表演，但真正的企业家其实是擅长合作的。

4. 敬业是企业家精神的动力

在生活中，一个人为了他的事业才生存，而不是为了他的生存才经营事业。对事业的忠诚和责任，是企业家的不竭动力。

5. 学习是企业家精神的关键

从系统思考的角度来看，企业家和整个企业必须是持续学习、全员学习、团队学习和终生学习的。

6. 执着是企业家精神的本色

英特尔总裁葛洛夫有句名言：“只有偏执狂才能生存”。马云的坚持成就了他的阿里巴巴电子商务王国，任正非的坚持让华为超越竞争。经营企业会面临大大小小的困境，辛苦面前，困境面前是知难而退还是迎难而上，企业家没有退路，坚持是企业家必须面临的唯一选择，没有持之以恒的执着精神很难成就一番事业。

7. 诚信是企业家精神的基石

诚信是企业家的立身之本，企业家在修炼领导艺术的所有原则中，诚信是绝对不能妥协的原则。

三、创业决策评估

创业者在进行创业决策之前需要进一步进行风险评估。只有科学地进行风险评估，创业者才能尽可能地避免创业失败。对于风险的理解，有广义和狭义之分，广义的风险强调了结果的不确定性，狭义的风险则强调了损失的不确定性。广义上的风险指未来利润多寡的不确定性，可能是获利（正利润）、损失（负利润）或者无损失也无获利（零利润）；狭义上的风险只能表现为损失，没有获利的可能性。无论如何定义风险，其基本的核心含义是“未来结果的不确定性或损失”。人们常说，创业有“三高”：高难度、高风险和高不确定性，这“三高”合为“一高”，就是“高失败率”。创业者要想创业成功，必须有效地进行创业风险的管理。

首先要对自身动机与能力再评估。

创业动机方面应注意两点，一是创业动机冒进，二是创业动机不强。正所谓“过犹不及”，正确把握创业动机的“度”是避免创业决策陷阱的关键。当存在创业动机冒进问题时，创业者应调整好自己的心态，将自己的创业动机控制在合理范围内。比如，在条件不成熟时大学生就可以通过就业，先学习行业经验再创业，这也是一种非常合适的未来创业路径。当存在创业动机不强问题时，创业者一方面应正确理解创业对经济增长和就业的意义，另一方面应想清楚创业是不是自己真实想做的事情，如果不是，不建议进行创业。

创业能力不足主要表现为对自身能力估计过高。当创业者发现自身能力不足时，可以考虑与一些正在创业的朋友交流，这样可以帮助自己充分认识创业路上的困难，从而更准确判断自身创业能力和创业资源是否达到创业过程的要求。与此同时，创业者还应加强创业失败学习，帮助自己提高创业能力。

其次要对商机、团队与资源再评估。

第一，慎重选择创业项目。创业时如果缺乏前期市场调研和论证，创业者只凭自己的兴趣和想象来决定投资方向，甚至仅凭一时心血来潮做决定，一定会碰得头破血流。创业者在创业初期一定要做好市场调研，在了解市场的基础上创业，慎重选择创业项目。创业项目的风险主要有以下三个方面。①政策风险。政策风险是指有些创业项目处于政府管制或调控的领域，政府管理政策可能会发生变化，或致创业项目被封杀，或因政策调整导致市场供求变化，给初创企业经营带来极大的风险。②技术风险。技术风险是指初创企业的产品技术不完全成熟，边研制边“上马”，从而存在着技术不过关的风险，技术风险主要存在于产品具有一定技术含量的初创企业，当然也存在于进行新产品开发的成熟企业，特别是科技型企业。③市场风险。市场风险主要是指产品能否经受市场竞争的风险。如果产品适销对路，渠道畅通，具有足够的竞争力，很快得到消费者的认可，那么市场风险就小；反之，市场风险就大。市场风险是选择创业项目时必须要考虑的因素。市场风险影响着产品的销售量、企业的生产成本和销售价格，影响着企业的生存。形成市场风险的主要因素有以下几方面：一是宏观经济环境，若宏观经济不好，下游企业或客户购买力下降，势必影响本企业产品的销售。二是原材料采购。若原材料不容易采购，或采购价格高，或运输成本高等因素都会影响本企业的经营。三是消费者消费习惯和消费心理变化。企业生产的产品若不符合消费习惯必将会造成消费困难。

第二，要打造核心团队。俗话说："一个好汉三个帮"，创业要选择好合伙人，要对团队成员的契合度进行仔细评估，构建和谐团队，打造核心团队，防止专业人才及业务骨干流失。

第三，盘点获取资源。创业者应确认现有资源并对资源进行充分利用（包括经营场所、资金、设备、技术、初期人力资源等）；针对资源缺口，通过一定渠道获取补充，对资源进行有效整合。

在创业过程中，创业者应该明白创业是一个过程性事件。在这个过程中必须有一个出口，也就是说，创业者要提前想好创业止损点，从而能够在面对危机时能果断终止创业，及时止损。创业者只有理性决策，才能提高创业的成功率。

拓展阅读：

联想柳传志的创业故事

扫一扫

课堂练习

主题一：理解创业动机以及类型

练习 1

请写出你了解的五个著名企业家，并写出他们的创业动机。

企业家姓名	创业动机

练习 2

阅读以下材料：

A. 陶华碧是"老干妈"辣椒酱这个家喻户晓、尽人皆知的中国名牌的创始人。陶华碧出身穷苦，从没上过一天学，很早就嫁了人，而且很不幸，她中年丧夫，只有她和两个孩子相依为命。为了生存，陶华碧不得不外出打工和摆地摊。1989 年，靠着省吃俭用攒下来的一点儿钱，陶华碧在贵阳市南明区龙洞堡的一条街道边开了个小吃店，专卖凉粉和冷面。为了节省原料，陶华碧自己制作了其中主要的作料——辣椒酱，结果辣椒酱独到的口味吸引了大量的顾客。在经过和顾客的几次交谈后，陶华碧意识到自己做的辣椒酱的确很受欢迎，于是便潜心研究起如何提升辣椒酱的口味。1996 年 7 月，陶华碧借贵阳市南明区云关村村委会的两间房子，招聘了 40 名工人，办起了食品加工厂，专门生产辣椒酱，并定名为“老干妈”。发展至今，“老干妈”已经成为畅销国内外的知名品牌，公司累计产值已达数十亿，每年纳税数亿，带动了 800 多万农民致富，名列中国私营企业 50 强前茅。

B. 1984 年，史玉柱大学毕业后被分配到安徽省统计局工作，负责各种统计数据的分析和处理。传统手工操作的统计方法很快就让他感到很麻烦，于是他决定动手编写软件，用电脑来提高工作效率。经过一段时间的努力，非专业出身的他开发出了一个统计系统软件。他的工作成绩引起了领导的关注，上级决定将他保送到深圳大学软科学管理系进修研究生，并且告诉他，只要一毕业，马上就可以被提拔为处级干部。然而，读完研究生的史玉柱做了一个令人惊讶的决定：放弃唾手可得的职位，辞职“下海”创办企业。领导为他惋惜，同事感到困惑，连最了解他的妻子和父母也感到不可思议。而史玉柱的心里，却涌动着一股不可遏制的创业冲动。他清楚地看到，20 世纪 80 年代末的中国电脑技术，在文字处理特别是桌面印刷排版领域，还处在非常原始落后的状态。而国际市场上的专用文字处理机甚至大大超过了通用电脑的价格。他希望能以自己的聪明才智和积累的知识，在这个领域里闯出一条路。临“下海”前，他对自己的好友说：“如果下海失败，我就跳海。”大有“风萧萧兮易水寒”的悲壮色彩。经过多年起伏，1995 年，史玉柱被《福布斯》列为内地富豪榜第 8 位。

请思考：

1. 上述两位创业者有哪些区别？
2. 他们属于生存型创业还是机会型创业？运用马斯洛需求层次理论进行分析。
3. 从促进经济发展角度来看，政府更应该关注哪种创业？

主题二：理解创业者素质

练习 1　创业个性特征测试

说明：在每题中选择 1 个最能够反映你个人观点的句子（A 或 B）。各题得分表见表 5-1，计算你的合计得分。

1. [A] 工作一定要完成。

   [B] 我喜欢与优秀的朋友在一起，这样我能够获得他们对我的工作的见解和建议。

2. [A] 当我的责任增加时，我会感到更加快乐。

   [B] 我依靠运气把事情完成。

3. [A] 我决不做任何可能使自己受损失的事情。

   [B] 对于如何赚钱的理解是进入商业的第一步。

4. [A] 不管是多好的事情，如果这件事情的失败可能使我招致嘲笑，我就不会冒险去。

   [B] 除了工作之外，我还记挂别人的安康。

5. [A] 我会为自己开创的任何事业而努力。
   [B] 我只会做那些使我开心并有安全感的事。
6. [A] 如果我失败了，别人会嘲笑我。
   [B] 尽管我对自己很有信心，我也还是需要别人的建议。
7. [A] 在遇到困难时，我要去找到解决的方法。
   [B] 如果在新开创的事业中失败，我会继续目前的工作。
8. [A] 如果我觉得一个想法是好主意，我就会去实践这个想法。
   [B] 我能够比现在做得更好。
9. [A] 工作时，我会注意维系良好的人际关系。
   [B] 不管发生什么事，都是我从经历中学习的机会。
10. [A] 即使我的努力失败了，我也能从中学到东西。
    [B] 我喜欢舒适的生活。
11. [A] 我只会投资比赛或彩票，总有一天幸运会落在我头上的。
    [B] 如果我在工作中失利，我会努力找出原因。
12. [A] 我会尊敬我的员工，并对他们一视同仁。
    [B] 如果能有更好的工作，我就会离开现在的工作。
13. [A] 在实施一个新的想法之前，我会慎重考虑。
    [B] 如果我的叔叔去世，我将立刻奔赴出殡室即使这会导致公司订单延误好几天。
14. [A] 只有当我拥有资本时，我才能够发展一项事业。
    [B] 我希望能够自己做出重要决定。
15. [A] 当别人的好意和信任被背叛时，我不会坐视不理。
    [B] 如果事情没有按照我的想法发展，我会寻求其他的替代机会。
16. [A] 我可以犯错误。
    [B] 我非常喜欢与朋友谈天。
17. [A] 我希望我的钱能够安全地存在银行里。
    [B] 我完全信任我的工作，同时我也了解它的优劣。
18. [A] 我希望我能够拥有很多钱从而过上舒适的生活。
    [B] 如果年长者建议我不要做某事，我将绝不会去做。
19. [A] 人们首先应该照顾好自己的亲人和朋友。
    [B] 如果我能维持公司场地清洁，这将帮助提高产品的质量。
20. [A] 即便可能使自己受损害，我也不会做让别人不开心的事情。
    [B] 钱是事业发展的必需品。
21. [A] 我希望我的事业能够很快发展起来，这样我就不会遇到经济紧张的困难。
    [B] 我要清醒地认识到，不能因为不成功就去责备自己。
22. [A] 我应该能够独立地按照自己的想法去做事。
    [B] 只有为自己的未来积累了一大笔钱后我才会幸福。
23. [A] 如果我失败了，那主要会是别人的错。
    [B] 我只会做那些让我感觉舒服且令我满意的事情。

24. [A] 在开始一份工作之前，我会认真考虑它是否会对我的声誉有不利的影响。
[B] 我希望自己能和别人一样，也买得起昂贵的东西。
25. [A] 我希望我能够有舒适的房子住。
[B] 我会从失败中吸取教训。
26. [A] 在做任何工作之前，我都要考虑它的长期影响。
[B] 我希望每件事情都能按照我的想法进行。
27. [A] 金钱能够带来舒适，所以我的主要目标是赚钱。
[B] 我喜欢在能够经常见到朋友们的地方工作。
28. [A] 我了解自己正在做的事，我不怕受到别人的批评。
[B] 如果我失败了，我会觉得自己非常差劲。
29. [A] 我知道碰到困难是常有的事，我应该去做一些好的新工作。
[B] 在开始新工作之前，我会采纳有经验的朋友们的建议。
30. [A] 我的所有经历都会激励我前进。
[B] 我希望我能有很多钱。
31. [A] 我喜欢每天从容不迫，万事顺利，没有任何烦恼。
[B] 不管遇到多大的障碍，我将努力达到目标。
32. [A] 我不喜欢别人无故干涉我做事。
[B] 为了赚钱我可以做任何事情。

表 5-1 创业个性特征测试得分

题号	A	B	题号	A	B	题号	A	B	题号	A	B
1	1	2	9	1	2	17	0	2	25	1	2
2	2	1	10	2	1	18	1	0	26	1	1
3	0	1	11	0	2	19	0	2	27	1	1
4	0	1	12	1	1	20	1	1	28	2	0
5	2	1	13	2	0	21	1	0	29	0	1
6	0	2	14	1	11	22	1	1	30	2	1
7	2	0	15	1	1	23	0	2	31	1	2
8	1	2	16	2	1	24	1	1	32	1	0

您的得分合计：【　　　　】分

练习 2 创业能力测试

说明：

①当你想要拥有一个自己的公司的时候，有必要先进行这个测试（如表 5-2 创新能力测评表），它可以帮助你判断你自己是否适合创业？你具有多少创业者潜力？当然，这个测试结果，也是仅供参考，因为决定一个人创业能否成功要受到好多因素的制约。

②本测试由一系列陈述句组成。请认真阅读题目，根据你的实际情况来选择最符合你的描述。

③在选择时，请根据你的第一印象来回答。不要做过多的考虑，并在符合你的情况的括号里画“√”。

表 5-2　创业能力测评表

序号	测试题内容	结果
1	是否曾经为了某个理想而设置两年以上的长期计划，并且按计划进行直到完成？	
2	在学校和家庭生活中，你是否在没有师长和亲友的督促下，就自动完成分派的任务？	
3	你是否喜欢独自完成工作，并做得很好？	
4	当你与朋友在一起时，你的朋友是否会寻求你的指导和建议？你是否曾被推举为领导者？	
5	在你以往的经历里，有没有赚钱的经验？你喜欢储蓄吗？	
6	你是否能够专注地做自己感兴趣的事连续 10 小时以上？	
7	你是否习惯保存重要资料，并且井井有条地整理，以备需要时可以随意提取查阅？	
8	在平时生活中，你是否热衷于社会服务工作？你关心别人的需要吗？	
9	是否喜欢音乐、艺术、体育以及其他各种活动？	
10	在此之前，你是否带动其他人员，完成过一项由你领导的大型活动或任务？	
11	喜欢在竞争中生存吗？	
12	当你在别人管理下工作时，发现其管理方法不当，你是否会想出适当的管理方式并建议改进？	
13	当你需要别人的帮助时，是否能充满自信地提出要求，并且能说服别人来帮助你？	
14	在你筹款或者义卖时，是不是充满自信而不害羞？	
15	当你要完成一项重要工作时，是否总是给自己留出足够的时间仔细完成，而决不让时间虚度，在匆忙中草率完成？	
16	你参加重要聚会时，你是否会准时赴约？	
17	是否有能力安排一个恰当的环境，使你在工作中能不受干扰，有效地专心工作？	
18	你交往的朋友中，是否有许多有成就、有智慧、有眼光、有远见、老成稳重型的人？	
19	你在学习或团体中，被认为是受欢迎的人吗？	
20	你自认是理财高手吗？	
21	你是否可以为了赚钱而牺牲自己的娱乐？	
22	是否总是独自挑起责任的担子，彻底了解工作目标并认真地执行工作？	
23	在工作中，是否有足够的信心和耐力？	
24	能否在很短的时间内，结交许多新朋友？	
总分填入右格中		

④评分标准：

答“是”得1分；答“否”不得分。统计所得分数。

⑤测评结果分析：

0~5分：

你目前不适合创业，应当先为别人工作，并学习技术和专业。

6~10分：

你需要在别人指导下去创业，才会有成功的机会。

11~15分：

你适合自己创业，但必须在所有“否”的答案中，分析出自己的问题并加以纠正改进。

16~20分：

你非常适合创业，可以从小事业开始，并从妥善处理中获得经验，成为成功的创业者。

21~24分：

你有无限潜能，只要把握时机和运气，你可能成为未来的商业巨子。

资料来源：李肖鸣. 创业能力测试［EB/OL］.（2009-10-31）［2020-02-15］. http://blog.sina.com.cn/s/blog_62bd171e0100fgnk.html.

练习3　决策技能评估

说明：这个小测验能够帮助你评估自己解决问题的能力。判断正误，请为下列表述选择T（正确）或者F（错误），在选择时，请根据你的第一印象来回答。不要做过多的考虑，并在符合你的情况的括号里画“√”，各题得分表见表5-3，计算你的得分合计。

T	F	1. 有效决策的能力是与生俱来的
T	F	2. 每个需要决策的问题都一定会有一个好办法解决
T	F	3. 做决策时，我会采纳进入脑海的第一个想法
T	F	4. 做决策的最好方法，就是把事情分成一个个小问题
T	F	5. 对问题的不理解会使决策更加困难
T	F	6. 一般来说，决策要尽快地做出
T	F	7. 做决策通常需要反复试验
T	F	8. 做决策时，我会尽量想到所有的可能方案，再从中进行选择
T	F	9. 当你选定一种方案作为解决方案的时候，你的决策过程就完成了
T	F	10. 当要解决困难问题时，我会在做出决策前听取别人的意见
T	F	11. 遇到问题时，我会在做出决定前，尽可能地找出所有与问题有关的信息
T	F	12. 如果要把决策的事情暂时搁在一边，决策过程仍然会在你的大脑中继续
T	F	13. 我在做决策时，经常会对所选方案的结果感到意外
T	F	14. 做决策时，我会尽量勾画出我的决定可能带来的后果

表 5-3 决策技能评估测试得分

题号	T	F	题号	T	F
1	0	1	8	1	0
2	0	1	9	0	1
3	0	1	10	1	0
4	1	0	11	1	0
5	1	0	12	1	0
6	0	1	13	0	1
7	0	1	14	1	0

您的得分合计：【　　　　】分

资料来源：共青团中央，中华全国青年联合会，国际劳工组织. 大学生 KAB 创业基础（学生用书）[M]. 北京：高等教育出版社，2015.

案例实训

1. **背景材料**

雷军：我惨痛的大学创业失败经历

不少人想白手起家、空手套狼，但在今天的商业社会里这是非常不现实的。我特别想问：你为什么不能先做能力及资源上的积累后再创业呢？如果你觉得机会难得，为什么不去试图说服更多人给资源后再创业呢？

我参与创办了金山软件、卓越网，作为天使投资人投资了不少成功的创业项目，看起来很拉风。但实际上我也有过非常惨痛的失败经历。创业不是件容易的事情，一定要想清楚，做好充分的准备后再行动。

有的人为了养家糊口被迫去创业，有的人为了面子和虚荣盲目去创业，这样的创业注定会很坎坷！

1987 年我考上了武汉大学，开始学习计算机。武汉大学是国内最早一批实施学分制的大学，只要修完一定的学分就可以毕业。刚上大学，我对自己要求比较严，就开始选修了不少高年级的课程。仅用了两年时间，我就修完了所有学分，甚至完成了大学的毕业设计。

虽是速成，我的成绩还是不错的。当年“PASCAL 程序设计”课程的老师觉得我的课程作业非常出色，于是将我的作业选作了下一版教材的示范程序。据后来的师弟们说，我是系里二十年来拿过“汇编语言程序设计”满分成绩的仅有的两个学生之一。那时，我酷爱写程序，经常“泡”在老师的实验室，成了各个实验室的“老油条”。

读了两年大学，我已经不满足于校园生活，准备闯荡江湖了。当年的游侠，必备如下装备：一辆破自行车和一个破包，包里至少要装两盒磁盘及三本很厚的编程参考书。

武大樱园宿舍到电子一条街，距离并不远，但走路需要四五十分钟，自行车成了必需的装备，但新自行车招贼，所以最好是辆破自行车。当年最好的电脑是286，内存也只有1M。对于一个高手来说，所有常用软件必须自备，至少需要20张磁盘。编译工具里没有编程接口资料，也没有电子版的图书，只好常备几本很厚的编程资料。那时的书质量不高，内容也不全，常常还有很多错误，因此至少需要三本对照着看。背着三本很厚很沉的书跑来跑去，肯定不是一件舒服的事情。就是那个时候，我下定了决心，要写一本没有错误、内容全面的编程资料书，让所有程序员只带一本书就可以了。这本书就是我和同事在1992年合著的《深入DOS编程》。

就这样，我骑着破自行车，背着装满磁盘和参考书的大包，开始闯荡武汉电子一条街。

刚出道时，我的想法比较简单，只要能学东西，干什么都可以，赚不赚钱不重要。我对各种新生事物都抱着非常浓厚的兴趣。接下来的两年，我的工作涉猎之广，令我自己在现在也很惊叹。我写过加密软件、杀毒软件、财务软件、CAD软件、中文系统以及各种实用小工具等，和王全国一起还做过电路板设计、焊过电路板，甚至还干过一段时间的"黑客"，解密各种各样的软件。两年混下来，各家电脑公司老板都成了我的熟人，他们有任何技术难题，都愿意找我帮忙。这样，我成了武汉电子一条街的"名人"。

1. 黄玫瑰小组

1989年5月，我在电子一条街上认识了王全国，他在一家校办的卖电脑的公司里负责技术支持。很快，这位比我高三级、年长四岁的留校老师成了我最好的朋友，我们的友谊一直延续到今天，现在他在金山，任副总裁兼CIO。

当时他想做加密软件，并且正在做一个加密软件的界面，而我正好在写加密软件的内核。我们俩约定暑假合作这款加密软件。八月份正式开始，我们两个人大约用了两周时间，没日没夜地工作，完成了所有编码、测试、界面设计以及说明书等，这款加密软件就完成了。

当时电影《神秘的黄玫瑰》正在上映，王全国就建议以"黄玫瑰小组"（Yellow Rose）来署名我们的队伍。就这样，黄玫瑰小组诞生了。从此以后我们在自己的作品里面，经常用"馈人玫瑰之手，历久犹有余香"这句话作为标准签名档。

软件发布后，获得了同行不少的赞誉，"黄玫瑰小组"也开始有了点名气。

2. "反病毒专家"

1989年年底，计算机病毒刚刚在国内出现，就引起了我极大的兴趣。为了解决学校机房染毒的问题，我和同学冯志宏合作开发出了"免疫90"，这是我写的第二款商业软件。

回忆起当时的合作，冯志宏说："当时病毒流行，就起了念头要做一款杀毒软件，既然两个人都有这个想法，就开始合作啦。当时的条件并不好，我们在外面的一个公司找了一台机器上机，两个人分工合作开发程序，因为寒假的时间比较充裕，就选择了在寒假进行开发。武汉的冬天特别冷，每天我们都从武大骑车到那个公司去上机，风雪无阻，脚也因此生了冻疮，放假时食堂吃饭不方便，就经常自己动手煮波纹面。"

“免疫90”是用PASCAL写的，最终的版本可以查、解当时发现的所有病毒。我现在还对这个程序记忆犹新：这个杀毒软件具备病毒免疫功能，如果染上病毒，该程序可以像抖落身上灰尘一样把病毒清除；还做到了样本库升级和在英文环境下显示英文，在中文环境下显示中文；用户甚至可以用文本方式手工增加病毒库。这些功能在今天看来没有什么，但这毕竟是1989年年底的作品。

“免疫90”售价260元一套，上市后在武汉就迅速卖出了几十套，我们每人赚了好几千元。在老师的推荐下，“免疫90”获得了湖北省大学生科技成果一等奖。我在《计算机世界》等刊物上发了很多篇关于病毒的文章，成了当时小有名气的“反病毒专家”；最让我难忘的是，我还在学术刊物《计算机研究与发展》上发表一篇学术论文，当时入选了第一届青年计算机大会论文集。论文发表后，湖北省公安厅还专门请我讲课，讲关于反病毒技术。

1990年，随着防病毒市场逐步开始启动，公安部介入了反病毒软件的研发及产品管理。我没有正式从大学毕业，觉得写杀毒软件麻烦太多了，就暂停了“免疫90”的后续研发。

3. 中文“开放源代码”

我还与冯志宏合作开发过一个共享软件RI（清内存的小工具）。

当时RI很流行。之所以能够流行，是因为当时电脑的内存很小，在运行程序多了之后会导致系统速度变得很慢，而有些软件则可能因为内存被其他资源占用而无法运行，这时候就需要重启电脑。RI执行以后驻留内存，然后随时可以通过可自定义的热键（默认同时按下左Ctrl和右Ctrl）来清除当前的环境或正在执行中的程序，回到驻留RI时的DOS提示符状态下。为了让更多的用户避免收频繁重启的痛苦，我决定免费把这款工具软件提供给用户使用。

这个产品对于程序员调试程序非常方便。开发软件的过程中，总存在很多死机的漏洞（bug），需要频繁重启电脑。使用RI可以提高程序员的效率。很快，RI在当时程序员队伍中也几乎是人手一份的必备工具。

1992年年底，我花了整整三天时间重写了RI，新版的RI2.0功能更为强劲。为了让更多的程序员来帮我修改完善，我公布了所有的源代码。

现在看来RI也算国内最早一批开放源代码的免费软件了。

4. 黑客生涯

1990年初，我在一个朋友那用了WPS汉卡，当时就被震住了。界面简洁美观，更强的是打印效果可以先模拟显示出来。软件署名是香港金山公司求伯君，当时我觉得这个软件写得真好。由于当时的电脑存贮和运算能力不足，运行WPS软件需要一块价值不菲的汉卡支持。我特别想买一套来用用，但买一套需要2 000多元，这在当时是一个天文数字。没有办法，我决定把WPS解密，将软件移植到普通电脑上直接使用。

这可不是一件容易的事情，我几乎有两周没怎么睡觉，终于完成了。在使用过程中，我又在原来的基础上做了一些增强和完善，不少朋友觉得很好用。于是，我解密的WPS版本成了国内最流行的WPS版本了。因为这个渊源，我后来认识了求伯君。

我成功破解过不少软件后，成了当时圈子里面几大解密高手之一。一次有位朋友告诉我，《自然码》加密做得很牛。我和王全国就着手解密《自然码》，没过多久就搞定了。但解密完后，我觉得自然码的代码写得非常好，而且越研究就越佩服《自然码》的作者周志农。后来我到了北京，第一个想认识的牛人就是周志农。

5. 失败的大学创业经历

大学时期，我曾在图书馆看了一本《硅谷之火》，深深被乔布斯的故事吸引。20 世纪 80 年代是乔布斯的年代，他是全世界的 IT 英雄，他在当年的影响力绝不亚于今天。20 世纪 90 年代初，连盖茨都说，他只不过是乔布斯第二而已。我在电子一条街打拼一段时间后，自我感觉良好，就开始做梦：梦想写一套软件运行在全世界每台电脑上，梦想办一家全世界最牛的软件公司。于是，下面的故事就这样开始了。

那是 1990 年七八月，大三暑假。王全国有一位同事，和他的一个朋友想办一家公司，拉我和王全国入伙。他们两个人负责市场销售，我和王全国负责技术和服务，股份四个人平分。我和王全国对自己的技术相当自信，他们俩也对自己的销售能力非常自信，这样的组合好像是“天作之合”，我们几乎没有犹豫就答应了。我当时想，乔布斯、盖茨、戴尔就是在大学期间创业成功的，我们为什么不可以？想到这些，顿时热血沸腾，脑子晕晕的。今天回想起来觉得好奇怪，我们好像根本就没有讨论过，开公司谁投钱，开张后做什么，靠什么赚钱等实际的问题。真的是“人有多大胆，地有多大产”。

公司取名为三色（Sunsir），我们希望用红、黄、蓝三原色创造七彩的新世界，放飞我们创业的梦想。我们四个人都没有什么钱，也没有找人投资，最后还是我帮公司拿到了第一张单子赚了几千元，公司才开始启动。

刚开始，我们租用了珞瑜饭店的 103 房间作为办公室。我们什么赚钱就做什么，没什么套路。每天忙得热火朝天，白天跑市场销售，晚上回来做开发。后来我们找了一个方向，做仿制汉卡。办公室十几平方米，放了桌子和电脑，就没什么地方。我们晚上基本不回宿舍，睡觉的时候五六个人就直接躺在办公室里。实在找不到地方躺的人，就只能坐在电脑前干活了。不久，李儒雄加入了我们的团队。他也是一个很能干的人，后来他参与创办了连邦软件，曾任连邦软件总裁。

没过多久，我们仿制汉卡的技术就被人盗用了，他们一次做的量比我们大，卖的价钱也比我们便宜，因此，在这个产品上我们几乎没挣到什么钱。

看起来我们的团队也很强大，公司人最多的时候有十四个人，业务范畴也挺宽的，卖过电脑，做过仿制汉卡，甚至还接过打字印刷的活。实际上，公司的账上基本没什么钱，我们连吃饭都是个问题。有个兄弟吹牛说他麻将打得好，自告奋勇去和食堂师傅打麻将，结果真的赢了一大堆饭菜票。后来公司实在没钱的时候，我们就派他去打麻将赢饭菜票。我们就是这样过日子的。

还有件很烦心的事，就是四个股份相同的股东，谁做董事长，谁说了算。我当年二十岁刚出头，不想掺和这样的事情，但他们好几次把我从武大的教室里面叫出来开会，一开就是一通宵。短短几个月时间，董事长改选了两次。和所有创业公司一样，中间还发生过好多好多事。

高涨的创业热情被残酷的现实一天一天消磨，我开始思考一个问题：作为一个大四的学生，我是否具备创业所需要的能力？琢磨了好几个晚上，我提出了散伙。

那是冬天的一个星期天，大家同意了我和王全国退出，我们分了一台286、一台打印机和一堆芯片，就离开了。虽然我们一起创业只有半年多时间，回想起来过去的事情历历在目，觉得有一个世纪那么漫长。

经过了创业的煎熬，我回到学校，心里轻松极了，一个人走在武大的樱花路上，觉得阳光灿烂。

我的大学创业过程就这样惨淡收场了。

我觉得，人就是在挫折和失败中成长的。正因为这次失败的经历，我对自己的能力有了清楚的认识，也为未来的发展做好了脚踏实地、一步一步干的心理准备。

大学四年很快就过去了。

我不顾一切来到了中国IT的中心北京，闯荡京城的故事就这样开始了。

资料来源：佚名. 雷军：我惨痛的大学创业失败经历［EB/OL］.（2013-06-28）［2020-02-13］. https://www.hcdj.com/lizhi/lizhiwenzhang/3640.htm.

2. 实训任务

（1）分析雷军大学期间创业动机，其影响因素是什么？

（2）分析雷军具备哪些创业者素质。

（3）运用创业决策评估理论分析雷军创业失败的原因。

3. 实训步骤

（1）个人阅读。

督促学生认真阅读案例，教师对案例背景进行简单陈述，并进行分组。

（2）小组讨论与报告。

围绕实训任务进行讨论，要求每个小组将讨论要点或者关键词记录下来，便于课堂互动。具体要点如下所示：

小组讨论与报告

小组名称或者编号：________________

组长：________________

小组成员：________________

记录人：________________

① 小组讨论记录：

发言人1：________________

发言人2：________________

发言人3：________________

发言人4：________________

发言人5：________________

发言人6：________________

发言人7：________________

发言人8：________________

____

② 小组共识要点：

____

（3）师生互动。

各组派代表对讨论结果进行陈述，教师与学生进行互动，并回顾本章的关键知识点，同时激发学生进行进一步思考。

（4）课后形成正式的实训报告（见附录5 实训报告）。

根据课堂讨论，学生进一步回顾课堂所学内容，形成正式的实训报告，可通过课外作业的方式进行。

（5）实训考核。

根据学生课堂表现以及实训报告质量，评定实训成绩。

第六章

创业机会

知识与能力目标

ZHISHI YU NENGLI MUBIAO

知识目标

1. 了解创业机会的概念与特征。
2. 理解创业机会的类型。
3. 理解创业机会的来源。
4. 掌握创业机会的识别与评价。
5. 理解创业风险及规避。

能力目标

1. 掌握发现创业机会的方法。
2. 掌握评估创业机会的方法。

知识要点

ZHISHI YAODIAN

一、创业机会的概念与特征

（一）创业机会的概念

机会是什么？机会是指实现某种目的的一组条件的形成，通俗地讲就是行事的时机。商业机会是什么？商业机会是指有助于实现某种商业目的的一组条件的形成。

关于创业机会，英国雷丁大学经济学教授卡森（Casson，1982）认为，创业机会是一种新的“目的-手段（Means-End）”关系，它能为经济活动引入新产品、新服务、新原材料和新组织方式，并能以高于成本价出售的市场情况。

位于俄亥俄州的克里夫兰的美国凯思西储大学（Case Western Reserve University）教授斯科特·谢恩（Scott Shane）发表了有关创业机会的一系列研究成果，他认为创业机会的本质是一种能带来新价值创造的“目的-手段关系”。

目的指的是创业者计划服务的市场或要满足的需求，表现为最终产品或服务；手段指的是服务市场或满足需求的方式，表现为用于供给市场最终产品或服务的价值创造活动要素、流程和系统。

因此，我们可以给创业机会一个定义：预期能够产生价值的、清晰的目的-手段组合。

一些人往往认为“商业机会”就是“创业机会”，实际上并非如此。“创业机会”仅仅限指“适于创业的商业机会”。那么商业机会与创业机会的区别是什么？奥地利经济学派认为，创业机会与商业机会的根本区别在于利润或者价值创造潜力的差异，创业机会具有创造超额经济利润的潜力，而商业机会只能改善现有的利润水平。

创意是什么？创意是创业机会的起点，英文叫“idea”，俗称好主意、新点子、新灵感，是一种创新性的甚至是原创性的概念、思想和想法。核心是创造性思维，其突出的标志是具有新颖性、独特性，创造性思维往往带有随机性和突发性，因此又常被称为灵感。

虽然创意是创业机会的起点，但是有了创意不一定能转换成创业机会，创意是否具有商业价值存在不确定性。仅仅凭想法进行创业，失败率是很高的。由此可见，创业机会是指具有商业价值的创意，表现为特定的目的-手段组合关系。

那么创意如何转化成创业机会呢？其中一个关键环节是，创意可以发展为在市场上进行检验的商业概念（business concept），商业概念既体现了顾客正在经历的也是创业者试图解决的种种问题，还体现了解决问题所带来的顾客利益和获取利益所采取的手段。这种利益是顾客认可并愿意支付的价值。

（二）创业机会的特征

那么创业机会具有哪些特征呢？

第一，客观性。创业机会是客观存在的，不依赖于人的主观想象，无论创业企业是否意识到，它都会客观存在于一定的社会经济环境之中，尽管有时是企业在创造一些市场机会，但是这些所谓创造的创业机会，其实是早就客观存在的，只是被创业企业最先发现和利用而已，客观存在的创业机会对所有人都是公平的，每个创业者都有可能发现，不存在独占权，在创业者发现创业机会的时候，就要考虑潜在的竞争对手，不能认为发现创业机会就意味着独占，独占创业机会就意味着成功。

第二，可利用性。创业机会是能为顾客或者是最终用户创造或增加价值的产品服务或业务，能够解决客户的“痛点”。因此，顾客和最终用户愿意支付更多的费用，正如世界著名的市场营销学权威菲利普·科特勒所说，顾客是价值最大化的追求者，所谓满足顾客的需求就是要为顾客提供最好、最多、最大的价值，因此创业者在选择创业时机时的核心问题是，我们创办的企业能为顾客或者最终用户提供什么样的价值？

第三，营利性。创业机会具有创造超额经济利润的潜力，这包括两个含义，一是营利性是创业的基本要求，营利性是创业者创业的基本动机及吸引创业者创业的原动力；二是创业机会的营利是潜在的，需要通过创业活动把潜在的营利性转化为现实的营利性。

第四，时效性。时效性是指创业机会必须在机会窗口存续的时间内被发现并利用，而机会窗口是指商业想法推广到市场上所花费的时间，如果其他创业者先行一步，以快制胜，占领市场先机，并且一旦把产品推向市场，那么机会窗口也就关闭了，俗话说机不可失，时不再来。如果把握不及时，时过境迁，原有的商业机会就不复存在。创业者在将创业机会转化为商机时，不仅取决于个人的决心，也取决于许多外部环境和内部条件，外部如资源条件，内部如个人的主观决心。因此创业者应做好各方面的准备工作，一旦发现有价值的创业机会，就应当当机立断抢占市场，实施创业活动。

我们可以用机会窗口理论进行解释，机会窗口是一种隐喻，用于描述进入市场的时间期限。图 6-1 中的曲线是一条典型的产品或行业市场生命周期曲线，分为三个阶段。在阶段 1：产品或行业处于发展初期，曲线的坡度比较平缓，市场规模比较小，商机出现的概率不大，机会窗口尚未打开。阶段 2：随着时间的推移，产品或行业被越来越多的消费者所认可，市场会高速增长，市场机会也随之越来越多，就如同为创业机会打开了一扇窗户。阶段 3：经过一段时间的发展，市场开始成熟，成长的空间开始变得越来越小，机会窗口就会关闭。因此，整个机会窗口的发展过程实际上也是创业机会的生命周期。

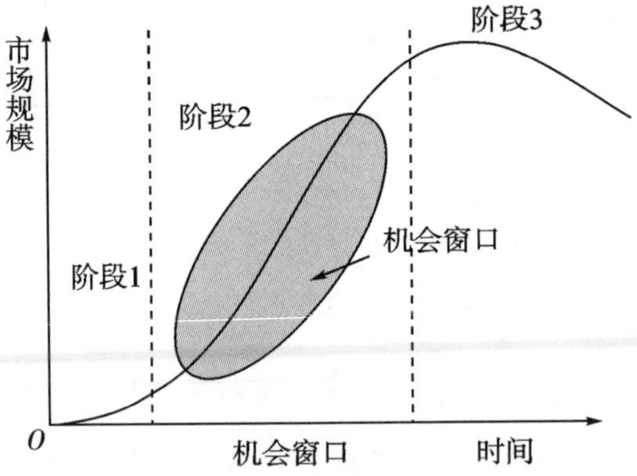

图 6-1　机会窗口

机会窗口告诉创业者以下道理：①选择在哪个阶段进入市场，在很大程度上决定了创业的成败，当机会窗户打开时，进入市场越早，创业成功的可能性越大；②市场规模和机会窗口的长度构成了风险回报的基础，机会窗口敞开，时间的长短对创业成功十分重要；③不同产业存在不同的机会窗口；④动态的产业能够不断地创造市场机会，一个产业的变化越大，创造的市场机会越大，市场进一步偏离均衡状态的程度就越大；⑤适度的前瞻性是创业者所需的素质，因此创业时机的把握十分重要。

二、创业机会的类型

创业机会包括哪些类型？我们可以根据目的-手段关系将创业机会分为三类。

第一种，根据目的-手段关系的明确程度，我们可以将创业机会划分为识别型机会、发现型机会和创造型机会。

识别型机会是指市场中的目的、手段关系十分明显，创业者可以通过目的、手段关系的连接来辨识机会，例如，当供求之间出现矛盾和冲突，供给不能有效地满足需求，或者根本无法实现这一要求时，创业者需辨别出的新机会。

发现型机会是指目的或手段中的任意一方状况未知，等待创业者去发掘机会，比如一项技术被开发出来，但尚未有具体的商业化产品出现，因此需要通过不断尝试来挖掘出市场机会。例如激光技术在出现后十几年之后才成为商用。

创造型机会是指目的和手段皆不明确，这时创业者只有比他人更具有先见之明才能创造出有价值的市场机会。

第二种，根据目的-手段关系中的目的、性质，我们可以将创业机会分为问题型机会、趋势型机会、组合型机会。

问题型机会指的是出现实中存在的、未被解决的问题所产生的一类机会。例如五笔字型输入法的发明。

趋势型机会就是在变化中看到未来的发展方向，预测到将来的潜力和机会，比如说，互联网、电子商务、新能源、人工智能、大数据行业，等等。例如在中国，由于看到了互联网经济的未来，诞生的 BAT（B 指百度、A 指阿里巴巴、T 指腾讯）是中国互联网公司百度公司（Baidu）、阿里巴巴集团（Alibaba）、腾讯公司（Tencent）三大互联网公司首字母的缩写。

组合型机会就是将现有的两项以上的技术、产品服务等因素组合起来，以实现新的用途和价值而获得的创业机会。例如芭比娃娃。

第三种，依据“目的-手段”关系中的手段方式，我们可以将创业机会分为模仿型机会、改进型机会、突破型机会，如表 6-1 所示。

表 6-1　基于目的-手段关系的创业机会分类

目的-手段的明确程度	目的的性质	目的-手段组合
识别型（十分明显）	问题型（未被解决的问题）	模仿型（生存型创业活动）
发现型（任意一方未知）	趋势型（未来发展方向）	改进型（改进性创新）
创造型（皆不明朗）	组合型（两项以上因素组合）	突破型（突破性创新）

三、创业机会的来源

参考巴林杰等人的观点，综合前人的研究，我们可以总结出创业机会的三个主要来源：

（一）变化的环境趋势

著名管理大师彼得·德鲁克（Peter F. Drucker）曾将创业者定义为“寻找变化，并积极反应，把它当作机会充分利用起来的人”。变化就是机会，环境变化是创业机会的重要来源。尤其是在今天这个复杂动态环境中，蕴藏着各种良机。其变化主要包括经济趋势、社会趋势、技术进步、政策变化等。

首先是经济趋势。当经济形势好的时候，人们更愿意购买非必需消费品以提高生活质量，单个产业对消费者购买行为有直接影响，例如利率下调通常会导致住房、家具和电器等销售量的增长，与此相反，一系列的企业裁员和股市急速下滑，通常又会导致奢侈品需求的下降，在研究经济因素如何影响创业机会时，重要的是判断谁有可支配的金钱，以及这些人会把钱花在何处。

其次是社会趋势。社会趋势对人们的生活方式和所需产品服务类型有一定的影响。了解这一点有助于我们发现创业机会。许多情况下商品带给人们社会需求的满足，而不仅仅是商品表面的使用价值，比如像 Facebook、QQ、微信这样的社交工具之所以备受欢迎，不是因为人们可以在上面传信息、传照片，而是因为人们通过这些工具可以相互交流，满足社交需求。目前在中国，随着人口老龄化社会的来临，人们就会对医疗保健、康养产业产生新的需求；同时人们生活质量不断提高，环保意识的日渐增强就会对绿色健康产品产生新的需求，等等。

再次是技术进步。技术的进步，为我们创造和赢得了技术性的创业机会。新的技术突破，特别是非连续性创新为创业者提供了创业的技术来源。这类技术来源最可能触发创业机会，现阶段较为常见的技术型创业机会至少有 5 种：显示新功能的新技术；新技术替代旧技术；竞争前技术的新突破；国家或区域之间技术势差引发的技术转移与扩散；新技术带来的新的技术问题。毫无疑问，技术的发展正在改变人们工作和生活的方式，并为创业提供了持续不断的商机。很多情况下技术本身并不是识别商业机会的关键，相反，关键在于要认识到如何利用技术来帮助满足人们基本的和变化的需求。例如高德地图、腾讯地图就解决了找不到地方的困境，让人们交流的、出行的范围迅速扩大，让自驾出行变得十分便利。人工智能、大数据的广泛应用也对人们的生活方式产生了重大而深刻的影响。

最后是政策变化。政策变化会带给创业者的新的创业机会。主要的政策变化包括经济体制的变革、发展政策的变革、产业政策的变革等。原有的政策调整或新政策的出台意味着某些领域的障碍将被消除，或者某些价值将从特定领域转到另一领域，这个过程可能推动创业者创造更大的新价值。例如国家对金融领域进行改革，允许非公有制企业进入特许经营领域经营，于是支付宝等一系列网络金融支付工具诞生了。

（二）尚未解决的问题

创业机会的第二个来源是尚未解决的问题。如何找问题？营销大师菲利普·科特勒说：“人们抱怨夜里很难入睡，家里那些乱糟糟的东西很难收拾，很难找到物美价廉的度假方式，很难追溯家族血统，很难除去花园的杂草，等等。”约翰·加德纳曾经说过，每个问题都是一个绝佳的隐藏着的机会。生活中有大量的烦恼，这些烦恼与问题也许就是创业的机会。人们为什么抱怨？因为有问题解决不了，或者解决问题的过程太麻烦了。创业机会来源于没有被解决的问题，或者过程很麻烦。大多数人是只喜欢抱怨，而不喜欢解决问题的；而有的人，解决了抱怨，就发现创业机会赚到了钱。

（三）市场缝隙

很多创业者见缝插针，这就涉及利基市场的概念。利基市场（Niche Market），也称为缝隙市场、针尖市场、壁龛市场。“Niche”一词来源于法语。法国人信奉天主教，在建造房屋时，常常在外墙上凿出一个不大的神龛，以供放圣母玛利亚。它虽然小，但边界清晰，洞里乾坤，因而后来被用来形容大市场中的缝隙市场。在英语里，它还有一个意思，是悬崖上的石缝，人们在登山时，常常要借助这些微小的缝隙作为支点，一点点向上攀登。按照菲利普·科特勒在《营销管理》中给利基下的定义：利基是更窄地确定某些群体，这是一个小市场并且它的需要没有被服务好，或者说"有获取利益的基础"。

四、创业机会识别与评价

（一）识别创业机会

在创业机会识别过程中，首先应该具备两个前提条件。

一是"要能够发现价值"，即能够获取到高价值的商业信息，而这种信息往往是他人难以接触到的。这主要是从信息获取渠道以及个人创业愿望两个方面来理解。例如，拥有有助于获取信息的工作或者生活圈子、具备优越的社会资本条件、时刻保持创业警觉以及强烈的创业愿望，有利于创业者获取到他人难以接触到的高价值信息。

二是"要能够分析价值"，即能够分析出商业信息的价值所在并做出准确的判断与决策。当然，影响信息分析能力的因素有：创业者个人或者团队的智力结构、先前经验及创新思维能力、创业者是否拥有乐观的心态、创业者是否具备敏锐的洞察力，等等。而且，以上二者缺一不可，如果发现价值信息却不会分析、处理和运用，所获信息的价值将变得一文不值；如果只是具备优越的信息分析与处理能力，而没有价值信息来源，那也只能是"巧妇难为无米之炊"。

常用的创业机会识别方法有以下四种，即市场调研发现机会、系统分析发现机会、问题导向发现机会与创新变革获得机会。

1. 市场调研发现机会

机会是根植于市场的，没有市场基础，就没有可行的创业机会。因此，我们必须对市场进行周密的调查研究，通过调研发现有效的机会，避免创业仅凭空想而走弯路。

市场调研（market research）是市场调查与市场研究的统称。它是个人或组织根据特定的决策问题而系统地设计、搜集、记录、整理、分析及研究市场各类信息资料、报告调研结果的工作过程。

（1）调研内容。

创业者至少要进行以下四方面的调研：

第一，经营环境调研。创业者必须对经营的环境进行调查，例如经济环境、行业环境、政策环境等，了解经济环境可以让创业者选择合理的发展策略。了解行业环境是进入行业的一次"摸底"。政策环境调研，顾名思义就是创业者在创业项目启动之前，对当前的创业形势、创业政策进行深入细致的学习与研究，深刻认识和了解这些政策的指导性意义，清楚这些政策对于你将要投入的领域和项目有什么样的帮助，能为你提供哪些优惠和服务便利。

创业者只有了解政策，利用好政策中对自己有利的因素，规避不利因素，才能让自己在创业的道路上少走弯路，从而更快地让企业启动起来，事半功倍，打好创业这场战役。

第二，市场需求调研。创业者要想使自己的企业存活下来，就必须建立自己的核心竞争力。创业者可以根据市场需求调研，对产品进行市场定位。例如调查市场对产品与服务的需求量，有无相同或者类似的产品或者服务，如果有他们的产品或者服务具有什么样的特点和优势，是质量取胜，还是功能取胜？这类产品或者服务还存在哪些缺点和不足？是否还存在一定的市场空白点？同行业中失败的产品存在什么样的问题？对这些问题的答案都是你创建未来产品特色和优势的有效依据。

第三，目标消费人群调研。如哪类人群可能是你的长期客户？他们为什么会是你的长期客户？他们的关注点在哪里？他们需要产品实现什么样的功能？他们更看重同类产品的什么功能和服务？他们期望得到什么样的服务？这些需要中哪些是同类产品不具备的？哪类人群可能是你的阶段性客户？他们为什么是你的阶段客户？需要怎样的条件才能使他们也成为你的长期客户？他们更关注的产品功能和服务又是什么？还有哪类人群不会关注你的产品？为什么不会关注？怎样的产品和服务能够引起他们的关注？

第四，竞争对手调研。我们常说，知彼知己，百战不殆。也就是说，除开特殊性的企业，大部分的品牌或企业都会面临市场自由竞争。而我们需要了解竞争市场与自身情况，才能更好地做出有效的营销策略，才能在激烈的市场竞争中占据有利位置。竞争对手调研的重点包括：竞争对手的数量与规模、分布与构成、竞争对手的优缺点以及竞争对手的盈利模式、价格策略、销售策略、销售渠道与环节等。

（2）调研的途径、方法。

调研途径主要包括二手文案调研与一手实地调研两个途径。

第一，二手文案调研。其主要包括二手资料的收集、整理和分析。主要的渠道有网上资料、媒体、数据库搜索和图书馆图书资料、统计年鉴等。

第二，一手实地调研。实地调研可分为询问法、观察法和实验法三种。

询问法。就是调查人员通过各种方式向被调查者发问或征求意见来搜集市场信息的一种方法。它可分为深度访谈、小组座谈会、问卷调查等，其中问卷调查又可分为电话访问、邮寄调查、留置问卷调查、入户访问、街上拦截访问、网上调查（例如问卷星、电子邮件）等调查形式。

观察法。它是调查人员在调研现场，直接或通过仪器观察、记录被调查者行为和表情，以获取信息的一种调研方法。例如亲临现场，直接记录客户类别、购买动机、消费方式和行为习惯、商家价格与服务水平、经营策略等。

实验法。它是通过实际的、小规模的营销活动来调查关于某一产品或某项营销措施执行效果等市场信息的方法。实验的主要内容有产品的质量、品种、商标、外观、价格、促销方式及销售渠道等。实验法常用于新产品的试销，主要是了解客户对于产品的反应及市场需求情况。

（3）市场调研的基本流程。

市场调研的步骤一般可分为四个阶段，即准备阶段、调查阶段、分析阶段、总结阶段。

①准备阶段。准备阶段是整个市场调研的基础，这一阶段准备工作的充分与否直接决定了整个调研活动的成败，所以在这一阶段必须充分做好调研活动的各项准备工作。

市场调研准备阶段要做的主要工作包括以下几个方面：

明确调研目标。对创业者而言，市场调研的主要目标就是了解市场各要素的具体情况，为自己创业行业、创业项目、创业模式等的选择提供必要的决策参考。当然每个创业者的目标可能不尽相同，但目标是行动的先导，创业者必须明确自己的调查目标，整个市场调查活动都要紧紧围绕调查目标进行，也只有这样，才能确保真正获得全面可靠的决策依据。

选定调研范围、调研对象。调研总是在一定的范围内进行的，同时由于人力、财力的限制及为确保调研的针对性和有效性，创业者也要为调研活动确定一定的范围和特定的对象。市场调研不能如大海捞针般盲目进行，而要选择特定的行业、创业项目、创业模式、目标顾客深入调查分析，在特定的范围内和对象中取得相对准确的调研结果。

确定调研方法。方法决定结果。市场调研有多种方法，每种方法都有各自的优缺点和适用范围，在调查的准备阶段，调查者需对各种方法的使用了然于胸，根据自己的调研目标和内容确定适当的调研途径与方法，或使用其中一种，或多种方法相结合。

其他内容。市场调研是一项综合性的实践活动，需要各个环节的紧密配合，在调研准备阶段，除了以上准备工作之外，还需确定收集和分析资料的方法、做好调研的组织分工、编制预算、安排调研时间等。

②调查阶段。调查阶段是市场调研研究方案的执行阶段，主要是按照准备阶段的调研方案所确立的调研计划、调研方式和调研方法进行资料和信息的收集，具体贯彻调研设计中所确定的思路的活动，这是整个市场调研过程的核心。

③分析阶段。这一阶段的主要工作是审查、整理资料，统计分析和思维加工。

审查资料就是对调查获得的文字和数字资料进行全面审核，去伪存真，去粗取精。确保资料的真实、准确和完整。

整理资料是对审核后的资料进行初步加工，使之条理化、系统化，并且集中、简明地反映调研对象的总体状况。

统计分析是运用统计学的原理和方法研究调研对象的数量关系，揭示其规模、结构、水平和比例等关系，反映其发展方向和趋势等，为进一步的思维加工提供可靠的统计依据。

思维加工就是运用逻辑的思维方法，对审查、整理后的文字资料和经统计分析的数据进行分析研究，揭示调研对象的本质及发展规律并得出理论性结论。

与调查阶段相比，分析阶段的工作可能更加紧张与繁重，因为市场调查是否出成果及成果质量的高低，在很大程度上取决于这个阶段的工作。所以从某种意义上来说，对资料的分析要比搜集更重要，因为调研水平的高低，往往不在于搜集的数量，而在于分析的深度。

④总结阶段。总结阶段是市场调研的最后阶段，这一阶段的任务主要是撰写调研报告。

调查报告是调查撰写结果的文字表达，报告人必须做到反映情况真实完整，所做分析客观科学，所得结论明晰准确。即使预测的结果存在多种可能，也要求对每种可能的预测有一定的确定性。

（3）市场调研报告的内容。

一份完整的调研报告应包括以下五项内容：

①调研目的。概要介绍本次市场调研的主要目标。例如，打算就哪些问题进行市场调研，要了解哪些方面的信息等。

②调研范围。确定创业的目标区域。在多大范围内开展调研？调研的对象是谁？在什么时间、什么地点进行调研？

③调研类型与方法。是全面调研、重点调查还是抽样调查？主要采用文案调研、问卷法、访谈法、观察法还是实验法或者几种方法相结合？采用哪种统计方法？

④调研内容。这部分是调研报告的主体，包括资料搜集、分析、结论等内容，其中结论是报告的重点，要通过认真研究和科学分析，使报告具有一定的可确定性。

⑤提出建议。把经过整理、分析、判断而形成的初步构想写成备选方案，作为下一步经营计划的蓝本。

创业者在撰写调研报告时，要注意调研对象的代表性，数量的广泛性，重视对竞争对手客户的调查；同时注意获取信息的多元化，重视不利于自己的情况与相关信息的搜集，尽量发现存在的问题和可能遇到的困难。

2. 系统分析发现机会

在市场经济发展日渐成熟的现状下，大多数的创业机会，都需要通过系统的分析才能够被科学有效的发现。对于创业者而言，需要掌握一定的分析方法，尤其对自己即将从事的行业，需要有一个全面、充分、系统、细致的考察与评估。

行业分析应该从宏观环境、中观环境、微观环境的分析出发，主要需要应用到以下几个主要的分析工具。

（1）PEST 分析工具。

PEST 是对宏观环境的分析，它可以帮企业找出可能将要面临的机遇和风险，并预测行业的发展趋势。

PEST 的 P 代表政治（politics），E 代表经济（economics），S 代表社会文化（society），T 代表技术（technology），政治、经济、社会和技术四个因素并不是彼此独立的，而是相互关联和相互影响的。

政治主要包括社会政治制度、政党制度、政治局势、政治权力、政党和国家的方针政策、法律、法规等因素。

一个国家或地区的政治制度和政局稳定程度是企业生存与发展的最基本的环境因素。政府推行的政策包括产业政策、税收政策、政府补贴政策等。任何国家的政府都要通过这类基本政策来调整产业结构，引导投资方向和引导消费者保护环境等，以此来表明政府在短时间内鼓励做什么和不鼓励做什么。此外，国际形势及其变化、重大政治事件或社会事件都可能给企业投资者带来机会和威胁。

法律法规因素是指与企业相关的社会法律系统及其运行状态。它是国家为规范企业和市场行为而制定的法律法规和条文，为企业发展提供良好的保障，同时也是企业必须遵守的规章制度。它规定了企业可以做什么和不可以做什么，也可理解为政府为企业活动制定的宏观游戏规则。

经济主要包括国国民经济运行情况、经济发展水平、经济体制和经济政策、消费结构等。

国民经济运行状况及其趋势是宏观经济环境的基础。企业主要应了解国民经济目前处于什么阶段，是产业结构调整时期、经济低速增长时期或其他时期，并具体分析有关的经济指标，如国民生产总值、国民收入、国家预算收入的水平及其分配的状况等。一般来说，国民经济总产值增长速度较快时，居民用于个人消费的支出就相应增加，从而提供了开辟新市场或开办新企业的机遇。反之，居民个人消费会有所减少，不利于企业业绩的增长。

社会文化主要包括人口环境和文化背景，人口环境主要包括人口规模、年龄结构、人口分布、种族结构以及收入分布等因素。

技术不仅包括发明，而且还包括与企业市场有关的新技术、新工艺、新材料的出现和发展趋势及应用背景。

（2）行业环境分析工具。

该分析将使你明确，你即将进入的行业是属于成长型行业，还是属于已经成熟，甚至是已经达到饱和状态的行业？该行业是否已经被实力强大的企业所垄断？该行业的市场竞争程度如何？还存在着哪些市场空白？是否会出现重大的技术变革？主要的合作商和客户是谁？未来的发展趋势如何？还将面临哪些机遇和挑战？行业是由产品或服务相近的企业所组成的。行业环境主要从行业生命周期和行业竞争结构两个方面加以分析。

①行业生命周期分析。一般来说，任何行业都会经历四个阶段，即幼稚期、成长期、成熟期和衰退期。识别行业发展阶段是为了分析处在不同行业发展阶段的产品和服务需求情况，从而进一步分析目前行业内的竞争格局。

不同生命周期的行业，在市场增长率、需求增长率、产品特点、竞争者数量、市场的明朗程度、用户的购买行为、技术变革、进入壁垒方面有各自的特征，如表 6-2 所示。

表 6-2　行业生命周期特征

项目	幼稚期	成长期	成熟期	衰退期
市场增长率	高：较国民生产总值增长更快	很高：高于国民生产总值	不高：等于或低于国民生产总值	下降：零增长或负增长
需求增长率	较快增长	高速增长	增长不多	增长下降
产品特点	产品没有统一的标准，设计经常更改，质量不稳定	产品多样化，具有技术和性能上的差异，质量较好	产品标准化，品种稳定，通常只是外观上的轻微变化，质量稳定	无产品差异，质量参差不齐，品种减少
竞争者数量	极少数企业参与竞争	竞争者数量增多，出现兼并，竞争激烈	竞争激烈，逐步趋于稳定	竞争者减少
市场的明朗程度	行业特点、行业竞争状况和用户需求特点不明确	行业特点、行业竞争状况和用户需求特点逐渐明确	行业特点、行业竞争状况和用户需求特点非常明确	市场明朗并逐渐缩小

表6-2(续)

项目	幼稚期	成长期	成熟期	衰退期
用户的购买行为	不积极：顾客需要靠说服性的广告才去试用	积极：顾客群扩大，对质量需求不一	挑剔：市场饱和，买方市场形成	转向：剩余忠诚老客户
技术变革	技术变动快，存在不稳定因素	技术发展快，逐渐稳定	技术稳定，已经成熟	转向
进入壁垒	进入壁垒较低	进入壁垒逐渐提高	进入壁垒很高	企业基本不愿进入

②行业竞争结构分析。哈佛大学教授迈克尔·波特的“五种力量分析模型”是行业竞争结构分析的基本工具。他在《竞争战略》一书中提出，任何一个行业的竞争都存在五种基本的竞争力量，即行业中现有企业的竞争、潜在进入者的威胁、替代品的威胁、购买者的议价能力、供应商的议价能力，如图 6-2 所示。这五种基本竞争力量的状况及综合程度，决定着行业的竞争激烈程度，从而决定着行业中的最终获利能力和资本流向本行业的程度。

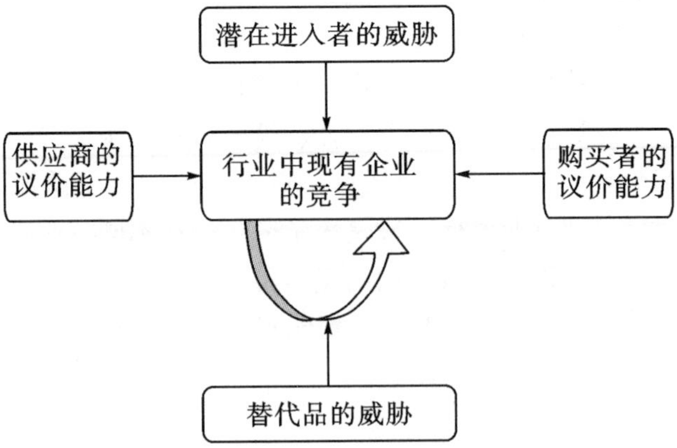

图 6-2　波特的五种竞争力量分析模型

行业中现有企业的竞争。行业中现有企业的竞争是指行业内各企业之间的竞争关系和竞争激烈程度。行业内企业面对的是具有相同或相似需求的客户群，各企业的竞争战略目标都在于使自己的企业获得相对于竞争对手的市场优势，对竞争情况的分析是为了更好地参与市场博弈。在行业的快速成长阶段一般不会出现激烈的竞争，但在行业的成熟阶段就会发生激烈的竞争。

潜在进入者的威胁。潜在进入者也称新进入者，可以是新创办的企业，也可以是由于实现多元化经营而新进入本行业的企业。潜在进入者往往带来新的生产能力和充裕的资源，与现有企业争夺市场份额和利润，从而对现有企业的生存和发展形成巨大的威胁。我们把这种威胁称为进入威胁。进入威胁的大小取决于进入障碍和现有企业的反击强度。

替代品的威胁。处于同行业或不同行业中的企业，可能会由于所生产的产品是互为替代品，从而它们之间会产生相互竞争行为。对于现有企业而言，替代品的威胁是不言而喻的。

购买者的议价能力。如果购买者的集中程度高、购买者的转换成本较低、购买者所购产品的差异化程度较低、购买者具有后向一体化的资源和能力，购买者充分了解有关市场需求、市场价格、供应商制造成本等详尽的信息，购买者对价格的敏感程度高时，购买者具有较强的议价能力。

供应商的议价能力。供应商讨价还价的能力影响产业的竞争程度。供应商对某一行业的潜在利润会有相当重要的影响。如果供应商数量有限、无替代品竞争、产品在供应商的销售中占比不大、供应商的产品对买主很重要、购买者的转换成本高、供应商拥有前向一体化的能力时，供应商有较强的讨价还价能力。

（3）SWOT 分析。

SWOT 是四个英文单词的首字母缩写，即优势（strengths）、劣势（weaknesses）、机遇（opportunities）、威胁（threats）。SWOT 分析法也称优劣势分析法，是对内部环境的分析，用来确定企业自身的竞争优势、竞争劣势、机会和威胁，从而将公司的战略与公司内部资源、外部环境有机地结合。

优势是指公司具备或控制的能够使其比竞争对手更好地满足顾客需要的资源或能力。优势源于公司本身的资源和能力。例如，尽管火锅市场的竞争者很多，海底捞火锅仍能保持较高的市场份额，与其核心竞争能力分不开——海底捞热情、周到、细致的服务。

劣势是指公司在一种或多种资源或能力方面的局限性或不足，使其在有效满足顾客需求上处于不利的竞争地位。例如，资金短缺是美国西南航空公司的劣势，因此公司建立了一种选择性的航线扩张战略，保证在管制很少的航空业中拥有最佳利润纪录。

机遇是有利于企业的主要环境因素。外部环境的主要发展趋势是公司机遇的源头之一。例如，人们对有机食品和绿色产品持续不断增长的热情为很多公司带来了机遇，对这一因素的考虑成为制订战略决策时的关键因素。

威胁是指不利于公司的主要环境因素。它是对企业目前或未来的市场地位起阻碍作用的主要因素。影响公司取得成功的威胁包括新竞争者加入、市场增长率缓慢、关键购买者或供应商的议价能力上升、技术变革及新的规章制度等。例如，在中国市场上，腾讯公司推出的 QQ 和微信语音及视频聊天功能，对于中国电信、中国移动、中国联通三大电信运营商来说，构成了一定的“威胁”。

将调查得出的各种因素根据轻重缓急或影响程度等排序方式，就可以构造 SWOT 矩阵。在此过程中，我们将那些对公司发展有直接的、重要的、大量的、迫切的、久远的影响因素优先排列出来，而将那些间接的、次要的、少许的、不急的、短暂的影响因素排列在后面。基本的分析步骤包括分析环境因素——构造 SWOT 矩阵——SWOT 矩阵组合及制订行动计划。

由于 SWOT 分析通过将特定的外部因素与内部因素进行匹配组合，因此，我们可以将它作为企业制定战略的一种方法，并形成四种战略组合：SO（优势-机遇）战略、ST（优势-威胁）战略、WO（劣势-机遇）战略、WT（劣势-威胁）战略，如图 6-3 所示：

外部因素	内部因素	
	S（优势） 1. S_1 2. S_2 ……	W（劣势） 1. W_1 2. W_2 ……
O（机遇） 1. O_1 2. O_2 ……	SO 战略（优势-机遇） 1. S_4O_3组合 2. S_2O_4组合 ……	WO 战略（劣势-机遇） 1. W_2 O_2组合 2. W_3 W_4O_1组合 ……
T（威胁） 1. T_1 2. T_2 ……	ST 战略（优势-威胁） 1. S_3 S_5 T_1组合 2. S_2 T_3组合 ……	WT 战略（劣势-威胁） 1. W_5 T_1 T_4组合 2. W_1 W_4 T_1组合 ……

图 6-3　SWOT 分析矩阵

SO 战略。SO 战略就是发挥企业内部优势而去利用企业外部机遇的战略。这种情况适用于增长型战略企业，集中于某单一经营领域，利用自己的优势占领市场。例如，比亚迪汽车集团在新能源利用方面技术雄厚，在 2015 年全球新能源企业 500 强中排名第 138 位（内在优势），面对低碳经济的到来（外在机会），可以采取 SO 战略去开拓更多的市场。

WO 战略。WO 战略的目标是通过利用外部机遇来弥补内部弱点。有的企业有外部机会，但一些内部弱点妨碍着它利用这些外部机遇。如果不采取任何行动，则实际是将机会让给了竞争对手。因此，企业应在某一经营领域制定集中战略，以某一个领域为突破口改变现状。例如，微软公司在过去的十年里曾错过了搜索、浏览器、移动化，这一次，它抓住云计算的机遇部署了智慧云战略，未来也将让所有移动终端都有 Office 的产品，并且也将应用到车联网、物联网和生产车间去。

ST 战略。ST 战略就是利用企业的优势，去避免或减轻外部威胁的影响。在这种情况下，战略管理者需要重新调配企业关键资源的优势，在机会更多的产品市场中寻求发展。企业适合采取多元化经营战略，把企业带向有更大发展空间的市场。例如，中国移动公司面对腾讯对传统的短信、话音甚至包括国际电话业务的威胁，转向从数据流量服务方面部署战略发展方向。

WT 战略。WT 战略是一种旨在减少内部弱点的同时回避外部环境威胁的战略。可以选择合并或缩减生产规模的战略，以期克服劣势或使威胁随时间的推移而消失，这是一种典型的防御性战略。此时，企业应该采取的方法是谋求与竞争对手合作或合并，以加强竞争地位，或者企业也可以从某一个领域突破，制定集中的战略，还可以选用纵向一体化和多元化经营。如果难以成功，企业可以将该市场中的业务分离出去，或者把资源收回，用到其他领域。例如，恒大冰泉上市三年巨亏 40 亿元，由于营销失败、定位不精准等原因，2016 年 9 月宣布以 18 亿元出售恒大矿泉水业务。又如，2015 年阿里巴巴影业集团发布公告，与广东粤科软件工程有限公司正式签订产权转让合同，实现对后者的全资收购。

如果你对行业有了深入地调研和了解，你就会知道如何才能更好地进入特定的市场，从而占据更有利的地位，这也对你制定未来的企业战略计划大有益处。而且，日后当你面对客户时，也必须让对方意识到，你对这个行业、这个市场是进行过细致入微的调研的，如此一来，就更容易赢得客户的信任。

3. 问题导向发现机会

问题导向是指你的创业机会识别，源于一个组织或者个人面临的某个问题或者明确的需求，这恐怕是创业机会识别最快速、最精准、最有效的方法了。因为创业的根本目的是为顾客创造新的价值，要解决顾客面临的问题。这个过程中，常用的方法就是不断地与顾客沟通，不断地汲取顾客的建议，基于顾客的需求，来创造性地提出新的产品或者服务。抓住客户痛点、满足客户需求是对产品和服务开发的基本要求，如果创业者不能准确把握客户的痛点，创业将难以成功。

客户需求就是指客户的目标、需要、愿望及期望。痛点就是客户无法满足其需求的最大障碍及问题。对客户来说，也许他们不一定清楚自己有某种需求，但是对于痛点，他们一般都有深刻的感知。例如在市内短距出行，现有的公交系统无法满足人们的需求，出行“最后一公里”成为很多人的出行痛点。共享单车的出现，人们通过扫码用车、用完锁车快速解决了这一问题。其本质是共享经济的一种具体体现，通过互联网等现代信息技术，把大量分散的资源整合起来，通过智能化匹配、满足多样化需求，核心是把物品或者服务的使用权进行共享。

因此，我们必须抓住阻碍满足客户需求的痛点问题来寻求创业机会。同时用户的需求很多，不乏有一些“伪需求”。我们该如何有效识别客户的需求呢？根据用户的需求属性开发产品与服务，最终实现产品与服务于用户需求的匹配呢？KANO 模型为我们提供了一个良好的分析框架。

KANO 模型是东京理工大学教授狩野纪昭（Noriaki Kano）在 1984 年发明的一款对用户需求进行分类和优先排序的有用工具，以分析用户需求对用户满意度的影响为基础，体现了产品性能和用户满意度之间的非线性关系。

受赫茨伯格双因素理论的启发，与产品质量相结合，狩野纪昭教授把满意与不满意标准引入，并提出满意度的二维模式，即 KANO 模型。

KANO 模型的本质是持续创新，目标是提升产品品质与产品服务，同时是一个项目排期与需求管理、需求分析的利器。

KANO 模型从两个维度进行分析：满意度与功能具备程度。

当我们一味地增加功能，忽略了用户真正的需求和认知负荷能力时，造成了用户对产品的不满，导致产品质量下滑，遇到瓶颈迟迟无法突破。用 KANO 模型将用户的需求和我们提供的服务进行分类，可以解决这一问题。

在 KANO 模型中，将产品功能/需求和服务的特性分为五种类型，如图 6-4 所示。

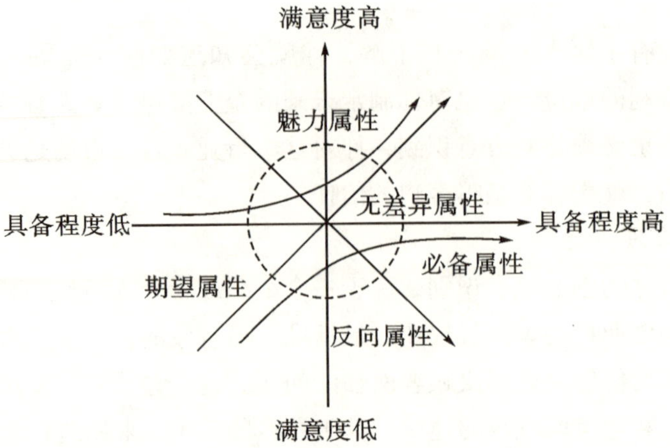

图 6-4 KANO 模型

必备属性（Must-be Quality）。它是用户认为产品必须有的属性功能，当产品不能满足用户此类需求时，用户满意度下降；当产品可以满足用户此类需求时，用户满意度未必上升。

期望属性（One-dimensional Quality）。满足此类需求时，用户满意度上升；没有满足此类需求时，用户满意度下降。

魅力属性（Attractive Quality）。它是指用户不会有过分期望的需求，但如果满足了这种需求，即使表现得不完善，用户满意度也会急速上升。反之如果没有满足，用户也不会有什么不满意的表现。

无差异属性（Indifferent Quality）。这类需求对于用户来说可有可无，无论有还是没有，用户满意度都不会改变。

反向属性（Reverse Quality）。用户根本没有此类需求，提供这类服务之后用户满意度反而下降。

以手机为例。对于一部手机，能打电话、发短信就是其必备属性，这个属于用户的根本需求。如果一部手机无法打电话或者发短信，那用户会非常不满意。但是这个功能不会让用户特别开心，因为用户认为这个功能是理所当然的。那么什么功能是手机的期望属性呢？待机时间和充电速度就是期望属性。一部手机待机时间越长，充电速度越快，用户体验越好。而如果待机时间过短，那么用户的体验也会直线下降。总体呈现线性相关的关系。魅力属性，这个是其真正创新所在，因为用户并没有期望这个功能，当提供这个功能而且这个功能很好用的时候，用户体验会急速增长。那么什么样的功能属性算是魅力属性呢？如果其他品牌的手机还仅仅具备基本功能，而某品牌的手机推出智能系统，支持多点触控，能放音乐，还能上网看视频，那一定会让用户激动不已。因此，我们在设计产品时，要尽量避免无差异属性和反向属性，保证做好必备属性、期望属性，努力做出魅力属性。

4. 创新变革获得机会

新兴产业是科技发展的产物，是国家大力扶持，具有广阔的发展前景的产业。在新兴产业中寻找创业机会不失为一条捷径。那么什么是新兴产业呢？

新兴产业是随着新的科研成果和新兴技术的诞生并应用而出现的新的经济部门或行业。

依据国家战略性新兴产业规划及中央和地方的配套支持政策，我国确定了7大领域、23个重点方向的新兴战略产业框架，这七大领域包括节能环保、新兴信息产业、生物产业、新能源、新能源汽车、高端装备制造业和新材料。

在七大领域中，每一个大的领域中又确定了具体的分项。

节能环保领域将重点突破高效节能、先进环保、循环利用。新兴信息产业领域将聚焦下一代通信网络、物联网、三网融合、新型平板显示、高性能集成电路和高端软件。"生物产业"将主要面向生物医药、生物农业、生物制造。在新能源领域中，核能、太阳能、风能、生物质能将领衔。在新能源汽车领域，其主要发展方向确定为插电式混合动力汽车和纯电动汽车。高端装备制造业领域，将重点发展航空航天、海洋工程装备和高端智能装备。而新材料领域则分列了特种功能和高性能复合材料两项。

由于新兴产业创业门槛较高，在新兴产业中创业可以从两个方面入手：一个是从新型产业的上下游产业及相关产业中寻找机会。二是可以从新兴产业或者技术与传统行业的结合中寻找商机。例如"AI+""互联网+""大数据+"等。

（二）评价创业机会

1. 阿迪齐维利创业机会矩阵

阿迪齐维利（Ardichvili）等人根据创业机会的来源和发展情况，构建了创业机会矩阵，该矩阵有两个维度，横轴以探索到的价值为坐标，表示创业机会的潜在价值，明确程度；纵轴以创业者创造价值的能力为坐标，表示创业者能否有效开发并利用这一创业机会，然后以矩阵的4个象限分别表示4种类型的创业机会，如图6-5所示。

第一象限，在该象限中，机会的潜在市场价值不明确，而且创业者的价值创造能力也不能确定，在这种情况下机会只是一个梦想（dream），人们感兴趣的是寻找新的发展方向或者是通过技术突破现有的限制。

第二象限，在该象限中，机会的潜在市场价值已经明确，但是创业者的价值创造能力尚未确定，在这种情况下，创业机会就是要设计出具体的产品或服务以适应市场需求，这里将其称之为尚待解决的问题（problem solving）。其含义是问题明确，但缺少解决方案办法。

第三象限，在该象限中，创业者的价值创造能力已经确定，但机会的潜在市场价值却不明确，在这种情况下，创业机会应侧重于寻求技术的应用，而不是发展产品和服务，这里将其称之为技术转移（technology transfer）。

第四象限，在该象限中，机会的潜在市场价值和价值创造能力都已确定，这时可以将市场需求与现有的资源进行匹配，形成可以创造并传递价值的新企业，这里将其称之为业务或者是企业形成（business formation），阿迪齐维利认为比起"企业形成"的创业机会，"尚待解决问题"的市场机会成功的可能性不大。

		探索到的价值：未确定	探索到的价值：已确定
创造的价值	未确定	梦想(dream) Ⅰ	尚待解决的问题 (problem solving) Ⅱ
创造的价值	已确定	技术转移 (technology transfer) Ⅲ	业务形成 (business formation) Ⅳ

图 6-5　阿迪齐维利创业机会矩阵

2. 蒂蒙斯的创业机会评价框架

蒂蒙斯（Timmons）在 1999 年提出了包含 8 项一级指标、53 项二级指标的评价指标体系，几乎涵盖了其他一些理论所涉及的全面内容，包括行业和市场、经济因素、收获条件、竞争优势、管理团队、致命缺陷问题、个人标准、理想与现实的战略差异等方面，被认为是目前最为全面的创业机会评价指标体系，如表 6-3 所示。

表 6-3　蒂蒙斯的创业机会评价框架

行业和市场	1. 市场容易识别，可以带来持续收入； 2. 顾客可以接受产品或服务，愿意为此付费； 3. 产品的附加价值高； 4. 产品对市场的影响力高； 5. 将要开发的产品生命长久； 6. 项目所在的行业是新兴行业，竞争不完善； 7. 市场规模大，销售潜力达到 1 000 万到 10 亿； 8. 市场成长率在 30%~50%，甚至更高； 9. 现有厂商的生产能力几乎完全饱和； 10. 在五年内能占据市场的领导地位，达到 20%以上； 11. 拥有低成本的供货商，具有成本优势
经济因素	12. 达到盈亏平衡点所需要的时间在 1.5~2 年； 13. 盈亏平衡点不会逐渐提高； 14. 投资回报率在 25%以上； 15. 项目对资金的要求不是很大，能够获得融资； 16. 销售额的年增长率高于 15%； 17. 有良好的现金流量，能占到销售额的 20%~30%及以上； 18. 能获得持久的毛利，毛利率要达到 40%以上； 19. 能获得持久的税后利润，税后利润率要超过 10%； 20. 资产集中程度低； 21. 运营资金不多，需求量是逐渐增加的； 22. 研究开发工作对资金的要求不高
收获条件	23. 项目带来的附加价值具有较高的战略意义； 24. 存在现有的或可预料的退出方式； 25. 资本市场环境有利，可以实现资本的流动

表6-3(续)

竞争优势	26. 固定成本和可变成本低； 27. 对成本、价格和销售的控制较高； 28. 已经获得或可以获得对专利所有权的保护； 29. 竞争对手尚未觉醒，竞争较弱； 30. 拥有专利或具有某种独占性； 31. 拥有发展良好的网络关系，容易获得合同； 32. 拥有杰出的关键人员和管理团队
管理团队	33. 创业者团队是一个优秀管理者的组合； 34. 行业和技术经验达到了本行业内的最高水平； 35. 管理团队的正直廉洁程度能达到最高水准； 36. 管理团队知道自己缺乏哪方面的知识
致命缺陷问题	37. 不存在任何致命缺陷问题
个人标准	38. 个人目标与创业活动相符合； 39. 创业家可以做到在有限的风险下实现成功； 40. 创业家能接受薪水减少等损失； 41. 创业家渴望进行创业这种生活方式，而不只是为了赚大钱； 42. 创业家可以承受适当的风险； 43. 创业家在压力下状态依然良好
理想与现实的战略差异	44. 理想与现实情况相吻合； 45. 管理团队的状态已经是最好的； 46. 在客户服务管理方面有很好的服务理念； 47. 所创办的事业顺应时代潮流； 48. 所采取的技术具有突破性，不存在许多替代品或竞争对手； 49. 具备灵活的适应能力，能快速地进行取舍； 50. 始终在寻找新的机会； 51. 定价与市场领先者几乎持平； 52. 能够获得销售渠道，或已经拥有现成的网络； 53. 能够允许失败

需要说明的是，蒂蒙斯的创业机会评价体系是目前为止最全面的评价指标体系，但该体系的设计更便于为风险投资者建立风投标准，创业者要运用该评价体系对创业机会进行评估，还需要结合自身条件，对创业机会所属行业特征及机会本身的属性进行重新分类梳理简化，才能提高该评价体系的使用效果。

五、创业风险及规避

美国学者威雷特早在1901年就提出，风险是关于不愿发生的时间发生的不确定性的客观体现。

根据前人的研究，我们认为风险是指在一定条件下和一定时期内，由于各种结果发生的不确定性而导致行为主体遭受损失的大小以及这种损失发生可能性的大小。风险以损失发生的大小与损失发生的概率两个指标进行衡量。

风险的特征包括：①风险是客观存在的；②风险是相对的、变化着的；③风险是可以识别的，因而也是可以控制的；④风险与收益是对等的。

创业风险，一是指风险因素，即创业过程中有可能遇到某些风险因素的干扰；二是一旦某些风险因素真正发生，创业者即会阶段性地遇到很难克服的困难，导致创业活动很难推进，甚至导致创业的失败。

创业环境的不确定性，创业机会与创业企业的复杂性，创业者、创业团队与创业投资者的经验、能力与资源的有限性，是创业风险的根本来源。

创业风险分为两类，分别是系统风险和非系统风险。系统风险也称为市场风险，是由一些使整体市场受到影响并无法实现规避的环境因素，主要是创业环境中的风险，诸如商品市场风险、资本市场风险等。非系统风险是指创业者自身的风险，诸如技术风险、财务风险等。非系统风险与创业者在创业过程中的判断失误、决策失误或创业项目资金结构不合理等因素有关。

系统风险防范的可能途径有：第一，时刻保持对系统性风险的警惕；第二，建立风险评估和防范机制；第三，严格筛选创业项目；第四，努力回避、分散与转移、减少风险。对于如何管理系统风险，我们可以用风险管理矩阵图来进行分析。根据损失幅度与概率两个维度进行划分，我们可以采取以下四种处理方式，如图 6-6 所示：

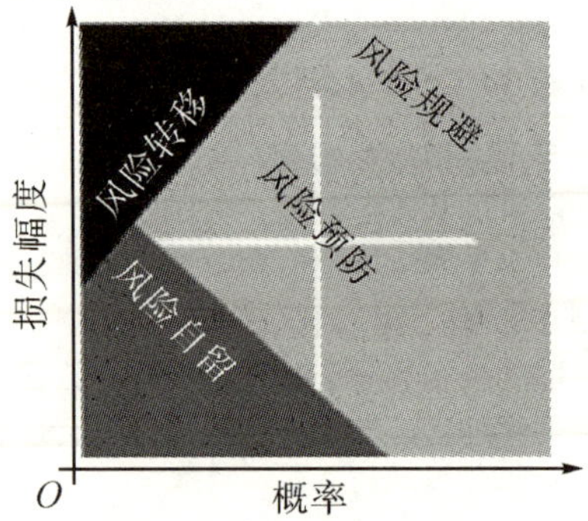

图 6-6　风险管理矩阵图

（1）风险规避（avoid）。

风险规避是指避免风险，消极躲避风险，从根本上消除特定的风险。比如避免火灾可将房屋出售，避免航空事故可改用陆路运输等。因为存在以下问题，所以一般不采用，因为可能会带来另外的风险。比如航空运输改用陆路运输，虽然避免了航空事故，但是却面临着陆路运输工具交通事故的风险，也会影响企业经营目标的实现。比如为避免生产事故而停止生产，则企业的收益目标也无法实现。当某种特定的风险所致损失的频率或者损失的幅度相当高时，或者采用其他方法管理风险不符合成本效益原则时才会使用。例如：创业者可能不会选择经济不发达、政治局势动荡的地区进行创业。

（2）风险转移（transfer）。

风险转移是指转移风险的后果给第三方，在危险发生前，通过采取出售、转让、保险等方法，将风险转移出去。例如：天气保险，亦称“晴天保险”，指因天气变化影响户外活动的进行所导致损失的一种保险。如因下雨而取消运动会或比赛，以致影响主办者的门票收益；又如露天游泳池，避暑胜地的室外浴池，因下雨而减少经营收入，一经投保，均可向保险公司索赔。

（3）风险预防（reduce）。

风险预防是指采取措施消除或者减少风险发生的因素。例如监控设备；学习型组织的建立以防关键员工流失。

（4）风险自留（accept）。

风险自留是指企业自己承担风险。其途径主要有：将损失纳入生产经营成本，在损失发生时用企业的收益补偿。

我们常常在风险所致的损失概率和幅度较低、损失短期内可以预测以及最大损失不影响创业活动的正常进行时采用。例如：事务型员工的离职。

非系统风险防范的可能途径为：第一，选择好创业伙伴。第二，有效保护创业创意和商业机密。第三，密切监控资金、市场和运营风险。

创业者必须进行创业风险的估计，即针对特定的创业机会和创业活动，分析和判断创业风险的具体来源、发生概率、测算风险损失、预期主要风险因素，测算冒险创业的风险收益，估计自己的风险承受能力，进而进行风险决策，提前准备相应的风险管理预案。

我们可以用公式进行测量：

特定机会的风险收益可按下式测算：

$$FR = (M_1 + M_2) \cdot B \cdot P_1 \cdot P_2 \cdot S / (C + J)$$

FR 代表特定机会的风险收益指数；

M_1代表特定机会的技术及市场优势指数；

M_2代表创业者的策略优势指数；

B 代表特定机会的持续期内的预期收益；

P_1代表技术成功概率；

P_2代表市场成功概率；

S 代表创业团队优势指数；

C 代表利用特定机会创业的有形资产投资总额；

J 代表利用特定机会创业的无形资产投资总额。

注意：当且仅当 $FR \geqslant R$（创业者期望值）时，才值得冒险去利用特定的创业机会。

拓展阅读：

海尔张瑞敏的创业故事

扫一扫

课堂练习

主题：发现创业机会

练习 1

请写出你认为可行的创业项目。

创业项目	理 由（项目来源）

练习 2

谁会购买你的产品或者服务？

顾客类型	理 由

练习 3

根据你的创业项目，你认为该项目开展需要什么样的专业知识？结合专业，分析你能贡献什么专业知识。

创业项目	所需专业知识	你能贡献的专业知识

练习 4

综合项目来源、市场需求，个人专业能力评价项目可行性。

案例实训

1. 背景材料

宗庆后的创业故事

宗庆后，1945 年出生于浙江杭州。中学毕业后，为减轻家庭负担，身为长子的他主动来到条件艰苦的舟山盐场接受锻炼。1979 年，在小学当教师的母亲退休后，宗庆后顶职回到了阔别多年的故乡杭州。由于文化程度太低当不了教师，他被安排在一所小学里当校工。

直到 1987 年的一天，娃哈哈的前身——杭州市上城区校办企业经销部成立，一张小小的委任状陡然改变一切。

1987 年，当 42 岁的宗庆后拉着“黄鱼车”奔走在杭州的街头推销冰棒时，可能很多人都不会想到，仅仅在十多年后，由他一手缔造的娃哈哈集团会成为中国最大的饮料企业。

说到自己的创业经验，宗庆后回答得很简单：“创业靠的就是感觉，我可能感觉比较准确。”

（1）从卖冰棍到创业

在“唯出身论”的年代，宗庆后“旧官僚后代”的出身让他尝尽了人生的艰辛。16 岁那年，宗庆后便被安排到浙江舟山去填海滩，一待就是 15 年。

1979 年，宗庆后顶替母亲回到杭州做了一所小学的校工。1987 年，他和两位退休教师组成了一个校办企业经销部，主要给附近的学校送文具、棒冰等。在送货的过程中，宗庆后了解到很多孩子食欲不振、营养不良，而这些是家长们最头痛的问题。

“当时我感觉做儿童营养液应该有很大的市场。”填海时形成的坚毅性格让宗庆后决定抓住这个机遇搏一把，此时的他已经 47 岁，早错过了创业的最佳年龄。面对众多朋友善意的劝说，宗庆后显得异常固执：“你能理解一位 47 岁的中年人面对他一生中最后一次机遇的心情吗?”

1988 年，宗庆后率领这家校办企业借款 14 万元，组织专家和科研人员开发出了第一个专供儿童饮用的营养品——娃哈哈儿童营养液。

随着“喝了娃哈哈，吃饭就是香”的广告传遍神州，娃哈哈儿童营养液迅速走红。到第四年，娃哈哈销售收入达到 4 亿元、净利润 7 000 多万元，至此，娃哈哈完成了原始资本积累。

（2）小鱼照样吃大鱼

到了 20 个世纪 90 年代初，娃哈哈儿童营养液销量飞涨，市场呈供不应求之势。

但是，即便是这样，宗庆后依然保持着强烈的危机感：“当时我感觉如果娃哈哈不扩大生产规模，将可能丢失市场机遇。但如果按照传统的发展思路，立项、征地、搞基建，在当时少说也得二三年时间，娃哈哈很可能会陷入厂房造好产品却没有销路的困境。”

宗庆后将扩张的目标瞄向了同处杭州的国营老厂杭州罐头食品厂。当时的杭州罐头食品厂有2 200多名职工，却严重资不抵债；而此时的娃哈哈仅有140名员工和几百平方米的生产场地。

摆在宗庆后面前有三条路：一是联营，二是租赁，三是有偿兼并。显然前两条路是稳当的，而有偿兼并要冒相当大的风险。但宗庆后最终决定拿出8 000万元巨款走第三条路。

娃哈哈“小鱼吃大鱼”的举措在全国引起了轰动，最初包括老娃哈哈厂的职工都对这一举措持反对态度。宗庆后最终力排众议，娃哈哈迅速盘活了杭州罐头厂的存量资产，利用其厂房和员工扩大生产，三个月就扭亏为盈，第二年兼并后的杭州罐头厂的销售收入、利税就增长了1倍多。

1991年的兼并为娃哈哈后来的发展奠定了基础，也让宗庆后尝到了并购的“乐趣”。之后，并购几乎成为娃哈哈异地扩张的主流手段：到2002年年底，娃哈哈已在浙江以外的22个省市建立了30个生产基地，2002年，娃哈哈共生产饮料323万吨，占全国饮料产量的16%。

如果说早期的并购让娃哈哈迅速做大的话，那么与达能的策略型合作则帮助娃哈哈做强。

1996年，娃哈哈的产品已经从单一的儿童营养液扩展到了包括含乳饮料、瓶装水在内的三大系列，当时的娃哈哈效益还很好。

“但我感觉已经出现了危机，企业最薄弱的地方就是规模太小。”宗庆后再一次谈到了他的感觉，“当时除了营养液是我们的主打产品之外，果奶、纯净水都有与我们实力和品牌相差无几的竞争对手。”

宗庆后为此制订了一个投资金额为几亿元的长远规划。“在当时的情况下，如此巨额的投资通过银行贷款很困难，国内民间融资更不可能。最后，我们想到了国际资本。”

从1996年与达能集团合资兴办了5家企业之后，娃哈哈与外部资金的合作领域越来越广泛，当时达能集团累计投资已近1亿美金。

“几乎每年都有几十个亿的外部资金进来让娃哈哈用，这使企业保持了高速发展的势头。”宗庆后兴奋地说。

由于合资的基础不错，且娃哈哈满足了外国投资者获取利润的目的，又避免外商指手画脚硬要经营权，因此娃哈哈与达能的合资非但没有像许多国内合资项目一样以失败告终，而且合资公司每年的资本回报率都保持在两位数以上。

(3) 粉碎“洋可乐”不可战胜的神话

说起宗庆后，就一定要提到“非常可乐”这个让中国人为之骄傲的产品。

自改革开放以来，全世界各大饮料品牌均在逐鹿中国市场。碳酸饮料市场是软饮料市场中比重最大的，但却始终被“二乐”（可口可乐、百事可乐）占据，尤其是20世纪80年代，中国8大饮料厂有7家被挤垮了，留下了“水淹七军”的屈辱史。宗庆后因此决定在饮料界扛起挑战国际大品牌的民族工业这面大旗。

在接触众多的经销人员之后，宗庆后发现了“二乐”市场操作的两大缺陷：一方面，“二乐”的决策过分依赖数据模型分析，流程漫长，不可能完全覆盖广阔的农村，而且“二乐”进入中国20年来也一直没有想过要进入农村市场；另一方面，“二乐”对高额利润的无止境追逐使其经销队伍缺乏向心力。随着“二乐”市场地位的稳固，“二乐”逐步转向了重视大城市终端的深度分销模式，将经销商的利润空间压得越来越小。

宗庆后再次感觉到了机会。

1998年，根据国人的口味，娃哈哈对原浆配方进行了一千多次改进，终于研制出了“中国人自己的可乐——非常可乐”，正式向“二乐”挑战：“非常”系列将双脚扎根于广大农村，紧紧抓住“二乐”在广大农村认知度相对较低的状况，以低价格切入；同时“非常”系列给经销商留足了利润空间，很快被摆上了经销商柜台的显眼位置。

正是牢牢抓住“二乐”的缺陷做文章，非常可乐很快异军突起。2002年，娃哈哈“非常”系列碳酸饮料产销量达到62万吨，约占全国碳酸饮料市场12%的份额，在单项产品上已逼近百事可乐在中国的销量。虽然在城市和发达地区“二乐”仍具有绝对优势，但广大农村市场几乎已被非常可乐控制，和可口可乐、百事可乐形成了三足鼎立的局面，粉碎了“洋可乐不可战胜”的神话。

更令人感到振奋的是，2004年，娃哈哈的非常可乐漂洋过海，打到了可口可乐的“老家”——美国。2007年时，非常可乐的销售量达到了百亿瓶。

二十几年来，宗庆后带领娃哈哈集团累计实现营业额1 111亿元，相当于浙江省一年的地方财政收入。娃哈哈集团生产饮料3 355万吨，相当于3个西湖湖水的总量，平均每个中国人消费娃哈哈饮料上百瓶，娃哈哈公司累计实现利税210亿元。

（4）投巨资为中西部“造血”

宗庆后深谙“授予鱼，不如授予渔”的道理，因此，他多次到中西部贫困地区、革命老区和东北老工业基地进行实地考察与投资。

大家都知道，地处大别山区的湖北红安是一个有名的“将军县”。1997年1月份，娃哈哈投资6 000多万元，只用了48天的时间就在红安县新成立了一家分公司。此后9年，娃哈哈连续四期投资扩建工程。现在红安娃哈哈已经是当地数一数二的大企业，安置了1 100多人就业，销售额累计28亿元，为当地带来了几亿元的利税，并带动了相关产业，大力支援了革命老区的经济发展。

1994年，娃哈哈投资4 000万元，在重庆涪陵兼并了3家亏损、受淹的企业，组建了涪陵娃哈哈分公司，安置了1 000多名移民就业。如今已累计完成产值30多亿元，上缴税收几亿元，跻身“重庆市工业五十强”。

此外，娃哈哈还在我国西部欠发达地区和东北老工业基地投资建厂，投资总额高达32亿元，支援了欠发达地区，促进整个社会共同进步和发展。

根据不完全统计，目前宗庆后已经累计斥资47亿元在这些相对落后的地区建立了近百家分公司，解决了40万农村人口的就业问题。

资料来源：励志故事网. 娃哈哈集团创始人、董事长宗庆后的创业故事［EB/OL］.（2017-11-30）［2020-02-16］. http://www.lizhigushi.com/chuangyegushi/a3004.html.

2. **实训任务**

分析宗庆后如何进行创业机会的识别与评估。

3. **实训步骤**

(1) 个人阅读。

督促学生认真阅读案例，教师对案例背景进行简单陈述，并进行分组。

(2) 小组讨论与报告。

围绕实训任务进行讨论，要求每个小组将讨论要点或者关键词记录下来，便于课堂互动。具体要点如下所示：

小组讨论与报告

小组名称或者编号：________________

组长：________________

小组成员：________________

记录人：________________

① 小组讨论记录：

发言人1：________________

发言人2：________________

发言人3：________________

发言人4：________________

发言人5：________________

发言人6：________________

发言人7：________________

发言人8：________________

____

② 小组共识要点：

____

(3) 师生互动。

各组派代表对讨论结果进行陈述，教师与学生进行互动，并回顾本章的关键知识点，同时激发学生进行进一步思考。

(4) 课后形成正式的实训报告（见附录6 实训报告）。

根据课堂讨论，学生进一步回顾课堂所学内容，形成正式的实训报告，可通过课外作业的方式进行。

(5) 实训考核。

根据学生课堂表现以及实训报告质量，评定实训成绩。

第七章

商业模式

知识与能力目标

ZHISHI YU NENGLI MUBIAO

知识目标

1. 了解商业模式的意义。
2. 理解商业模式的概念与运行逻辑。
3. 了解商业模式的基本类型。
4. 了解“互联网+”商业创新模式。
5. 了解商业模式分析设计工具。

能力目标

1. 理解并区分不同的商业模式。
2. 掌握商业模式画布分析工具。

知识要点

ZHISHI YAODIAN

一、商业模式的意义

管理学家德鲁克说：“当今企业的竞争，是商业模式与商业模式的竞争。”可见商业模式的重要意义。有资料调查显示，当今中国创业型企业的失败，23%是因为战略的失误，28%是因为执行的问题，而高达49%的失败是因为没有找到适合自己的持续赢利的商业模式。那么企业为什么需要商业模式？这主要基于两个原因。

第一，商业模式有助于企业获得高额利润。这是因为最大的利润是由商业模式创造出来的，堪称利润倍增器。仅靠努力工作、经验和计划无法创造一个利润率极高的企业。吉姆·米尔豪森（Jim Muehlhausen）的利润阶梯理论形象地说明了这个问题，如图7-1所示。

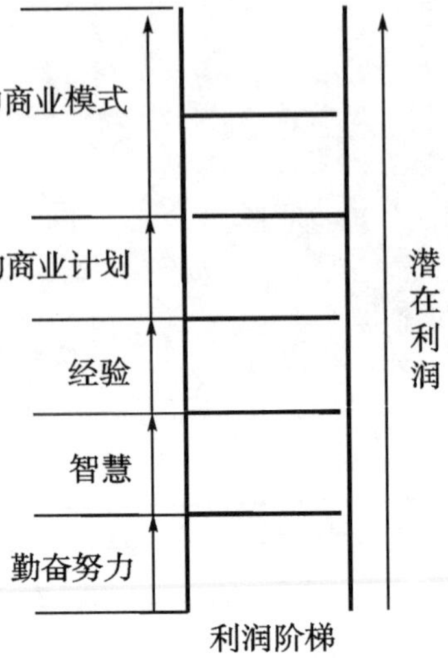

图7-1　利润阶梯

从图7-1我们可以看到，人们付出同样的时间和精力，但是却收获不同的利润。努力工作只获得了极少的利润，勤奋加上智慧的头脑可以获得更多的利润，如果继续加上经验，获得的利润更多。如果你拥有一个好的商业计划，那么你获得的利润会更上一层楼。如果你创造了一个高效的商业模式，那么你将获得超高额利润。

第二，商业模式决定了企业的未来。苹果公司的格威·卡瓦萨奇（Guy Kawasaki）提醒人们：能最终形成商业模式的创意和想法少之又少。为了帮助人们找到真正的商业模式，他提出了一个商业模式识别坐标。这个坐标以“对客户的价值”为横轴，以“你提供独一无二的产品或服务的能力”为纵轴，由此出现了四个象限，如图7-2所示：

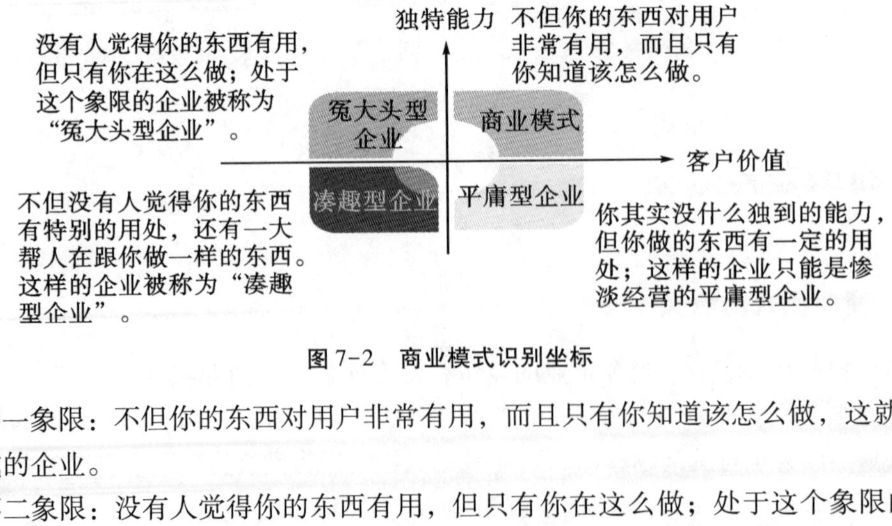

图7-2　商业模式识别坐标

第一象限：不但你的东西对用户非常有用，而且只有你知道该怎么做，这就是有商业模式的企业。

第二象限：没有人觉得你的东西有用，但只有你在这么做；处于这个象限的企业，被称为“冤大头型企业”。

第三象限：不但没有人觉得你的东西有特别的用处，还有一大帮人在跟你做一样的东西。这样的企业被称为“凑趣型企业”。

第四象限：你其实没什么独到的能力，但你做的东西有一定的用处；这样的企业只能是惨淡经营的平庸型企业。

这四种企业都在现实中存在，而只有拥有商业模式的企业才有可能成为优秀甚至伟大的企业。而商业模式的创造来源于企业家的创新。

二、商业模式的概念与运行逻辑

什么是商业模式？根据《商业模式新生代》的作者亚历山大·奥斯特瓦德（Alexander Osterwalder）的观点，所谓商业模式（business model），即以价值创造为核心，描述企业如何创造价值、传递价值和获取价值的基本原理。商业模式的本质是关于企业做什么、怎么做、怎么赢利的问题。

商业模式是企业实现价值的核心逻辑。根据刘志阳教授的观点：商业模式运行的逻辑表现为价值发现、价值创造 、价值获取三个方面，其中价值发现是逻辑起点，价值创造是逻辑中介，价值获取是逻辑终点。

1. 价值发现：明确价值创造的来源

价值发现的首要工作是对目标客户群体进行锁定，这是市场机会识别的进一步延伸，机会识别解决的是生产什么特征与品质的产品问题，而商业模式解决的是这些产品如何生产和实现盈利的问题。对创业企业而言，资源与能力有限，市场经验阅历不足，不具备覆盖大多数目标客户群体的现实条件，因此，进入细分市场，通过满足差异化需求的产品和服务设计构建相对竞争优势，是创业企业实现生存和发展的重要法宝，因此，锁定目标顾客，选择相对狭窄等有利可图的目标客户群体，是创业企业初期商业模式设计的关键点之一。

2. 价值创造：明确合作伙伴，实现价值创造

新企业不可能拥有满足顾客需要的所有资源的能力，即便新企业愿意亲自去打造和构建需要的所有能力，也常常面临着很大的成本和风险，因此为了在机会窗口内取得先发优势，最大限度地控制机会开发的风险，几乎所有的新企业都要与其他企业形成合作关系，以便使其商业模式有效运作。可以通过价值链分析的方式来进行价值配置。基本原则就是应该明确自己在价值链上的位置，只保留与自身核心能力相关的关键活动，关于非关键活动或者非核心活动，则应外包给其他供应商。

3. 价值获取：制定竞争策略，占有创新价值

从企业内部来说，就是降低成本，增加收益来源。从企业外部来说，就是制定竞争策略，占有创新价值，许多创新企业是创新技术和创新产品的开拓者，但却不是创新利益的占有者，最终使得创业企业“竹篮打水一场空”。

总之一个好的商业模式应该回答 4 个最基本的问题，①谁是企业的顾客？②顾客看重什么？③企业如何从这项业务中获取利润？④企业以适当的成本为顾客提供价值的经济逻辑是什么？

三、商业模式的基本类型

世界上具有延续了几百年的商业模式，也有刚刚诞生没几年的模式。想要创业的朋友可以先了解有哪些常见的商业模式，有助于你找到适合你创业的商业模式，你也可以根据情况融合多种元素，形成混合型的商业模式。常见的商业模式有以下几种：

（一）电子商务模式

传统行业结合互联网向电子商务转型已经是一种大的趋势，它不是简单把产品放到网上去卖，而是整个系统性的流程再造。其主要包括 B2B、B2C 、C2C 等模式，其中，B＝Business，即企业；C＝Customers，即消费者。

B2B（Business To Business）：商家对商家进行交易，是指企业与企业之间通过专用网络，进行数据信息的交换、传递，开展交易活动的商业模式。它将企业内部网，通过 B2B 网站与客户紧密结合起来，通过网络的快速反应，为客户提供更好的服务，从而促进企业的业务发展。现在国内比较知名的 B2B 网站有阿里巴巴、慧聪网、中国制造网等。

B2C（Business To Consumer）：商家对个人进行交易。而其中文简称为“商对客”。“商对客”是电子商务的一种模式，也就是通常说的直接面向消费者销售产品和服务商业零售模式。常见的是当当网、卓越网、国美网等。

C2C（Consumer To Consumer）：个人对个人进行交易。常见的是易趣网、淘宝网、拍拍网。简单地说，B2B 就是你成立了公司，买我公司的东西。B2C 就是我成立个公司卖东西，你来买。C2C 就是我卖东西你来买。

（二）搭售模式

搭售模式又被称为“饵与钩”模式、“剃刀与刀片”模式，这种模式出现在 20 世纪早期，其定价策略是基本的产品往往定价很低，甚至亏损，但是与之相关联的消耗品或者服务的价格却十分昂贵。比如吉列公司不是在卖剃须刀，它卖的是刀片，利润点就在刀片上。再比如手机免费（饵）和只收通话费（钩），打印机（饵）和墨盒（钩），等等。

（三）一次性预约使用加维护费模式

顾客预先先支付一笔费用来使用产品，可以选择以重复付费的方式使用升级特性或享受产品维护，如预先充值的消费卡已成为当今休闲健身、娱乐、理发及美容保健、汽车清洗及保养、洗染等行业的商业模式。这些企业采取一次性预售费用后，分次向消费者提供服务的交易模式，对企业来说预收费模式的主要内容是吸引消费者进行储值，因为只有客流源源不断才能保证预付费模式发挥其回笼资金的功效。但是如果让顾客选择折扣优惠，买赠优惠和会员时效卡等方式，很可能会降低企业实现重复收费收入的能力。

（四）订阅模式

订阅模式是指顾客每月或按约定的时间段支付固定费用。其商业的本质是产生大于生产和分销成本的年金收入，它帮助企业在不同的商业应用中开拓新的分销模式。从财务角度来看，相比其他公司在获得客户方面的低效及不确定性，采用订阅模式的企业可以获得可预见的收入，从订阅者的角度来看，方便获取和可重复使用，给消费者带来便利，使其获得的效益超过了订阅成本，消费者就会购买。相反，如果边际效益降低，消费者就会取消订阅这种模式，这种模式可以为企业带来重复性收入，具体包括以下两种子模式：一种是年费制或者长期制，这种方式可以有效锁定客户，和一次性预付相比还能很好地降低顾客支付的费用。例如电子读物、杂志期刊就是向顾客收取年费，然后每月发送信息资讯的模式。向顾客预收费用，哪怕是为其提供折扣，对初创企业来说也是很理想的选择，这种模式带来的好处是降低企业对资本的需求。另一种是月费制，这种方式可以给用户更大的灵活度，和年费或长期制相比，企业能收取更高的费用。例如一家提供鲜花预订服务的公司，它可以在顾客需要的任何时间按周提供鲜花速递服务，这种订阅模式可以在顾客原有的花束即将凋谢的时候，将新的鲜花如期送达。订阅模式适合低造价、低物流成本、体验价值高、消费频率高的产品。

（五）追加销售高利润产品模式

这种模式的特征是以很低的利润销售核心产品，然后以极高的利润销售附加产品，常见于电子产品、网站和汽车产品销售。以电子产品为例，相机的售价可能比生产成本高不了多少，这样做的目的是吸引顾客，但镜头等附加设备利润很高，而且通常提供年数不等的延期保修服务，收费也非常昂贵。再比如说汽车销售，车辆本身的利润不是很高，但附加项的项目，例如延期质保、配件、维护服务等都是高利润产品。

（六）硬件+软件+大数据模式

这也是苹果公司独步天下的秘诀，苹果将硬件制造和软件开发进行结合，通过软件的使用增加用户对硬件使用的黏性，这就是一种商业模式的创新。消费者在使用这些软件的时候就形成了自己的习惯和路径依赖，使消费者准备购买其他硬件时就不得不考虑已经形成的软件使用习惯。虽然苹果创新的速度已经放慢，但新的苹果手机的出现使原来大量的使用者不得不去继续购买。

（七）连锁经营模式

连锁经营模式是指创业者将自己所拥有的商标、商号、产品专利、专有技术、经营模式等以特许经营合同的形式授予被特许者使用，被特许者按照合同规定在特许者统一的业务模式下从事经营活动，并向特许者支付相应费用的模式。如果创业者有可实施的好项目，但缺乏扩展业务的欲望及所需的能力和资本，可以考虑采用连锁经营模式，从连锁销售中分成或是出售自己开发的项目和品牌，以换取启动资本，也可以向连锁店销售品牌产品以获取收入。

（八）直销模式

“直销模式”就是通过去掉中间商，降低产品的流通环节成本并满足顾客利益最大化需求的一种效率高的营销方式。简言之，就是生产商不经过中间商而是直接把商品销售到顾客手中的减少中间环节和销售成本的一种销售模式。在中国，直销模式基本是雅芳的“店铺单层直销”和安利的“店铺+推销员的多层直销”模式及奥特莱斯模式。需要注意的是，直销与传销不同。在直销活动中，直销从业人员的主要收入来源有两个方面，一是直销从业人员自己销售产品所得到的销售佣金，二是企业根据直销从业人员的市场拓展情况和营销组织的建设情况所给予的管理奖金。而传销活动中，传销人员的收入主要来自其拓展营销组织（发展下线传销从业人员）时所收取的高额入门费。

(九) 会员制

会员制就是企业产品以会员制形式发展客户，并提供差异化服务和精准化的营销，提高客户口碑传播速度，促进其对产品的忠诚度和回头率，增加企业的长期利润。最常见的是会员制积分与等级模式。积分会员制体系是通过消费获得积分，消费越高积分就越高，通过兑换积分就可以得到门店的奖励，而在不同时候的奖励积分又会有不同。例如屈臣氏的积分就是每消费 10 元就可以获得 1 会员积分，但到了年底积分就会失效；在会员生日月消费积分会双倍增加；每周三会员日可以得到优惠。屈臣氏是典型的利用积分会员制维系客户忠诚度的例子。等级会员制体系是通过一定的消费额获得升级，等级制每升一级都有固定的消费额，只有达到这种消费额才能升级。例如像威克多新就是典型的等级会员制度，会员等级不再以单一的模式进行，威克多新为会员提供标准卡、银卡、金卡、白卡四个等级，只要积分达到一定的标准就可以升级，并享受到该层会员的消费权益。

四、"互联网+"商业创新模式

随着互联网经济的深入发展，"互联网+"形成了商业模式的互联网化，正在颠覆和重构整个商业价值链，形成了很多创新型的商业模式。具有主要代表性的模式有：

(一) O2O 模式

O2O 模式的英文全称为 Online To Offline，是指把线下商务与线上互联网技术结合起来，以互联网为线下交易的媒介，以线下交易作为业务的实现方式。消费者可以通过基于互联网的线上视觉体验来选择满意的商品或者服务，也可通过网络手段支付，从而获取有效的电子凭证，再到线下的实体店完成消费（取货、就餐、观影等）。O2O 模式的核心思想是把线上的顾客带入实体店，实现线上消费，线下体验，其逻辑如图 7-3 所示。

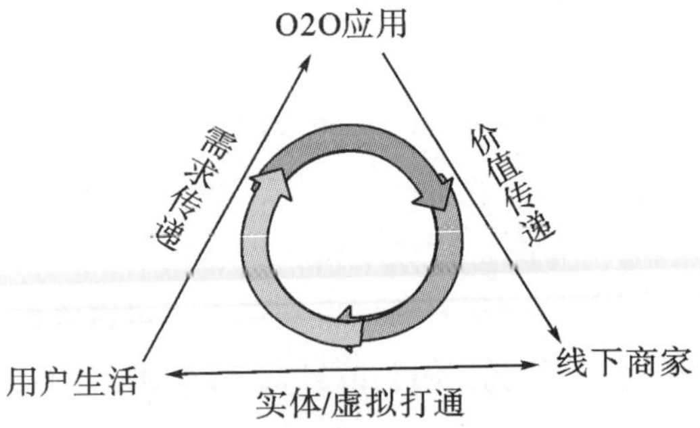

图 7-3　O2O 商业模式

O2O 模式的主要目标有两类：一类是引流到线下，另一类是引流到线上。为了实现客户在线上与线下之间的有序流动，通常 O2O 模式存在四种不同类型的组合：

1. 第一类："线上社区+线下消费/社区"

线上主要是在线交流互动，并开展一定的优惠或促销活动，这种模式适应于必须亲自到现场消费的宾馆、餐饮及其他领域。

2. 第二类："线上消费/社区+线下社区"

线上主要是在线交流或开展促销，线下主要是面对面的交流互动或现场展示，这种模式适应于线下无门店、仅有线上网店的电商。

3. 第三类："线上消费/社区+线下消费/社区"

线上、线下都有交流互动的需求，线上与线下还可以分别开展优惠或促销活动，适应于线上有网店、线下有门店的企业，传统实体企业的 020 模式往往采用这种类型，如：线下有品牌服装专卖店，线上有同品牌的网店。

4. 第四类："线上社区+线下社区"

这是一种无直接销售业务的 O2O 模式，适用于同时需要线上和线下交流、互动的社交平台，丁香社区、天涯社区都属于这种类型。

（二）跨界商业模式

马云曾经说过一句很任性的话，他说，如果银行不改变，那我们就改变银行。于是余额宝就诞生了，余额宝推出半年，规模就接近 3 000 个亿。互联网为什么能够如此迅速的颠覆传统行业呢？互联网颠覆的实质就是利用高效率来整合低效率，是对传统产业核心要素的再分配，也是生产关系的重构，并以此来提升整体系统效率。互联网企业通过减少中间环节，减少所有渠道不必要的损耗，减少产品从生产到进入用户手中所需要经历的环节来提高效率，降低成本。因此，对于互联网企业来说，只要抓住传统行业价值链条当中的低效或高利润环节，利用互联网工具和互联网思维，重新构建商业价值链就有机会获得成功。邮局不努力，成就了顺丰；银行不努力，成就了支付宝；通信不努力，成就了微信；商场不努力，成就了淘宝。亚马逊（Amazon）看起来是零售企业，但其实它是个科技公司；Tesla 看起来是造车企业，但其实它是个科技公司；Netflix 看起来是娱乐企业，但其实它是个科技公司。马化腾在企业内部讲话时说，互联网在跨界进入其他领域的时候，思考的都是如何才能够将原来传统行业链条的利益分配模式打破，把原来获取利益最多的一方干掉，这样才能够重新洗牌。反正这块市场原本就没有我的利益，因此让大家都赚钱也无所谓。正是基于这样的思维，腾讯才诞生出新的经营和盈利模式及新的公司。

（三）免费模式

在互联网时代，免费模式已经成了一种非常成功的商业模式，根据克里斯·安德森（Chris Anderson）的《免费：商业的未来》，目前市面上流行的免费模式建立了四种模型，分别是直接交叉补贴、三方市场、免费加收费模式和非货币市场。

第一种免费模式是直接交叉补贴，如图 7-4 所示。直接吸引消费者的商品是免费或者趋近于免费的，而其真正的目的是让其他的产品特别是数量更多、利润率更高的商品能够进一步地去挖掘消费者的潜在需求从而达到来推销其他付费产品的目的。例如充话费送手机，手机是免费的，但你事先得充足够的话费。

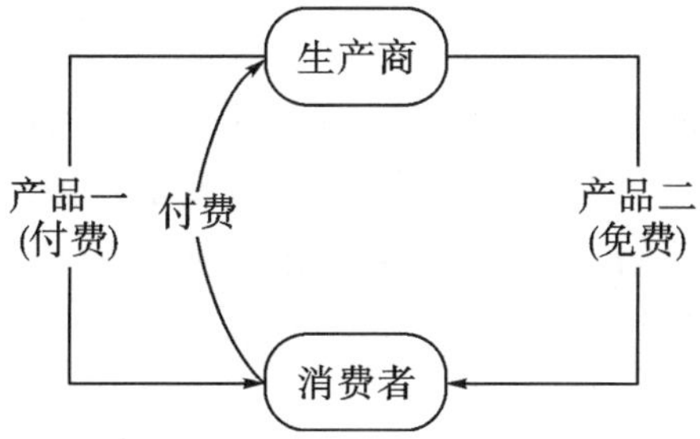

图 7-4　免费模式一：直接交叉补贴

第二种免费模式是三方市场，如图 7-5 所示。这种模式指的是第三方付费来加入前两方的免费商品交易。什么是三方市场呢？举个直观的例子，我们看的电视节目、收听的广播节目，大部分都是免费的。你之所以可以免费收听、收看它们，是因为这些节目都已经有广告主付过钱了。你看节目的同时也会看到广告。这些节目制作方做的事情不是把电视和广播节目卖给你，而是把你卖给广告主。这就把本来应该在制作方和观众之间进行的金钱交易，通过第三方广告主转移了。观众免费看电视的同时也看了广告，广告主付钱给电视台，观众付钱给广告主，如此循环，而电视台和观众之间是免费的。

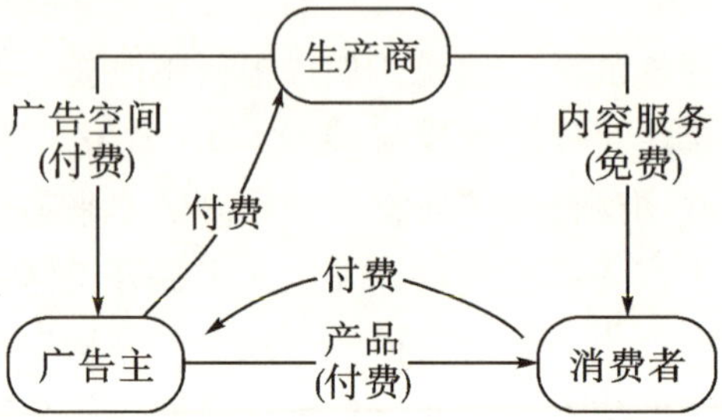

图 7-5　免费模式二：三方市场

第三种免费模式是免费加收费模式，如图 7-6 所示。这种模式形式十分多样，内容从免费到收费都有着不同的等级。我们所谓的“增值服务”都属于这类。免费的网络游戏，付费的道具，如各种流行的网络游戏，基本都是道具付费模式。我们能够在腾讯视频上看大量免费的影视剧，但是观看过程中存在广告太长、画质还不够清晰等问题，但购买会员服务则可以解决这些问题。腾讯视频正是针对这些有着更高需求的用户，推出了会员制度，为这些付费用户提供了更便捷、更优质的服务。

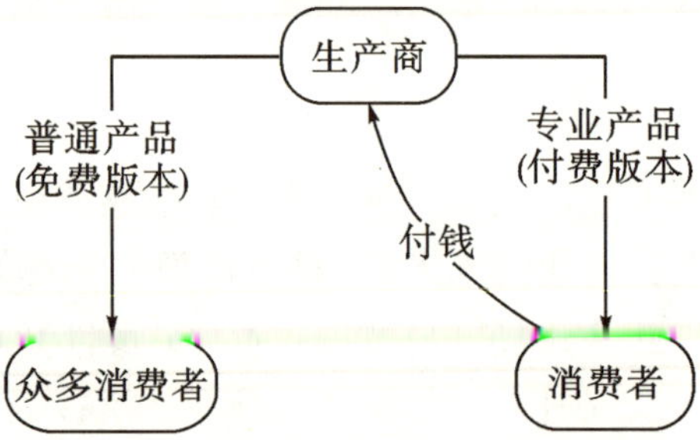

图 7-6　免费模式三：免费加收费模式

第四种免费模式是非货币市场，如图 7-7 所示。货币在 21 世纪这样的信息化时代中，并不是唯一的价值衡量标准。网络为信息传播提供了平台与支持，使得消费者能够获取到免费的服务与信息，用户则通过零成本的信息在平台上传播，进行自己观点的表达的同时也是向提供服务的一端进行反馈，为其带来像关注度、声誉等非物质化的价值，例如活跃在社交媒体上面的“大 V”们，他们就是作为提供服务的那一端，进行优质内容的创作并免费地进行输出，来获取关注和好评，当然，他们最终可以通过流量变现手段也可以实现经济效益。

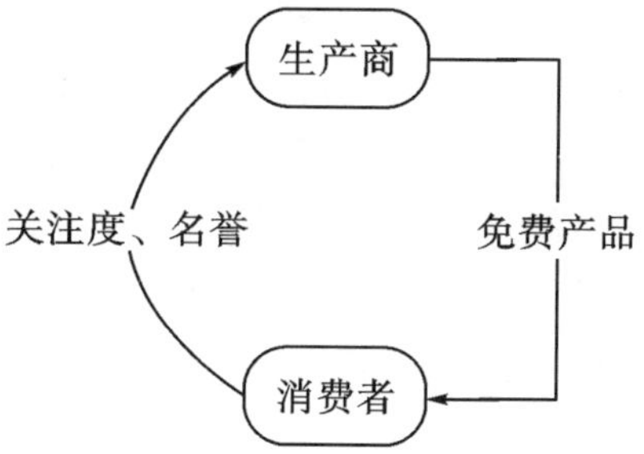

图 7-7　免费模式四：非货币市场

（四）平台模式

互联网的世界是无边界的，市场是全国乃至全球。平台型商业模式的核心是打造足够大的平台，使产品更为多元化和多样化，更加重视用户体验和产品的闭环设计。但是传统企业不要轻易尝试做平台，尤其是中小企业，更不应该一味地追求大而全、做大平台，而是应该集中自己的优势资源，发现自身产品或服务的独特性，瞄住精准的目标用户，发掘出用户的痛点，设计好针对用户痛点的极致产品，围绕产品打造核心用户群，并以此为据点快速地打造一个品牌。例如滴滴出行就是这样一个模式，如图 7-8 所示。

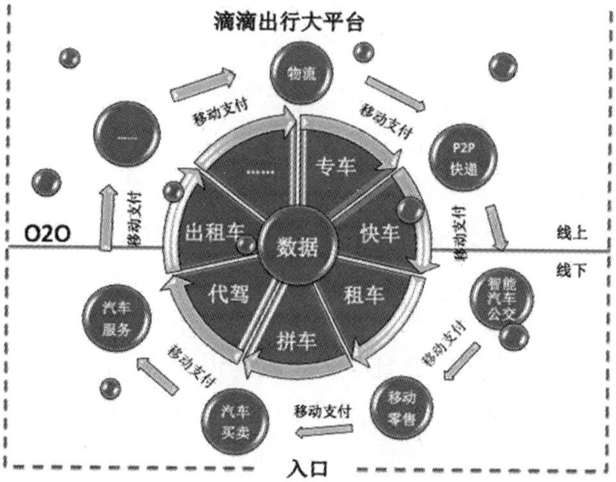

图 7-8　滴滴出行的平台

平台型商业模式的核心是打造足够大的平台，产品更为多元化和多样化，更加重视用户体验和产品的闭环设计。互联网平台的基础是大规模的用户量，这就要求一切必须以更好地满足用户的需求为导向。平台模式的精髓，在于打造一个多方共赢互利的生态圈。

（五）长尾模式

长尾（The Long Tail）这一概念是由《连线》杂志主编克里斯·安德森（Chris Anderson）在 2004 年 10 月的《长尾》一书中最早提出，是用来描述诸如亚马逊和 Netflix 之类网站的商业和经济模式。

该理论源于一次安德森跟 eCast 首席执行官范·阿迪布的会面，阿迪布提出一个让安德森耳目一新的“98 法则”，改变了他的研究方向。阿迪布从数字音乐点唱数字统计中发现了一个秘密：听众对 98%的非热门音乐有着无限的需求，非热门的音乐集合市场无比巨大，无边无际。听众几乎盯着所有的东西！他把这称为“98 法则”。安德森意识到阿迪布那个有悖常识的“98 法则”隐含着一个强大的真理。于是，他系统研究了亚马逊、狂想曲公司、Blog、Google、eBay、Netflix 等互联网零售商的销售数据，并与沃尔玛等传统零售商的销售数据进行了对比，观察到一种符合统计规律（大数定律）的现象。这种现象恰如以数量、品种为坐标轴的二维坐标上的一条需求曲线，拖着长长的尾巴，向代表品种的横轴尽头延伸，“长尾”由此得名。

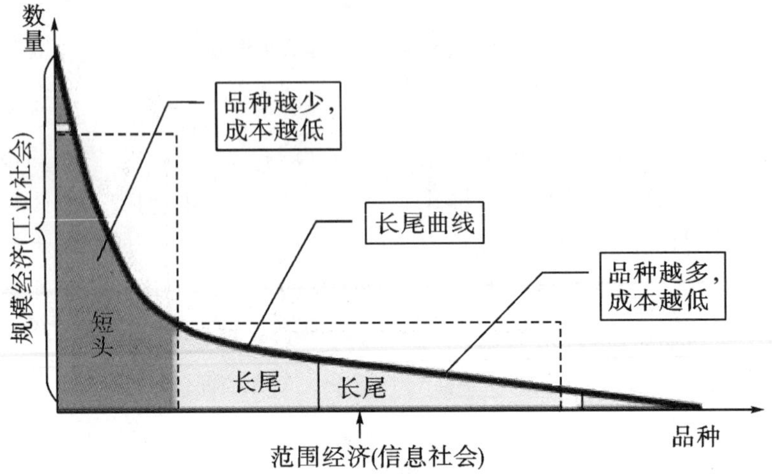

图 7-9　长尾模式

这个概念描述了媒体行业从面向大量用户销售少数拳头产品，到销售庞大数量的利基产品的转变，虽然每种利基产品相对而言只产生少量销售量。但利基产品的销售总额可以与传统面向大量用户销售少数拳头产品的销售模式媲美。简单地说，所谓长尾理论是指，只要产品的存储和流通的渠道足够大，需求不旺或销量不佳的产品所共同占据的市场份额可以和那些少数热销产品所占据的市场份额相匹敌，甚至会更大，即众多小市场汇聚成可产生与主流相匹敌的市场能量。也就是说，企业的销售量不在于传统需求曲线上那个代表“畅销商品”的头部，而是那条代表“冷门商品”的经常被人遗忘的长尾。企业据此可以通过 C2B 实现大规模个性化定制。

（六）“工具+社区+电商”的混合模式

“工具+社区+电商”的三位一体化模式将成为移动互联网时代的主流模式，微信就是一个非常典型的案例，它最初只是一个社交工具，接着，它加入了朋友圈点赞与评论等社区功能，进而又添加了微信支付、精选商品、电影票、手机话费充值等功能。再看一下“罗辑思维”等自媒体，它们都已经开始通过售卖书籍、化妆品来拓展自己的商业空间。这些演进的内在逻辑是相同的，即“工具+社区+电商”将会成为移动互联网时代的混合商业模式。互联网的商业模式中有三个层次，最底层以产品为中心，中间层以平台为中心，而最高层以社区为中心。这样就会出现社区商业：“内容+社区+商业”。内容具有媒体属性，用作流量的入口；社群具有关系属性，用来沉淀流量；商业具有交易属性，用来变现流量价值。用户因为好的产品/内容/工具而聚合，然后通过社区来沉淀，因为参与式的互动、共同的价值观和兴趣形成社群而有了深度链接，用定制化的 C2B，通过交易来满足需求，一切都水到渠成。

五、商业模式的分析与设计

2008年，著名商业模式创新作家、商业顾问亚历山大·奥斯特瓦德（Alexander Osterwalder）在《商业模式新生代》这本书中提出了商业模式画布（Business Model Canvas，BMC）的概念。其后，很多企业得益于这种简单的方式去描绘、分析、设计其商业模式，并取得成功。

商业模式画布由9个模块组成，每一个构造块都代表着成千上万种可能性和替代方案，这也造就了成功的企业，或是失败的企业，我们要做的就是在这9个模块中找到可以胜出乃至最佳的组合，如图7-10所示。

图7-10　商业模式画布的9个模块

这九个模块，包括CS客户细分（Customer Segments）、VP价值主张（Value Propositions）、CH渠道通路（Channels）、CR客户关系（Customer Relationship）、RS收入来源（Revenue Streams）、KR核心资源（Key Resources）、KA关键业务（Key Activities）、KP重要合作（Key Partnerships，也叫重要伙伴）、CSt成本结构（Cost Structure）。它们各自的含义是：CS客户细分，代表企业或机构服务的一个或多个客户分类群体；VP价值主张，是指通过价值主张来解决客户难题和满足客户需求；CH渠道通路，是指通过沟通、分销和销售渠道向客户传递价值主张；CR客户关系，是指在每一个客户细分市场建立和维系客户关系；RS收入来源，产生于成功给客户提供价值主张；KR核心资源，是提供和交付先前描述要素所必备的重要资产；KA关键业务，是指通过执行一些关键业务活动来运转商业模式；KP重要合作（重要伙伴），是指有些业务需要外包，而另外一些资源需要从企业外部获得；CSt成本结构，是指上述要素所引发的成本构成。

随后，这九个模块是这样组合的，如图7-11所示：

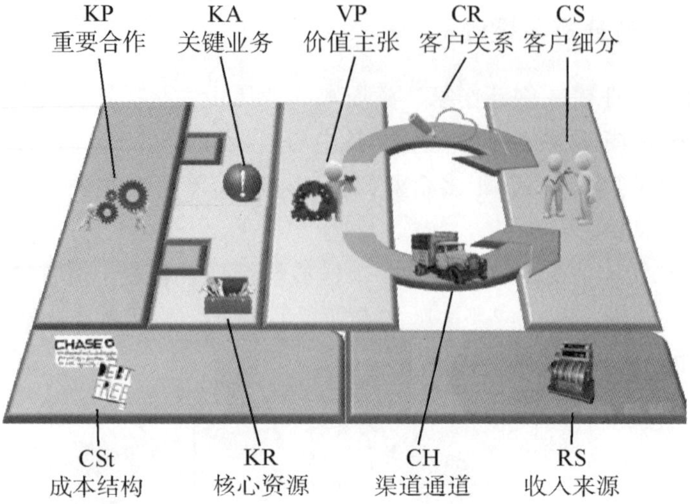

图 7-11　商业模式画布

它们分别要解决和回答的问题是：

CS 客户细分（Customer Segments）试图解决的是客户问题。需要回答：我们正在为谁创造价值？谁是我们最重要的客户？也就是说，谁付你钱。

VP 价值主张（Value Propositions）试图解决的是价值问题。需要回答：我们该向客户传递什么样的价值？我们正在帮助我们的客户解决哪一类难题？我们正在满足哪些客户需求？我们正在给客户细分群体提供哪些系列的产品服务？也就是说，给用户什么好处。

CH 渠道通路（Channels）试图解决的是渠道问题，需要回答：我们通过哪些渠道可以接触我们的客户细分群体？我们现在何如接触他们？我们的渠道如何整合？哪些渠道最有效？哪些渠道成本效益最好？如何把我们的渠道与客户的例行程序进行整合？也就是说，如何将价值送达客户。

CR 客户关系（Customer Relationship）试图解决的是营销问题，需要回答：我们每个客户细分群体希望我们与之建立和保持何种关系？哪些关系我们已经建立了？这些关系成本如何？如何把它们与商业模式的其余部分进行整合？也就是说，如何让客户掏钱？

RS 收入来源（Revenue Streams）试图解决的是产品线问题，需要回答：什么样的价值能让客户愿意付费？他们现在付费买什么？他们是如何支付费用的？他们更愿意如何支付费用？每个收入来源占总收入的比例是多少？也就是说，有多少种赚钱方式。

KR 核心资源（Key Resources）试图解决的是资源问题，需要回答：我们的价值主张需要什么样的核心资源？我们的渠道通路需要什么样的核心资源？也就是缺少什么。

KA 关键业务（Key Activities）试图解决的是主要任务问题，需要回答我们的价值主张需要哪些关键业务？我们的渠道通路需要哪些关键业务？我们的客户关系呢？收入来源呢？也就是说，该怎么做。

KP 重要合作（Key Partnerships），也叫重要伙伴。试图解决的是合作伙伴问题，需要回答：谁是我们的重要伙伴？谁是我们的重要供应商？我们正在从伙伴那里获取哪些核心资源？合作伙伴都执行哪些关键业务？也就是说，谁能帮助你。

CSt 成本结构（Cost Structure）试图解决的是成本结构问题，需要回答：什么是我们商业模式中最重要的固有成本？哪些核心资源花费最多？哪些核心业务花费最多？也就是说，你需要怎样花费才能赚到钱。

进行简化组合，就会得到图 7-12：

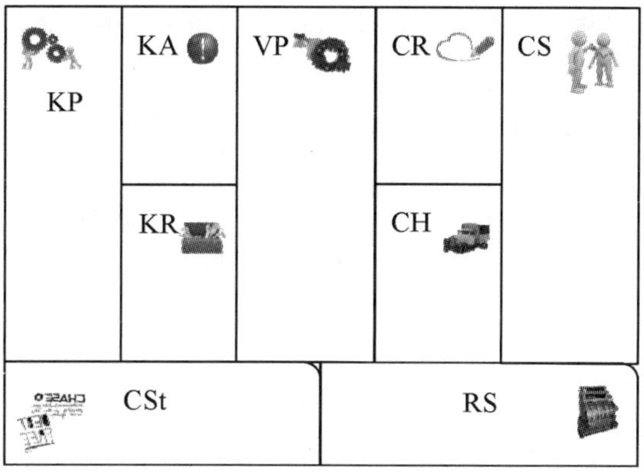

图 7-12　商业模式画布简图

使用商业模式画布一般是从右往左去分析，边分析边构建我们的商业模式。以价值主张（VP）为分界，右侧板块对应满足用户需求所需的内部价值体现。左侧板块则是为了实现价值所需的外部资源和投入。建立一个新品牌/产品可以从 STP 或者商业模式画布的右侧部分入手，看看自己是否真的是满足了目标用户的需求，应用策略是否得当。左侧部分代表为了实现价值所需要的外部资源和投入，它能够进一步帮助你认清现状，组合资源。

使用商业模式画布一般会按照一定的顺序来思考，比如，首先要了解目标用户群，再确定他们的需求（价值主张），想好如何接触到他们（渠道通路），怎么盈利（收入来源），凭借什么筹码实现盈利（核心资源），能向你伸出援手的人（重要合作），以及根据综合成本定价（成本结构）。

商业模式画布拆解填写的步骤可以为：CS-VP-CH-CR-RS- KR-KA-KP-CSt，从右至左，从满足用户到内外部价值提供再到资源组合及成本估算。这个阶段可以加入 SWOT 分析和 PSET 分析以及波特五力模型，对企业内外的优劣势、行业宏观环境、竞争状况有明确的认知，能够帮助进一步完善商业模式画布。具体顺序如图 7-13 所示：

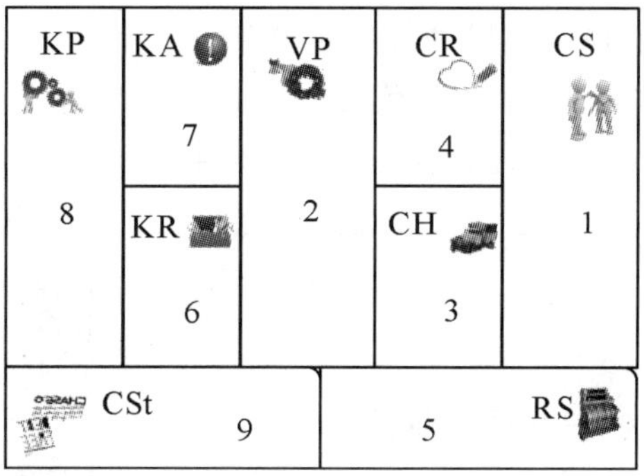

图 7-13　商业模式画布分析顺序

以小米公司为例，我们运用商业模式画布对其商业模式进行分析。小米公司在2010年横空出世，自创办以来，保持了令世界惊讶的增长速度，小米公司在2012年全年售出手机719万台，2013年售出手机1 870万台，2014年售出手机6 112万台，2015年售出手机超过7 000万台，2017年售出9 240万台。

<table>
<tr><td rowspan="2">重要伙伴(KP)
合作企业</td><td>关键业务(KA)
软件+硬件+
互联网</td><td rowspan="2">价值主张(VP)
为发烧而生</td><td>客户关系(CR)
用户粘度</td><td rowspan="2">客户细分(CS)
个人用户
运营商</td></tr>
<tr><td>核心资源(KR)
软件技术
电商平台</td><td>渠道通路(CH)
网络平台</td></tr>
<tr><td colspan="3">成本结构(CSt)
平台维护　手机硬件　软件开发</td><td colspan="2">收入来源(RS)
网络广告　产品服务　周边产品</td></tr>
</table>

图7-14　小米公司商业模式画布分析

按照CS-VP-CH-CR-RS-KR-KA-KP-CSt的步骤进行分析，我们可以把分析结果填入商业模式画布的相应位置。

CS客户细分：小米的客户分为几个大类：年轻人的大众市场；移动、联通、电信运营商的利基市场；提供商品给第三方平台或是供应商的平台式市场；开售手机周边商品的多元化市场。

VP价值主张：小米以为发烧而生的价值观来打造产品差异化、服务差异化、形象差异化。

CH渠道通路：小米以网络平台为主要渠道，还有可利用的合作伙伴的渠道。

CR客户关系：小米以社区方式为主，来提高用户黏性，除此以外还有个人助理、自动服务、专用个人助理、自动化服务。

RS收入来源：小米的收入来源有手机来源、周边产品、网络广告、软件服务、知识产权。

KR核心资源：实体资产、人力资源、知识产权、金融资产。

KA关键业务：铁人三项——硬件、软件、互联网服务。

KP重要伙伴：富士康、凡客诚品。

CSt成本结构：平台维护、手机硬件、软件开发。

商业模式画布能够帮助创业者理清创业思路，不胡乱猜测，降低项目风险，确保创业者找到真正的目标用户群体，进而合理地解决问题。

拓展阅读：

华为任正非的创业故事

扫一扫

课堂练习

主题：理解区分不同的商业模式

练习 1

根据本章的知识要点请写出下列五个企业的商业模式。

企业名称	商业模式
吉列剃须刀	
屈臣氏	
奥特莱斯	
移动公司存话费送手机	
逻辑思维	

练习 2

根据本章的知识要点，请写出你知道的不同商业模式的五个企业。

企业名称	商业模式

案例实训

1. 背景材料

奇虎 360 的商业模式

2006 年，互联网正处于飞速发展的高峰期，在这股风潮中，中国流氓软件已经猖獗到令人发指的程度。“炉火纯青”的流氓软件根本不打招呼就公然入主用户的电脑，狂弹广告。当时网民的电脑里往往同时被十几个流氓软件割据，电脑速度很慢，还经常死机，广大网民成了最无辜的受害者。与此同时，网民的电脑里莫名其妙地多了一些软件，想卸载又不知道如何下手，花钱找电脑专家修，往往也清理不干净，最后，只得重装电脑系统，耗费至少四个小时的时间，还得花功夫去备份资料，一不小心还会有资料丢失的风险。

2006年，周鸿祎刚刚加入奇虎不久，在奇虎食堂和朋友吃饭，谈到当时互联网的形势，朋友随口问道："你这么懂插件，没想过做个杀流氓插件的软件吗？"说者无心，听者有意，周鸿祎心中一亮，是啊，为什么不做一个让用户叫好的杀流氓插件的软件呢？做流氓查杀软件只是主营业务之外的小项目，因此，一开始奇虎只分拨五个人来推进这个项目，这款软件的名字也很随意，叫"流氓克星"（随后改为奇虎安全卫士，最终又确定为360安全卫士）。它主要针对市面上比较流行的恶意软件，功能很少。包括周鸿祎在内的所有人都没有想到，这款不起眼的小软件很快会成为奇虎的一匹黑马。

2006年7月，奇虎就360安全卫士的推出召开了一个简单的发布会，会上宣布其旗下的360安全卫士携带全球顶级的专业杀毒厂商卡巴斯基将为广大网友免费提供杀毒功能。网友只需使用奇虎"360安全卫士"，就能免费轻松获得恶意软件查杀、系统诊断及修复、病毒查杀等功能。

360安全卫士的核心是"杀木马、反盗号、完全免费"，使用360安全卫士，用户能立刻摆脱恶意软件的侵扰，还能够即时地诊断电脑的安全状况，并根据软件的建议进行自动化的修复、删除等处理，而卡巴斯基能为电脑提供实时的防御机制，让用户防患于未然。这些功能解决了广大网友最头疼的问题，并且没有使用门槛，对电脑不熟悉的人也可以轻松保证电脑应用环境的安全。

2006年年底，360安全卫士的用户量超过20万；到了2007年年中，用户量超过40万；当年10月份，360安全卫士的用户量超过瑞星、金山等业界巨头，成为国内用户量最大的安全软件。

2008年7月，360安全卫士正式推出杀毒软件并宣布永久免费时，曾遭到传统杀毒厂商的普遍质疑。质疑的理由自然是基于传统的商业模式——"如果完全免费，那么公司靠什么来生存？如果公司自己都无法生存，怎么保护用户的权益？"

周鸿祎虽然当时也还不知道360怎么挣钱，但是他很明确，360再怎么发展，也不可能去卖杀毒软件，这肯定不是它的盈利模式。周鸿祎认为等360有很多忠诚的用户以后，自然就会产生很多商业模式。在实际操作过程中，类似腾讯的基础服务免费，增值服务收费的模式，增值服务成为奇虎的主要收入来源。截至2010年年底，360安全卫士累计安装量超过3亿，覆盖中国网民60%以上。奇虎360之所以有底气打出永久免费的口号，原因是其增值服务所得收益可以在很大程度上平衡成本的支出，这就是互联网数字产品的独特之处。

"免费+增值"模式是互联网常见的商业模式，但是却从来没有人把这种模式用于杀毒软件行业，这是360革命性的创新。

当时，周鸿祎向董事会提出免费杀毒，与当时几大主流杀毒软件厂商的行为相比，这种做法虽独特但充满了未知的风险。当董事会全体反对周鸿祎"杀毒免费"的提议时，周鸿祎表示："想要赚大钱就要颠覆已有的规则。"

杀毒软件行业看上去是一个很成熟的行业，杀毒软件几乎是互联网基础服务产品中的最后一个收费堡垒，软件厂商一直固守"一手交钱一手交货"的卖软件思路。行业内逐步形成了瑞星、金山等几个巨头，它们都是靠卖软件赚钱，只是在价格的高低上博弃。金山曾经推出一次红色正版风暴，把软件价格降到28元，但是行业的本质没变、大家的商业模式没变：卖软件赚钱。

但是360改变了既定规则，360先是把杀毒软件的价格从一年几百元降到一年几十元，2009年开始终身免费。

360第一版杀毒软件的杀毒效果并不好，被同行讥笑为“以为会放个卫星，结果放了个哑弹”。到360第二次发布免费杀毒产品时，距第一版已经时隔1年零3个月，但免费带来的用户量惊人。杀毒行业看起来是一个饱和的、不可能让后来者进入的领域，当时几大巨头之间的竞争陷入僵持状态，谁都无法甩开其他人，后期进入的小公司在这种行业似乎完全没有机会，所以360的崛起尤其让人惊讶。

360成功的原因除了永久免费外，更重要的是360杀毒把产品性能指标做得比国内收费杀毒软件还好。根据国际权威的VB100%评测，360杀毒的表现非常出色，不但名列国产杀毒软件的第一名，而且其各项功能指标均大幅领先于收费的国产杀毒软件，达到了国际先进水平。也就是说，360杀毒是目前唯一可以达到国际水准的国产杀毒软件。国际品质加上永久免费，这才是用户选择360杀毒的真正原因。360是在用互联网的方式做安全，在互联网上，只有把免费产品做得比同行更好，才有可能胜出。

除了免费之外，周鸿祎将自己的产品定位从单纯的杀毒，演进为电脑的安全卫士，给那些不懂、也懒得去弄懂电脑的人用，这也为它赢得了诸多用户。360的第二版免费杀毒产品推出时，打开界面只有快速扫描、全盘扫描、指定位置扫描三大按钮，与其他杀毒软件相比使用方式更简单。

与靠卖软件赢利的传统杀毒企业相比，360免费的赢利模式是颠覆性的。周鸿祎奉行的不是传统杀毒公司卖软件的思路，而更像是QQ、Facebook、淘宝这些互联网公司的理念，也就是最好的服务一定是基础的、免费的，然后在这个基础上向部分有需要的用户提供增值服务从而创收。

2009年以后，360的商业模式开始初现轮廓并逐渐显示出威力。它发布了360安全浏览器，2009年推出基于互联网的面向个人的杀毒产品——云查杀引擎。并靠“安全”这一概念以及和360安全卫士绑定的推广方式来提高装机量——这一浏览器的首页是网站导航页面，可以像hao123那样卖位置广告，地址栏的搜索功能则与Google合作，Google为由此获得的流量付费。

这的确是让人惊讶的商业模式，在此之前没有安全厂商采用过这种模式，这甚至会让诸多安全厂商气恼，因为这种类似搅局者的行为让它们的用户尽失，完全摧毁了它们以前应用的商业模式。

在现实的互联网江湖里，一个令人奇怪的现象就是：一个全免费的杀毒软件往往比收费软件做得更好、更强大，完全颠覆了人们便宜没好货的旧观点。为什么免费产品的品质会更高？因为在收费时代，用户花钱买的软件就算不好用，也不能把它轻易地抛弃，到底是花钱买来的，用户可能会很无奈地继续支付一笔钱再去购买一款软件。但进入免费时代后，用户切换产品的成本非常低，这反而逼着免费产品提供者做好品质以挽留可以带来增值服务资源的用户。

那么，杀毒行业真正合理的游戏规则和市场秩序应该是怎样的？答案是免费。

其实互联网从诞生的那一刻起就是免费的，谁想收费，必死无疑。当你的产品获得大量的用户后，下一个环节收费是顺理成章的事。整个互联网都是建立在免费的基础之上的，网络游戏、搜索和邮箱都从收费走向免费。

在互联网上，只要是每个人都能用到的服务，那就是一种基础服务。按照互联网的分享、共赢的精神和哲学理念，只要是基础服务，一定是免费的。免费产品的提供者通过免费得到大量忠诚的用户，再通过向这些用户中的一部分人销售增值服务来获取收益。

360 杀毒彻底改写了中国杀毒行业的原有格局，免费杀毒软件成为个人用户市场的绝对主流。在 360 的示范效应下，国外知名杀毒厂商纷纷加大在华市场的投入力度，并推出各种阶段性的免费版本，在免费杀毒基础上的收入模式的创新，激活了原本一潭死水的传统杀毒行业。

就目前国产的杀毒软件来说，在 360 的冲击下，瑞星如今转型企业级市场，这是很聪明的做法，但其上市梦破裂了；金山则全面跟学 360，欲与 360 分一杯羹；腾讯也对安全市场虎视眈眈，推出了自有的 QQ 电脑管家。这些都说明了 360 带来的鲶鱼效应改写了中国互联网安全市场行业格局。

现在的网络产品已经不是产品的时代而是人气的时代了，对于当今的互联网企业来说，只要把人气聚拢过来，赚钱模式就可以千变万化。腾讯就是依靠庞大客户群，采取跟进战略，打击竞争对手的。现在 360 也在做类似的事情，这就是腾讯与 360 发生冲突的原因。

互联网的免费产品有两种基本收入模式，一种是广告模式，另一种是增值服务模式。作为安全软件，360 显然不适用于广告模式，因此选择了通过增值服务实现赢利，也就是在庞大的用户基础上，面向少数用户提供个性化的收费服务，譬如安全备份与存储、一对一的远程电脑维修服务等，这和腾讯的模式很接近。

安装过 360 免费杀毒软件的人都知道，在安装将近完成的时候，360 会推荐“360 安全浏览器”，并且一再强调这个浏览器能够保证上网安全，能够抵制各种木马和流氓软件的侵袭。于是，360 的赚钱之旅便拉开了帷幕。

非业界人士可能不知道浏览器的赚钱模式。当年从美国涉洋而来的火狐浏览器在中国免费使用，而且在各种网站上投入很多钱宣传。火狐并非不赚钱，火狐和 Google 达成协议，将 Google 搜索引擎默认为首页，当你使用一次火狐提供的 Google 引擎时，火狐便从 Google 那里拿到广告分成。

周鸿祎的方法和火狐如出一辙。当你安装了 360 的浏览器之后，每次打开电脑，你都会看到蹦出来的 360 导航网站，也许有些老网虫并不以为然，因为他们往往直入主题，搜索自己想去的网站，从来都没有正眼看过导航页面。但是对于一些不熟悉互联网的人来说，这种导航是使用该浏览器接触网络的唯一途径，周鸿祎由此让这些人知道 360 能让他们看到想要的内容，而这些都是需要对方网站支付一定费用的。在 360 的导航网站上，不仅有各大搜索引擎的入口，还有各种商品买卖信息，甚至连小说、火车票购链接都有。

但是这并不是 360 唯一的盈利途径。在 360 安全卫士的平台上还有一个非常重要但是却不被使用者重视的功能——软件宝库，通过它，用户可以直接下载软件。

安装360安全卫士，既可以免费使用杀毒软件，还能随时查杀木马，想要对电脑进行体检的时候就能进行体检。重要的是，当你想要使用某个软件的时候，不用去相关的软件下载基地了，360在这里已经为你分门别类地准备好了。类似华军软件园等免费下载软件的网站的盈利模式，就是通过这种网站每下载一次软件，被下载软件的提供方就要向他们支付0.1~0.5元不等的代理费用。这个数字再乘以中国潜在的4亿网民，利润多么巨大。所以360的“安全卫士+软件宝库”功能，不仅打碎了传统杀毒软件商的饭碗，而且还要从遨游、腾讯TT、微软IE等浏览器提供商，甚至还有那些软件下载服务提供商那里抢饭吃。

2011年03月30日，奇虎360正式在美国纽交所挂牌交易，证券代码为“QIHU”。奇虎360上市后，按保守估计，其1 000名员工中将有1/3在一夜之间成为百万富翁，而周鸿祎身家也达到了5.8亿美元。

2. 实训任务

运用商业模式画布分析奇虎360的商业模式。

3. 实训步骤

（1）个人阅读。

督促学生认真阅读案例，教师对案例背景进行简单陈述，并进行分组。

（2）小组讨论与报告。

围绕实训任务进行讨论，在白纸上画出商业模式画布的简图，要求每个小组将讨论要点或者关键词记录下来，便于课堂互动。具体要点如下所示：

小组讨论与报告

小组名称或者编号：________________

组长：________________

小组成员：________________

记录人：________________

① 小组讨论记录：

发言人1：________________

发言人2：________________

发言人3：________________

发言人4：________________

发言人5：________________

发言人6：________________

发言人7：________________

发言人8：________________

____

② 小组共识要点：

____

(3) 师生互动。

各组将讨论结果写在便签纸上并贴在画布上，派代表对讨论的结果进行陈述，教师与学生进行互动，并回顾本章的关键知识点，同时激发学生进行进一步思考。

(4) 课后形成正式的实训报告（见附录7 实训报告）

通过课外作业的方式，要求学生选择不同的企业，运用商业模式画布分析其商业模式，形成个人正式的实训报告。

(5) 实训考核。

根据学生课堂表现及实训报告质量，评定实训成绩。

第八章

创业团队

知识与能力目标

ZHISHI YU NENGLI MUBIAO

知识目标

1. 了解创业团队的概念与类型。
2. 了解贝尔宾团队角色理论。
3. 了解创业团队组建的程序与原则。
4. 理解团队管理中的股权分配原则。
5. 理解托马斯-基尔曼的冲突模型。

能力目标

1. 理解领导力
2. 运用贝尔宾团队角色理论分析团队角色。
3. 理解创业团队合作的重要性。

知识要点

ZHISHI YAODIAN

一、创业团队的概念与类型

（一）创业团队的概念

斯蒂芬·P. 罗宾斯在《组织行为学》一书对团队进行了如下定义：团队就是有两个或者两个以上的，相互作用相互依赖的个体，为了特定目标而按照一定规则结合在一起的组织。

创业团队与一般团队不同。根据陈忠卫教授的总结，一般团队与创业团队的主要区别为：从目的上讲，一般团队是为了解决某类或某个具体的问题，而创业团队是为了开创新企业或者拓展新事业，从职位层次上来看，一般团队的成员并不一定是高层的管理者，而创业团队的成员一般来讲都是高层管理者；从权益分享的角度来看，一般团队并不必然拥有股权，而创业团队一般情况下在企业拥有股权；从组织依据上来看，一般团队是基于解决特定问题而临时组建在一起的，而创业团队是基于工作原因而长期在一起共事；从关注视角上来看，一般团队主要解决的是战术性、执行性的问题，而创业团队关注的是战略性的决策问题；从领导方式角度来看，一般团队是受公司最高层的直接领导和指挥，而创业团队以自主管理为主；从成员对团队的组织承诺来看，一般团队成员对团队的组织承诺比较低，而创业团队组织承诺很高；从成员与团队间的心理契约角度来看，一般团队间的心理契约关系不正式且影响力较小，而创业团队间的心理契约关系特别重要，直接影响到公司的决策。表 8-1 简明列示了一般团队与创业团队的区别。

表 8-1　一般团队与创业团队的区别

比较项目	一般团队	创业团队
目的	解决某类或某个具体的问题	开创新企业或者是拓展新事业
职位层次	成员并不局限于高层的管理者	成员处在高层管理者职位
权益分享	并不必然拥有股权	一般情况下在企业拥有股权
组织依据	基于解决特定问题而临时组建在一起	基于工作原因而经常性地在一起共事
关注视角	战术性，执行性的问题	战略性的决策问题
领导方式	受公司最高层的直接领导和指挥	以高管层的自助管理为主
成员对团队的组织承诺	较低	高
成员与团队间的心理契约	心理契约关系不正式且影响力小	心理契约关系特别重要，直接影响到公司的决策

资料来源：陈忠卫. 创业团队企业家精神的动态性研究［M］. 北京：人民出版社，2007：83-85.

创业团队的组成要素称为 5P 要素，包括：

1. 创业目标（purpose）

当我们开始打算建立一个创业团队的时候，就要树立一个明确的目标，大家知道要向何处去。如果团队没有目标，它也就失去了存在的价值。

2. 创业人员（people）

人是构成创业团队最核心的力量，创业目标是通过创业人员具体实现的，一般来说创业者都愿意与那些技能最优、经验丰富的人员合作，实现优势互补，合理分工。

3. 创业团队定位（place）

创业团队的定位包含两层意思：第一，创业团队的定位，团队在企业中处于什么位置？由谁选择和决定团队的成员？团队最终对谁负责？团队采取什么方式激励团队成员和团队以外的相关成员？第二，个体的定位，作为成员在团队中扮演什么角色？是制订计划者还是具体实施或评估者？在对这两方面都明确的情况下，然后就可以制定一些规范，来规范团队的任务。

4. 职权（power）

所谓的职权，这里指团队人员负有的职责和享有的权限。创业团队领导人的权限与创业团队的发展阶段相关，一般来说，在创业团队发展初期，领导权相对比较集中。随着团队的成熟，核心领导者的职权会降低。

5. 计划（plan）

计划是目标的具体化与细化。计划有两层含义：第一，目标最终的实现，需要一系列具体的行动方案，可以把计划理解成目标的具体工作的程序。第二，按计划进行，可以保证团队工作的顺利进度。只有在计划的指导下团队才会一步一步贴近目标，从而最终实现目标。

图 8-1 展示了创业团队构成的要素之间的关系：

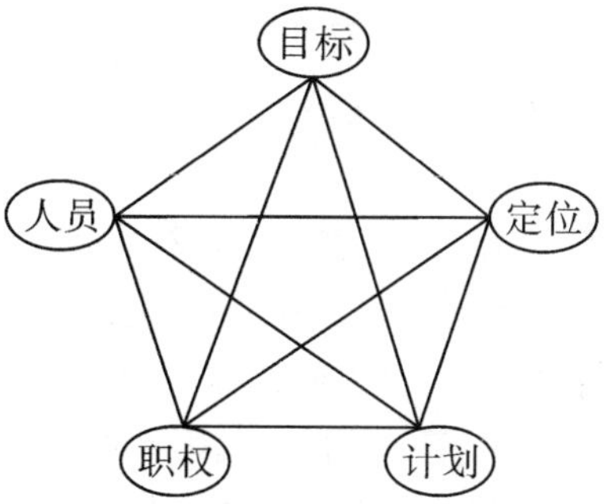

图 8-1　创业团队构成的要素

（二）创业团队的类型

从不同的角度、层次和结构，可以划分为不同类型的创业团队，而依据创业团队的组成者来划分，创业团队有星状创业团队（Star Team）、网状创业团队（Net Team）和从网状创业团队中演化而来的虚拟星状创业团队（Virtual Star Team）。

1. 星状创业团队

一般在团队中有一个核心人物（Core Leader），充当了领队的角色。这种团队在形成之前，一般是核心人物有了创业的想法，然后根据自己的设想进行创业团队的组织。因此，在团队形成之前，核心人物已经就团队组成的问题进行过仔细思考，根据自己的想法选择相应人员加入团队，这些加入创业团队的成员也许是核心人物以前熟悉的人，也有可能是不熟悉的人，但这些团队成员在企业中更多时候是支持者的角色（Supporter），如图 8-2 所示。

这种创业团队有几个明显的特点：

①组织结构紧密，向心力强，主导人物在组织中的行为对其他个体影响巨大。②决策程序相对简单，组织效率较高。③容易形成权力过分集中的局面，从而使决策失误的风险加大。④当其他团队成员和主导人物发生冲突时，因为核心主导人物的特殊权威，其他团队成员在冲突发生时往往处于被动地位，在冲突较严重时，其一般都会选择离开团队，因而对组织的影响较大。

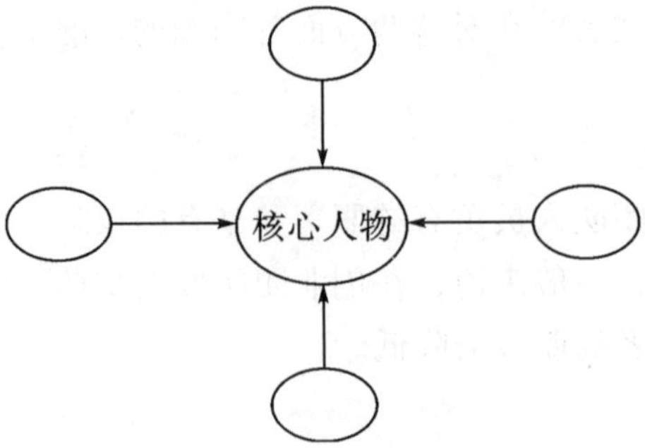

图 8-2　星状创业团队

2. 网状创业团队

这种创业团队的成员一般在创业之前都有密切的关系，比如同学、亲友、同事、朋友等。一般都是在交往过程中，共同认可某一创业想法，并就创业相关问题达成了共识以后，开始共同进行创业。创业团队在组成时，没有明确的核心人物，大家根据各自的特点进行自发的组织角色定位。因此，在企业初创时期，各位成员基本上扮演的是协作者或者伙伴角色（Partner），如图 8-3 所示。

这种创业团队的特点：

①团队没有明显的核心，整体结构较为松散。②组织决策时，一般采取集体决策的方式，通过大量的沟通和讨论达成一致意见，因此组织的决策效率相对较低。③由于团队成员在团队中的地位相似，因此容易在组织中形成多头领导的局面。④当团队成员之间发生冲突时，一般都采取平等协商、积极解决的态度消除冲突，团队成员不会轻易离开。但是，一旦团队成员间的冲突升级，某些团队成员撤出团队，就容易导致整个团队的涣散。

这种创业团队的典型是微软的比尔·盖茨和童年玩伴保罗·艾伦及惠普的戴维·帕卡德和他在斯坦福大学的同学比尔·体利特等构成的。多家知名企业的创建多是企业家们由于关系和结识，基于一些互动激发出创业点子，然后合伙创业，此类例子比比皆是。

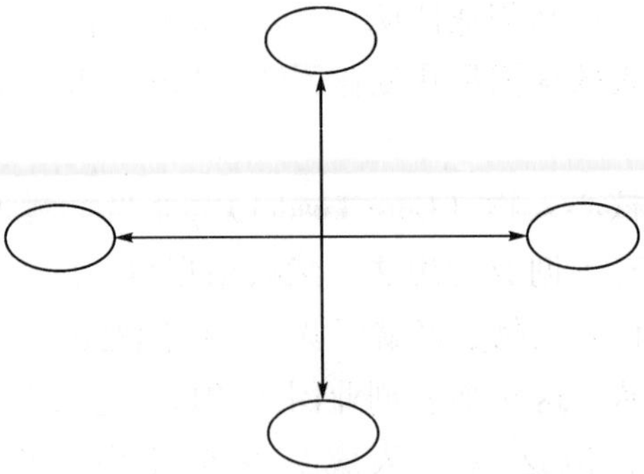

图 8-3　网状创业团队

3. 虚拟星状创业团队

这种创业团队是由网状创业团队演化而来，基本上是前两种团队模式的中间形态。在团队中，有一位核心成员，但是该核心成员地位的确立是团队成员协商的结果，因此核心人物从某种意义上来说就是整个团队的代言人，而不是主导型人物，其在团队中的行为必须充分考虑其他团队成员的意见，不如星状创业团队中的核心主导人物那样有权威，如图 8-4 所示。

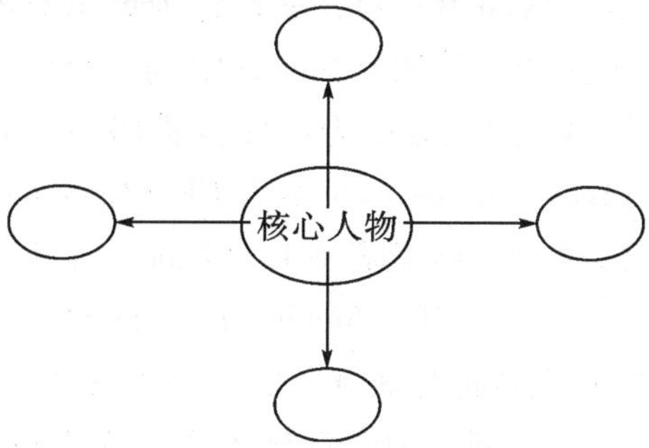

图 8-4　虚拟星状创业团队

二、创业团队的角色构成

“没有完美个人，但有完美团队”是“团队之父”贝尔宾博士（Dr. Raymond Meredith Belbin）在长达十年的研究后得出的结论。作为全球领导力与发展管理领域的重要思想家之一和团队建设的先驱倡导者，1968 年贝尔宾博士在剑桥大学亨利学院开始了他著名的团队研究与实验，并在 1981 年出版了《管理团队成败启示录》（*Management Teams - Why They Succeed or Fail*），该书连续十年被《金融时报》评为最受欢迎的书籍，同时也被誉为英国百年来最有贡献的管理丛书之一①。在这本书中，他提出了团队角色模型，即著名的贝尔宾团队角色理论（Belbin's theory of team role）。他认为一支结构合理的团队应该由八种角色组成，后来修订为九种角色，如图 8-5 所示。贝尔宾团队角色理论的核心思想是：高效的团队工作有赖于默契协作。团队成员必须清楚其他人所扮演的角色，了解如何相互弥补不足，发挥优势。成功的团队协作可以提高生产力，鼓舞士气，激励创新。

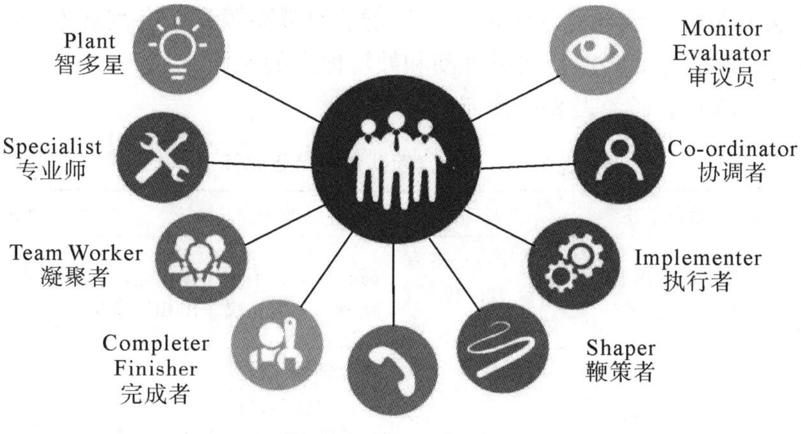

图 8-5　贝尔宾团队角色说明

① 之后的三十多年他又根据研究与实践出版《工作促进者——迈向新专业的旅程》（1990）、《工作场合中的团队角色》（1993）、《未来的组织形式》（1996）、《改变我们的工作方式》（1997）、《超越团队》（2000）和《非权力管理》（2002）、《人类行为的进化》（2006）等系列畅销书籍。

贝尔宾团队角色（Belbin Team Roles），亦被称为贝尔宾团队角色表（Belbin Team Inventory），梅雷迪思·贝尔宾博士将团队角色定义为：个体在群体内的行为、贡献及人际互动的倾向性。这九种团队角色分别为：智多星 PL（Plant）、专业师（专家）SP（Specialist）、凝聚者 TW（Team worker）、完成者 CF（Completer Finisher）、外交者（外交家）RI（Resource Investigator）、鞭策者 SH（Shaper）、执行者 IMP（Implementer）、协调者 CO（Co-ordinator）、审议员 ME（Monitor Evaluator）。

那么这九种角色团队的角色特征与缺点分别是什么呢？

（1）智多星 PL（Plant）：有创造力、有想象力、善于打破常规、解决困难问题。可接受的弱点：不善于与普通人交往。

（2）专业师（专家）SP（Specialist）：诚实、从自我做起、专注，能在急需时带来知识和技能。可接受的弱点：专业领域比较狭窄。

（3）凝聚者 TW（Team worker）：爱社交、温和、善解人意、乐于助人、倾听、营造力、避免不合。可接受的弱点：在棘手环境下优柔寡断。

（4）完成者 CF（Completer Finisher）：吃苦耐劳、尽职尽责、严肃、善于发现错误、守时。可接受的弱点：有时过度忧虑、不愿授权他人。

（5）外交者（外交家）RI（Resource Investigator）：性格外向、热情、健谈、探索机会。可接受的弱点：一时热情后很快失去兴趣。

（6）鞭策者 SH（Shaper）：有活力、外向、易激动、爱挑战、爱施压，能在遇到困难时寻找各种办法。可接受的弱点：容易发脾气。

（7）执行者 IMP（Implementer）：守纪律、可信赖、保守、高效、把想法变为行动。可接受的弱点：有些固执。

（8）协调者 CO（Co-ordinator）：成熟、自信、可信赖、好领导、能明确目标、能促进决策。可接受的弱点：不一定是最聪明的人。

（9）审议员 ME（Monitor Evaluator）：冷静、有战略眼光、有判断力、看事情全面、善于做出判断。可接受的弱点：缺乏推动和鼓舞他人的能力。

九种角色的简要解释如表 8-2 所示：

表 8-2 贝尔宾团队角色简要解释

团队角色	角色描述	典型特征	可容忍的弱点	在团队中的作用
智多星 PL（Plant）	有个性、思想深刻、不拘一格	才华横溢；富有想象力；智慧；知识面广	高高在上、不重细节、不拘礼仪	提供建议，提出批评并有助于引出相反意见
专业师 SP（Specialist）（1988 年增加）	诚实、从自我做起、专注	—	专业领域比较狭窄，只懂自己擅长的特殊专业领域，对其他事情兴趣不大	能在急需时带来知识和技能

表8-2(续)

团队角色	角色描述	典型特征	可容忍的弱点	在团队中的作用
凝聚者 TW（Team worker）	擅长人际交往；温和、敏感，是人际关系的敏感者（注意RI是外界信息的敏感者）	有适应周围环境以及人的能力；能促进团队的合作；倾听能力最强	在危急时刻往往优柔寡断，一般很中庸	给予他人支持，并帮助别人，打破讨论中的沉默，采取行动扭转或克服团队中的分歧
完成者 CF（Completer Finisher）	勤奋有序、认真、有紧迫感	理想主义者，追求完美，持之以恒	常常拘泥于细节；焦虑感（注意和SH的不同，SH有紧迫感，但CF是焦虑感）；不洒脱	强调任务的目标要求和活动日程表；在方案中寻找并指出错误、遗漏和被忽视的内容；刺激其他人参加活动，并促使团队成员产生时间紧迫的感觉
外交者 RI（Resource Investigator）	性格外向、开朗、热情、好奇心强、联系广泛、消息灵通，是信息的敏感者	具有广泛联系人的能力，不断探索新的事物，勇于迎接新的挑战	事过境迁，见异思迁，兴趣马上转移	提出建议，并引入外部信息（一个很好的比喻是：RI对于团队的作用，就像天线对于电视机，RI就是团队的天线，就是用来接受外界信号的。注意RI和PL的区别：PL的想法大都是原创自己想的，RI则更可能是他喜欢接受新鲜事物，因此RI更擅长整合外界新鲜信息）
鞭策者 SH（Shaper）	思维敏捷、坦荡、主动探索	积极、主动、有干劲，随时准备向传统、低效率、自满自足挑战，有紧迫感，视成功为目标，追求高效率	好激起争端，爱冲动，易急躁，容易给别人压力；说话太直接，虽然SH总是就事论事，却经常伤人不伤己	寻找和发现团队讨论中可能的方案。SH一旦找到自己认为好的方案或模式，SH会希望团队都遵循这一方案或模式，因此SH会强力地向团队成员推销自己认为好的方案或模式。使团队内的任务和目标成形。推动团队达成一致意见，并朝向决策行动。经常自觉不自觉地，SH在团队中扮演一个二领导的角色，即SH可能不是名义上的领导（CO一般是领导），但SH却给人二领导的感觉
执行者 IMP（Implementer）	保守、顺从、务实可靠	有组织能力、实践经验；工作勤奋；有自我约束力	缺乏灵活性，应变能力弱；对没有把握的主意不感兴趣	把谈话与建议转换为实际步骤。考虑什么是行得通的，什么是行不通的。整理建议，使之与已经取得一致意见的计划和已有的系统相配合。是好的执行者，能够可靠地执行一个既定的计划，但却未必擅长制订一个新的计划
协调者 CO（Co-ordinator）	沉着、自信、有控制局面的能力	对各种有价值的意见不带偏见地兼容并蓄，看问题比较客观	在智能以及创造力方面并非超常	时刻想着团队的大目标，明确团队的目标和方向。选择需要决策的问题，并明确它们的先后顺序。帮助确定团队中的角色分工、责任和工作界限。总结团队的感受和成就，综合团队的建议

团队角色	角色描述	典型特征	可容忍的弱点	在团队中的作用
审议员 ME（Monitor Evaluator）	清醒、理智、谨慎	判断力强、分辨力强、讲求实际	缺乏鼓动和激发他人的能力；自己也不容易被别人鼓动和激发；缺乏想象力，缺乏热情	对繁杂的材料予以简化，并澄清模糊不清的问题。对他人的判断和作用做出评价。基本上 ME 就是那种特别喜欢给别人泼冷水的人。ME 们靠着其强大的分析判断能力，敢于直言不讳地提出和坚持异议。但 ME 对于一个成功的团队来说是非常必要的，因为 ME 就是团队的守门员。一个没有守门员的球队也不能赢得比赛

这九种角色根据属性实际上可以分为三类：分别是行动类、社交类和思考类，如图 8-6 所示。

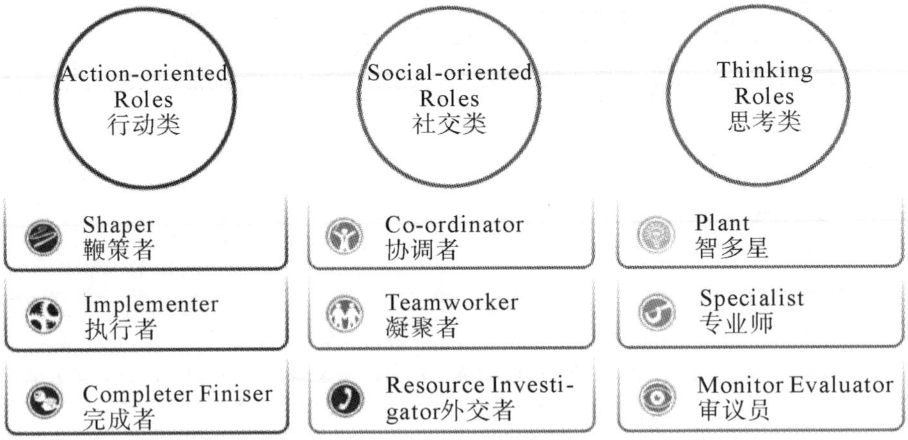

图 8-6　贝尔宾团队角色分类

根据对贝尔宾团队角色理论的研究及对实践经验的总结，要组建一支成功的、高绩效的团队，作为组织领导者应该首先注意以下问题：在团队工作过程中，团队成员往往具有不同的特性。这些特性本身没有好坏的区分，但如果团队能根据每个人的特性，在考虑项目人员组成及任务分配时就能更好地搭配人力资源，充分发挥每个人的特点，团队会达成最优效果。高效的团队包括以下几个要点：

（1）角色齐。唯有角色齐全，才能实现功能齐全。正如贝尔宾博士所说的那样，用我的理论不能断言某个群体一定会成功，但可以预测某个群体一定会失败。所以，一个成功的团队首先应该是智多星等这九种角色的综合平衡。

（2）容人短处，用人所长。知人善任是每一个管理者都应具备的基本素质。管理者在组建团队时，应该充分认识到各个角色的基本特征，容人短处，用人所长。在实践中，真正成功的管理者，对下属人员的秉性特征的了解都是很透彻的，而且只有在此基础上组建的团队，才能真正实现气质结构上的优化，成为高绩效的团队。

（3）尊重差异，实现互补。对于一份给定的工作，完全合乎标准的理想人选几乎不存在——没有一个人能满足我们所有的要求。但是一个由个人组成的团队却可以做到完美无缺——它并非是单个人的简单罗列组合，而是在团队角色上及团队的气质结构上实现了互补。也正是这种在系统上的异质性、多样性，才使整个团队生机勃勃，充满活力。

三、创业团队的组建

创业团队的组建是一个相当复杂的过程，不同类型的创业项目所需的团队不一样，创建步骤也不完全相同。

（一）创业团队组建的主要工作

1. 明确创业目标

创业团队的总目标就是要通过完成创业阶段的技术、市场、规划、组织、管理等各项工作实现企业从无到有、从起步到成熟。总目标确定之后，创业者为了推动团队最终实现创业目标，再将总目标加以分解，设定若干可行的、阶段性的子目标。

2. 制订创业计划

在确定了一个个阶段性子目标以及总目标之后，紧接着就要研究如何实现这些目标，这就需要制订周密的创业计划。创业计划是在对创业目标进行具体分解的基础上，以团队为整体来考虑的计划，创业计划确定了在不同的创业阶段需要完成的阶段性任务，通过逐步实现这些阶段性任务来最终实现创业目标。

3. 招募合适的人员

招募合适的人员也是组建创业团队最关键的一步。招募创业团队成员，主要应考虑两个方面：一是考虑互补性，即考虑其能否与其他成员在能力或技术上形成互补。这种互补性既有助于强化团队成员间彼此的合作，又能保证整个团队的战斗力，更好地发挥团队的作用。一般而言，创业团队至少需要具备管理、技术和营销三个方面的人才。只有这三个方面的人才形成了良好的沟通协作关系后，创业团队才可能实现稳定高效；二是考虑适度规模，适度的团队规模是保证团队高效运转的重要条件。团队成员太少则无法实现团队的功能和优势，而过多又可能会产生交流的障碍，团队很可能会分裂成许多较小的团体，进而大大削弱团队的凝聚力。一般认为，创业团队的规模控制在 2~12 人最佳。

4. 职权划分

为了保证团队成员执行创业计划、顺利开展各项工作，必须预先在团队内部进行职权的划分。创业团队的职权划分就是根据执行创业计划的需要，具体确定每个团队成员所要担负的职责及所享有的相应权限。团队成员间职权的划分必须明确，既要避免职权的重叠和交叉，也要避免无人承担造成工作上的疏漏。此外，由于还处于创业过程中，面临的创业环境又是动态复杂的，不断会出现新的问题，团队成员可能不断更换，因此创业团队成员的职权也应根据需要不断地进行调整。

5. 构建创业团队制度体系

创业团队制度体系体现了创业团队对成员的控制和激励能力，主要包括了团队的各种约束制度和各种激励制度。一方面，创业团队通过各种约束制度（主要包括纪律条例、组织条例、财务条例、保密条例等）指导其成员，避免其做出不利于团队发展的行为，实现对其行为进行有效的约束、保证团队的稳定秩序。另一方面，创业团队要实现高效运作需要有效的激励机制（主要包括利益分配方案、奖惩制度、考核标准、激励措施等），只有这样团队成员才能看到随着创业目标的实现，其自身利益将会得到怎样的改变，从而达到充分调动成员的积极性、最大程度发挥团队成员作用的目的。要实现有效的激励首先就必须把成员的收益模式界定清楚，尤其是关于股权、奖惩等与团队成员利益密切相关的事宜。需要注意的是，创业团队的制度体系应以规范化的书面形式确定下来，以免带来不必要的混乱。

6. 团队的调整融合

完美组合的创业团队并非在创业一开始就能建立起来，而很多时候是在企业创立一定时间以后随着企业的发展逐步形成的。随着团队的运作，团队组建时在人员匹配、制度设计、职权划分等方面的不合理之处会逐渐暴露出来，这时就需要对团队进行调整融合。由于问题的暴露需要一个过程，因此团队调整融合也应是一个动态持续的过程。

在完成了前面的工作步骤之后，团队进行调整融合，专门针对运行中出现的问题不断地对前面的步骤进行调整直至满足实践需要为止。在团队调整融合的过程中，最为重要的是要保证团队成员间有效的沟通与协调，培养、强化团队精神，提升团队士气。以上是对创业团队的组建工作的大致总结。需要注意的是，这一组建过程并不是一个完全严格的顺序，即创业团队有时并不是严格按照此顺序一步一步地进行组建。事实上，很多创业团队的组建过程没有明确的步骤划分界限，如制度体系构建、团队的调整融合可能是贯穿于企业发展的整个过程之中的。创业者在组建创业团队的时候应在上述基本原则的指导下，根据实际情况灵活加以运用。

（二）创业团队组建的基本原则

1. 目标明确、合理原则

目标必须明确，这样才能使团队成员清楚地认识到共同的奋斗方向是什么。与此同时，目标也必须是合理的、切实可行的，这样才能真正达到激励的目的。

2. 互补原则

创业者之所以寻求团队合作，其目的就在于弥补创业目标与自身能力间差距。只有当团队成员相互间在知识、技能、经验等方面实现互补时，团队才有可能通过相互协作，发挥出“1+1 > 2”的协同效应。

3. 精简高效原则

为了减少创业期的运作成本，团队能以最大比例分享团队成果，创业团队人员构成应在保证企业能高效运作的前提下尽量精简。

4. 动态开放原则

创业过程是一个充满了不确定性的过程，团队中可能因为能力、观念等多种原因不断有人离开，同时也不断有人要求加入。因此，在组建创业团队时，创业者应注意保持团队的动态性和开放性，使真正完美匹配的人员能被吸纳到创业团队中来。

对于风险投资者来讲，他们一般看重的是以下特征：创业目的、价值观一致，知识业务互补，处事风格互补。

四、创业团队的管理

团队创业的成功率有时并不是很高，其主要原因不外乎两点，一是团队困于利益冲突，二是团队出现严重的决策分歧。决策分歧与利益冲突的解决，有赖于创业团队的有效管理。

首先是利益冲突，核心问题之一是股权分配。股权分配关系到项目团队搭建、利益分配与管理，如果股权设计不合理，将会导致三大隐患：一是合伙人之间因为内讧而产生的风险；二是创始人和员工之间因矛盾产生的风险；三是创始人和投资人之间因矛盾产生的风险。

（一）股权分配设计的原则

1. 商业目的原则

我们在股权分配设计时一定要从实现商业目的的这一前提出发，很多创业者都认为这个很简单，认为商业日的归根到底就是为了赚钱，而事实上在奔向赚钱这个终极目的的过程中，我们会有很多阶段性的目的，或者这个企业设置的本身就不是为了赚钱。各式各样的企业，都会有他的商业目的。所以说商业目的能否实现，是我们进行股权分配设计的一个前提原则。

2. 效率原则

需要从三个层面考虑，首先是股权与合伙人资源的匹配，产品、技术、运营等；其次是要便于公司治理，特别是涉及重大决策的时候，能够在议事规则下迅速做出高效、正确的判断；最后是决策权，就是要凸显一个老大，能让任何决策更加高效。

3. 有利于资本运作原则

这是为了发展过程中涉及的融资和挂牌 IPO，在创始之初股权结构清晰合理，不留下过多法律隐患。

4. 公平原则

对于创业者来说需要清晰客观地评判各个岗位在各个阶段的重要性与贡献度，使贡献和股权相关。

5. 控制权原则

公司要有一个核心领军人物，一般都是创始人。创始人对公司有绝对控制权。

常见的几种股权设计有：

（1）绝对控制。

绝对控制是指占股三分之二以上，可以拥有对公司的绝对控制权。按照《中华人民共和国公司法》（以下简称《公司法》）规定，公司重大事项，比如涉及修改公司章程、公司合并、分立、解散等重要情况是必须要三分之二以上的股东投票同意的，所以超过三分之二就达到了绝对控制。创始人占 67%的股权，合伙人占 18%的股权，预留团队股权为 15%，这种情况适用于创始人投钱最多，能力最强的情况。

（2）相对控制。

相对控制有两种方式：一种是单一股东占股 50%以上；另一种是公司股东分散，其中一个股东占比最多，就能够达到控制。不过，常规情况下第一种方式比较常见，所以很多创业公司创始人的占股往往是51%。创始人持股51%，团队持股18%，员工持股15%。适合的情况是公司只有一个老大，创业能力比较集中，创始人需要和合伙人一起做事情，形成能力互补。在决策层面上，在相对控股型公司，对于公司的事务，大家可以民主讨论，也有权反对，但除了少数几件大事，比如，公司要不要增加资本，要不要解散结算，要不要更新章程，其他绝大部分事情老大一个人就能拍板。

（3）一票否决权。

因为对于重大事项要求三分之二以上股东表决通过，其中一名股东占比超过三分之一（比如占股34%），并且表示投反对票，就能达到一票否决权的效果，在表决上拥有一定分量的话语权。这种情况适用于：合伙人团队能力互补，每个人能力都很强，老大只是有战略相对优势。所以，基本上合伙人的股权相对平均一些。

（二）冲突管理

企业组织中的成员在交往中产生意见分歧，出现争论、对抗，导致彼此间关系紧张的状况，这都可以称之为“冲突”。其主要是由个人与组织文化不一致、信息沟通不畅、组织分工不同等原因所致。按冲突产生的原因，我们可以将冲突分为一般分工作性冲突和人际性冲突，前者因“事”而发生冲突，后者是因为“人”而发生，这两种冲突在一定条件下可以相互转化。

在过去的几十年中，托马斯-基尔曼冲突模型是冲突解决方案的主要方法，如图8-7所示：

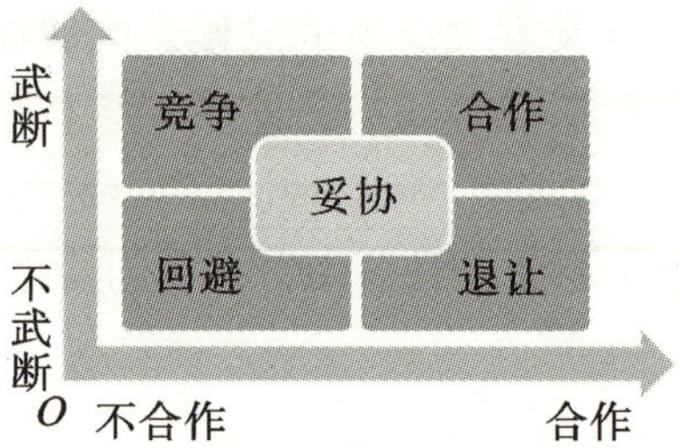

图8-7　托马斯-基尔曼冲突模型

用“竞争”的方式处理冲突时，双方各站在自己的利益上思考问题，各不相让，一定要分出个胜负、是非曲直来。这种竞争方式的特征是：正面冲突，直接发生争论、争吵，或其他形式的对抗；冲突双方在冲突中都寻找自我利益而不考虑对他人的影响；竞争的双方都试图以牺牲他人的利益为代价来达到自己的目的，为了争赢而不顾冲突带来的后果。

和竞争方式相反的是“退让”，是指在冲突发生时只考虑对方的要求和利益，不考虑或牺牲自己的要求和利益，把对方的利益放在自己的利益之上，其行为特点为高度合作，不进攻，愿意牺牲自己的目标使对方达到目标，尽管自己有不同意见，但还是支持他人的意见，为了维护相互的关系，一方愿意做出自我牺牲。

“回避”是冲突的双方既不采取合作也不采取进攻行为，“你不找我，我不找你”，双方回避这件事情。回避方式的特征是双方意识到冲突的存在，却试图忽略冲突，都不采取任何行动，不发生正面对抗。

第四种处理方式是“妥协”，冲突双方都有做出让步，俗话说“你让三分，我让三分”，双方都放弃一部分要求，让出一部分利益，但同时也保存一部分要求和利益。其特点是没有明显的赢家和输家，他们愿意共同承担冲突问题，并接受一种双方都达不到彻底满足的解决方案，所以妥协有一个明显的特点就是双方都倾向于放弃一些东西。冲突双方的基本目标能达成，相互之间的关系也能维持良好，冲突能得到暂时解决，但也有可能留下了下一次冲突的隐患。

“合作”方式是冲突双方既考虑和维护自己的要求和利益，又要充分考虑和维护对方的利益，并能最终达成共识。合作方式的特点是冲突双方相互尊重与信任，对于自己和他人的利益都给予高度关注，冲突双方坦率沟通，澄清差异，并致力于寻找双赢的解决办法。合作的方式能使冲突得到完全消除。

在实际工作中，我们应该根据情况灵活运用这 5 种解决冲突的技巧。

在工作中有些工作是重要的，有些是不重要的，工作的重要性有大有小，有紧迫的也有不紧迫的。我们可以根据工作的性质来决定采取何种冲突的处理方法。

当冲突事件属于重要不紧急的事件时，我们采取合作的方式解决冲突，当冲突事件属于重要而且紧急的事件时，我们采取竞争的方式解决冲突，当冲突事件的性质属于不重要不紧急的事件时，我们采取回避、退让的方式解决冲突，当冲突事件属于不重要但是紧急时，我们采取妥协的处理方式。

化解团队冲突的措施，往往有其临时性，很多时候是“治标不治本”的行为。作为团队领导，在解决团队冲突之后，还应当思考，导致冲突出现的原因背后可能揭示团队内部深层次的管理问题，并采用系统的解决办法，才能清除隐患，促进团队健康发展。

拓展阅读：

巨人集团史玉柱的创业故事

扫一扫

课堂练习

主题一：理解领导力

练习 1　领导能力测试

你是一个领导者，或是一个跟随者？请你选择答案。

题　目	选　项	
1. 别人拜托你帮忙，你很少拒绝吗？	①是	②否
2. 为了避免与人发生争执，即使你是对的，你也不愿发表意见吗？	①是	②否
3. 你遵守一般的法规吗？	①是	②否

题目	选项	
4. 你经常向别人说抱歉吗?	①是	②否
5. 如果有人笑你身上的衣服，你会再穿一遍吗?	①是	②否
6. 你永远走在时髦的前列吗?	①是	②否
7. 你曾经穿那种好看却不舒服的衣服吗?	①是	②否
8. 开车或坐车时，你曾经咒骂别的驾驶者吗?	①是	②否
9. 你对反应较慢的人没有耐心吗?	①是	②否
10. 你经常对人发誓吗?	①是	②否
11. 你经常让对方觉得不如你或比你差劲吗?	①是	②否
12. 你曾经大力批评电视上的言论吗?	①是	②否
13. 如果请的工人没有做好，你会向他的上级反应吗?	①是	②否
14. 你习惯于坦白自己的想法，而不考虑后果吗?	①是	②否
15. 你是个不轻易忍受别人的人吗?	①是	②否
16. 与人争论时，你总爱争赢吗?	①是	②否
17. 你总是让别人替你做重要的事吗?	①是	②否
18. 你喜欢将钱投资在财富上，而胜过于个人成长吗?	①是	②否
19. 你故意在穿着上吸引他人的注意吗?	①是	②否
20. 你不喜欢标新立异吗?	①是	②否

测试说明：评分标准：回答“是”得1分，回答“否”得0分。

分数为14~20：你是个标准的跟随者，不适合领导别人。你喜欢被动地听人指挥。在紧急的情况下，你多半不会主动出头带领群众，但你很愿意跟大家配合。

分数为7~13：你是个介于领导者和跟随者之间的人。你可以随时带头，或指挥别人该怎么做。不过，因为你的个性不够积极，冲劲不足，所以常常是扮演跟随者的角色。

分数为6以下：你是个天生的领导者。你的个性很强，不愿接受别人的指挥。你喜欢使唤别人，如果别人不愿听从的话，你就会变得很叛逆，不肯轻易服从别人。

练习2　领导者成功测试

下面的“领导者成功测试问卷”，用来测试领导者的职业生涯的成功机会。请你也来试试看！你一定将受益匪浅。

题目	选项	
1. 你是否确定了具体的职业目标?	①是	②否
2. 你是否制定了某一时期内实现目标的职业计划?	①是	②否
3. 你是否有更高的愿望?	①是	②否
4. 你的愿望是否切实可行? 是否与你的能力相符?	①是	②否
5. 你随时准备去冒险，犯错误，失败吗?	①是	②否

题 目	选 项	
6. 如果出现错误，你将重新安排工作吗？	①是	②否
7. 你会忠实地为你的公司负责吗？	①是	②否
8. 你坚信努力能使自己幸运吗？	①是	②否
9. 为在工作中取得最好成绩，你是否会努力工作？	①是	②否
10. 你是否知道和了解你的上司和公司的发展目标（这是成功的真正关键）？	①是	②否
11. 在你任职期间，你是否为公司取得几项优势？	①是	②否
12. 你是否充分发挥了你的才能？	①是	②否
13. 你是否在培养（或使用）你的社交能力？	①是	②否
14. 你是否享有诚实、正直、可靠三者之一的声誉？	①是	②否
15. 你的消息灵通吗？	①是	②否
16. 你是否为实现你的职业目标而制定步骤？	①是	②否
17. 你是否是第一个提出将影响公司发展的积极和消极因素的领导者？	①是	②否
18. 你是否能从其他人的成功和失败，尤其是典型事例中，吸取经验教训？	①是	②否

测试说明

0~3 个“否”：你就是一个领导者。

你可能已经获得成功，或者正在走向成功，你喜欢你所做的一切，因而你正在做正确的事情——致力于把工作做得更好。

0~7 个“否”：你陷于麻烦。

以下是对你的建议：

①你应花费时间去检查一下你的生活和工作目标（你想从你的生活和工作中得到什么东西？）；②你目前的职务、作用和责任是什么？（你是否喜欢你所做的事情，并把它做好）；③你所做的工作达到了什么程度？（你的努力是否达到了你的个人目标。）

8 个以上“否”，你不适合做领导。

练习 3　领导动机测试

说明：表明你对下列每一种陈述的赞同程度，使用下列尺度：1＝非常不赞同；2＝不赞同；3＝既不赞同又不反对；4＝赞同；5＝非常赞同。

1. 当人们重视我的想法时，我会很受激动。
2. 习惯上，当我与别人一起完成一个项目时，我会问一些有争议的问题。
3. 当取得进步时，我乐于称赞与我一起工作的人。
4. 无论何时，我都乐于为他人助威。
5. 对我来说，团队的成绩比我个人的成绩更重要。
6. 人们经常采纳和运用我的意见。
7. 一旦参与了团队的项目，构建小组的凝聚力对我很重要。
8. 一旦参与了团队的项目，指导他人是一项吸引我的活动。
9. 承认和祝贺别人的成绩时，我感到很愉快。

10. 一旦参与了团队的项目，我的队员的问题就是我的问题。

11. 解决人际关系的冲突是我乐于做的事。

12. 一旦参与了团队的项目，我常发现自己是一个“主意创造者”。

13. 一旦参与了团队的项目，我倾向于让我的思想为众人所知。

14. 我很高兴自己成为一个有说服力的人。

题号	1=非常不赞同	2=不赞同	3=既不赞同又不反对	4=赞同	5=非常赞同
1					
2					
3					
4					
5					
6					
7					
8					
9					
10					
11					
12					
13					
14					
合计					

评分和解释：将你对14个问题的答分相加。你的分值应在14至70之间。下面是对你分值的试探性解释：

63~70　很想成为领导

50~62　较想成为领导

35~49　不确定你是否想成为领导

少于35　不太想成为领导

主题二：运用贝尔宾团队角色理论分析团队角色

练习　贝尔宾团队角色自测问卷

说明：对下列问题的回答，可能能够从不同程度上描绘您的行为。每题有八句话，请将十分的分值分配给这八个句子。分配的原则是：最体现您行为的句子分值最高，以此类推。最极端的情况也可能是十分全部分配给其中的某一句话。请根据您的实际情况把分数填入后面的表中。很少有人只有一种特性，大多数人都是同时具有多种特性，但一般在两到三种特性方面表现突出。

一、我认为我能为团队做出贡献的方面是：

A. 我能很快地发现并把握住新的机遇。

B. 我能与各种类型的人一起合作共事。

C. 我生来就爱出主意。

D. 我的能力在于，一旦发现某些对实现集体目标很有价值的人，我就及时把他们推荐出来。

E. 我能把事情办成，这主要靠我个人的实力。

F. 如果最终能导致有益的结果，我愿面对暂时的冷遇。

G. 我通常能意识到什么是现实的，什么是可能的。

H. 在选择行动方案时，我能不带倾向性，也不带偏见地提出一个合理的替代方案。

二、在团队中，我可能有的弱点是：

A. 如果会议没有得到很好的组织、控制和主持，我会感到不痛快。

B. 我容易对那些有高见而又没有适当地发表出来的人表现得过于宽容。

C. 只要集体在讨论新的观点，我总是说得太多。

D. 我的客观算法，使我很难与同事们打成一片。

E. 在一定要把事情办成的情况下，我有时使人感到特别强硬甚至专断。

F. 可能由于我过分重视集体的气氛，我发现自己很难与众不同。

G. 我容易陷入突发的想象之中，而忘了正在进行的事情。

H. 我的同事认为我过分注意细节，总有不必要的担心，怕把事情搞糟。

三、当我与其他人共同进行一项工作时：

A. 我有在不施加任何压力的情况下，去影响其他人的能力。

B. 我随时注意防止粗心和工作中的疏忽。

C. 我愿意施加压力以换取行动，确保会议不是在浪费时间或离题太远。

D. 在提出独到的见解方面，我是数一数二的。

E. 对于与大家共同利益有关的积极建议我总是乐于支持的。

F. 我热衷寻求最新的思想和新的发展。

G. 我相信我的判断能力有助于做出正确的决策。

H. 我能使人放心的是，对那些最基本的工作，我都能组织得“井井有条”。

四、我在工作团队中的特征是：

A. 我有兴趣更多地了解我的同事。

B. 我经常向别人的见解进行挑战或坚持自己的意见。

C. 在辩论中，我通常能找到论据去推翻那些不甚有理的主张。

D. 我认为，只要计划必须开始执行，我有推动工作运转的才能。

E. 我有意避免使自己太突出或出人意料。

F. 对承担的任何工作，我都能做到尽善尽美。

G. 我乐于与工作团队以外的人进行联系。

H. 尽管我对所有的观点都感兴趣，但这并不影响我在必要的时候下决心。

五、在工作中，我得到满足，因为：

A. 我喜欢分析情况，权衡所有可能的选择。

B. 我对寻找解决问题的可行方案感兴趣。

C. 我感到，我在促进良好的工作关系。

D. 我能对决策有强烈的影响。

E. 我能适应那些有新意的人。

F. 我能使人们在某项必要的行动上达成一致意见。

G. 我感到我的身上有一种能使我全身心地投入到工作中去的气质。

H. 我很高兴能找到一块可以发挥我想象力的天地。

六、如果突然给我一件困难的工作，而且时间有限，人员不熟：

A. 在有新方案之前，我宁愿先躲进角落，拟定出一个解脱困境的方案。

B. 我比较愿意与那些表现出积极态度的人一道工作。

C. 我会设想通过用人所长的方法来减轻工作负担。

D. 我天生的紧迫感，将有助于我们不会落在计划后面。

E. 我认为我能保持头脑冷静，富有条理地思考问题。

F. 尽管困难重重，我也能保证目标始终如一。

G. 如果集体工作没有进展，我会采取积极措施去加以推动。

H. 我愿意展开广泛的讨论意在激发新思想，推动工作。

七、对于那些在团队工作中或与周围人共事时所遇到的问题：

A. 我很容易对那些阻碍前进的人表现出不耐烦。

B. 别人可能批评我太重分析而缺少直觉。

C. 我有做好工作的愿望，能确保工作的持续进展。

D. 我常常容易产生厌烦感，需要一两个有激情的人使我振作起来。

E. 如果目标不明确，让我起步是很困难的。

F. 对于我遇到的复杂问题，我有时不善于加以解释和澄清。

G. 对于那些我不能做的事，我有意识地求助于他人。

H. 当我与真正的对立面发生冲突时，我没有把握使对方理解我的观点。

自我评价表

大题号		CW		CO		SH		PL		RI		ME		TW		FI
一	G		D		F		C		A		H		B		E	
二	A		B		E		G		C		D		F		H	
三	H		A		C		D		F		G		E		B	
四	D		H		B		E		G		C		A		F	
五	B		F		D		H		E		A		C		G	
六	F		C		G		A		H		E		B		D	
七	E		G		A		F		D		B		H		C	
总计																

案例实训

1. **背景材料**

迷失丛林

你是一名飞行员，但你驾驶的飞机在飞越非洲丛林上空时突然失事，这时你必须跳伞。与你们一起落在非洲丛林中的还有14样物品，这时你们必须为生存做出一些决定。

2. **实训任务**

认识团队合作的重要性。

3. **实训步骤**

（1）主持人把“迷失丛林”工作表发给每一位成员，而后讲述上述故事。

迷失丛林工作表

序号	物品清单	个人顺序	小组顺序	专家排列	个人和专家比较（3-1）	小组与专家比较（3-2）
1	药箱					
2	手提收音机					
3	打火机					
4	三只高尔夫球杆					
5	七个大的绿的垃圾袋					
6	指南针（罗盘）					
7	蜡烛					
8	手枪					
9	一瓶驱虫剂					
10	大砍刀					
11	蛇咬药箱					
12	一盒轻便食物					
13	一张防水毛毯					
14	一个热水瓶					
合计						

（2）在14样物品中，先以个人形式把14样物品以重要顺序排列出来，把答案写在第一栏，时间5分钟。

（3）当大家都完成之后，主持人把全体成员分为5人一组，让他们开始进行讨论，以小组形式把14样物品重新按重要顺序再排列，把答案写在工作表的第二栏，讨论时间为15分钟。

（4）当小组完成之后，主持人把专家意见表发给每个小组，小组成员将把专家意见转入第三栏。

(5) 将个人选择和专家选择进行比较，用第三栏减第一栏，取绝对值得出第四栏；将小组选择和专家选择进行比较，用第三栏减第二栏得出第五栏，把第四栏累加起来得出一个个人得分，第五栏累计起来得出团队得分。

(6) 主持人把每个小组的分数情况记录在白板上，用于分析。

小组	全组个人得分	团队得分	平均分
1			
2			
3			
4			
5			
6			
7			
8			

(7) 统计小组中最低个人得分。

(8) 计算个人得分低于团队得分的总和。

(9) 计算个人得分的平均数。

(10) 主持人在分析时主要掌握两个关键的地方：

①找出团队得分低于平均分的小组进行分析，说明团队工作的效果。

1+1 大于 2，第一，团队的决策胜过个人的决策。因为团队能够从多个角度考虑，减少盲点。第二，团队的智慧高于个人智慧的简单相加，只要学会运用团队工作方法，就可以达到更好的效果。

②找出个人得分最接近团队得分的小组及个人，说明该个人的意见对小组的影响力。

4. 相关讨论

(1) 你对团队工作方法是否有更进一步的认识？

(2) 你的小组是否有出现意见垄断的现象，为什么？

(3) 你所在的小组是以什么方法达成共识的？

第九章

创业融资

知识与能力目标
ZHISHI YU NENGLI MUBIAO

知识目标

1. 了解创业融资的概念与流程。
2. 了解创业融资方式。
3. 了解天使投资与风险投资。

能力目标

1. 理解创业投融资的筹措来源与类型。
2. 掌握创业融资技能。

知识要点
ZHISHI YAODIAN

一、创业融资的概念与流程

融资是指货币资金的融通，从狭义上讲，融资是企业资金筹集的行为过程及企业根据当前经营现状和未来发展需要通过一定的渠道，采用一定的方法，付出一定的代价，向资金持有者筹集资金的经济行为；从广义上讲，融资既包括资金的融入，也包括资金的融出，即企业通过一定的方式在金融市场筹措资金或者贷放资金的行为。

创业融资则是在创业背景下的资金筹措、行为和过程。具体而言，创业融资是创业企业为实现创业目标，满足企业生存和发展需求，通过多方渠道、采取不同策略筹集所需资金的经济行为。创业企业在不同的发展阶段有不同的资金需求，因此，要根据企业发展路径，结合创业计划及企业发展战略，合理制订资金需求计划和创业融资方案。

创业融资流程包括：

1. 准备商业计划书（Business Plan，BP）

商业计划书是关于创业项目的基本介绍。商业计划书一般都是以演示文稿的形式呈现，不用写成一篇文章。商业计划书的要点主要是创业项目简介、创始团队介绍、产品介绍、营收规划、融资计划等。商业计划书就是创业公司的名片，是投资人了解这个创业项目的窗口，对于融资至关重要。

2. 找投资人

找投资人可以说是创业融资过程中最关键的流程之一了。如果投资人没找对，再好的项目也不会拿到融资。找投资人也要讲究方法，不然可能花了很多时间连投资人的面也不会见到几个。

主要途径有：第一，朋友介绍，或者有直找认识的投资人。这个是相对靠谱的方式，毕竟初期项目更多是看团队，假如有熟人推荐，成功率会高很多，毕竟熟人已经有一层信任关系在了。第二，给投资机构的邮箱发商业计划书。如果挨个去搜索投资机构的官网，可以找到某些知名机构的商业计划书投递邮箱。但是，这种方式成功的概率很不理想，毕竟知名一点的投资机构的邮箱每天会收到的项目太多太繁杂，很多时候其负责人根本来不及查收和回复。第三，找融资顾问（Finanical Advisor，FA）。FA 专门对接项目方和投资人，从中抽取佣金，类似于房产中介。FA 是收费的，一般是 3 到 5 个百分点，但是是成交后收费，而且好点的 FA 会对创业者进行项目辅导、提供商业计划书撰写服务、对接投资机构，以及投前的相关服务。第四，参加路演活动、创业比赛。现在有各种各样的创业大赛和路演活动。这是一个可直接跟投资人面对面沟通的方式，并且有时间和机会向投资人当面介绍你的项目情况。第五，互联网信息平台。例如一些 APP 或者是专门的网站。

3. 约见投资人 & 融资路演

路演其实就是创业者跟投资人以一对多的方式去谈判，主要就是现场讲演公司的商业计划书，并回答投资人的提问。经常会有一些创业融资服务机构会举办各种路演活动。

4. 与意向投资人谈判

创业者在市场上找了一圈投资人后，会有几个意向比较强的投资人。这时候就需要跟投资人详细谈判的流程了。融资过程中，投资人比较关注的点是你的创业项目的潜力、创始团队的背景及价格。所谓的价格就是指公司的估值。所以创业者需要提前想好自己项目的估值是多少，这样跟投资人才能有得谈。

5. 签订投资意向书（Term Sheet，TS）和投资协议

投资意向书也叫 TS，这是一个没有约束力的协议，表明投资机构愿意以一个怎样的价格入股你的公司。如果能到投资协议流程，代表创业者的融资流程已经走了一大半。与 TS 相比，投资协议是一个详细的协议。

6. 股权变更

在签完投资协议后，就需要去工商局变更股权。这时候参与融资的各个投资机构都会按照投资额协议的约定，正式成为创业公司的股东。融资到了这一步后，才算真正结束。

二、创业融资方式

（一）权益融资和债权融资

权益融资与债权融资是创业企业常用的两种融资方式。融资方式的选择是否恰当，将直接决定其融资行为的成败及企业未来发展的命运。

先看权益融资，权益融资是通过扩大企业的所有者权益，如通过吸引新的投资者、发行新股、追加投资等来实现的。权益资本的主要渠道有自有资本、朋友和亲戚或者风投公司，权益融资会稀释原有投资者对企业的控制权。

权益融资的主要途径包括 4 类：

1. 风险投资（Venture Capital，VC）

风险投资，简称 VC，是指风险投资公司投资于新创企业及有非凡成长潜力的小企业的资本。风险投资公司通过资本、经营服务培育和辅导创新企业创业，以期分享其高增长带来的长期资本增值。风险投资对象多为处于创业期的中小型企业，虽有一定的失败风险，但是一旦投资成功，投资者将获得几倍、几十倍甚至上百倍的回报。而且对创业者来讲，使用风险投资创业的最大好处在于即使失败也不会背上债务，这样就使得年轻人创业成为可能。

2. 首次公开发行（Initial Public Offering，IPO）

首次公开发行是指企业股票面向公众的初次销售，一般来说，一旦首次公开发行完成后，这家公司就可以申请到证券交易所或报价系统挂牌交易。首次公开发行，是企业重要的里程碑，对企业有很多益处。如募集资金、吸引投资者、增强流动性、提高知名度和员工认同感、回报个人和风险投资，利于完善企业制度、便于管理等。但 IPO 的过程也比较复杂而且成本高昂。

3. 私募股权融资（Private Equity，PE）

私募股权融资，简称 PE，是指融资人通过协商、招标等非社会公开方式，向特定投资人出售股权进行的融资，包括股票发行以外的各种组建企业时的股权投资和随后的增资扩股。私募股权融资比较偏向于已形成一定规模和产生稳定现金流的成型企业，这一点与 VC 有明显区别。

4. 股权众筹融资（Equity-based Crowdfurding）

股权众筹是指融资者借助互联网上的众筹平台，将其准备创办或已经创办的企业或者项目信息向投资者展示，吸引投资者加入，并以股权的形式回馈投资者的融资模式，简言之，股权众筹就是私募股权的互联网化。

再看债权融资。债权融资是指企业通过借钱的方式进行融资。对于债权融资所获得的资金，企业首先要承担资金的利息，另外在借款到期后要向债权人偿还本金，债权融资一般用于解决企业营运资金短缺的问题。

债权融资按渠道的不同可以分为以下 4 类。

1. 银行贷款

银行贷款是债权融资的主要形式。银行贷款主要包括信用贷款、担保贷款、贴现贷款。

2. 发行公司债券

公司债券是指公司依照法定程序发行的，约定在一定期限内还本付息的有价证券。公司债券的发行在债券的持有人和发行人之间形成了以还本付息为内容的债权债务法律关系。但公司债券的持有人是公司的债权人，而不是公司的所有者，不能参与公司的经营管理等各项活动。

3. 小额贷款

小额贷款是指向低收入群体和微型企业提供的额度较小的持续信用信贷服务。其基本特征是额度小、无担保、无抵押、服务于贫困人口。小额信贷可由正规金融机构及专门的小额信贷机构或组织提供，小额贷款程序简单，放贷过程快，手续简便。

4. P2P 融资

P2P 融资是指个人与个人间的小额借贷交易，一般需要借助电子商务专业网络平台帮助信贷双方确立信贷关系并完成相关交易手续。P2P 融资由借款者自行发布借款信息，包括金额、利息、还款方式和时间，实现自助式借款。投资人根据借款人发布的信息自行决定投资金额，实现自助式出借。

（二）内部融资和外部融资

企业融资方式从来源角度大体可分为内部融资和外部融资两类。

1. 内部融资

内部融资是指企业不断将自己的储蓄转化为投资的过程。内部融资对企业的资本形成具有原始性、自主性、低成本和抗风险的特点，这是企业生存与发展不可或缺的重要组成部分，是企业资金的重要来源。内部融资的主要渠道，包括企业应收账款融资、企业留存收益融资、企业内部集资、企业变卖融资和企业典当融资。

2. 外部融资

单纯依靠内部融资已很难满足企业的资金需求，外部融资逐渐成为企业获得资金的重要方式。外部融资，是指企业通过一定方式向企业之外的其他经济主体筹集资金。外部融资方式包括银行贷款、发行股票、公司债券等，此外企业之间的商业信用、融资租赁在一定意义上也属于外部融资的范围。

（三）直接融资和间接融资

直接融资与间接融资的区别主要在于融资过程中资金的需求者与资金的供给者是否直接形成债权债务关系。在有金融中介机构参与的情况下，判断是否有直接融资的标志，在于该中介机构在这次融资行为中是否与资金的需求者和资金的供给者，分别形成了各自独立的债权债务关系。

直接融资是指货币资金供给者和货币资金需求者之间，直接进行协议，或者在金融市场上，前者购买后者发行的有价证券，将货币资金提供给资金需求者，从而完成资金融通的过程。直接融资的基本特点是资金供给者与资金需求者直接进行资本资金融通，而不经过任何中介环节。主要途径包括商业信用，民间信用，发行有价证券等。

间接融资是指拥有货币者通过存款的形式或者购买银行、信托、保险等金融机构发行的有价证券，将其暂时闲置的资金先行提供给这些金融中介机构，然后再由这些金融机构以贷款贴现等形式，或通过购买货币资金需求者发行的有价证券，把资金提供给需求者，从而实现资金融通的过程。间接融资的基本特点是，资金融通通过金融中介机构来进行，它由金融机构筹集资金和运用资金两个环节构成。间接融资最典型的形式就是商业银行的存贷款业务。

（四）长期融资和短期融资

长期融资是指筹集可供企业长期（一般为一年以上）使用的资本。长期融资的资本主要用于企业新产品新项目的开发与推广、生产规模的扩大、设备的更新与改造等。这类资本的回收期较长，成本较高，对企业的生产经营有较大的影响，长期融资一般采用吸收直接投资、长期借款、融资租赁、发行股票、发行公司债券和留存收益等方式。

短期融资是指筹集企业在生产经营过程中短期内所需要的资金，短期融资的使用期限一般规定在一年以内，它主要是用于满足企业流动资金周转中对资金的需求。短期融资筹资速度快、筹资弹性大、限制条款少、资本成本低，但短期融资筹资风险高，腾挪余地小，需要较强的财务调控能力。短期融资的方式主要有 5 种类型，包括：商业信用、银行借款、典当融资、商业票据和短期融资融券。

根据国内外企业融资的结构理论，企业融资一般遵循这样一个优先顺序规律，先内部融资，后外部融资；先债权融资，后股权融资。创业企业在其不同的生命周期发展过程中，需要的资金量和可获得的融资渠道各不相同，一般顺序为：个人初始投资、创业合伙人投资、天使基金、风险投资、私募股权基金、商业贷款、非上市股权交易、创业板上市、发行公司债券等。

三、天使投资与风险投资

在创业投资界，创业融资比较活跃的是天使投资和风险投资。

（一）天使投资（Business Angel）

“天使”一词最早是指 19 世纪为纽约百老汇戏剧提供资金的投资人，当时投资戏剧的风险很大，很多出资者是出于对艺术的支持，而不是为了获得超额利润，因此人们尊称他们为天使。甚至一直到今天，这种慈善光环依然笼罩在一些天使投资人的头上。

天使投资是指富有的个人出资协助具有专门技术或独特概念的原创项目或小型初创企业，进行一次性的前期投资，它是风险投资的一种形式。天使投资实际上是风险投资的一种特殊形式，是对于高风险、高收益的初创企业的第一笔投资。一般来说，一个公司从初创到稳定成长期，需要三轮投资：第一轮投资大多是来自个人的天使投资。第二轮投资往往会有风险投资机构进入为产品的市场化注入资金。而最后一轮则基本是上市前的融资，主要来自大型风险投资机构或私募基金。

天使投资人通常是创业企业家的朋友、亲戚或商业伙伴，由于他们对该企业家的能力和创意深信不疑，因而愿意在业务远未开展起来之前就向该企业家投入大笔资金。通常天使投资对回报的期望值并不是很高，但仍需要有 10~20 倍的回报才足以吸引他们，这是因为，在决定出手投资时，他们往往会在一个行业内同时投资 10 个项目，而最终只有一两个项目可能获得成功，只有用这种方式，天使投资人才能分担自身的风险。其特征如下：

第一，天使投资的金额一般较小，而且是一次性投入，它对风险企业的审查也并不严格。它更多的是基于投资人的主观判断或者是由个人的好恶所决定的。通常天使投资是由一个人投资，并且是见好就收，一般是个体或者小型的商业行为。

第二，很多天使投资人本身是企业家，了解创业者面对的难处。天使投资人是起步公司的最佳融资对象。

第三，天使投资人不一定是百万富翁或高收入人士。天使投资人可能是您的邻居、家庭成员、朋友、公司伙伴、供货商或任何愿意投资公司的人士。

第四，天使投资人不但可以带来资金，同时也带来联系网络。如果他们是知名人士，也可提高公司的信誉。

天使投资往往是一种参与性投资，也被称为增值型投资。投资后，天使投资人往往积极参与被投企业的战略决策和战略设计，为被投企业提供咨询服务，帮助被投企业招聘管理人员，协助其公关，设计推出渠道和组织企业推出等。

目前知名的天使投资机构有：

1. 红杉资本中国基金

红杉资本中国基金成立于 2005 年 9 月，团队管理约 24 亿美元和约 40 亿元的 9 只基金，在香港、北京、上海、广州及苏州 5 地设有办公室。红杉资本中国基金的合伙人及投资团队兼备国际经济发展视野和本土创业企业经验，在科技与传媒、消费品与现代服务业、医疗健康产业、环保与新能源及先进制造业等领域投资了超过 150 家具有高速增长潜力的公司。红杉中国的投资包括新浪网、阿里巴巴、京东商城、奇虎 360、聚美优品、唯品会、美团网、大众点评、匹克运动等。

2. 赛伯乐（中国）投资公司

赛伯乐（中国）投资公司作为中国投资基金的领导者之一，赛伯乐（中国）投资重点关注早中期具有强大整合平台价值的企业。赛伯乐拥有国内外顶级风险投资的资本源泉，包括中国和美国创业、成功上市及并购的直接经验，全球化的发展视野，以及全球领先的 IT 信息服务平台技术。目前，它已经投资了金融、教育、医疗健康、高科技及先进制造业等领域的企业。丰富的资源、强大的品牌和政府支持，高效的产业经营联盟，以及行之有效的整合创新模式，造就了赛伯乐在多个领域的成功投资典范。赛伯乐拥有一支具有丰厚全球化运营经验的投资管理团队，为国内的创新创业者的加速成长提供发展战略、创业导师、运营指导与支持、IT 技术平台、融资和退出策略、国际化资源等支持。

3. 北极光创投公司

北极光创投公司成立于 2004 年，资本来源于著名的公益金、基金会、养老基金、联合基金及美国、欧洲和亚洲的个体投资人。这支基金将集中投资于与 TMT 领域（通信、新媒体、高科技）相关的、具有中国战略的企业。此外，北极光创投公司还关注大众消费品市场中具有技术或商业模式创新的公司，以及新兴能源、新兴农业等领域。

4. 金山软件

金山软件的 CEO 雷军是一位知名的天使投资人，曾先后投资数家互联网企业，其向卓越老部下陈年投资创立我有网，从事虚拟物品交易，同年还投资网易前总编辑李学凌创立的多玩网。他着重关注初创期互联网公司的成长与发展。

（二）风险投资

风险投资是把资本投向蕴藏着失败风险的高新技术及其产品的研究开发领域，旨在促使高新技术成果尽快商品化、产业化，以取得高资本收益的一种投资过程。

风险投资有以下特征：

第一，投资对象多为处于创业期的中小型企业，而且多为高新技术企业。

第二，投资期限至少 3~5 年，投资方式一般为股权投资，通常占被投资企业 30% 左右的股权，而不要求控股，也不需要任何担保或抵押。

第三，投资决策建立在高度专业化和程序化的基础之上。

第四，风险投资人一般积极参与被投资企业的经营管理，提供增值服务；风险投资人一般也对被投资企业以后各发展阶段的融资需求予以满足。

第五，由于投资目的是追求超额回报，当被投资企业增值后，风险投资人会通过上市、收购兼并或其他股权转让方式撤出资本，实现增值。

对于投融资的各个阶段，如果用一句话总结在各个阶段投资人的主要关注点，你可以记忆为：天使看人、A 轮看产品、B 轮看数据、C 轮看收入、上市看利润。

下面我们来看看常见的融资阶段与融资金额。

种子轮：一般是什么都没有，只有一个创始人和一个想法的情况。种子轮的融资金额一般在 50 万 ~ 200 万元，机构很少参与，一般天使投资和孵化器基金会重点关注这块。

天使轮：一般是核心团队已经基本成型，项目有方向，也可能有了产品雏形，融资金额一般是几百万人民币到千万人民币。真格、险峰、梅花，包括青锐这样的机构，会重点关注这块。

A 轮：一般是有产品且有充分数据，商业模式已经得到验证的。融资金额在 2 000 万~3 000 万人民币居多。目前市面上比较多的普通美元基金，都重点聚集在这个轮次，比如经纬、金沙江、晨兴、北极光等。

B 轮：这个阶段的项目商业模式相对成熟，有数据，一般也有持续收入，这样的项目一般是细分领域且同类模式里面的龙头了。融资金额从 5 000 万到上亿人民币不等。一般上述投 A 轮的 VC 也会投 B 轮。有钱的 VC，如红杉、GGV 等，一般会倾向于在这个阶段介入。

C 轮、D 轮：这个阶段的项目一般都是处于持续扩展中，比如同另外一个竞争对手竞争。同一个细分领域的同样模式，一般不可能有第三个获得 C 轮以后融资的，最多两个。另外，一些在 B 轮后已经获得较好收入甚至达到盈亏平衡的，不一定需要 C 轮及以后的新融资了。C 轮、D 轮融资一般都是数亿人民币。在这个阶段，战略投资人开始活跃，参与者主要是 BAT 及其他大的上市公司。

拓展阅读：

腾讯马化腾的创业故事

扫一扫

课堂练习

主题：理解创业投融资的筹措来源与类型

练习 1

你要开设一家网吧，需要 30 台电脑，根据你掌握的情况，测算一下：你需要多少启动资金？可以从哪里筹措资金？主要用在什么地方？

资金来源	资金支出项目	金 额
合 计		

练习 2

说明每一种融资渠道的挑战及对策。

融资渠道	挑战及对策

练习 3

根据所学知识，你认为可以从哪里获得股权资本和债权资本？

股权融资

债权融资

练习 4

如果你要到银行贷款，怎样才能得到贷款的机会？

案例实训

1. 背景材料

阿里巴巴的八次融资

1999 年年初，马云决定回到杭州创办一家能为全世界中小企业服务的电子商务网站。回到杭州后，马云和最初的创业团队开始谋划一次轰轰烈烈的创业。大家集资了 50 万元，就在马云位于杭州湖畔花园的 100 多平方米的家里，阿里巴巴诞生了。

这个创业团队里除了马云之外，还有他的妻子、他当老师时的同事、学生以及被他吸引来的精英。马云当时对他们所有人说：“我们要办的是一家电子商务公司，我们的目标有三个：第一，我们要建立一家能生存 102 年的公司；第二，我们要建立一家为中国中小企业服务的电子商务公司；第三，我们要建成世界上最大的电子商务公司，要进入全球网站排名前十位。”

阿里巴巴成立初期，公司是小到不能再小，18 位创业者往往是身兼数职。好在网站的建立让阿里巴巴开始逐渐广为人知。来自美国的《商业周刊》还有英文版的《南华早报》最早主动报道了阿里巴巴，令这个名不见经传的小网站开始在海外有了一定的名气。

有了一定名气的阿里巴巴很快也面临资金的瓶颈：公司账上没钱了。当时马云开始去见一些投资者，但是他并不是有钱就要，而是对投资者精挑细选。即使囊中羞涩，他还是拒绝了 38 家投资商。马云后来表示，他希望阿里巴巴的第一笔风险投资，除了能带来钱以外，还能带来更多的非资金要素，例如进一步的风险投资和其他的海外资源。而被拒绝的这些投资者并不能给他带来这些。

就在这个时候，现在担任阿里巴巴 CFO 的蔡崇信的一个在高盛的旧关系为阿里巴巴解了燃眉之急。以高盛为主的一批投资银行向阿里巴巴投资了 500 万美元。这一笔天使基金让马云喘了口气。

更让他意料不到的是，更大的投资者也注意到了他和阿里巴巴。1999 年秋，日本软银总裁孙正义约见了马云。孙正义当时是亚洲首富。孙正义直截了当地问马云想要多少钱，而马云的回答却是他不需要钱。孙正义反问道：“不缺钱，你来找我干什么？”马云的回答却是：“又不是我要找你，是人家叫我来见你的。”

这个经典的回答并没有触怒孙正义。第一次见面之后，马云和蔡崇信很快就在东京又见到了孙正义。孙正义表示将给阿里巴巴投资3 000万美元，占30%的股份。但是马云认为，钱还是太多了，经过了6分钟的思考，马云最终确定了2 000万美元的软银投资，阿里巴巴管理团队仍绝对控股。

从2000年4月起，纳斯达克指数开始暴跌，长达两年的熊市寒冬开始了，很多互联网公司陷入困境，甚至关门大吉。但是阿里巴巴却安然无恙，其中一个很重要的原因是阿里巴巴获得了2 500万美元的融资（除软银的2 000万美元以外，其他资金来自富达、汇亚资金等5家风投）。

2004年2月17日，马云在北京宣布，阿里巴巴再获8 200万美元的第3轮巨额战略投资（软银6 000万美元，富达等四家风险投资2 200万美元）。这笔投资是当时国内互联网金额最大的一笔私募投资。2005年8月，雅虎、软银再向阿里巴巴投资10亿美元之后，阿里巴巴创办淘宝网，创办支付宝，收购雅虎中国，创办阿里软件，一直到阿里巴巴上市。

2007年11月6日，全球最大的B2B公司阿里巴巴在香港联交所正式挂牌上市，正式登上全球资本市场舞台。随着这家B2B航母登陆香港资本市场，此前一直受外界争论的“B2B能不能成为一种商务模式”也有了结果。2007年11月6日10时，港交所开盘，阿里巴巴以30港元，较发行价13.5港元上涨122%的高价拉开上市序幕。小幅震荡企稳后，一路单边上冲。最后以39.5港元收盘，较发行价涨了192.59%，成为香港上市公司上市首日涨幅最高的“新股王”，创下香港7年以来科技网络股神话。当日，阿里巴巴交易笔数达到14.4万多宗。输入交易系统的买卖盘为24.7万宗，两项数据都打破了工商银行2006年10月创造的纪录。按收盘价估算，阿里巴巴第5轮融资15亿美元，市值约280亿美元，超过百度、腾讯，成为中国市值最大的互联网公司。

第6轮融资：2011年9月，阿里巴巴融资20亿美元，主要投资机构有：美国银湖、俄罗斯DST、新加坡淡马锡、中国云峰基金。

第7轮融资：2012年8月，阿里巴巴融资43亿美元，主要投资机构有：中投、中信资本、博裕资本、国开金融、美国银湖、俄罗斯DST、新加坡淡马锡。

第8轮融资：2014年9月，阿里巴巴在美国上市，融资220亿美元。

投资机构中获利最多的是软银，软银投资阿里巴巴8 000万美元，现在的市值超过1 400多亿美元，翻了1 700多倍。

2. 实训任务

巩固对创业融资来源、类型以及筹措的理解，提高创业融资技能。

3. 实训步骤

（1）个人阅读。

督促学生认真阅读案例，教师对案例背景进行简单陈述，并进行分组。

（2）小组讨论与报告。

围绕实训任务进行讨论，要求每个小组将讨论要点或者关键词记录下来，便于课堂互动。具体要点如下所示：

小组讨论与报告

小组名称或者编号：____________________

组长：____________________

小组成员：____________________

记录人：____________________

① 小组讨论记录：

发言人1：____________________

发言人2：____________________

发言人3：____________________

发言人4：____________________

发言人5：____________________

发言人6：____________________

发言人7：____________________

发言人8：____________________

____

② 小组共识要点：

____

(3) 师生互动。

各组派代表对讨论结果进行陈述，教师与学生进行互动，并回顾本章的关键知识点，同时激发学生进行进一步思考。

(4) 课后形成正式的实训报告（见附录8 实训报告）。

根据课堂讨论，学生进一步回顾课堂所学内容，形成正式的实训报告，可通过课外作业的方式进行。

(5) 实训考核。

根据学生课堂表现及实训报告质量，评定实训成绩。

第十章

新创企业

知识与能力目标

ZHISHI YU NENGLI MUBIAO

知识目标

1. 了解注册公司的准备内容。
2. 了解新创企业的法律组织形式。
3. 了解新创企业的注册登记。
4. 了解新创企业的运营法律规定。
5. 了解新创企业的社会责任。

能力目标

1. 区分企业的法律组织形式。
2. 掌握创办公司的基本技能。
3. 树立必要的法律意识。

知识要点

ZHISHI YAODIAN

一、准备注册公司

（一）注册地址

注册地址可以分为两类，一类是自己的居住地址可以作为注册地址，如果自己就是公司的法人，而居住地的产权人也是自己，那就可以不签订租赁合同。另外一类是租用场地作为公司的办公场所的情况，这种情况就得和租赁方签订正式的租赁合同，作为注册地址的法律证明文书。当然现在注册微型企业时不再硬性要求企业必须要有地址，所以在创业孵化园的项目也可以注册企业。

（二）公司名称

在公司注册前，首先得想个好的公司名称，它代表的是公司的形象。在确定和选择公司名称时要注意，要能够带来正向、积极、有激励团队士气的作用。

1. 公司名称的组成形式

公司名称的组成主要有以下几种形式：

（1）地域 + 名字 + 行业特点 + 组织形式，例如：北京 + 创汇空间 + 科技孵化器 + 有限公司；

（2）字号 + 区域 + 行业特点 + 组织形式，例如：创汇空间 +（北京）+ 科技孵化器 + 有限公司；

（3）字号 + 行业特点 + 区域 + 组织形式，例如：创汇空间 + 科技孵化器 +（北京）+ 有限公司。

2. 通过工商局核名

要想顺利通过工商局核名，需注意以下几点：

（1）公司名称字数为 2~4 个字比多个字的容易通过。

（2）同行业公司字号不能混同，如您想要注册的公司名称和已有的公司名称在字号和行业上都类似，那么也是不会通过的。

（3）想要的名字尽量写在最前面。

（4）在名字中带有生僻字也比较容易通过。生僻字是指简体汉字，不是繁体字，不是外文。

（5）避免模仿大公司的名称。比如阿里巴巴，较著名的企业名称受保护，即使不在同行业，也不在同一个地区，也最好不要模仿（音近，形近都有风险）。

（6）多想几个备用名称。值得注意的是：公司名称不能以著名人名、地名、国家、英文、数字等其他有损于国家、社会公共利益的名称命名。

（三）注册资本

我们应根据公司合伙人的多少，再根据相互之间签订的认缴或实缴资本的比例总额来确定公司的注册资本。其中如果有技术出资，应该将技术测算成资本，占总资本的比例的多少都要做说明，根据《公司法》要求由新创企业的合伙人共同商量确定注册资本的出资比例和额度。

（四）经营范围

要确定的是本公司注册成功后要做什么？在什么领域进行运营？这是根据公司的核心竞争力和技术定位来确定的，范围可以是以自己最擅长的市场领域，同时还可以根据产品的优化不断拓宽其他相关领域，经营范围可以确定得广一些，这样可以为公司的发展留出空间。但最终经营范围以工商行政管理局的审核为准。

（五）组织架构

要确定公司的法定代表、全体股东、监事身份信息及联系方式，新办一家公司至少要2名以上任职人员的任职信息，而且这2名任职人员中必须有一人是公司的法定代表。

（六）公司产品或服务名称

确定将向市场提供的产品或服务的名称、设计商标、注册专业保护商标等，产品或服务的名称要符合自身企业和专利技术特点，这个程序可以和前面几个程序同步进行。

二、新创企业法律组织形式

按照我国现行法律规定，企业的法律组织形式分为个体工商户、个体独资、合伙、有限责任、股份制五种形式。新创企业可以选择其中一种组织形式作为自己企业的法律组织形式。

（一）个体工商户

1. 特征

根据2011年11月1日施行的《个体工商户条例》第二条规定：有经营能力的公民，依照本条例规定经工商行政管理部门登记，从事工商业经营的，为个体工商户。个体工商户可以个人经营，也可以家庭经营。个人经营的以经营者本人为申请人，以个人全部财产承担民事责任。家庭经营的以家庭成员中主持经营者为申请人，以家庭全部财产承担民事责任，个体工商户的合法权益受法律保护，任何单位和个人不得侵害。个体工商户是一种最为简便的创业组织形式，比设立企业的条件和要求要少得多。

2. 经营范围

根据个《体工商户登记管理办法》，2014年2月20日修订后明确，个体工商户的经营范围是指个体工商户开展经营活动所属的行业类别，登记机关根据申请人的申请，参照国民经济行业分类中的类别标准，登记个体工商户的经营范围。如果个体工商户申请登记的经营范围不属于法律或行政法规禁止进入的行业，登记机关应依法予以登记。

3. 申请登记须提交的文件

申请登记为个体工商户的，应当向经营场所所在地登记机关申请注册登记。申请人应当提交登记申请书、身份证明和经营场所证明。个体工商户登记事项包括经营者姓名和住所、组成形式、经营范围、经营场所。个体工商户使用名称的，名称作为登记事项。

最后要注意的是，如果新创企业是从事法律法规、行政法规规定，需报经有关部门审批业务的，应当提交有关部门的批准文件。

（二）个人独资企业

1. 概述与特征

根据《中华人民共和国个人独资企业法》规定，个人独资企业是指依照本法在中国境内设立，由一个自然人投资，财产为投资人个人所有，投资人及其个人财产对企业债务承担无限责任的经营实体组织。独资企业是一种很古老的企业形式，至今仍广泛用于商业经营户，其典型特征是个人出资、个人经营、个人自负盈亏和自负风险。

2. 具备的条件

个人独资企业应具备以下条件：

①投资人为一个自然人；②有合法的企业名称；③有投资人申报的出资；④有固定的生产经营场所和必要的生产经营条件；⑤有必要的从业人员。

3. 登记规定和程序

另外，要注意申请与登记规定和程序，个人独资企业的设立采用直接登记制，无须经过任何部门的审批。投资人根据设立准则直接到工商行政管理部门申请登记，申请设立个人独资企业应当由投资人或其委托的代理人向个人独资企业所在地的登记机关提交设立申请书、投资人身份证明、生产经营场所使用证明等文件。委托代理人申请，登记时需要出具投资人的委托书和代理人的合法证明。

申请设立个人独资企业申请书应载明下列事项：①企业的名称和住所；②投资人的姓名和居所；③投资人的出资额和出资方式；④经营范围。

这里要提醒大家注意：对于创业者来讲，如果希望新创企业能够快速成长并获取巨大的财务成功，个人独资企业这种法律组织并不合适。

（三）合伙企业

1. 概念

根据《中华人民共和国合伙企业法》规定，合伙企业是指自然人、法人和其他组织依照本法在中国境内设立的普遍合伙企业和有限合伙企业，是一种依法设立的由各合伙人订立合伙协议、共同出资经营、自负盈亏、共担风险的企业组织形式。我国的合伙组织形式体现为：合伙企业一般无法人资格，其中普通合伙企业由普通合伙人组成，合伙人对合伙企业的债务承担无限连带责任。有限合伙企业由普通合伙人和有限合伙人组成，普通合伙人对合伙企业债务承担无限责任，有限合伙人以其认缴的出资额，对合伙企业债务承担有限责任。

2. 特征

合伙企业有以下特征：一是生命有限；二是财产共有；三是相互代理；四是组织形式仅限于私营企业；五是一般无法人资格；六是普通合伙人转变为有限合伙人的，对其作为普通合伙人期间合伙企业发生的债务承担无限连带责任。

3. 设立条件

合伙企业有如下设立条件：一是必须有两个以上的合伙人；二是有书面的合伙协议；三是有各合伙人认缴或者实际缴付的出资说明；四是有合伙企业的名称和生产经营场所；五是要符合行政法规规定的其他条件。

4. 设立程序

申请设立合伙企业应当向企业登记机关提交下列文件：一是全体合伙人签署的设立登记申请书；二是全体合伙人的身份证明；三是全体合伙人指定的代表或者共同委托代理人的委托书；四是合伙人的书面协议；五是出资权属证明；六是经营场所证明；七是国务院工商行政管理部门规定提交的其他有关批准文件。

（四）有限责任公司

1. 概念

根据2018年修订的《中华人民共和国公司法》规定，有限责任公司是指由50人以下的股东共同出资设立，每个股东一起认缴出资额，对公司承担责任，公司以其全部资产对其债务承担责任的企业法人。有限责任公司是一种比较普遍的企业法律形式，根据《公司法》的规定，必须在公司名称中标明有限责任公司或者有限公司字样。

2. 特征

有限责任公司的特征分别是：股东责任的有限性，股东人数的限制性，有限责任公司不能公开募集股份，不能发行股票。

3. 设立的条件

根据2018年修订的《公司法》中第二十三条规定，设立有限责任公司应具备下列条件：一是股东符合法定人数；二是有符合公司章程规定的全体股东认缴的出资额；三是股东共同制定公司章程；四是有公司名称，建立符合有限责任公司要求和组织机构；五是有公司住所。

4. 设立程序

有限责任公司设立的一般程序主要有：发起人发起、草拟章程、必要的行政审批、缴纳出资、申请设立登记、登记发照。

这里要注意的是：有限责任公司由于具有合伙企业的优点和相关法律保护，所以一直以来是最受创业者欢迎的一种企业法律形式，也是一种非常有前途的企业所有权形式。

（五）股份有限公司

1. 概念

根据2018年修订的《公司法》规定，股份有限公司全部注册资本由等额部分构成，并通过发行股票筹集资本，股东以其认购的股份为限对公司承担责任。

2. 设立条件与设立方式

2018年修订的《公司法》中第七十六条规定，设立股份有限公司应当具备下列条件：一是发起人符合法定人数；二是有符合公司章程规定的全体发起人认购的股本总额或者募集的实收股本总额；三是股份发行、筹办事项符合法律规定；四是发起人制订公司章程，采取募集方式设立，经创立大会通过；五是有公司名称，建立符合股份有限公司要求的组织机构；六是有公司住所；还要注意，须有两人以上两百人以下为发起人，其中有半数以上的发起人须在中国境内有住所才可以。

如果新创企业要采用股份有限公司作为组织形式，只有在经过一段时间的经营，出于扩大经营范围、经营规模、资本来支撑发展需要的时候才采用的一种法律组织形式。如果要变更企业法律组织形式，公司就要进行变更，同时要进行组织结构调整。

三、新创企业注册登记

作为一家新建立的企业，注册登记主要涉及核实即将建立的公司名称、工商资料的准备和预审、办理工商执照、刻制印章、开设银行对公账户、税务登记及与银行、税务签订三方协议。

（一）进行公司核名

同学们都知道，全国有上千万家各类大大小小的公司，公司名称也是五花八门，各有各的特点。但是请大家思考一个问题，是不是我们随意取一个公司的名称就可以注册成功呢？答案是否定的。为什么这样讲呢？前面我们提到过，一是你取的公司名称可能已经被人注册过了，这种情况下你就不能再注册这个名称了；二是前面提到的几类不能注册公司名称的情况要排除掉；三是重复率太高的名称要排除掉。

要做好公司核名，一是可以通过工商管理机构的网上平台，对公司的名称进行线上审核，看是否有冲突的名称，如果审核通不过，就得重新取一个公司的名称；二是可以线下到工商管理机构进行审核，流程和线上是一致的。公司的名称只有通过核定，可以使用后，才能进入下一个流程。

（二）工商资料审核

审核的内容有企业的经营范围，法人资格和各类资料的审核。审核方式有线上审核和线下审核。线上审核主要是审核公司的各类文书的电子版，线下审核是要到现场审核公司各类文书是否有本人签字，是否有弄虚作假的情况。

（三）办理工商执照

资料审核通过后，公司代表就可以带上企业法定代表的身份证件到工商管理部门办理工商的执照，执照是公司开展运营的法律证件，没有工商执照，开展任何市场行为都是属于违法行为。因此在工商执照没有办理下来前，公司不可以开展任何商业活动。

（四）刻制印章

印章代表一个组织的法律效力，因此务必要高度重视。一是需要刻制的印章有公司名称的公章、财务章、发票章、合同章和法定代表的姓名章或签名章；二是要注意公章不能私刻，需要先到公安机关进行报备，然后再找公安机关指定的刻章企业进行刻章，有的印章是公安机关直接刻制好后发给公司，部分印章可以到指定企业刻制；三是在刻制印章时，一定要做好印章的防伪处理，防伪只可以由法人设置，并做好保密。防伪处理是为了防止公章被复制和伪造，防止公司的利益受损。

（五）开设银行对公账户

这里要给各位同学强调的是，公司作为一个组织，法人是可以代表公司行使相应职责，履行公司义务的。任何与公司往来的账款必须是打入公司的账户中，任何打入私人账户中的行为都是违法的。因此每个公司都应该在银行开设一个对公的账户，开设对公账户的时候要提供的文书有：公司的营业执照正副本及复印件、公章、财务章、法人章、法人及经办人的身份证原件和复印件。同时办理人要将公司的公章、财务章、法人章的印鉴提供一份给银行，作为对公转账和提取公司资金的比对文件。公司在开设对公账户前要向组织机构代码主管部门申领组织机构代码证，这是用来区别企业的法定代码。

（六）税务登记

按照法律规定，依法纳税是每个企业的应尽义务和职责，偷税漏税将会受到法律的制裁。因此，前面几步走完后，公司要及时到税务机关进行税务登记。同时在进行税务登记的时候要确定自己公司的税务类别和标准，选择不同的标准纳税方式和额度是不一样。切记要按时申报纳税额，不然逾期后会面临税务罚款，影响公司的正常经营。

（七）与银行、税务签订三方协议

银行开设好对公账户和做好税务登记后，企业要和银行签订三方协议，对公账户服务条款的拟定，协商和更改，都要与银行做好沟通。同时，公司要与税务签订三方协议，确定纳税方式和纳税额度。

以上七个步骤都完成后，公司就可以正式运营了。

四、新创企业运营法律规定

（一）公司不同阶段涉及的法律

成立之初：《中华人民共和国公司法》和《中华人民共和国公司登记管理条例》。

公司运营：除了《中华人民共和国合同法》《中华人民共和国劳动法》《中华人民共和国劳动合同法》《中华人民共和国社会保险法》《中华人民共和国物权法》，开展企业运营时要注意金融类法律、知识产权类的法律给企业运营带来的影响，如：《贷款通则》《中华人民共和国票据法》《中华人民共和国证券法》《中华人民共和国保险法》《中华人民共和国商标法》《中华人民共和国专利法》《中华人民共和国反不正当竞争法》，还有《中华人民共和国婚姻法》《中华人民共和国继承法》等民事法律规定的与公司及公司法人相关的法律条款。

公司终止：《中华人民共和国破产法》。

（二）新创企业相关法律

1. 与知识产权有关的法律

知识产权是人类一切智慧和智力活动的产物，主要包括专利、商标、版权和商业秘密等内容，这是企业核心中的核心。新创企业涉及以上知识产权类别的，务必在注册企业前完成商标注册和专利申请，获得国家法律保护的商标专利书和专利证书。新创企业除了要保护自己的知识产权，同时也要注意不要侵犯他人的知识产权。

《中华人民共和国专利法》。该法规定我国专利主要有发明专利、实用新型专利和外观设计专利，专利所有人的权利受到侵害时，可以依照该法相关条款要求侵害方给予赔偿。

《中华人民共和国商标法》。我们通常讲的商标均指注册商标，注册商标包括商品商标、服务商标、集体商标、正面商标，有效期为 10 年，到期前可以续展，每次续展的时间也是 10 年。商标具有很高的潜在商业价值，因此新创企业在开始时就应该注重对产品或服务商标进行注册保护，以防止因企业发展壮大后因商标问题造成经济和社会效益的损失。曾经的海尔集团和阿里巴巴均受到过商标专利的困扰。

《中华人民共和国著作权法》。著作权又称版权，在新创企业中，如果新创企业是从事文化和创意类的项目，那么文化和创意、推广文案等都属于著作权法管辖的范围。比如“PAPI 酱”当年的网络搞笑视频及视频文字稿就涉及版权，“罗辑思维”的每个视频的文案也属于此类。如果新创企业涉及 APP 开发和软件编程，APP 和软件的源代码也属于版权范围。

商业秘密保护：新创企业的商业构想、初期顾客名单等都是商业秘密。如果要保护商业秘密，最好的手段就是签订保密协议，保密协议可以约束商业秘密接触人的行为，在促进合作时，还能最大限度保护企业的利益。

2. 与商业活动相关的法律

《中华人民共和国合同法》。合同是平等主体的双方或多方当事人关于建立、变更和终止民事法律关系的协定。新创企业有关合同的法律由三部分构成：第一，合同的订立是当事人意思表示一致的结果，可以分为要约和承诺两方面。第二，合约的履行是指合同当事人依照合同约定的内容，履行各自应该承担的义务，以此实现各自应当享有的权利。第三，合同的终止是指生效的合同因具备法律规定或约定的情形出现时，使得合同关系消灭，并使合同的法律效力消失。

《中华人民共和国反不正当竞争法》。该法指商品生产者和经营者在生产和经营过程中，违反法律、法规或商业道德，损害其他生产者和经营者的合法权益，扰乱市场经济秩序的行为。这是国家鼓励企业间公平竞争的法律，新创企业在进行公平诚信经营时，也要学会用法律武器保护自己，同时也要注意不要因不正当竞争而触犯法律。

3. 与企业内部管理有关的法律

《中华人民共和国劳动合同法》（后文简称《劳动合同法》）。新创企业有时除了合伙人，还要雇用一定数量的员工参与生产和销售，以保障企业的正常运转。根据 2013 年颁布实施的《劳动合同法》，企业在明确劳动合同双方当事人权力和义务的前提下，重在对劳动者的合法权益进行保护。因此新创企业要按照《劳动合同法》与员工签订合同，并根据相关法律法规购买社会保险，保护员工节假日休息等基本权力。

《中华人民共和国税法》。税收问题是财务管理的重要部分，与新创企业有关的税法有增值税、企业所得税和消费税等相关法律。当然根据企业法律组织的不同，要依照的税法类别也有所不同。但是只要是企业开始经营，有收益，就要切实履行好纳税的义务。同时企业可以根据政府对创业的支持和扶持，合理进行税收谋划，维护自身的利益。

（三）新创企业常见法律问题

新创企业可能会遇到下列法律问题：

（1）有限责任公司的执行董事和法人代表必须是同一人吗？

根据《中华人民共和国公司法》第十三条规定："公司法定代表人依照公司章程的规定，由董事长、执行董事或者经理担任，并依法登记。公司法定代表人变更，应当办理变更登记。"

（2）执行董事跟董事长又有什么区别？

根据《中华人民共和国公司法》第四十四条规定："有限责任公司设董事会，其成员为三人至十三人；但是，本法第五十条另有规定的除外。董事会设董事长一人，可以设副董事长。董事长、副董事长的产生办法由公司章程规定。"另外，第五十条规定："股东人数较少或者规模较小的有限责任公司，可以设一名执行董事，不设董事会。执行董事可以兼任公司经理。执行董事的职权由公司章程规定。"

（3）同一个自然人是否只能担任一家公司的法人代表？

根据《中华人民共和国公司法》，其并未限制同一个自然人担任多家公司的法定代表人。

（4）同一个人 100% 持股的法人身份是否可以存在于多家公司？

个人 100%持股即一人有限公司。根据《中华人民共和国公司法》第五十七条规定："本法所称一人有限责任公司，是指只有一个自然人股东或者一个法人股东的有限责任公司。"另外，第五十八条规定："一个自然人只能投资设立一个一人有限责任公司。该一人有限责任公司不能投资设立新的一人有限责任公司。”

（5）公司一般用到哪些印章？它们的作用与法律效力如何？

公司印章主要包括公章、财务专用章、合同专用章、法人私章这几种，需根据相关规定到工商、公安、开户银行备案或预留印鉴。

公司公章，是功能较全面的印章。税务登记、各种行政文书、证明与合同都可用此章用印。

财务专用章，用于银行的各种凭据、汇款单、支票等，以及财务相关文书材料中。

合同专用章，用于合同签订。法人私章（非公司印章），通常用在注册公司、企业基本户开户、支票背书的用印。在效力方面，公司各印章的效力都是一样的，都代表公司意志，但是如果某种专用印章出现在不属于其使用用途中，如合同专用章用于支票用印，则可能会导致无效。

（6）开办一个电子商务网站需要什么样的牌照？

如果是B2C网站的话只要是普通网站的备案号就可以，不是强制要求具有ICP（电信与信息服务业务经营许可证）的。按照国家的法规解读，网上卖东西属于线下交易，所谓经营性是指网站本身是否有收费服务，B2C网站本身是免费的。如果本身具有收费服务的经营性网站，则需要办理ICP，否则属于非法经营。申请ICP经营许可证需注册资本达到100万元以上。

（7）几个朋友合伙创业，如何分配股权？初创公司几个投资人，各占多少股份合适？

法律上并没有强制性规定，可自由协商确定，这种情况下的共同创始人之间的股份分配，大多数时候并不是按照出资额、技术和智慧成果来进行权衡的。这些技术性因素不是全部，甚至是次要的。

（8）有限责任公司由多人出资建立，股东之一与其他股东发生分歧，希望退出，其余股东应该如何处理？

首先，根据《中华人民共和国公司法》规定，公司成立后，股东不得抽逃出资。因此一般情况下可通过股权转让的方式实现退出。在一些特殊情况下，对股东会的决议投反对票的股东可以请求公司按照合理的价格收购其股权：第一，公司连续五年不向股东分配利润，而公司该五年连续盈利，并且符合本法规定的分配利润条件的；第二，公司合并、分立、转让主要财产的；第三，公司章程规定的营业期限届满或者章程规定的其他解散事由出现，股东会会议通过决议修改章程使公司存续的。

五、新创企业的社会责任

任何一个企业都要在共建、共享、共赢的原则下，既做好企业的运营以获得盈利，同时也要履行企业的社会责任。

（一）企业社会责任

企业社会责任（Corporate Social Responsibility，CSR）是指企业在创造利润、对股东和员工承担法律责任的同时，还要承担对消费者、社区和环境的责任，企业的社会责任要求企业必须要超越把利润作为唯一目标的传统理念，强调要在生产过程中对人的价值的关注，强调对环境、消费者、对社会的贡献。因此企业不仅仅是谋取自身利益最大化的经济体，企业作为是社会的细胞体，还是社会整体财富积累、社会文明进步、环境可持续发展的重要推动者。企业在发展过程中，需要充分考虑经济、社会、环境这三大要素，需要对员工、消费者、供应商、社区、环境等一系列对象负责。

（二）企业如何构建企业社会责任

第一，做好企业定位。企业主要从文化角度、发展理念和发展愿景进行思考。

第二，要体现企业的社会价值。企业要进行价值传播，让消费者能感受到企业的社会价值。

第三，社会责任的内容要符合时代主题。

（三）新创企业的社会责任

由于新创企业的规模和效益还没有达到大型企业的规模，因此，其社会责任可以主要从就业、员工成长、对消费者权益保护、关注环境保护、救助社会中需要关心的群体等角度进行思考，具体内容可归纳为以下五点：

1. 保障就业

就业是最大的民生，新创企业不仅可以给市场带来竞争和活力，还能给社会带来大量的就业机会，因此就业是初创企业的社会责任。

2. 关心员工的成长

初创企业的员工部分是第一次从事企业工作，部分是第一次从事管理工作，因此经验和能力都有待锻炼和提升，这个时期需要对员工进行培训，关心员工的成长。

3. 关心社会效益和社会责任

虽然初创企业刚进入市场，但是和其他企业的要求应该保持一致，不能违反国家法律是基础，保障消费者和社会总体安全也是企业的责任所在，要将企业的发展与国家和政府的要求结合起来，将公司利益、消费者权益和社会效益结合起来，达到三方共赢。同时，初创企业还应切实履行好产品质量安全、环境保护等社会责任，做好产品的延伸服务。

4. 履行国家赋予的职责

有的企业属于创新型企业，尤其在新技术方面有重大突破，这类企业要紧紧围绕国家发展需要、国家战略需要和总体国家安全需要，不断提升新技术研发的水平，圆满履行国家赋予的历史使命。

5. 传播社会价值

加强正能量的传播，不是只针对自己的目标对象传播社会价值，而是要从全局出发，从全体社会和所有群体的角度进行思考。重点是注意本企业的理念是否会引起社会群体的不适感，本企业传播的价值要符合主流社会价值，传播正向能量，激励所有社会群体。

拓展阅读：

阿里巴巴马云的创业故事

扫一扫

课堂练习

主题一：理解企业的法律组织形式。

练习 1

请写出你知道的企业组织形式。

组织形式	举 例

练习 2

如果你进行创业，你会选择哪种组织形式，为什么？

主题二：掌握企业取名的方法

练习 1

请写出让你印象深刻的 5 家企业的名字。

企业名	理 由

练习 2

如果你要创办一家公司，请取一个名字，并且说明公司的主营业务。

主题三：了解新创企业运营法律规定

练习 1

请列举出与企业经营相关的法律规定。

____

____

____

____

练习 2

搜集整理本地有关新创企业的税收政策，并列举主要条款。

____

____

____

____

案例实训

1. 背景材料

对大多数创业者而言，“找律师”似乎很遥远，在他们看来草创期毫无请律师的必要。实际上，国内互联网巨头 BAT 三家中就有两家，法务在创业初期就已经早早入场。

“腾讯五虎将”中的陈一丹毕业于南京大学法学院，在马化腾刚形成创业念头时，陈一丹就受邀加入腾讯创业团队。身为马化腾的同窗兼好友，陈一丹的加入顺理成章，但陈一丹身为非计算机专业的法学硕士，在创业初期就能早早入场腾讯，可侧面证明马化腾对创业法务问题的敏锐。

阿里的十八个创始合伙人中，三位具有法律背景，分别是持有耶鲁大学法学博士学位的创业元老蔡崇信、主管中国地区法律事务的俞思瑛和在上市过程中起到重要作用的集团法律总顾问 Tim。拥有法律背景的创始人在创始团队总人数中占比 16.6%，是一个少见的、极高的数据。

其中，蔡崇信在 1999 年，辞去年薪七十万美元的工作千里迢迢投奔马云，当时每月只拿 500 元人民币，其情节之动人，堪称中国创业史上一段佳话。

蔡崇信毫无疑问是阿里巴巴最重要的人之一。在阿里巴巴的合伙人制度中，有两个人是永久合伙人，一个是马云，另一个是蔡崇信。

出生在一个显赫律师家庭的蔡崇信，1990 年从耶鲁大学法学院毕业，在纽约的苏利文 & 克伦威尔律师事务所担任税务律师。三年以后，他转到了私募股权行业，开始在一个小型的私募公司中任职，随后搬到香港，为总部在瑞典的 AB 投资公司工作。

蔡崇信在加入阿里巴巴的时候就任 CFO，并开始着手注册公司。他为 18 个创始人准备了一个完全符合国际惯例的英文合同，上面明确了每个人的股权和义务，把合同做得滴水不漏。在早期，是他帮助阿里巴巴明确了自己的员工持股制度。早年有报道写过蔡崇信是如何在小黑板上给阿里巴巴的同事们解释股权、期权和财务制度。

蔡崇信的到来，使得阿里巴巴开始真正规范化运作。另外，既精通法律又精通财务，且熟知国际惯例的蔡崇信为阿里巴巴与国际化大公司的合作提供了很大的方便，同时也增强了风险投资对阿里巴巴的信任感。

相比腾讯和阿里，百度在创业过程中，法务入场的时间点应是最迟的。百度创业“七剑客”均为技术人员，直至2005年——百度成立5年后——赴美国纳斯达克上市当年，才出现一位毕业于美国耶鲁大学法学院的硕士、现任百度副总裁的梁志祥。但很少有人知道，梁志祥还有一个极其重要的身份——百度公司的法定代表人。

为什么BAT三家中有两家，都有法务在创业初期就早早入场？即便是最晚的百度，在法务入场之后甚至让法务做了法定代表人，其中存在一定的必然性。但凡是一个雄心壮志的创业者，都会在起步的一开始就对使自己陷于险境的任何因素保持警惕。

对任何一个创业者来说，从你准备创业的那一刻起，你就应该知道，即使是一个商标，也可以让不懂法律的你付出更大的成本。

一份由中国电子商务研究中心发布的《2011—2012年度中国电子商务法律报告》显示：在电商企业遇到的法律纠纷类别调研中，有61.54%的企业遭遇知识产权侵权纠纷，主要集中在域名、商标、专利等领域。其中被域名折腾死的案例中最出名的莫过于开心网。

2008年，国内网民的电脑几乎被同一个社交网站所占据，那就是开心网，开心网的偷菜游戏甚至成为男女老少每天起床的“闹钟”。

创业初期，开心网的创办者程炳皓以“开心”二字命名网站，意在告诉大家这个网站的价值是给用户带来愉悦。然而，当时他也遇到了一位外国友人（美国人）已经抢先注册了kaixin.com域名，该域名当时的报价在网络上有两个版本：一为3.5万元，一为20万美金。无论多少，程总当时应该咬了咬牙，最终决定：不买。

后来这个域名的所有权落到了一个中国同胞手中，他主动联系程总，愿以域名入股，可惜双方终未达成一致。再后来，程总采用了kaixin001.com作为域名，并且网站上线后很快取得成功，让中国网络进入了“全民偷菜”的时代。

紧接着，一位手头非常宽裕的互联网大佬陈一舟先生（“人人网”董事长兼首席执行官）出现了，以不低于300万元的价格从中国同胞手中购入kaixin.com，并用一个外形和内容酷似程版开心网的网站上线运行，一段时间后其网站UI的设计和友好程度大有超过程版开心网之势。

结果可想而知，大多数网民都曾一度将两个网站搞混，而符合大多数人认知的是：kaixin.com比kaixin001.com更像正版。程版开心网的流量损失严重，更重要的是两家公司因此很不开心地对簿公堂。

虽然程版开心网赢了官司，但失去用户的局面已经难以挽回。社交网络新贵不断涌现，这两个网站的身影再难见到。商业模式的落伍固然是开心网退出历史舞台的主要原因，但域名之争迅速瓦解了其流量亦大大加速了这一过程，毕竟一山二虎的争夺使得任何一方也没时间去考虑商业模式如何升级的问题。

互联网创业，从一开始就抢注域名，已经成为业内共识，毕竟世界各大公司为了一个独立域名而付出的成本均不容小觑。下图列示了各大互联网公司获得域名的方式及交易金额。

公司	名称或域名	价格	取得方式
新浪	Weibo.com	800万人民币	收购
京东	3.cn	300-500万人民币	收购
天猫	Tianmao.com	12万元	收购
奇虎公司	360.com	1700万美元 （全球域名交易纪录）	收购
苹果	iCloud.com	450万美金	购买
思杰系统公司	Cloud.com	2亿美金	购买

*数据来源于互联网

即便是大家通常不太在意的图片，到了互联网环境下也可能变得至关重要，因为电商向消费者直接展示的不是产品是图片，消费者看不到产品，所以很多卖家花费大量金钱与精力找专业团队和模特拍出大量精美的图片，但瞬间就被同行抄袭去了，因为复制粘贴的成本几乎为零。

实际上，知识产权不仅仅是一种具有财产属性的权利，在更大的程度上来讲，它是所有公司核心竞争力的组成要素。

一旦在知识产权上陷入纠纷，很可能使初创团队无法起步，或是迅速瓦解刚有起色的流量，一旦对簿公堂还会大量损耗，这对初创团队而言本就紧张的资金和时间。

知识产权的布局要早。因为知识产权的特点就是：前期投入比较可控，后期补救异常艰难。所以，布局越早成本越低，而且我国维持知识产权的成本并不高。

知识产权的战略思路要明确。商业模式相关的知识产权以何种形式进行保护？如何避免自己被侵权并降低维权成本？对知识产权产出者的保护是否牢固？

建立知识产权的体系化保护制度（人员、程序、权限、责任、技术的立体制度），杜绝知识产权遭窃。遇到外部侵权者，精心组织打好知识产权保卫战。

除知识产权的布局外，各位创业者还需要注意的法务关键点：

1. 应尽早与专业律师建立稳定的辅助关系

中国商界和互联网经济早已经过了野蛮生长的无序阶段，熟悉和掌握游戏规则才能在激烈的竞争中存活发展。马云在创业之初就是在蔡崇信的辅助下，才让阿里有了完备的股权架构和风险管理体系，在日后的多轮融资及上市过程中始终走得非常稳健。创业公司也需要找到自己的“蔡崇信”，为接下来的发展布局谋篇。

2. 创始人应当具备法律商业化的意识

创业者往往更多地关注商业方法和经营实务，提到法律就认为只要不打官司就不会涉及法律。事实上，法律是实现商业目的的重要路径，BAT 法务入场背后都体现出法律专业基础上构架出的商业蓝图。创业者不需要了解法律专业的细节，但一定要有这方面的意识，并且贯彻到实际经营中去。

3. 注意在不同阶段法律工作的侧重

在公司成长过程中，法律方面的工作在不同阶段也各有侧重，创始人需要在特定的阶段把有限的资源投入到最重要的事情上。

在初创阶段，知识产权和股权设置需要尽早提上日程，因为知识产权事关公司无形资产并且具有时效性，而股权设置则关系到创始团队的忠诚度和干劲。

在高速成长阶段，就要考虑融资和股权激励的法律安排，同时也必然会涉及公司治理和内控制度。

在成熟期，要重点考虑公司的并购、上市等法律安排。

2. 实训任务

根据案例，总结分析新创企业主要面临哪些法律及伦理问题。

3. 实训步骤

（1）个人阅读。

督促学生认真阅读案例，教师对案例背景进行简单陈述，并进行分组。

（2）小组讨论与报告。

围绕实训任务进行讨论，要求每个小组将讨论要点或者关键词记录下来，便于课堂互动。具体要点如下所示：

小组讨论与报告

小组名称或者编号：______________________________

组长：______________________________

小组成员：______________________________

记录人：______________________________

① 小组讨论记录：

发言人 1：______________________________

发言人 2：______________________________

发言人 3：______________________________

发言人 4：______________________________

发言人 5：______________________________

发言人 6：______________________________

发言人 7：______________________________

发言人 8：______________________________

____

② 小组共识要点：

____

（3）师生互动。

各组派代表对讨论结果进行陈述，教师与学生进行互动，并回顾本章的关键知识点，同时激发学生进行进一步思考。

（4）课后形成正式的实训报告（见附录 9 实训报告）。

根据课堂讨论，学生进一步回顾课堂所学内容，形成正式的实训报告，可通过课外作业的方式进行。

（5）实训考核。

根据学生课堂表现及实训报告质量，评定实训成绩。

第十一章

企业初创期管理

知识与能力目标

ZHISHI YU NENGLI MUBIAO

知识目标

1. 了解企业生命周期理论。
2. 理解企业初创期管理原则及重点内容。

能力目标

1. 能够识别企业初创期特征。
2. 能够结合实际情况，对初创期的企业管理进行分析。

知识要点

ZHISHI YAODIAN

一、企业生命周期

（一）企业生命周期理论

企业是从事生产、流通、服务等的经济活动，以生产或服务满足社会需要，实行自主经营、独立核算，依法设立的具有经济法人资格的一种营利性经济组织。

当创新成果需要转化为商品或商业价值时，企业就成为这一转化过程的重要载体。

例如：比尔·盖茨（Bill Gates）在哈佛大学期间，为第一台微型计算机改进了一版 BASIC 编程语言，并与保罗·艾伦（Paul Allen）组建了一个只有两个人的公司——微软，此后，借助为 IBM 开发个人电脑（PC）操作系统的机遇，公司不断发展壮大，最终成为软件业的巨擘。盖茨及微软公司的故事早已广为人知，而微软的发展历程表现出了不同时期创新与企业之间的关系，体现了企业生命周期的理念。

企业生命周期理论是指企业的发展与成长的动态轨迹，通过对企业生命周期理论的研究，能够为处于不同生命周期阶段的企业找到特定的组织结构形式，并保证与其特点相适应、不断促进其发展延续；使企业可以从内部管理找到一个相对较优的模式，来保持企业的发展能力，并保证每个生命周期阶段，都充分发挥特色优势，进而延长企业的生命周期，帮助企业实现自身的可持续发展。

（二）企业生命周期过程划分

梅森·海尔瑞（Mason Haire）首先提出可以用生物学中的“生命周期”观点来看待企业。他认为企业的发展也符合生物学中的成长曲线；此后，劳伦斯·斯坦梅茨（Lawrence L. Steinmetz）系统地研究了企业成长过程，认为企业成长过程呈 S 形曲线，一般可划分为：初创期、成长期、成熟期和衰退期四个阶段；在此基础上，学者们纷纷提出了一些企业成长模型，并开始注重用模型来研究企业生命周期。

目前，比较有代表性的企业生命周期过程划分有两种：一是丘吉尔（Churchill N. C）和刘易斯（Lewis V. L）所提的，企业规模和管理因素在两个维度下的五阶段成长模型；二是伊查克·爱迪思（Ichak Adizes）的十阶段模型。

伊查克的十阶段模型中，企业的生命周期被划分成了：孕育期、婴儿期、学步期、青春期、盛年期、稳定期、贵族期、官僚初期、官僚期及死亡期，如图 11-1 所示。

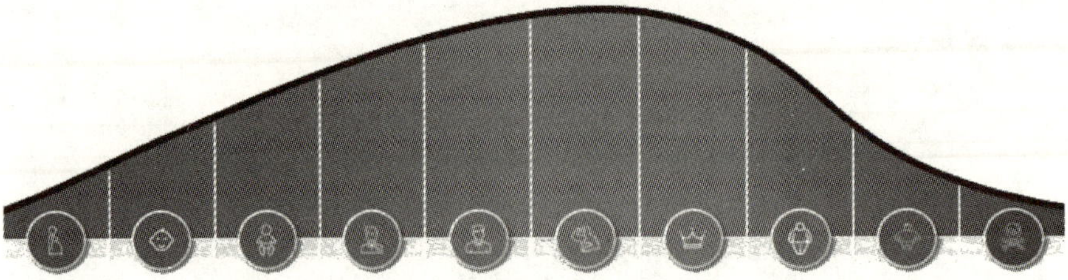

图 11-1　企业生命周期的十个阶段划分法

在孕育期：企业的追求是成立一个全新的企业，领导人的勇气和风险意识是发展的关键。此时，企业一般是以市场需求和产品为导向的。但是孕育期的企业一旦出现以下几个问题，可能会扼杀新的企业，包括：对市场需求估计过于乐观；对利润过分地追求；缺乏敢担风险的领导者。因此，这些影响是极为严重的，需要特别注意控制，避免企业或者创新成果流于空想而夭折。

在婴儿期：企业往往对销售收入极为关注，领导者一般揽大权于一身，企业缺乏制度和规范，也没有管理授权；资金平衡及领导者忘我的工作投入是成长的关键。在这个阶段，以折扣降价来刺激销售成长可能导致企业出现亏损，不合理的规范和程序化运作可能会降低企业管理的效果，企业领导人缺乏足够的工作热情、资金不恰当地投在长线项目等问题也会影响企业的发展，甚至导致现金枯竭、企业缺乏动力。

在学步期：企业一般已经在业内建立了一定的市场地位，其生存有了保障。此时企业领导者应将注意力放在运作绩效的提升上，追求收入和利润的双重成长，同时为保持灵活性，内部管理一般还会存在有一定的不规范现象。但这一阶段，企业如果过早地进行授权而又未能建立起相应的管理控制体系，或者出现多元化投资，则可能会出现管理制度或产品无法跟上需求变化的情况，导致不利因素的出现。

在青春期：由于规模的迅速膨胀，企业往往会面临管理滞后的问题，并且，企业内部开始会出现派系和权力斗争的现象。因此，企业的首要任务便是建立完善的管理业务运作机制，采取引入职业经理、完善管理制度和流程等措施。此外，这一阶段还需避免出现管理失控、企业老化、权力斗争等问题，企业应开始注意保持企业创新精神，避免提前时入老化阶段。

此后，企业逐步进入盛年期，表现出管理规范、有科学的业务计划和预算体系化的特征，其灵活性和可控性达到一致和协调，但同时也特别需要通过流程和制度充分保证创新精神的培育和巩固。

而处于稳定期的企业，因注重财务绩效和投资回报，可能出现远离市场并缺乏成长需求的现象；当进入贵族期，企业更加注重行为方式，并开始规避风险，回避问题与矛盾。

到了官僚期，企业完全丧失了创新的能力，只剩下规章和制度。

从上述内容来看，十阶段模型关注“从摇篮到坟墓”的整个生命周期，而丘吉尔和刘易斯的五阶段模型则更侧重企业成长的描述，它从企业规模和管理因素两个维度出发，将企业的成长过程划分为了初创、生存、发展、起飞和成熟五个阶段。

二、企业初创期的管理原则

（一）初创企业及特征

在企业生命周期理论中，十阶段模型的孕育期、婴儿期，五阶段成长模型的初创阶段，企业都表现出一些特别的现象，即企业多以市场需求和产品为导向，通过领导人的勇气和风险意识推动企业的诞生和发展；同时，如果领导人缺乏责任承担、勇于实施的气质，无法有效做好资金平衡，则企业创立和发展很容易出现流于空想、夭折的现象。

通常处于创立初期和发展期的企业被界定为初创企业。在创立初期和发展期，新企业能否生存和健康成长至关重要。这既关系到创业的成败，又关系到企业今后能否持续发展。

通过梳理企业生命周期理论及现实案例，初创企业的特征可以表述为普遍的高成长性和高风险性、超常规发展，具体表现为：一是以生存为主要目标；二是资金不足，主要依靠自有资金创造自由现金流；三是人力资源不足，创业者往往参与每一个细节，并给企业打上深深的个人烙印；四是管理资源不足，分工不够明确；五是奉行顾客至上，诚信为本的管理方式。

因此，初创企业不同于常规企业，其发展是以机会为导向的，有机会就做出反应，而不完全要求有计划、有组织、定位明确地开发利用机会；其运行过程当中的问题判断也有别于常规企业。比如：现金支出偶尔大于收入、管理缺乏深度、缺少相应制度等，可能都是正常现象。

但由于初创企业处于“死亡地带”，一切活动围绕生存而运作，因此应避免一切危及生存的做法，回避一些不正常的现象。比如：因风险不承担义务、现金支出经常大于收入、不听取意见等。

在我国，企业的平均寿命只有 7 年左右，而民营企业的平均寿命只有 3 年。综合这些概念和数据，我们可以发现，推动初创企业成长的一个重要因素，是创业领导者的综合素质与能力，企业初创期的有效管理是极为重要的。

（二）初创企业的管理原则

通过对初创企业的特征进行梳理，并将其与普通企业进行了对比，我们可以发现初创期的企业存在其特殊性，因此，其在管理上也与常规企业存在差异，主要应遵循以下原则：

原则一：以市场需求为中心。初创企业的第一问题是生存和发展，对市场的依存程度很高。因此，初创企业应理解市场当前的和未来的需求，满足市场要求并争取超越顾客期望。企业应注重调查和研究顾客的需求和期望，并把它转化为质量要求，采取有效措施满足市场需求。这个指导思想不仅领导要明确，还要在全体职工中贯彻。

原则二：一把手工程。初创企业的领导者或创业者，是企业生存发展的关键，领导必须将本组织的宗旨、方向和内部环境统一起来，并创造使员工能充分参与实现组织目标的环境。同时，为了营造一个良好的环境，企业管理者应建立企业方针和目标，确保随时关注市场需求，建立和实施一个与初创特征相匹配的管理体系。

原则三：全员参与。在人力资源缺乏的初创期，员工应该是企业仅次于顾客的资本，只有他们的充分参与，才能使他们的才干为组织带来最大的收益；管理不仅需要最高管理者的正确领导，还有赖于全员的参与。所以企业不仅要对职工进行创业意识、职业道德、以顾客为中心的意识教育，敬业精神的教育，还要激发他们的积极性和责任感。

原则四：过程方法。组织将相关的资源和活动作为过程进行管理，可以更高效地得到期望的结果。

原则五：系统方法。针对设定的目标，识别、理解并管理一个由相互关联的过程所组成的体系，有助于提高组织的有效性和效率。通过实施系统方法，一是可以提高对过程能力及产品可靠性的信任；二是为持续改进打好基础；三是使顾客满意，最终使组织获得成功。

原则六：持续改进。持续改进是组织的一个永恒的目标。在管理体系中，改进是指产品和服务质量、过程、体系有效性和效率的提高，持续改进包括：了解现状；建立目标；寻找、评价和实施解决办法；测量、验证和分析结果等活动。

原则七：基于事实的决策方法。对数据和信息的逻辑分析或直觉判断，是有效决策的基础；以事实为依据做决策，可防止决策失误。

原则八：互利的供应关系。组织通过互利的关系，增强组织及其供应商创造价值的能力。供应商提供的产品将对企业向顾客提供满意的产品产生重要影响，因此处理好与供应商的关系，影响到组织能否持续稳定地提供顾客满意的产品。

三、企业初创期的重点管理内容

初创企业以生存为首要目标，创业者通过亲自深入运作细节，充分调动“所有人做所有事”，并具有高成长性和高风险性、超常规发展的特征。其发展特征、管理原则与常规企业具有差异性，根据初创企业的特征和要求，我们需要从人力、财务、营销（或销售）、风险等角度进行重点的管理。

（一）初创企业的人力资源管理

人力资源管理包括员工招聘、员工培训、绩效管理、企业文化建设等众多环节和内容。由于初创企业市场初建、资源紧张、管理相对无序，团队的有效组建成了一个重要议题。因此初创企业在人力资源管理上表现的特征主要是：创业者是人力资源工作的主要决策者和执行者；依赖少数关键人才。

因此，初创期的人力资源管理核心要点是：企业业务定位、企业规模、企业发展计划、人力资源运行模式。因此，这个阶段的人力资源管理工作应从业务开展及整体运营来思考，结合长远发展进行规划。初创企业需明确部门、岗位等的职责，按职能或业务设置组织架构，并重点关注营销、财务部门的设计，建立较完善的薪酬分配制度，即先有规则再请人。企业应预估生产能力和销售前景，避免造成人员的浪费或紧缺。

同时，围绕初创期的企业管理核心，与此配套的人力资源管理制度也必不可少，包括：基本的薪酬分配制度；考勤制度；人员招聘制度；激励、奖惩制度。

上述制度中，初创企业必须结合市场行情，根据工作内容、学历或经验等明确岗位价值，建立一套科学实用的薪酬管理体系：对投资型员工、企业战略合作伙伴，可采用赠送股份等方式吸引和激发创业意愿；对于契约型员工，有能力又很“现实”的员工，可结合双方要求签约；对于利用型员工，根据制度执行，灵活调整。

此外，激励制度是人力资源管理的关键！激励能使核心的创业者产生要创业、要成功，要将企业维持下去的内在冲动，恰当的激励能使整个团队产生必须一起同甘苦、共患难的内在决心。例如阿里巴巴在初创期，公司 18 个创始人之一的谢世煌，其月末的 MSN 上经常挂着一句话：“谁给我一万元，我愿意到淮海路去裸奔。”即使在这样的情况下，在公司及创始人的激励下，谢世煌也坚持了下来，和公司一起发展、壮大。

（二）初创企业的财务管理

财务管理是企业管理的一个重要组成部分，它是根据财经法规制度，按照财务管理的原则，组织企业财务活动，处理财务关系的一项经济管理工作。企业初创期需特别注意规范记账方法、成本控制、现金管理。

财务记账方法，一般有单式记账法、复式记账法两种。前者对每一项经济业务只在一个账户中登记，实质是流水账；后者对发生的每一项经济业务，都以相等的金额，同时在两个或两个以上相互联系的账户中进行登记，原则是“有借必有贷，借贷必相等”。企业应结合自身特征，合理选择记账方式。

在成本控制方面，财务管理应遵循以下原则：经济原则、因时制宜原则、全员参与原则。具体来说：

第一，经济原则。初创企业应推行成本控制，不应出现因缺少控制而丧失的收益；在重要领域中选择关键因素对成本加以控制。

第二，因时制宜。适用所有企业的成本控制模式是不存在的，不同行业、不同阶段、不同进度，成本控制方法要区别对待。

第三，全员参与。对领导层来讲，领导层应重视并支持成本控制，有决心和信心，并以实事求是、以身作则的态度实施成本控制。对员工来讲，员工应具有成本意识，落实企业成本控制机制。

在现金管理方面，初创企业应采取预付金、设置回收账款期限、争取有利付款期限、扩大融资渠道等方式，强化、改善初创期的现金流。

（三）初创企业的营销管理

营销是一项整体性的经营活动，贯穿于企业经营活动的全过程。其主要的管理内容包括：销售渠道管理、品牌管理及定价策略、客户管理等。

企业在初创期，应合理选择销售渠道与方式。以降低营销费用、扩大销量，以提高供给能力和经济效益为目标，着重保障企业掌握市场供求信息；以扩大服务项目，提高市场占用率为目标，重点保证企业有效地平衡供求关系，简化流通渠道，方便顾客购买。同时，企业还应充分利用网络销售等成熟的信息技术模式，不断创新销售渠道。

在品牌管理及定价策略方面，初创企业首先应围绕创新成果的转化，结合知识产权法，通过专利申请等方式强化企业知识产权，并按“简洁醒目，易读易懂”“构思巧妙，暗示属性”“富蕴内涵，情意浓重”“避免雷同，超越时空”的原则确定品牌。然后，初创企业应结合市场需求、企业成本控制等方式，采用取脂定价、渗透定价、满意价格等方式确定定价策略。

在客户管理方面，初创企业应分类搜集、整理客户资料，建立完善的客户档案；并对客户进行分类管理。例如，对具备完整购买条件的客户，采取每周 1~2 次高频访问、交流。

（四）初创企业的风险管理

初创企业常见风险有：开发、转化应用、技术寿命等技术风险；接受程度、接受时间、产品容量、竞争力等市场风险；管理意识、决策、组织人事等管理风险；现金流中断、筹资等财务风险。

因此，在相关风险识别的基础上，初创企业应分类采取相应风险措施进行管理。

例如：在技术风险方面，初创企业应结合模仿创新、组建技术研发联合体等策略降低技术风险；在财务风险方面，应确定合理的债务结构，加强财务预算控制；在市场风险方面，应以市场为导向，重点推出整合营销理念、适销对路的产品；同时，通过有效的制度建设、管理者素质培养来管控、管理风险。

拓展阅读：

格力董明珠的创业故事

扫一扫

课堂练习

主题：学会使用创新方法

练习 1

自选一个你所熟悉的企业，利用企业生命周期理论，分析并阐述该企业的发展历程。

企业名称：______

孕育期特征：______

婴儿期特征：______

学步期特征：______

……：______

（注：可按以上格式，根据实际情况分析该企业各阶段特征）

练习 2

自选一个你所熟悉的企业，分析并阐述该企业初创期的管理内容和特征。

企业名称：______

人力资源管理：______

财务管理：______

营销管理：______

风险管理：______

案例实训

1. 背景材料

微软的几则小故事

比尔·盖茨与保罗·艾伦于 1975 年创立微软之后，到 20 世纪 90 年代中期，微软几乎垄断了个人电脑操作系统市场。这里也分享几则微软公司的几则小故事。

（1）将微软的成功归之于搭上了蓝色巨人 IBM 的巨大战车毫不为过，但这其中不仅仅是幸运。比尔·盖茨眼光独到，他看出与 IBM 的合作影响深远，非常清楚这背后的巨大财富。他知道，如果有了操作系统，就可以建立起一个通用的平台，而这将可以改变个人电脑的历史走向。“我们疯狂地编写程序、销售软件，我们几乎没有时间做其他的事。值得庆幸的是，我们的客户都是狂热的计算机爱好者，不会被功能的弱小和手册的简单所影响。这就是计算机软件当时的状况。”“一些公司把它们的软件装在一个塑料袋中销售，附带一张复印的使用说明和一个电话号码（你可以拨打这个电话寻求‘技术支持’）。对微软公司来说，当有用户打电话要求定购一些软件时，谁接到电话谁就是‘送货员’。他们要跑到办公室的后面拷贝一张磁盘，把它放在邮件中，随后回到自己的座位上继续编写代码。”比尔·盖茨这样描述自己最初创业的经历。

(2) 在创业初期，保罗·艾伦与比尔·盖茨在股权分配中发生了争执，艾伦开始以为是两个人平分股份，但是盖茨却说：“你要一半是不对的，因为你还在其他公司领薪水。这BASIC几乎全是我在波士顿写的。我觉得我应该占60%的股份。”保罗·艾伦了解盖茨的脾气和性格，虽然心里觉得不舒服，还是接受了。

(3) 艾伦对《卫报》记者如是谈到两人一起共事的日子说，“在公司成立的头八年里，我的想法对公司来说绝对是至关重要。盖茨会检验我的想法。我会带着另外10个从未有人付诸实践的想法去找他——他负责对我们的种种想法进行合理性检查。当涉及销售、营销、人员配备以及所有的这些商业运营方面的事情时，他表现得要兴奋得多，所以我们两个非常互补。”

(4) 风险是一种非常有诱惑力的未知数。它可能在未来的某一天变成闪闪发光的金子，也可能让我们丧失所有。但是如果没有风险，就没有一切。比尔·盖茨不是赌徒，但他却敢于冒险下重注：在是否发展16位芯片的市场浪潮中，他就不知道该怎么办。这就像一场赌博，看比尔·盖茨把赌注押到哪一类机器上；当时有8086芯片、UNIX2-000芯片、Z-8000芯片，除此之外，还有摩托罗拉68000芯片和其他一些芯片，很难弄清楚究竟谁将是最后的优胜者。

由于美国电话电报公司免费转让了教育许可权，这使全世界的学术机构迅速把UNIX2-000推崇为行业上的一个标准，与此同时，整个世界也掀起了对UNIX的狂热。比尔·盖茨知道，无论他是继续普遍撒网，还是最终在UNIX2-000上下重注，都难以脱颖而出。于是，他最终选定了IBM的8088。当时IBM虽然是电脑业的老大，但开发出的这款8088芯片却并不好卖。比尔·盖茨把所有的赌注都压在8088上，在当时看来，这无疑是一次疯狂的赌博行为，至少也应该在两种芯片上都下赌注，以防风险。但比尔·盖茨坚信他的这次冒险肯定能够取得回报的。

资料来源：根据相关资料整理。

2. 实训任务

请以上述阅读材料为背景，强化对企业初创期管理的认识。

3. 实训步骤

(1) 个人阅读。

督促学生认真阅读案例，教师对案例背景进行简单陈述，并进行分组。

(2) 小组讨论与报告。

围绕实训任务进行讨论，要求每个小组将讨论要点或者关键词记录下来，便于课堂互动。具体要点如下所示：

小组讨论与报告

小组名称或者编号：______________________________

组长：______________________________

小组成员：______________________________

记录人：______________________________

① 小组讨论记录：

发言人 1：______

发言人 2：______

发言人 3：______

发言人 4：______

发言人 5：______

发言人 6：______

发言人 7：______

发言人 8：______

______

② 小组共识要点：

______

（3）师生互动。

各组派代表对讨论结果进行陈述，教师与学生进行互动，并回顾本章的关键知识点，同时激发学生进行进一步思考。

（4）课后形成正式的实训报告（见附录 10 实训报告）。

根据课堂讨论，结合课后的资料查阅，学生进一步回顾课堂所学内容，形成正式的实训报告，可通过课外作业的方式进行。

（5）实训考核。

根据学生课堂表现以及实训报告质量，评定实训成绩。

模块三

商业计划书与路演实训

- 第十二章　商业计划书写作技巧
- 第十三章　撰写商业计划书
- 第十四章　商业计划路演

第十二章

商业计划书写作技巧

知识与能力目标

ZHISHI YU NENGLI MUBIAO

知识目标

1. 了解商业计划书的定义、内容和制作流程。
2. 理解商业计划书的撰写原则和要求。

能力目标

1. 理解商业计划书的内容架构。
2. 理解商业计划书的数字、图表和文字要求。

知识要点

ZHISHI YAODIAN

一、商业计划书的定义与意义

（一）定义

20 世纪 90 年代，互联网在中国如雨后春笋般兴起，但由于盲目扩张，很多互联网企业都倒在了资本面前。在当时的中国，企业还没有使用商业计划书进行融资的概念和行动，甚至有的企业连战略规划和目标都没有。仅有少数的企业获得过融资机会，目前的几个互联网企业，如搜狐、新浪、网易、腾讯和阿里巴巴等，都是在当时因获得风险投资而渡过难关，发展壮大而成为今天的独角兽企业。在竞争日益激烈的今天，企业要说服团队成员、投资者获得与创业相关的资源的支撑，才能保障企业获得稳定发展。说的载体是什么？讲的对象是什么？让对方能接受的又是什么？这就需要用商业计划书的形式进行展示和讲解，以期获得对方的认可，接受项目团队的创意和运营计划。

商业计划书起源于美国，最开始主要用于企业融资。据统计，美国只有2%的商业计划书最后能被投资机构看中，能够获得投资商青睐的商业计划书最终能为企业带来融资和发展。安达信（Antur Andersen）公司做过调查，结果显示：有商业计划书的企业或项目团队平均比没有商业计划书的企业融资高出100%，有商业计划书的企业或项目团队平均比没有商业计划书的企业利润高出100%。如此看来，商业计划书对于一个企业的重要性不言而喻。

商业计划书是指一个组织或创业团队、企业和项目单位为了达到招商融资和其他发展的目的，根据本组织的现有资源和未来期许，在对项目进行科学的调研、分析、搜集和整理有关数据的基础上，按照一定的格式和内容要求，撰写的一份向听众全面展示企业和项目目前状况，以及未来发展潜力的书面材料。它既是团队的整体行动计划，也是一份行动指南。

（二）目的、意义与作用

商业计划书的目的主要是让受众快速了解企业的实际、产品信息，让对方能够清楚地知道，企业的产品能创造什么样的价值，以及为对方获得怎样的收益。由于当前需要资金的企业越来越多，因此在撰写商业计划书的时候，要清楚地知道面向的对象是谁。虽然一般意义上来讲，商业计划书的对象包含了计划书起草者、企业管理者和投资者，但最后的投资者才是最关键的对象。

商业计划书主要是为了梳理完整的公司或项目情况，寻找可能的合作者，以期获得融资。对于创业者而言，商业计划书的作用具体表现在：商业计划书可以进一步理清创业者的创业思路、形成可视化的文本资料、帮助创业者查漏补缺。同时作为企业的计划，它可以作为企业进行运营活动的指南，还可以作为企业发展的参考数据。

商业计划书的作用是作为初创企业创业者与内部传递信息的纽带，为创业者理清思路提供了载体。作为创业者与风险投资的桥梁，商业计划书既是新创企业的敲门砖，也是引路石，还能作为评估企业的后续发展状况的依据。因此商业计划书质量的好坏直接影响创业项目的后期发展。作为撬开资本大门的钥匙，高质量的商业计划书功不可没。

二、商业计划书的基本内容

（一）计划内容

在日常生活和工作中，我们经常会发现一个问题，有时候做什么事情都没有头绪，工作做得一塌糊涂。分析原因，主要是因为没有制订详细的工作计划。计划对于工作而言是十分重要的。对于一个企业或项目团队，计划内容包含哪些呢？其至少应该有制订计划的目的和意义、计划目标、实施途径、人员分工和保障措施等这些核心要素。因此，常规计划都是围绕达成目标来制订的。

（二）企业计划

企业计划则要从企业的发展和运营角度来设计和思考，因此它与一般的计划书是有区别的。一般而言，企业计划是围绕生产目标达成来制订的，主要涉及人、财、物、产、供、销六大模块，在综合调动企业的内外部资源的基础上，有效配置人、财、物的方案。

（三）商业计划书的内容

商业计划书是把商业计划以书面形式固化下来，作为团队成员，同受众交流的统一、规范的文本。企业在拟订商业计划书时应从行业背景、产品与服务介绍、组织架构、资金来源规划及比例、发展战略与发展目标、财务预估、营销策略、风险评估、创业动机、企业规模等核心要素进行思考。当然这些内容不一定都要写到企业的计划中去，商业计划书面向的最终对象是投资者或评委，因此有些内部的实施计划就不一定都要展示在计划书里面。

截至目前，学界具有代表性的商业计划书的内容结构有三类。第一类是由赵林芝老师等编著的《最能打动投资人的商业计划书》中所归纳的商业计划书的八大元素，其中包含了摘要、公司及产品介绍、市场、团队、竞争对手、销售策略和盈利模式、融资说明、退出机制。第二类是由陈工孟、孙惠敏老师等编著的《商业计划书》中归纳的商业计划书核心内容，包括了项目亮点、团队介绍、产品与服务、商业模式、市场分析、竞争分析、运营情况、业务规划的时间表、预测里程碑、创业融资计划十个方面的内容。第三类是由邓立治老师编著的《商业计划书——原理、演示与案例》中归纳的商业计划书核心内容，包括了摘要、公司介绍、产品与服务、行业与市场、营销计划、生产运营、公司管理、财务计划、风险控制、资本退出及附录等十一个方面内容。

综合以上三类具有代表性的商业计划书的内容结构，商业计划书的内容包括：封面、摘要、公司介绍、产品与服务、营销计划、生产运营、公司管理、财务预测、风险对策、附录。项目团队可以根据自己的项目所处的行业、特点、展示的侧重点等角度，对以上内容进行删减或增加。

三、商业计划书的制作流程

企业在撰写商业计划书时，要注意的是做好流程设计，也就是商业计划书的撰写计划步骤。商业计划书制作是一个复杂的系统工程，如何来安排撰写往往让创业者感到十分困难，不同的创业者都有自己的商业模式和技术路线，但是都会遵循一定的写作程序来撰写商业计划书。一般情况下，我们可以把撰写计划书的流程分为三个阶段，分别为商业计划书的构思阶段、资料收集与调研阶段和正式撰写商业计划书阶段。

（一）构思阶段

对于一个创业者，其如果说有了一个新的技术、创意和想法后，一般都是找合作者进行讨论，请教相关领域的专家。目的是评估自己的新技术、创意和想法进行商业化能成功的可能性并对此开展广泛的讨论和思考。在此基础上，创业者对项目进行初步的研究判断，对即将付诸实施的项目计划进行系统的构思。通过研究判断，创业者来确定自己的这个技术、创意或者想法是否有一定的市场和创业成功的机会，同时要预判即将进入的市场中有没有其他的人和团队在做同样或类似的项目。

在探讨的过程中，创业者要认真考虑创业项目的商业模式选择和发展规划的设计，思考如何让一个好的创意、技术从 0 到 1，把企业的发展思路和美好愿景固化下来，把在每一个阶段需要关注的那些核心问题梳理出来。最后创业者可根据自己所设想的产品或服务的特点，构思商业计划书如何完成。

（二）资料收集与调研阶段

一个新创企业，必须搜集和汇总各方数据来详细了解即将进入的行业和市场的具体情况。具体做法是：通过国家统计机构的数据通报、即将进入的行业近几年的行业报表、相关企业的运营数据、财务报表及各类相关文献，对进入的市场需求结构、政策支持水平等相关问题进行搜集和整理，挖掘出能支撑项目的有效数据。搜集和整理资料和数据的目的是使创业者能够由外到里、真实地了解产品和服务在行业和市场中所处的具体位置，有利于创业者更好地设计产品和服务。接着，创业者要做的是找到对应市场的潜在需求，也就是针对市场上的潜在客户，设计一份调查问卷表，以获取对应市场足够多的信息。调查问卷一定要认认真真、实实在在地设计。调查问卷的信息主要包括：现在和潜在的客户数量，他们愿意付出的价格、产品和服务特色的经济价值对客户的吸引力，潜在客户的购买行为、购买决策，可能导致你的产品和服务销售的障碍等方面的内容，具体的问题设计根据项目的实际情况而定。调查的渠道可以通过发放纸质问卷，也可以通过网络形式。这些数据可以让团队充分地了解所面对的市场和客户，对潜在的市场的做出正确的预判。在做调研时，企业需要知道竞争对手在本行业里面的竞争态势，对手的优势和劣势，包括竞争对手的产品的特点和性能，竞争者是采取什么样的方式参与竞争的。以上工作完成，数据采集到位后，企业就可以着手完成一份详细的调研报告。调研报告可以作为商业计划书的附件放在附录部分。

（三）撰写商业计划书

商业计划书撰写和制作的核心步骤是：一是在分析行业和市场后，在计划书的前面部分，可以用4~6页的文档阐述行业和市场情况，同时可以附上一些预测的核心关键数据，客户证明材料和调查结果分析图；二是要准备在商业计划之中展示公司运营模块，对于新公司的运营，一般要准备6~8页的文档来说明公司能够运营的关键要素是什么，如何保障产品的生产、怎样建立一支销售队伍、如何建立伙伴关系、如何选择合适的地址等问题，另外，知识产权保护等要素也都要体现出来，三是团队建设，也是商业计划书制作的核心内容。通常投资者并不是在给“创意”投资，而是在给“创业者”投资。因此要用单独的部分来阐述团队中每个成员的情况，所占资本比例，在公司分工，团队成员的特点和教育背景等。针对外来投资者，可以用一段话描述公司和用多少钱来换取多少额度的风险投资；四是财务预测，一份完整的财务预测计划通常应该要有公司的销售预测表、收益表和现金流量表等内容，同时如能展示收益率和投资回报率的话，则更能说明财务预测是科学可行的；五是设计商业计划书的封面和撰写摘要。

四、商业计划书的制作原则

（一）逻辑顺序

商业计划书的逻辑是否合理是体现一个团队的能力水平，能够展示出一个团队实力，还能树立企业的良好形象。有时团队的成员都不知道该先写哪些部分、后写哪些部分，此时就应该学会借鉴一些成功的计划书案例来辅助撰写。企业应主要借鉴获奖的商业项目计划书模板和成功的范本，尤其是获得过国家大奖和风投融资成功的商业项目的计划书模板和范本，这样可以减少风险。一份商业计划书的目录展示的就是逻辑顺序：公司、产品、营销策略、财务、融资计划到退出六个方面，通过这个目录就基本能看到书中要讲什么。因此商业计划书要有目录，可以让阅读者了解计划书的核心要点。

（二）轻重缓急程度

首先不能根据个人的想法乱写一气，这会让受众看不懂或不知所云。其次要根据公司的实际情况进行梳理，哪些是要重点展示的，哪些是要放在后面展示的。切忌照搬照抄别人的商业计划书内容，对于有些内容不一定按固定顺序介绍。比如一个企业的商业计划书是为了融资，那就把产品和服务放在前面。如果需要大量的融资，那就应该把公司介绍放在最前面，这样可以让投资者一眼看到公司的具体情况。最后要注意的是，阅读者不会一直保持饱满的热情和关注度把商业计划书认真地看完，因此哪些内容在前确实是一个值得商榷的问题。

（三）重点突出、覆盖全体

一是要保证计划书中的数据的真实性和准确性。二是要讲好一个创业故事，要讲好一个伟大的商业故事有可能才会引起关注。我们可以通过从一些电影开头中得到启示，任何一部大片的开始都是紧张而刺激地展现一个故事，比如灾难，比如饥饿，比如战争，比如外星人入侵，等等，电影好的开头的目的就是重点突出电影的主题，为了马上吸引观众的注意力到影片上来，因此一份引人入胜的商业计划书也一样。三是换位思考，不要从自己的角度来思考问题，而要从受众对象的角度思考问题，受众对象想要知道什么，商业计划书就主要展示什么信息。四是要合理使用二八理论。二八理论指的是社会上 20%的人占有社会 80%的财富。通过对某些产品的消费也会发现，其实有 20%的人消费了 80%的产品，因此在撰写商业计划书的过程中，用 80%的时间做好前期的数据收集、调研和发展思路的梳理，用 20%的时间撰写计划书。这样才能在后面做到重点突出，覆盖全部。在实际撰写过程中，突出的核心部分占 20%，其余部分占 80%。由此可见，前面的准备是非常重要的，如果没有充分的时间进行项目论证，仓促完成的商业计划书，有可能会被评委和投资者批判得一文不值。

（四）易理解、可视化

有些创业者为了使商业计划书博取评委或投资者的眼球，故意把计划书包装得高大上，在文字和图片上大下功夫，反倒丧失了应该突出的重点。从提高注意力角度看，商业计划书中的文字、图标和表格的使用要得体，在进行产品介绍、市场分析和未来的发展的时候，尽量多用图表、少用文字，其余部分的文字也要精简。这样的话就能更快地吸引阅读者的注意力。从接地气的角度来看，商业计划书要做到简明扼要、语句简单通顺、图片清晰即可。

（五）投资人偏好

投资人一般分为谨慎型、情感型和信息型三类。针对谨慎型投资人，商业计划书就要尽量设计得详细。针对情感型的投资者，就要把故事讲好，争取把投资者引入到其感兴趣的行业内。针对信息型投资者，就得把数据信息做详细。因此创业者要做好事先了解，做到知己知彼，方能百战百胜。

五、商业计划书中字、图、数的规则

在制作商业计划书时，文字的规范、文字与图的搭配、表格的使用得当能够为计划书增色不少。有的评委和投资者甚至不用看文字内容，只根据图、表格和数字就能知晓一个商业项目的优劣。可见在商业计划书中，文字的使用不如图和数字更能直观地表达清楚问题。在具体的制作过程中，如何使用好文字、图表和数字是本部分将要展开的内容。

（一）文字

要做一份外表美观大方的商业计划书，在处理文字的过程中，一是要注意文字务求简洁、突出主题和局部。二是专业词语、歧义词语的处理要到位，必要时要做好解释说明。比如 B2B 和 B2C 分别代表什么意思，有些投资者不一定清楚，这个时候就得在计划书中做注解。三是文字要务实，要以事实为依据，不要为了追求务实就随便找一些内容不相关的事实加上去，这样只会适得其反。

在编辑商业计划书的文字时要注意的是：一是字体统一，在文档中的叙述性文字要求字体大小一致。二是注意封面和表格中的文字结构，封面中的标题字体一般要显眼突出，有时还要进行艺术设计，项目和团队信息的字体统一，大小协调。三是注意文字的颜色搭配合理。核心信息的文字要进行特殊处理，以突显出来为宜，并可以用不同颜色标注加以识别。四是符合文字编辑要求。文字的行间距、段落距要统一，首行字体该缩进的要缩进，该对齐的要对齐。

（二）图

在商业计划书中都会使用图片来阐述问题，能用图的尽量不用文字。一是与文字的逻辑关系要明显，有些地方有文字描述，同时配一张图以增强说明的时候，要注意图片信息和文字信息要对应。尤其是将商业计划书的文字稿转换成 PPT 时，借用的图片要适合商业计划书的内涵和风格。二是封面图片的设计要符合项目的特点和内涵。不可随意借用一张图来作为商业计划书的封面。三是调研报告中数据图的设计要符合规范。在阐述调研数据时，要用专业的数据软件来生成相应的图片。四是产品示意图，如果有实物，最好是使用实物拍摄的图片，能展示出产品的核心竞争力的关键图片尤为重要。如果没有实物，是虚拟产品，则可以用设计的模拟图来代替，如果是软件类产品，则可以是源代码数据图或界面示意图。五是团队成员的图片，不可使用比较随意的生活照来展示团队成员的风貌。六是注意图片与文字之间的排版，是采用围绕型还是单独排版都要认真思考，字体的颜色要与背景有所区分，图片中的字体大小要搭配协调，让人能直观地区分图片和背景。

（三）数

数据是商业计划书的有利证据，因此创业者在撰写商业计划书时要突出展示项目的市场数据、财务数据和投资数据，但是在使用数据前要进行认真处理、分析和提炼。一是在运用表格数据的时候，要注意到各项内容与数据之间的合理搭配，内容在左，年份数据在后依次排列。有的企业表格数据的年份是把最近年份按照从左到右的顺序排列，这是为了适应阅读者的习惯而设计的。二是在运用数据图的时候，各种数据图中的数据，根据实际情况选择合适的方式，如要表述增长率可以用柱状图和折线图，还可以将两类数据分别用不同的数据图在一张图中进行展示，比如展示一个企业的销售收入和增长率的数据图。

拓展阅读：

微信张小龙的创业故事

扫一扫

课堂练习

主题：认识计划、计划书和商业计划书

练习 1

请写出你理解的计划、计划书、商业计划书的核心内容。

类别	核心内容

练习 2

请写出你认为好的商业计划书的五个要素。

要素 1：____________________

要素 2：____________________

要素 3：____________________

要素 4：____________________

要素 5：____________________

练习 3

如何理解下面句子中的“纽带”“敲门砖”“行动指南”等词的含义？

商业计划书是连接项目团队与受众之间的纽带。

____

商业计划书是融资的敲门砖。

____

商业计划书是团队的行动指南。

____

案例实训

1. **背景材料**

学生在网络上查找喜欢的商业计划书。

2. **实训任务**

分析商业计划书（部分）中字、图、数的使用特点。

3. **实训步骤**

（1）个人阅读。

学生认真查找资料，梳理出资料中的字、图、数，老师按照任务进行分组，并指导小组完成实训。

（2）小组讨论与报告。

各小组围绕实训任务进行讨论，每个小组将讨论要点或者关键词记录在下表中，用于课堂互动。具体要点记录如下所示：

小组讨论与报告

小组名称或者编号：______________________

组长：______________________

小组成员：______________________

记录人：______________________

① 小组讨论记录：

发言人1：______________________

发言人2：______________________

发言人3：______________________

发言人4：______________________

发言人5：______________________

发言人6：______________________

发言人7：______________________

发言人8：______________________

____

② 小组共识要点：

____

（3）师生互动。

各组派代表对讨论结果进行陈述，教师与学生进行互动，并回顾本章的关键知识点，同时激发学生进行进一步思考。

（4）课后形成正式的实训报告（参见附录 11 实训报告）。

根据课堂讨论，学生进一步回顾课堂所学内容，形成正式的实训报告，通过课外作业的方式进行。

（5）实训考核。

根据学生课堂表现及实训报告质量，评定实训成绩。

第十三章

撰写商业计划书

知识与能力目标

ZHISHI YU NENGLI MUBIAO

知识目标

1. 了解商业计划书的核心内容。
2. 理解商业计划书的内容撰写技巧。

能力目标

掌握商业计划书内容的撰写。

知识要点

ZHISHI YAODIAN

一、封面与摘要

（一）封面

心理学有个理论，叫晕轮效应，意思是说一个人给人的第一印象是最深刻的，因此在人际交往过程中，每个人都非常注重第一印象。商业计划书的封面也是该项目展示给阅读者的第一印象。

封面的作用十分重要，作为商业计划书中让阅读者首先注意到的内容，一个好的封面会使阅读者产生最初的好感，形成良好的第一印象，并由此吸引阅读者能进一步深入了解计划书的全部内容。如果不注重封面设计，泛泛地制作一份封面，可能会给阅读者留下不好的印象。如果团队在撰写商业计划书的时候不重视封面设计，只是按照自己的想法罗列了几排文字内容，简单用产品名称作为封面的大标题，不注重封面的艺术设计，就发挥不了封面在信息传递方面的重大作用。

封面的要素一般包括图片、企业理念与愿景、浓缩的企业文化、项目名称、企业名称、法人信息及其他核心信息。

在设计封面时要注意几个要点：一是要开门见山，让阅读者能通过封面就知晓你的企业是做什么的；二是要高度凝练，封面的标题能直观展示企业的核心商业信息，阅读者可以通过封面的标题知道企业的主要产品和服务是什么，能解决什么问题；三是风格设计要与企业开展的相关业务一致，这能激发阅读者想继续了解的兴趣。常见的封面类型有简洁型、文字和图片型、信息和背景对应型。

（二）摘要

撰写摘要是为了快速传达信息、提升读者兴趣和展示整个项目的核心信息。如果封面起到的是抛砖引玉的作用，那摘要则起到的是架起初步沟通的桥梁、引领读者深入的作用。即在最短时间内用精要的信息、最快的速度抓住阅读者的心。因此在梳理摘要的时候要注意是对象要有针对性、字数的控制要合理、核心信息要重点突出。

摘要展示的主要内容为：一是核心介绍企业和产品信息、所处的行业背景、经营计划说明、市场与用户定位、财务融资信息和投资退出的渠道说明。二是概述性介绍团队情况、产品制造、盈利模式、营销计划、财务计划内容、项目风险、投资退出等内容。三是在简要回答阅读者最关切的问题。作为投资者，最关心的问题有四类。第一，从团队自身思考：团队的潜力和突出特点。团队中是否有创业成功经验的成员？团队成立的根本原因和目标是否非常清楚？投资人给本团队融资的理由是什么？第二，从市场角度思考：产品或服务进入市场的计划有没有？本项目所在行业的基本要求和成功要素有哪些？本项目将通过什么渠道获得市场份额？第三，从产品角度思考：本项目的产品或服务成功的依据是什么？产品或服务生产、使用、销售周期是多长？销售过程中会遇到哪些问题，如何解决这些问题？第四，从企业角度思考：与同类企业比较的优势？同类企业的优劣势？保障企业长期盈利的措施有哪些？营销计划的核心和重点是什么？企业进入稳定期后的策略变化是什么？财务计划流程的细节和现实是否相符？如果是创业公司，则要注意体现创办思路、思想形成过程、公司目标及发展战略，公司现状、过去的背景、经营范围，创业者背景、经历、经验和特长。

在撰写摘要的过程中，首先，企业要考虑到摘要的篇幅和字数，页数控制在3页左右，字数控制在2 000字左右，表现形式可采用重点突出、概要描述和细节阐述等形式。其次，从企业和阅读者的关注角度写好摘要。注意不要将整个计划都详细介绍，也不要写成另外一个概要，而是对你的公司有什么、做什么、如何做、效果会怎样做出精要介绍，因而重点是你的企业理念和如何制定企业的战略目标。再次，开头的文字生动、开门见山，抓住重点，切忌文字含蓄深奥。最后，检查语句和错别字。

二、介绍公司

（一）公司性质

根据组织形式和法律责任来看，企业的法定分类主要有国有企业、集体所有制企业、私营企业、股份制企业、联营企业、外商投资企业、港澳台企业、股份合作企业八类。根据股权不同，所有企业又可以分为有限责任公司和股份有限公司两种。从当前的运营环境来看，我们可以从互联网、现实环境角度思考企业的类别，还可以从实体公司和创意型公司进行阐述。

（二）如何介绍公司

从投资者角度来讲，在做投资决定前，首先要了解的是企业的信息，一般情况下，企业要介绍哪些信息给阅读者呢？其应包含企业的名称、业务性质、注册场所、经营地点、财产组织形式、法律责任。

虚拟公司主要介绍公司的创新和创意能解决什么痛点，虚拟团队如何保障项目能在虚拟环境下实施运行。实践型公司就要介绍公司目前在财务、人员、市场取得的优势和成绩，规模以上公司就要详细介绍公司的股权结构、组织结构、产品结构和市场份额等内容。

（三）撰写公司介绍

一是公司基本信息，信息务求真实，不得做任何修饰和掩盖。除此之外，在这部分还要介绍企业的经营地点。

二是公司宗旨和发展目标。公司宗旨就是关于企业存在的目的或者应做出的某类型贡献的陈述，相当于公司的经营理念，它的描述要求精炼、清晰，可以参考以下几个方面内容进行介绍：获利能力、外部追求、产品质量、企业氛围、行为规范。公司的目标是为了创造价值，是为了实现宗旨所设定的目标及要达到的预期成果。

例如某商业计划书阐述企业在发展期的规划是：重点在推广，预计通过互联网市场推广；2016 年产生 500 万的市场关注度，累计 50 万的用户使用影响，10 万用户使用量和 5 万的用户粉丝，并完成在网络摄像头厂商 APP 的暗视觉技术内嵌。领航期的规划是：2017 年进一步扩大公司规模，扩大技术研究人员服务。阶段性建立公司自主服务器和影像存储库，同时进一步扩大产品知名度，累计影响用户达百万级，粉丝数至 50 万；计划与相关厂商合作初步推广具备暗视觉技术服务的新智能摄像头硬件，同时投产相关暗视觉处理芯片和 SHVC（可伸缩图像编码）压缩芯片。

三是描述公司过去、现在和未来的发展情况。对于过去的陈述不一定要都是好的内容，关键是要设计好当前和未来的发展目标和实现目标的途径，可以以发展历程的形式进行展示。在实际的商业计划书中，创业者还需要对公司的未来进行展望，以便让投资人了解公司的未来发展潜力。（图：某企业的未来发展前景展望）

注意：内容的展示方式可以运用文字、图片和表格，文字注意精要，图片要结合公司实际情况，表格可以用来展示公司的业绩。

三、分析行业与市场

从全局看，行业是企业所处的宏观环境，市场则是企业都要面对的微观环境，如何了解企业所处的大环境和小环境，需要借助管理学的相关工具和模型。本部分内容旨在解答相关行业的、经济的、环境的、竞争对手的、目标市场的问题。

（一）分析行业

1. PEST 模型

PEST 模型能让创业者全面了解即将开设的新企业所在的区域范围内的政治、经济、社会和技术环境，这些环境的分析结果是否符合公司的定位和未来发展战略。

2. SWOT 分析工具

SWOT 分析是根据社会环境来分析企业所拥有的机会，存在的威胁有哪些。企业可通过外部和内部环境进行优势与劣势分析；通过机会与威胁、优势与劣势的组合，提出企业战略规划目标。

（二）分析市场

1. 目标市场分析

在此部分中，创业者应从本企业的产品和服务的实际出发，正确评价企业即将进入或已经进入的市场的规模、竞争状况和未来的发展趋势；主要从需求预测、市场现状综述、竞争对手描述、确定市场及目标市场、本企业产品的市场地位等几个方面进行阐述。要精准地分析市场，就得借助市场细分工具。

2. STP 市场细分工具

从行业中分析出需求，锁定本企业要进入的市场后，创业者要着手设计一份调查问卷，认真分析调查结果，然后运用市场细分工具精准地找到目标客户群体。其步骤是市场细分、选择目标市场、产品定位，如图 13-1 所示。具体来讲就是根据自己企业的产品和服务特点，将特定的目标市场划分出来，根据此市场进行市场定位。

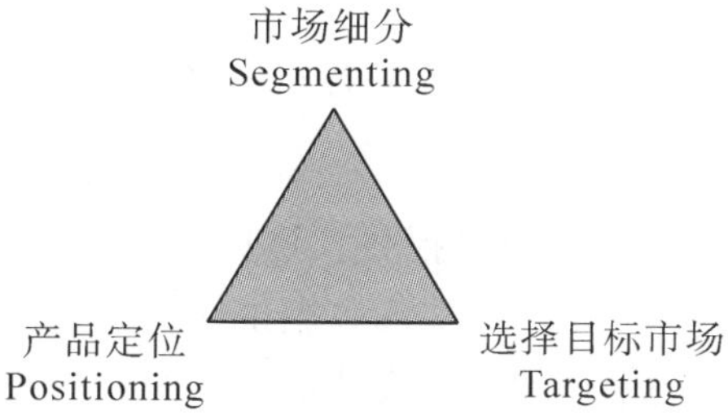

图 13-1　STP 市场细分图

创业者如果能在 STP 细分后，根据细分市场的消费者特点，再设计一个目标市场的消费者画像，如此一来就能为更精准的营销做好充分准备。因为画像越清晰、越标准，未来开展市场销售时将更为精准和精确，图 13-2 展示了两类消费者的画像。

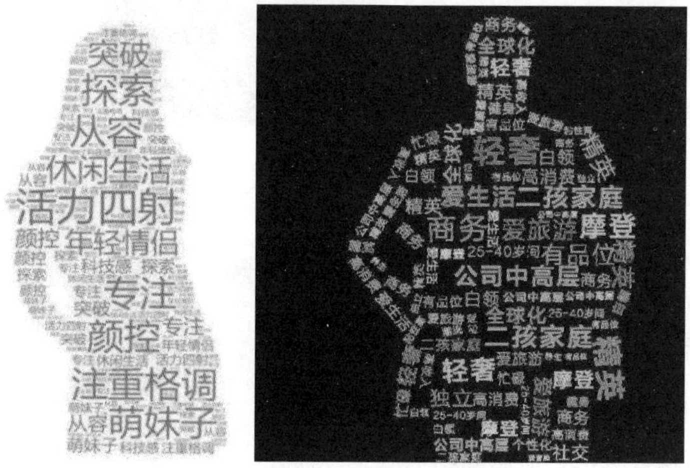

图 13-2　消费者画像

3. 波特五力模型

波特五力模型（图 13-3）是针对与本企业所处行业环境中，来自本行业中的同类企业中的竞争者、供应商、潜在竞争者、购买者和经销商五个方面的力量分析。对方的竞争力弱，本方的竞争力就强。对方的竞争力强，本方的竞争力就弱。

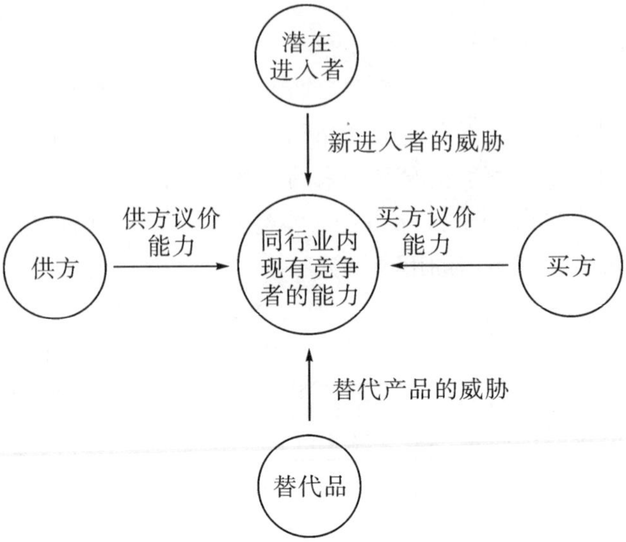

图 13-3　波特五力模型

（三）撰写要求

经过调研，要形成比较科学的调研报告，这样可以让受众直接了解被调查者的信息。撰写调研报告时要注意：一是用翔实的数据说话，二是能用图片和表格时就尽量不用文字，三是将将调研数据的渠道和来源表述清楚，四是把调查问卷附在文本后面。

图 13-4 是某电器企业市场规模的说明示例。

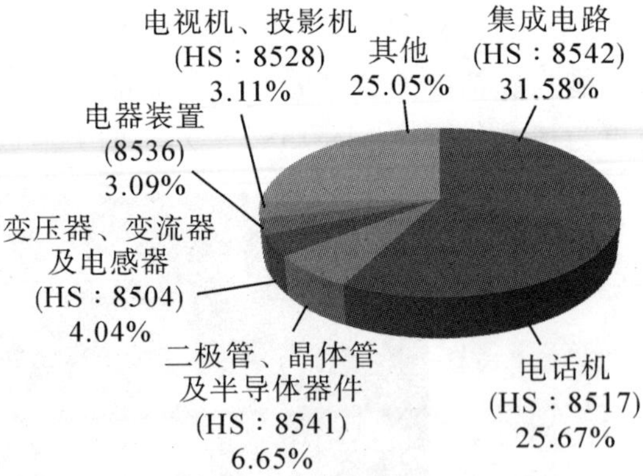

图 13-4　某电器企业市场规模占比饼图

四、产品与服务

（一）介绍核心价值

介绍企业的核心价值，需做好以下五个方面：一是通过对产品的设计、概念、性能及特性进行描述，做好主要产品或服务的核心价值介绍，就是介绍企业即将进入的行业中的产品或服务能解决哪些急需解决的问题，这些问题可以是一个，也可以是多个。切记产品或服务的功能对需求或问题的解决一定要匹配。二是产品或服务的优缺点。三是产品与服务的保护措施。四是产品与服务的定价是否能够带来足够的利润。五是目前产品处于哪个阶段。

（二）介绍技术

技术介绍主要是为了体现产品的核心竞争力，创业者可以在商业计划书中简要介绍创新型产品的技术参数、使用情况、通过什么原理解决实际问题。切忌不可大篇幅详细介绍技术参数和特点，要从受众者角度思考表达的内容。

（三）介绍产品的卖点（吸引消费者）

就产品本身而言，卖点的来源主要有两大方面，一是本身特色，主要包括与生俱来特点、与众不同的特点和别出心裁的特点。二是想象力创作，细分角度和顾客认可的特点。卖点是产品销售经营的关键因素，也是获得消费者认可的主要因素。只有卖点能把产品变成商品，实现获得利润的根本目标，卖点更可能直接决定产品未来市场的成败。阐述卖点是为了获得合伙人的认可。

（四）介绍产品需求

需求展示部分撰写前，创业者要分清是从需求对象的角度还是从企业的角度进行表述，根据不同产品的要求不同，需求展示内容也会根据团队和产品的实际情况而确定不同的详细程度。在以互联网为需求的产品展示时，就需要简化需求分析流程，重点分析目标用户的市场，因此这个需求的内容就会简化一些。

（五）介绍产品服务

产品服务往往与产品说明书的内容是一样的，主要是向阅读者介绍产品的服务内容，但是与产品说明书有一些不同的是，产品服务阐述的是核心服务功能，主要是为了展示消费者最关心的问题和难题。而产品说明书而介绍得更加详细，包括产品的成分、原理、实验反馈数据、参数、使用过程中的注意事项等内容。因此产品服务的内容展示主要包含产品服务性质、服务的直接对象、服务的收费情况、申请使用的要求、服务的方法和服务的条件六个方面内容即可。

撰写过程中要留意以下注意事项。一是产品的创新型和新颖性。二是注意只有当一个新的产品与服务优于市场已有产品与服务时，才能得到消费者的青睐。三是如果市场上存在同质化或替代产品与服务，你所提供的额外增值价值要特别说明。四是如果有多个产品与服务时，要集中力量介绍核心产品，最后是要做好技术的保护措施。

五、营销计划

（一）营销计划的基本概念

1. 概念

商业计划书需要明确：创新成果或产品在市场上是否具有广泛性和持久性？创新成果或产品销售计划是否具有可行性？企业的商业模式是否可行，且不易被模仿？因此，我们需要有针对性地制订营销计划。

营销计划，也称作市场营销计划，是商业计划的重要组成部分，通常以年度为基准，着眼于与营销组合变量（产品、价格、分销及促销）有关的决策，并考虑如何实施所拟订的具体内容与方案。无论创建的企业属于何种类型，具有多大的规模，每一个创业者都需要编制市场营销计划。

针对营销计划的概念，我们也要注意其与营销战略的区别。营销计划是企业的战术计划，营销战略对企业而言是“做正确的事”，而营销计划则是“正确地做事”。

在企业的实际经营过程中，营销计划往往会因为各种意外原因无法得到有效执行。一种是因为营销战略不正确，营销计划只能是“雪上加霜”，加速企业的衰败；另一种则是营销计划无法贯彻落实，不能将营销战略转化为有效的战术。营销计划充分发挥作用的基础是正确的战略，一个完美的战略可以不必依靠完美的战术，而从另一个角度看，营销计划的正确执行可以创造完美的战术，而完美的战术则可以弥补战略的欠缺，还能在一定程度上转化为经营战略。

2. 营销计划的构成

一般而言，一个完整的营销计划包括：市场调研分析、业务政策和战略、产品（或市场）推广计划、实施方案及分析。当然，在商业计划书中，这些内容可以根据整体逻辑结构，分布到商业计划书的不同章节当中。

（1）市场调研分析。市场调研分析是所有营销计划的基础，是营销计划有效性的根本保障。通过市场调研，了解整个市场的规模，进行市场形势分析。其内容可以包含以下项目：整个产品市场当前的规模大小；竞争品牌销售量和销售额的比较分析；竞争品牌市场份额的比较分析；根据消费群体的年龄、性别、职业、教育、收入，分析家庭结构的市场目标；比较分析每个竞争品牌产品的优缺点；每个竞争品牌的细分市场和产品定位的比较分析等。

（2）业务政策和战略。在制订计划之前，营销人员必须与公司的最高管理层就公司未来的业务政策和战略进行深入细致的沟通，以确定公司的主要原则和政策，这包括：确定目标市场和产品定位；确定销售目标是扩大市场份额还是追求利润；制定价格政策；确定销售方法等内容。

（3）产品（或市场）推广计划。规划者制订促销计划的目的是帮助实现销售目标。推广计划包括三个部分：目标、策略和详细计划。

该计划必须明确指出预期实现的促销目标，以实现整个营销计划的销售目标。一般可分为：长期、中期和短期计划。

（4）在确定促销计划的目标后，下一步是制订实现该目标的具体方案，即：促销计划策略，包括广告策略、分销渠道利用策略、促销活动策略、公关活动策略等四项。

第一，确定广告策略。广告策略是针对产品定位和目标消费群体，确定需要表现的主题，确定使用报纸、杂志、电视、传单、户外广告等的载体。你想选择什么样的媒体？每个百分比是多少？广告的视听率和联系率是多少？通过对这些问题的解答，使产品的特点和卖点深深植根于人们的心中。

第二，确定分销渠道策略。分销渠道有很多种。企业应根据自己的需求选择适合自己的渠道。它们可以分为两部分：一是经销商和终端；二是中间代理。在选择过程中，我们遵循目标的主要原则，充分利用公司有限的资源和实力。

第三，确定促销价格策略。促销的对象、促销的各种方式及各种促销活动的预期效果。

第四，明确公关活动策略。这包括：公共关系的对象，公关活动的各种方式，以及举办各种公关活动的目的是什么。

详细计划是每种策略的实施细节，是后期实施的具体指导，包括：广告计划、媒体使用计划、促销计划、公关活动计划等。在详细计划中，创业者需要进行各类报纸、电视广播、网络平台、展会等广告载体的数量、时间安排；确定不同活动时的礼品样品、折扣等措施。

针对营销计划的内容，创业者还需确定具体的实施方案并进行针对性分析，包括：确定调查方法、进度的市场调研计划；确定销售团队、激励措施等的销售管理计划；预先估算产品税前利润的财务损益预估；实施方案的可行性和运营分析等内容。

综合上述内容，我们可以将营销计划的构成汇总如表 13-1 所示。

表 13-1　营销计划的构成

市场调研分析	业务政策和战略	产品推广计划	实施方案及分析
市场当前规模	确定目标市场和产品定位	目标、策略、详细计划	市场调研计划
竞争品牌销售量和销售额	确定销售目标	广告策略	销售管理计划
消费群体特征	制定价格政策	分销渠道利用策略	财务损益预估
竞争品牌产品的优缺点	确定销售方法	促销活动策略	实施方案的可行性和运营分析
竞争品牌的细分市场和产品定位等	—	公关活动策略等	—

但还要强调的是，在商业计划书中，营销计划的上述内容需要根据计划书的逻辑结构进行整合。

（二）制订营销计划的理论基础

制订有效的营销计划中是实现企业战略目标的重要保障，为此，众多学者和企业家也从实践中整理和提炼了很多营销计划的理论。这些理论主要包括：

1. 4P 营销理论

首先介绍的是 4P 营销理论。

4P 营销理论源于 20 世纪 50 年代，“市场营销组合”（Marketing Mix）这一术语，其意是指市场需求在某种程度上受到营销变量或营销要素的影响；到了 1960 年，杰罗姆·麦卡锡（McCarthy）在其《基础营销》（*Basic Marketing*）一书中，将这些要素概括为四类，即产品（Product）、价格（Price）、渠道（Place）、促销（Promotion），形成了最为人所接受的营销要素。

简单来说，4P 营销理论就是要求企业确定在什么时间、通过什么样的渠道/场合、以什么样的促销方式推广什么样的产品。其中：

产品（Product）：应注重开发的功能，要求产品有独特的卖点，把产品的功能诉求放在第一位。

价格（Price）：应根据不同的市场定位，制订不同的价格策略，产品的定价依据是企业的品牌战略，注重品牌的含金量。

分销（Place）：企业并不直接面对消费者，而是注重经销商的培育和销售网络的建立，企业与消费者的联系是通过分销商来进行的。

促销（Promotion）：企业注重销售行为的改变来刺激消费者，以短期的行为（如让利、买一送一、营销现场气氛等）促成消费的增长，吸引其他品牌的消费者或引导消费者提前消费来促进销售的增长。

4P营销理论重视产品导向，以满足市场需求为目标，将复杂的市场营销活动加以简单化、抽象化和体系化，构建了营销学的基本框架，也形成了营销计划当中的重要内容。

但是，4P营销理论忽略了市场交换关系中不同因素的影响作用，随着产品、价格和促销等手段在企业间相互模仿，在实际运用中很难起到出奇制胜的作用。

2. 4C营销理论

为改进4P营销理论的不足，20世纪90年代，美国营销专家罗伯特·劳特朋（Robert F. Lauterborn）提出了4C营销理论：它以消费者需求为导向，重新设定了市场营销组合的四个基本要素：即需求（Consumer）、成本（Cost）、便利（Convenience）和沟通（Communication）。

对于需求（Consumer）：要求企业首先要了解、研究、分析消费者的需要与欲求，而不是先考虑企业能生产什么产品。

成本（Cost）：首先了解消费者的需要与愿意为此付出多少钱（成本），而不是先给产品定价，即向消费者要多少钱。

便利性（Convenience）：首先考虑顾客购物的便利性如何给顾客提供方便，而不是先考虑销售渠道的选择和策略。

沟通（Communication）：通过互动、沟通等方式，将企业内外营销渠道不断进行整合，把顾客和企业双方的利益无形地整合在一起。

4C营销理论重视顾客导向，以追求顾客满意为目标，注重以消费者需求为导向，使产品销售、营销计划更加符合市场对企业的必然要求。但4C营销理论事实上关心的问题还是建立在产品、价格、渠道、推广这个体系上；而且企业往往会被动地适应顾客的需求，同时，也会为被动地为满足消费者需求而付出更大的成本；此外，在4C营销理论下，不同企业并没有形成营销个性或营销特色，不能形成营销优势。

3. 4R营销理论

为进一步提升营销计划的有效性，随着客户关系理论等的发展，4R营销理论应运而生。

4R营销理论是以关系营销为核心，重在建立顾客忠诚。它既从厂商的利益出发又兼顾消费者的需求，形成一个更为实际、有效的营销制胜术。其要素包括：

反映（Respond）：在相互影响的市场中，对经营者来说最现实的问题是如何及时地倾听并站在顾客的角度，将推测性商业模式，转移成为高度回应需求的商业模式。

关系（Relation）：当市场营销活动中，企业与客户的关系发生了本质性变化，抢占市场的关键已转变为与顾客建立长期而稳固的关系。

关联（Relevancy）：企业与顾客是一个命运共同体。建立并发展与顾客之间的长期关系，是企业营销的核心理念和最重要的内容。

回报（Return）：一定的合理回报，既是正确处理营销活动中各种矛盾的出发点，也是营销的落脚点。

4R 营销理论以竞争为导向，以建立顾客忠诚为目标，在新的层次上概括了营销的新框架。它与 4P、4C 之间的关系可以表述为：

4P 营销理论是营销的一个基础框架，4C 营销理论也是很有价值的理论和思路，而 4R 营销理论不是 4P 营销营销和 4C 营销理论的替代，而是在它们的基础上的创新与发展，所以不可把三者割裂开甚至对立开；4P 营销理论是营销理论中最基本的理论，它是以企业本身为导向的营销理论，4C 营销理论是以消费者为导向的营销理论，4R 营销理论是以竞争为导向的营销理论，三者相辅相成，合作下来可以达到相得益彰的效果。

4. 理论的新发展

随着信息技术的革新、互联网经济的发展，营销计划及相关内容的制订有了更多的技术手段，同时也出现了更加复杂的问题。因此，新的基础理论也不断出现，比如：

新 4P 营销理论：第一要素是意义（purpose），升级于传统 4P 理论中的价格，将事物定义从价格升级为价值；第二要素是参与（presence），将传统的促销方式有效地与社会化媒体结合在一起；第三要素是接近（proximity），即新科技的发展，让我们无论在何时何地都能紧密地与大众保持联系；最后是合作（partnership），在社会化媒体时代，企业与媒介的合作，成为市场营销人员、公司脱颖而出的最大契机。

新 4C 营销理论：在适合的场景（Context）下，针对特定的社群（Community），通过有传播力的内容（Content）或话题，利用社群的网络结构，进行人与人的关联（Connection），以获得有效的商业传播及价值。也就是说在什么样的场景下，消费者及消费者的需求会更为集中，群体的情绪及状态更便于营销。

类似的理论还有 4S 网络营销组合、4V 营销组合等。

所有这些理论，都是制订营销计划的重要基础，也是我们商业计划书中可以表现的重要内容。

（三）大数据营销

1. 营销环境和技术基础的变化

"互联网+"经济时代，企业实施营销计划的环境和技术基础发生了巨大变化，这主要表现在：营销广告载体从媒体导向到用户导向的变化；营销策划的基础从用户主观信息到用户客观行为数据的变化。

传统的大众媒体营销时代，企业为了使其宣传活动接触到更多的消费者，就需要在受关注程度较高的网站、电视台或纸媒上投放广告，以达到提高营销效率的目的。然而，这种基于大众媒体的营销推广方式，虽然到达率高、辐射面广，企业却无法切实掌握消费者的动向并控制对其后续的影响。因此，企业从媒体导向到用户导向的营销模式转型迫在眉睫。

营销策划的基础方面，传统的数据营销是一种基于市场调研，通过分析统计数据和其他用户主观信息为基础，来推测消费者的需求、购买的可能性和相应的购买力，进而帮助企业细分消费者、确立目标市场，并进一步定位产品的营销模式。然而由于消费者主观判断的局限性，据此企业得出的各项调研指标和信息数据，可能会误导相关营销人员做出偏离、甚至错误的决策。而企业通过实际观测用户客观行为数据，能够使企业全方位、多角度，精准、真实地获得用户需求及其他消费数据，随着信息挖掘技术的日趋完善，这也成了企业营销的一项重要调研依据和应用方向。

基于客户端的定制化跟进式营销方式，逐渐开始代替传统的统一化、一次性媒体投放，成了大数据营销的基础和前身。

2. 大数据营销的概念

大数据营销是指依托大数据技术，将基于多平台的大量数据应用到互联网广告行业的营销方式。大数据营销产生于互联网行业，又作用于互联网行业。依托多平台的大数据采集，以及大数据技术的分析与预测能力，能够使广告更加精准有效，给品牌企业带来更高的投资回报率。

大数据营销的核心在于让网络广告在合适的时间，通过合适的载体，以合适的方式，投给合适的人。随着大数据营销的发展，这一技术的应用也逐渐推广到传统企业。

在大数据营销的应用过程中，显现出了几个重要特征：

一是多平台化数据采集。大数据的数据来源通常是多样化的，多平台化的数据采集，能更加全面而准确刻画消费者行为。数据采集的来源可包含：互联网、移动互联网、广电网、智能电视，未来还有户外智能屏等数据。

二是强调时效性。在网络时代，消费者的消费行为和购买方式极易在短时间内发生变化。在消费者需求期望值最高时及时进行营销非常重要。

三是个性化营销。在网络时代，广告为主的营销理念已从“媒体导向”向“受众导向”转变。以往的营销活动须以媒体为导向，必须选择知名度高、浏览量大的媒体进行投放。如今，营销活动则以受众为导向进行广告营销，因为大数据技术可让企业知晓目标受众身处何方，关注着什么位置的什么屏幕，很容易实现对消费者的个性化营销。

四是性价比高。和传统广告“一半的广告费被浪费掉”相比，大数据营销在最大程度上，能够让企业的广告投放做到有的放矢，并可根据实时性的效果反馈，及时对投放策略进行调整。

五是关联性强。大数据营销的一个重要特点，在于消费者关注的广告与广告之间的关联性。由于大数据在采集过程中可快速得知目标受众关注的内容，可知晓消费者身在何处，这些高价值信息可让广告的投放过程产生前所未有的关联性，即消费者所看到的上一条广告可与下一条广告进行深度互动。

应用大数据营销时，与消费者行为、偏好等相关的数据是其根本基础。大数据来源的大致有以下几类：

第一，企业自有。企业基于自身网络平台开发和挖掘的一类数据。例如：高德地图APP 的应用，高德在为客户提供了便利的同时，也积累了众多客户的驾驶行为习惯、出行特征、选择特征等数据。

第二，第三方平台。除了自建的大数据收集平台，企业获取数据最主要的渠道就是通过第三方平台合作来取得，例如门户网站、电商网站、搜索引擎、社交网站、移动支付等。例如“阿里妈妈”，利用淘宝+天猫天然的电商社区优势，阿里大生态媒体+全域媒体合作优势，为品牌和消费者实现全媒体互动提供了可能，企业可通过这一平台，获得定制的营销投放、策略等解决方案。

3. 大数据营销的作用及案例

在合适的时间，通过合适的载体，以合适的方式，投给合适的人。这是大数据营销的核心，通过现实应用，这一核心表现出来的作用包括：

第一种是基于用户需求定制的改善产品。互联网时代，甚至是未来的物联网时代，消费者任意一次消费、搜索等行为，都可能有意或无意地留下信息数据，而这些都为基于用户需求的产品定制提供可能。例如服装行业，优秀的设计师是服装定制领域最为稀缺的资源；而利用互联网和大数据技术，他们将优秀设计师的版型录入后台，让顾客亲自参与到定制和设计过程中来。利用这一特征，北京的 Ubrand 私人定制品牌，不同于传统的服装定制，顾客必须到店由专业人员量体裁衣，在该公司的经营模式下，公司借助移动互联网手段，顾客可以在自己的家里下载 APP，按照 APP 里的专业指引，拍摄不同角度的几张照片，系统就会识别、自动生成顾客的专属数据，完成数据采集并进行服装定制。

第二种是开展精准的推广活动，包括定向投放、分类营销等。

定向投放时，企业可通过大数据的分析定位到有特定潜在需求的群体，并针对这一群体进行有效的定向推广，以达到刺激消费的目的。例如：当我们使用浏览器查询相应产品之后，浏览器在后续打开的网页上，会出现与搜索内容相关的广告。而这一现象就是 DSP（Demand-Side Platform）广告技术、定向投放的具体表现。

分类营销方面，企业通过用户行为数据分析他们各自的购物习惯，并按照其特定的购物偏好、购买倾向，实现一对一的定制化商品推送；或者可以依据既有消费者各自不同的人物特征，进行“标签”细分，再用不同的侧重方式和定制化活动，向这些类群进行定向的精准营销。例如：当打开京东手机 APP 时，你所看到的主页内容可能都与你浏览、收藏过的商品相类似，或者会显示你所感兴趣的“生活圈”“达人圈”等信息。而这些也正是分类营销的重要表现。

第三种作用是维系客户关系。召回购物车放弃者、挽留流失的老客户，也是一种大数据在商业中的应用。例如：在当当网下单但又放弃某种商品后，APP 会在你下次登录时推送该商品相关的降价、优惠等信息。通过这些方式，大数据可以帮助企业识别各类用户，进而针对忠诚度各异的消费者实行“差别对待”和“量体裁衣”。

六、生产运营

（一）生产运营的概念

在商业计划书中，我们需要根据创新成果、产品的商品化需求，证明和阐述企业生产运作能否保障企业战略，生产运营方案是否切实可行。因此，创业者有必要深入了解生产运营管理。

生产运营是企业的基本职能之一，在企业的市场营销、生产运作、财务会计三项基本职能中，三者处在同一管理层次上，虽相互独立，但又有着十分紧密的协作关系。生产运营职能是组织创造价值的主要环节，是组织竞争力的源泉。

广义的生产运营管理内容包括：公司生产制造所需的厂房及选址；工艺流程和设备；生产周期及生产作业计划的编制；物料需求计划及其保证措施；劳动力的需求情况；库存管理；质量控制等内容。

根据其产出类型，生产运营可以归纳为两种生产运作类型，即：制造性生产和服务性运作。因此，根据具体创业项目及商业计划书的需要，生产运营需分类分析相应内容。例如产品生产类项目，需根据上述内容对产品生产、组织、劳动力等进行分析；而服务类的项目，则需要对服务方案及流程、方案实施计划、定员等内容进行分析。

（二）生产运营的内容

如果以产品生产类项目为基础，生产运营当中的相应内容包括：

1. 生产能力的分析

对于自建厂房的项目，企业首先需要论证和确定厂商选址规划。这方面需要考虑的因素包括：市场所在地的距离、原材料所在地的距离、运输便利性等。在此基础上，企业还需根据产品市场目标战略或产量确定厂房规模、布局等内容。对于委托生产、代工等的项目，虽然没有自有厂房，企业也需要根据上述内容对生产厂家进行分析论证。

此外，企业还应确定工艺流程和设备，包括：单件小批、成批轮番和大批量生产等形式的制造流程设计；产品生产设施和设备的设计；生产运营能力的设计，生产运营能力与企业战略目标高度相关，在战略目标的基础上，合理安排一定周期内的人员能力、设备能力和管理能力，进而确定总的生产运营能力、产品产量。

2. 生产作业计划和生产周期

生产周期是指企业产品从原材料投入生产到制成品出产时为止，整个生产过程所需要经历的时间。它包括毛坯制造、零件加工、产品装配等工艺阶段的生产周期。

生产作业计划是产品目标基础上，收集编制计划所需要的各项资料，核算、平衡生产能力，制订生产周期和产量标准、编制生产作业进度和节拍。

根据生产作业计划和生产周期，商业计划书还需要表明公司有足够的物质资源，可以研发自己的产品。创业者需要估计对原材料的需求量，阐述供应商的背景，以及如果出现意外情况时，备选供应商是谁，并通过这些内容的分析证明生产及生产方案的可行性。

3. 其他配套管理内容

除上述内容外，创业者还需要对库存、质量等进行有效控制。

为了预防不确定性的随机需求变动，保持生产的连续性、稳定性，保证经济批量订货，创业者还要对用于今后销售或使用的库存进行设计，它包括原材料、半成品、成品等不同形态的安全库存、进货批次等。

针对设计试制过程、生产制造过程、辅助生产和生产服务中可能出现的瑕疵，企业还需要制订相应质量标准，确定质量方针、目标和职责，并通过质量体系中的质量策划、控制、保证和改进来使其实现质量管理。

七、公司治理

在企业的生产经营过程中，人力资源和组织结构是最关键的两大要素，人员主要涉及产品和服务的技术人员、管理人员两部分。结构主要根据商业模式采取哪一种组织结构形式。优秀的组织结构和管理团队会给别人留下“这个事情你可以做，而且可以做得很好”的印象，如果组织架构和人员分工都没有到位，执行项目就只能是纸上谈兵，空谈误事了。

（一）人力资源

首先是要设计公司的人员结构，人员规模。人员结构和规模根据企业所处的生命周期阶段不同而设计，过多和过少均会影响企业的发展。同时企业还要考虑每个人的岗位角色是什么，按照人岗匹配的原则进行岗位设置，人员搭配；分析公司管理层每个人的特点，根据特点分配岗位，比如技术部门负责人就应该让懂技术的专业人员担任，而行政管理则可以用偏文科的人员担任。

（二）组织架构（部门构成及人员数量）

按照公司规模的大小，创业者设计不同的组织结构，可以选择直线型、直线部门型。鉴于新创企业的规模都不是太大，建议采用直线型管理结构。组织结构模型选定后，创业者要描述部门组成情况，由谁负责，职责是什么，同时要展示公司的核心成员信息。

（三）股权结构

第一，在组织结构设计好后，企业要做好主要投资人及持股情况说明，在一个企业中，不允许出现投资人平均分配股份比例的情况，这需要有主要持股人，一般持股人的持股比例。第二，如果涉及团队成员以专利或固定技术占股份比例的情况，企业要根据专利法等法律说明入股的具体情况。第三，某一投资人以自己的房产或生产资源入股的情况，也要在计划书中进行详细说明。第四，如果企业需要风投进入，要事先在企业合伙人内部签订好协议，是开始预留股权作为风险资本的股份，或是由主要控股人出让股权，还是所有人按照占股比例出让股权，出让股权稀释的比例等情况，都要在计划书中做详细说明。

此部分内容要让受众看到和感受到企业的管理是严密有序的。所以企业在撰写公司管理的部分时要注意运用好企业组织结构图，岗位职责说明书等内容，可以采用文字描述和表格描述，组织架构图用图片展示出来即可。

八、风险对策

商业计划书中要充分分析企业在市场、竞争和技术方面存在哪些基本风险。企业准备如何应付这些风险。公司还有一些什么样的附加机会。在最好和最坏情形下，底线思维是如何确定的。如果估计不那么准确，应该估计出误差范围到底有多大。如果可能的话，对关键性参数做最好和最坏的设定。

（一）树立底线思维

底线思维有助于在风险发生时不至于使你感到措手不及，也就是我们平时讲的：企业在好的时候把最坏的可能要思考到，随时做好最坏的打算。企业在运营过程中最大的困境就是资金，目前我们熟悉的乐视、OFO、悟空单车等共享企业最后都败在资本的短缺，导致企业都没有进入成熟期就夭折了。前车之鉴，后事之师。从中我们要学会经验和教训。另外大家可以从华为企业的管理思维中得到启发，如果华为没有做好底线思维的准备，在企业的核心技术被人卡住的时候，就不能像现在这样泰然自若了。

（二）认识风险

在企业运营过程中，企业的最大风险有三类，一是外部风险，主要涉及政策的调整和变化，经济或金融危机，社会稳定因素、自然灾害造成的不可抗风险。二是企业内部风险，主要包括资本资源、技术资源和人力资源。三是泄密风险。本知识点中我们主要学习和了解企业运营风险的应对之策。

（三）风险对策

1. 外部风险对策思考

一是行业风险的对策可以通过企业、产品和服务角度进行阐述。企业方面主要是提升技术水平、提高产品质量、管理水平等；产品方面主要是增强竞争力、提高占有率和建立产品品牌等；服务方面是做好全面性、多功能、衍生和增值服务等。二是针对市场风险的对策思考。企业可以通过收集信息、根据信息提出策略、调整合理的价格和增加产品的盈利能力等角度进行描述。三是面对政策风险的对策思考。主要是针对政策，企业应适应政策做出企业的发展方式的调整，及时做好转型。比如当前国家提出的针对产能过剩的关停并转要求，各企业就得积极做出战略调整，以适应政策的变化和经济社会发展的需求。

2. 内部风险对策思考

企业经营风险，前面已经提到，最大的内部风险就是人、财、物和技术。针对人力资源风险，企业应该从工作环境建设、福利待遇、人文关怀等角度进行优化设计，不断提升企业对人才的吸引力和感召力，降低人才流失的风险；针对资本风险，要做好运行资金的安全风险预判，设置企业保障金制度，必要时进行外部融资和上市准备。同时在进行内部管理时，企业思考从目标成本角度加强成本控制，采取内部和外部培训提高团队的整体素质等多种措施来阐述新创企业在应对内部风险的对策思考。技术风险分为技术泄密和技术抄袭风险，应对技术泄密的对策，企业可以采取签订保密协议，技术抄袭可以通过专利申请来保护知识产权，因此在商业技术书中，如果自己的项目涉及技术，就得说明技术是否取得了专利，如果专利不是自己企业的，专利是否有授权使用书。最后是重视技术的不断更新和创新，如华为从4G通信阶段开始介入手机信号通道技术领域，在短短几年就领先于全球的无线信号传输通道技术标准的设计和开发。

3. 企业退出市场措施

分为项目失败和项目成功的退出措施。项目失败可以选择以资本保本为目标的内容展示为主，通过细节内容向受众展示项目失败之后的损失通知，资本损失要越小越好，目的是让受众看到风险是有效可控的。

4. 风险资金的退出

风险投资的形式分为风险资本家、风险投资公司、产业附属投资公司和天使投资人。风险资金退出的方式可以根据风投协议进行，一般可以通过上市退出、并购退出、回购退出和清算退出等方式。具体的原则按照相关法律法规进行，就不用在商业计划书中做详细说明。如果在融资时与风投签订了协议，协议中有股权比列说明，分红比例及分红方式（税前分红、税后息钱、营业额分红），那就在计划书中说明严格按照协议执行。

九、财务预测

资金是一个企业正常运行的基础保障，如果把企业比作一支军队，那资金就是“粮草”。新创企业一般在哪些情况下会出现资金问题呢，一是缺乏管理经验而导致资金的使用效率不高，二是发展预测不到位而导致资金紧张。因此为了更好地解决资金的短期和长期需求，保障企业正常运转，企业必须做好科学的财务预测。财务预测有时又称为财务计划，是创业公司或企业对相关资金的使用、经营收支和财务成果等信息的书面文书，反映公司预期的财务业绩，是企业的价值化表现。财务预测需要花大量时间和精力来完成，财务数据主要通过损益表、资产负债表、利润表和现金流量表来展现。

因为财务管理是一项专业技术较强的工作，其预测的主要内容包括销售估计、管理成本、产品成本、销售成本、资金支付、销售收入、资产利用等众多项目。如果团队内部没有财务管理的成员，那就得聘请专门人员来进行管理。因为创业公司的财务预测准备不好，就会给投资者留下项目团队都是外行的印象，更会降低对创业公司的价值评估。这也是为什么我们在指导创业团队参加各类创业竞赛的时候，要求团队中务必有一名学会计或者学习财务管理的成员。

企业在实际运营过程中，财务也会根据规模的大小，针对的预测重点也有所不同。本节我们就一起学习如何撰写财务预测的主要报表。

（一）损益预测表

损益预测表又叫损益表，也有称其为利润表的，但与企业的利润表又有一定的区别。此表主要用来反映企业或创业项目在模拟的时期内（主要以月度为主）的盈利和亏损情况，损益表可以让企业所有者提前了解企业未来一段时期内的可能盈利情况或亏损情况，预测主要从月度销售收入、成本和费用等资料来进行数据采集。

损益预测表涉及的有收入、费用和利润三个主要会计要素。我们一起来看损益表的模板：

表中的销售收入数据主要是根据目前运营情况（如果是虚拟企业则是根据生产计划进行销售收入预估），同时要考虑预期其他替代品对本企业产品与服务的销售、价格调整或打折引起的销售收入变化等影响因素。

销售成本则是计算所有产品与服务的各类成本，运输费用和直接劳动费用是最核心的两个财务数据，如果是模拟企业，则要根据参与生产的员工数量来测算劳动费用，根据预计产品生产量测算运输费用。

销售税金及附加：主要涉及销售产品的营业税、增值税和消费税。附加包含了城市建设维护税、教育附加及地方附加税。销售税可以根据企业注册的法律组织形式，将税务机关登记的缴税标准，结合月度销售额进行测算得出。附加税则根据国家税法的规定进行测算。

销售利润一般指毛利润，就是销售总额减去销售成本得出。

管理费用和财务费用是为了组织和管理生产而产生的各类费用，包括工资、招待费、折旧费、租赁费、咨询费、审计费、房产税等，财务费用则是为筹集资金而发生的各项费用，包括利息、手续费和其他财务费。

营业外收入指非产品销售带来的收入，一般指企业投资和融资带来的收益。

营业外支出是指无法计入经营成本的与公司业务活动有关的费用，比如捐赠、救助等费用支出。

利润总额是指销售利润减去管理费用、财务费用和营业外支出费用得到的数据。

所得税指利润总额乘以企业所得税率得出的数据。

净利润就是利润总额减去所得税后的数据，如果这个数据是正数，说明企业是盈利的。如果净利润是负数，就说明企业出于亏损状态。

（二）资产负债表

资产负债表主要反映公司在特定日期的财务状况，是指公司在特定日期所拥有或控制的经济资源、所承担的现实义务和所有者对公司净资产的要求权。其主要由资产、负债和所有者权益三部分构成，三者之间的逻辑关系是“资产=负债+所有者权益”，这也是平时我们常说的会计恒等式。

资产反映的是公司资金的运用情况。负债和所有者权益反映的是企业资金的来源。资产构成分为流动资产和长期资产。流动资产包括现金及现金等价物（比如公司持有的流动性较好的证券或其他金融资产）、应收账款、存货。长期资产包括长期投资、固定资产和无形资产（商业信誉、专利权等）。资产负债报右侧首列表示的是负债，分为流动负债和长期负债。流动负债包括应付账款、工资、应交税费、一年内到期的短期借款等。长期负债包括长期贷款、应付债券或票据等。所有者权益是指企业资产扣除负债后所有者享有的剩余权益，包括实收资本（股本）、资本公积、盈余公积和未分配利润。实收资本分为投资和再投资两部分，是股东通过购买股票向公司投入资金，分别计入实收资本和资本公积账户里。

（三）利润表

利润表的基本结构是营业收入减去营业成本和费用等于营业利润。虽然利润表的有些科目与损益表有相同的地方，但两张表之间还是有一定的差异。损益表是以月为单位制作，利润表是以年为单位制作，并在最后增加了每股收益科目。

营业收入是年度的销售总额，是已经发生的销售数据。

营业利润就是营业收入减去营业成本、税金及附加、销售费用、管理费用、财务费用和资产减值损失，再加上公允价值变动收益、投资收益得到的数字。

利润总额就是营业利润加上营业外收入，再减去营业外支出。

净利润就是利润总额减去所得税费用。

每股收益就是净利润除以股份总额。

（四）现金流量表

现金流量表是以现金及其等价物为基础编制的，反映公司在一定会计期间现金及现金等价物流入和流出情况的报表，反映公司获得现金及其等价物的能力和水平。其主要由经营活动产生的现金流量、投资活动产生的现金流量和融资活动产生的现金流量三部分组成。

经营活动产生的现金流的流入部分主要指出售产品或服务得到的现金支付，依据公司投资于其他公司股票或债券而收到的股利或者利息。流出部分主要有购买原材料、存货、支付给供应商的现金、员工工资、广告、推广研发活动的资金、公司总负债支付利息的现金。

投资活动现金流的流入包括收回投资所收到的现金，取得投资收益所收到的现金，处置无形资产、固定资产、其他长期投资回收现金，其他与投资活动有关的现金。流出部分有构建固定资产、无形资产、其他长期资产所付现金，投资所支付的现金，支付其他与投资活动相关的现金。

融资活动现金流的流入部分包括吸收投资所收到的现金，取得借款所收到的现金、收到其他与融资活动有关的现金，流出部分包括偿还债务所支付的现金、分配股利、利润与偿付利息所支付的现金，支付其他与融资活动有关的现金。

与此同时，企业还要关注汇率变动对现金及现金等价物的影响，最后是净增加额。

这里要提请注意的是，在实际的报表制作过程中，除了常用的几个会计报表，我们还可以在商业计划书中做偿债能力、营运能力和盈利能力分析，这些数据的测算也是可以通过专门的会计公式来进行模拟计算得出。

以上财务报表的设计与使用有利于让投资人更直观地知晓创业项目的盈利点，因此在进行财务预测的时候，要注意前后数据的设置要一致，财务数据的推算要符合逻辑，数值科学合理，切忌使用虚假数据或随意编撰数据来设计报表。

十、附录

商业计划书的正文部分是由创业者在前期进行了大量的市场调研基础上再经过设计和撰写出来的文书。由于正文的篇幅要求有限，大量用来支撑商业项目的资料可能及无法在正文中展示出来，比如新产品说明书，产品的模型及参数简介、市场预测方法和结果、各类报告与证书等支撑材料、公司的组织结构、章程和管理制度等内容。因此企业要把这些非必要的内容和相关技术材料放在附录中，为商业计划书提供详细的补充材料。

（一）附录内容

第一部分内容可以是主要的合同资料，比如企业大众客户签订的合同、合伙人之间的合同、厂房租赁的合同、生产有关的有效合同等都可以放在这部分。第二部分内容是信誉证明。此部分需要展示各种可以证明公司信誉的正面材料，包括相关报刊文章，技术专利证明，检测报告，同行或者客户提供的证明等，这个证明材料可以佐证本公司是非常有潜力、有良好信誉的公司。第三部分内容是图片资料，一般包括生产工艺流程图、相关专利和获奖影印件、经营地点规划图、重要的基础设施和生产设备图、甚至包括团队成员的信息图片。第四部分内容是财务报表，除几个核心的报表可以放在正文外，其余的最好放在附录中。第五部分内容是分支机构列表。第六部分内容是市场调查结果，就是我们前面所提到的调查分析报告。第七部分内容是主要创业者的履历。在撰写创业者履历的时候要注意，不要过于冗长、不要过于个性化、不要过于乏味，避免前后脱节或者漏洞百出，不要过于注重细节。第八部分内容是技术信息，也就是公司的新型技术或者新型专利证书等内容。第九部分内容是产品的生产制造的信息。第十部分内容是宣传资料，也就是公司做营销推广的时候印刷的各种宣传品，宣传介绍说明书等。第十一部分内容是工作时间表和生产车间的平面布局。第十二部分内容是相关数据的测算和解释说明。第十三部分内容是相关获奖证书、授权使用书和合同。第十四部分内容是一些相关的政策文件及与本项目有关的一些书籍资料。

（二）撰写附录的原则

一是主次分明原则。商业计划书正文可以与附录分开，如果商业计划书有很多附录，那么就可以按照主题分类与正文分开，这样可以使商业计划书内容写得精练一些、突出主题。此外，正文内容太多，也会让阅读者产生厌倦心理。二是择其重要原则。附录作为商业计划书的补充，不需要把收集的所有信息和资料放在商业计划书的附录中，一般在附录中添加为正文起补充和支撑作用的文件。三是精炼原则。附录的长度一般不能超过商业计划书正文的长度，应该遵循与这些正文一样少而精的原则，避免长篇大论而不突出重点。

在此要提醒各位的是，通过对商业计划书附录的内容和原则的学习，你们已充分掌握了附录应包含的内容，但是在实际运用中，商业计划书中的内容只是其中一部分的有机组合，远远达不到本知识点中所梳理的资料，因此要提供符合项目特点、支撑项目的附件资料也是进行商业计划书撰写的一个关键部分，切不可小视其作用。

拓展阅读：

滴滴程维的创业故事

扫一扫

课堂练习

主题：营销计划及市场分析

练习 1

自选几个你所熟知的企业，分析他们是如何使用大数据进行营销的。

企业名称 1：____________________

大数据营销的表现：____________________

企业名称 2：____________________

大数据营销的表现：____________________

企业名称 3：________________

大数据营销的表现：________________

企业名称 4：________________

大数据营销的表现：________________

练习 2

自选一个你所熟知的企业、商超（甚至是食堂商铺），利用 4P 理论分析他们的营销策略。

企业名称：________________

产品（Product）策略：________________

价格（Price）策略：________________

分销（Place）策略：________________

促销（Promotion）策略：________________

练习 3

请列举常见的市场及行业分析工具。

市场及行业分析工具名称	分析工具的核心内容

案例实训

1. **背景材料**（完整资料可以扫描二维码查阅）

阿里巴巴 2014 年 IPO 上市商业计划 PPT

资料来源：佚名. 2014 年阿里巴巴集团 IPO 路演 PPT（中文版）[EB/OL].（2016-03-18）[2020-03-01]. http://www.360doc.com/content/16/0318/00/5473201_543329034.shtml.

2. **实训任务**

商业计划书 PPT 版的设计。

3. **实训步骤**

（1）个人阅读。

学生通过扫描二维码阅读详细的资料信息，老师对案例背景进行简单陈述后，按照班级人数分成小组进行实训。

（2）小组讨论与报告。

围绕实训任务进行讨论，每个小组将讨论要点或者关键词记录再下表中，用于课堂互动。具体要点记录如下所示：

小组讨论与报告

小组名称或者编号：________________

组长：________________

小组成员：________________

记录人：________________

① 小组讨论记录：

发言人1：________________

发言人2：________________

发言人3：________________

发言人4：________________

发言人5：________________

发言人6：________________

发言人7：________________

发言人8：________________

____

② 小组共识要点：

____

（3）师生互动。

各组派代表对小组讨论结果进行陈述，教师进行点评，并与学生进行互动，回顾本章的关键知识点，激发学生进行进一步思考。

（4）课后形成正式的实训报告（参见附录12 实训报告）。

根据课堂讨论，学生进一步回顾课堂所学内容，形成正式的实训报告，可通过课外作业的方式进行。

（5）实训考核。

根据学生课堂表现及实训报告质量，评定实训成绩。

第十四章

商业计划路演

知识与能力目标

ZHISHI YU NENGLI MUBIAO

知识目标

1. 了解商业计划路演的含义。
2. 理解商业计划路演的准备。

能力目标

1. 理解商业计划路演的意义。
2. 理解商业计划路演的成功要素。

知识要点

ZHISHI YAODIAN

一、商业计划路演含义及意义

1. 含义

在“大众创业、万众创新”的时代号召下，创业者期望能够凭借一项新技术、一个新想法到市场中去打拼一番，实现人生的抱负。殊不知，创业艰难百折多。看别人融资很简单，当自己真正要说服投资人的时候，就不是那么容易的事了。想打动投资人的心，优秀的路演必不可少，甚至有人把路演比喻为撬动资本的杠杆。由此可见，路演的作用是非常大的，团队所有成员都应该认真对待。那么，什么是路演呢？它对创业者来讲到底有哪些作用？今天就让我们一起来学习路演的含义、内涵和作用。

路演一词是外来名词，它的英文名叫 Road show，意思是在路上进行演示活动，也有人称其为“陆演”。路演主要是指在公共场所进行演说、演示产品、推介理念，以及通过演示向他人推荐自己的公司、团体、产品和想法的一种方式。

商业计划路演主要指在公共场所向评委、消费者或投资人展示、宣讲自己的企业或项目的信息，全面推介本企业或项目的理念、运营模式和盈利方式。

路演的本质是一种信息披露方式，也是增进信任的手段，更是一种即时沟通的纽带。路演是演说的一种形式，最早被运用在证券领域，是股票发行人为了向投资者宣传证券发行方式的一种推荐活动。它是在投资、融资双方充分交流的条件下促进股票成功发行的重要推介和宣传手段，是为了促进投资者与股票发行人之间的沟通和交流，以保证股票的顺利发行，并有助于提高股票潜在的价值。

路演的形式。早前有政治家为获得选民支持而公开发表的演说就是原始路演的一种形式。目前创新创业项目的推广和竞赛过程中的专场展示、展会（现场展示：图片和演说）、答辩等都属于路演范畴。因此路演这种新型宣传推广形式，不仅得到了上市公司、券商、投资者的关注和青睐，也引起其他企业的广泛关注和浓厚兴趣，主要包括新闻发布会、产品发布会、产品展示、产品试用、优惠热卖、以旧换新、现场咨询、填表抽奖、礼品派送、有奖问答、卡拉 ok 比赛、文艺表演、游戏比赛等多类别、多形式的现场演示和推广活动。如今很多企业的产品或服务都开始积极地采用路演的形式，通过和消费者面对面的交流来宣传推广产品。例如，线下商场的某些厨具的功能演示，就是采用现场操作厨具，制作美食展示给消费者，其本质就是一种路演活动。

2. 意义

路演主要是架设一座传播者与受众者之间的信息沟通桥梁，同时体现传播者需要得到的价值。路演可以让受众全面了解项目的信息，起到沟通作用，传播者通过点、线、面的演示，逐步把要推广的项目以一种“抽丝剥茧”的方式全面介绍给受众。路演可增加融资的效率和速度，在投资者全面了解项目信息后，增强其投资的信心和可能性，增进创业者和投资人之间的互信程度。

路演的核心价值体现，主要的有展示新产品给受众、增加招商的概率、促进成交可能、说服股东、凝聚人心、传播企业文化、吸引资源等多个方面。

做好一次商业计划路演，首先要做好路演项目文本、演示的 PPT，并根据文本和 PPT 撰写路演演讲稿。其次要准备路演过程中要展示的材料，这里要注意的是在路演过程中，商业项目的产品和技术该如何进行展示？实物、图片还是视频。再次要准备好演示的设备，诸如电脑、翻页笔等硬件设备。最后做好演讲风格、团队礼仪、团队预演、评委提问等内容的准备。在准备路演过程中的提问时，创业者要注意考虑介绍完项目后，评委或其他投资人可能会针对项目进行提问，其中可能会涉及的商业项目的核心技术指标、风险预判与对策问题，还可能提出同质化现象、商业项目无任何市场和价值等尖锐问题。因此，针对以上问题，创业者也要做好充分的应对之策。

二、商业计划路演商业逻辑

好的路演，除了把商业计划书撰写得完美、准备工作做得扎实，还需要哪些核心要素？这就是下文将要展开的话题。

（一）商业逻辑

商业逻辑又称盈利模式，就是通过什么方式进行价值交换而赚钱。项目进行路演前，要构思一套路演商业逻辑结构，并以此传递给受众最核心的信息。梳理商业逻辑时，你可以从你要做什么、如何来做和如何退出三个方面来进行。具体需要思考或回答的问题有：你的项目所对应的市场难点或用户痛点是什么，这些难点和痛点的规模有多大，是不是急需要解决的，你的解决方案是什么，别人为何没有进入这类市场，竞争者的优劣势对比怎么样、你的方案的优势是什么、未来的市场空间有多大，团队能不能支撑，未来如何赚钱，执行计划是什么（包含不限于运营计划和财务计划）、未来战略发展方向（中长期发展思路、退出机制）等。

以第一个方面（你要做什么）为例：逻辑点一就是分析用户有什么“痛点”，而且必须是真实的“痛点”；逻辑点二是你关注到的“痛点”规模有多大；逻辑点三是这些“痛点”是不是必须立刻要解决；逻辑点四就是看到“痛点”后，你能提出什么样的解决方案。如果事前没有事先梳理出这样一张商业逻辑图，那你的路演从开始就已经注定要失败了。

（二）多角度思维

在进行路演前，团队对商业项目的认识总是很理想的，但是现实却是很骨感的。企业在进行项目推广或参赛时，面对的对象都是有丰富经验的专家或投资者，要获得他们的青睐和认可是有难度的，因此要想引起共鸣就得多花心思。

树立受众思维。受众是路演的第一要素，重视受众的看法和感受是迈向成功的第一步，切记不要从自己的角度进行路演的表达，而要从他人的角度出发进行思考。要防止“我说什么他听什么”，而要换成“他想听什么我就讲什么”的思维模式。因此我们简要梳理了部分关于认识受众的核心要素，主要包含：受众是来自哪个国家、他的性别和职位、年龄和阅历情况、个人的成长背景和喜好偏差等要素。不同国家的受众行事风格是不一样的。性别的差异对事物的看法也不同。职位的高低决定了决策拍板的能力的大小，不同教育背景和生长环境中的受众接受能力是不一样的。每个人都有特定的饮食和爱好的偏差，如果想要了解得更清楚，那么就能很好地做到知己知彼，有的放矢。

树立中心思维。即将开始的路演针对的重点人物要清楚：是要进行融资的投资者，还是比赛中的专家评委。搞清楚后你才知道路演是在为谁演讲。这样你才能做好站在受众的角度进行表达的思考和准备。只有说服了受众，你的路演才会产生你所想要的效果和结果。正如电影《银河补习班》中的经典台词：“如果你连靶心都不知道，每天的拉弓练习又有何用?”如果没有中心和靶心，你的路演的意义又何在呢？因此，在路演开始前，你就要在众多的听众中迅速聚焦，定位中心听众、路演过程中展示项目的中心思想和核心信息，以及路演结束后能达到团队预设的中心任务和目的。

树立利益思维。逐利是人之本性，不管是为了比赛还是为了融资的路演，其本质都是为了获得利益上的收获。无论是竞赛中的专家评委还是投资者，都扮演着“逐利者”的角色，评委只不过是以模拟投资者的身份参与项目的评价。因此要让中心受众明确感知到你的路演项目是可以帮助他们赚取到利益的。这里要注意的是：每个人对于利益的关注点不同。有的受众关注经济利益，就是项目能赚到真金白银，有的关注市场价值和使用价值，而有的则关注社会利益。如果你的路演能满足上述任何一个，那你离成功就不远了。相反，如果不能满足其中任何一个，你的路演就注定要失败。如果针对的仅仅是投资者，那你就得注意了，中心受众更关注的还是经济利益。

树立简约思维。众所周知，我们所学习的各类公式和定律都是非常简单的，虽然其总结和演算过程十分复杂，有的甚至是通过几十年的推演才总结出来，但是最后呈现出来的都是极其简单的一个公式。商业路演也是一样，商业计划书虽然有几十页，但是路演时间却只有5~10分钟，要把复杂的信息简单说明白，要遵循的就是大道至简的原则。因此路演务必注重去繁从简，让受众无须思考，即听即懂，越简单越好。

值得注意的是，负责路演的人一般都是项目负责人，因此在撰写商业计划书和准备路演时，最好能亲力亲为，熟悉计划书的每个环节，亲自梳理好商业逻辑。你下的功夫的大小将直接反映在路演过程中，你下的功夫的深度也将直接影响路演的成功与否。

如何把一个项目的商业逻辑完美展现，如何认真梳理提炼各环节的逻辑关系，下面，我将通过一个案例帮助你们了解如何使整个项目在路演的商业逻辑中进行完美呈现。请大家记住：大道至简，简约而不简单。

三、商业计划路演PPT的设计与制作

PPT作为路演的辅助手段，它是运用图文并茂的方式最直观、最清晰、最准确地展示商业逻辑的工具。在进行PPT设计时，一是要充分考虑到PPT的作用是什么，它主要目的是用来吸引投资人兴趣、宣传自己产品、验证商业模式的成熟度、吸引潜在合伙人等；二是要思考路演的环境要素，涉及路演目标、时长、人员、方式、环境、投资人心态和竞争对手等要素对路演的影响。

如何设计一份好的路演PPT呢，下面我们就一起来学习PPT的设计原则、制作技巧和内容。

（一）路演PPT的设计原则

PPT的设计主要遵循的原则有两个：一目了然和视觉美观。一目了然要求路演的内容表达清晰，包括PPT的思路、每个部分划分、每一页表达的观点都要清晰。视觉美观要求页面美观大方，要和项目的内涵风格一致。

路演计划书设计步骤包含了理解、构思和制作，要注意以下三个要点：一是要全面理解计划书的全部观点，并做好商业逻辑的梳理；二是构思PPT版面风格和主题思路，做好图文比例的把握，可以借助草图做好构思；三是PPT制作完成后要进行反复修改和完善。

（二）路演PPT的制作技巧

一是模板和背景的制作。路演PPT的模板，要求简洁大方、清晰、突出重点、可视度高。二是色彩搭配。PPT的色彩搭配要合理，要根据公司LOGO和风格来选择主色调，比如可口可乐用的是红色，百事可乐用的是蓝色，阿里巴巴则用的是橙色。一般情况下每页PPT颜色不能超过三种，突出信息的字体颜色也是一样。三是图文搭配。PPT设计，要多用图片来说明问题，尽量少用文字，因为文字的吸引力远不如图表的吸引力

强，因此有“字不如表，表不如图”的说法。图表中运用较多的是柱形图、折线图、饼图和条形图，这些图形在相应软件中都有。在必须要用文字表达时，也要注意文字的字体、字号的选择和搭配，同时要注意文字的字数务求精简，最后是文字的三种格式的运用。四是页数。PPT 的页数要控制好，一般建议页数正文内容不超过 12 页，整个项目的介绍不要超过 15 页。

（三）路演 PPT 内容

根据商业计划书梳理要展示的核心信息，企业要理清项目的商业逻辑、内容展示一定要逻辑清晰、前后呼应、详略得当。一般要展示的核心模块有封面、市场痛点、解决方案、产品与服务、商业模式、行业与市场分析、团队信息、财务预测与风险对策、结尾等。

如果以问题为导向来设计路演 PPT 的内容，我们可以从以下几个评委或投资者关注的问题进行思考和梳理：①用几句话说明你发现目前市场存在的空白点，或者什么问题（痛点）！②你有什么解决方案，或者什么产品能够解决这个问题（痛点）？③你的产品所面对的目标用户是哪些？④你的竞争力。为什么这个事情你能做别人做不了？如果说都可以干，为什么要投资给你？你的核心竞争力是什么？⑤论证你的市场有多大？⑥说明你如何赚钱？如果不知道怎么赚钱，至少让评委知道你的项目有价值，中国有十几亿人口，只要有 1 亿人觉得你的项目有价值，那么你就能赚钱！⑦用几句话告诉评委或投资人，这个市场有没有别人在干这个事情，如果有，那么他们做得怎么样？最好把你的项目的优劣势进行分析展示（SWOT）。⑧突出自己的亮点，说明你的优点和缺点。⑨做财务分析。不要讲未来三年能赚多少，而是应讨论未来半年需要多少钱。⑩介绍一下你的团队。概括为一句话就是：我在一个什么样的行业里，帮助一群什么样的客户解决了他们哪些相关问题，通过解决这样的问题，他们付给了我什么样的报酬，这个项目是长期有效的。

四、商业计划路演成功的基本结构

路演是否成功，能不能吸引到受众和引起投资者的青睐并给予投资是两个核心指标。一个成功的路演包括开场演讲、内容演示、电梯演讲等。

（一）路演开场

讲一个好故事：通过讲述一个扣人心弦的好故事是取得良好开场的关键。好的故事是吸引注意力的最有效方式，故事可以以提问方式开始，也可以通过一个案例导入，更可以通过创业者亲身经历的一件事来开始。好故事能够一下抓住受众的心，第一时间把注意力吸引到路演上来。开场演讲要给人耳目一新的感觉，用 30 秒的时间说一个动人的故事，就需要故事言简意赅，直指核心，把受众最关心的痛点和焦点讲述出来，即讲述项目所呈现的产品和服务针对哪些当前市场上不能解决的问题和难题，或者是当前市场上消费者很关注的焦点问题。针对这些痛点和焦点，路演者还应阐述该项目是否有潜在的商业机会，以及对焦点的解决方案的思考。

如果一个路演主讲者这样给你进行开场：“尊敬的各位评委（老师、投资者），亲爱的在场的所用观众，大家上午好，我是某某某，来自哪里。非常高兴今天能代表团队在这里给大家做项目展示，如有讲得不好的地方，请大家多多海涵。如果有不清楚的地方大家可以随时提问，感谢各位在百忙之中抽出时间来参加我们的项目路演，下面我开始我们项目的展示。我们的公司名称叫×××，我们的产品是×××，……”大家是不是觉得这样的开场演讲太平铺直叙、中规中矩了，而且说了半天也不知道项目到底是做什么的。作为开场的演讲，一定要言简意赅，直指中心，如果没有好的故事，就用能说服听众的数据来作为开场吧。

（二）路演过程

路演过程核心是围绕痛点提出解决思路、获得市场的方法、细致周密的计划、团队展示和融资来进行的，可分为入场、演示、结尾、互动与退场。

入场。在入场环节，企业要注意做好团队的分工，并根据分工各司其职，迅速熟悉路演现场的设备设施，做好演示的准备。同时企业要注意快速应对现场出现的各种小意外，比如麦克风不能发声，插入在PPT中的视频不能正常播放等情况的快速处理，不要影响后面的内容展示。入场后不要马上就进入演示环节，要观察现场的评委是否做好倾听的准备，可以试着询问评委，团队已经准备好了，是否可以开始展示。

演示。首先是要注意把握好演示的时间，如果只有10分钟的展示时间，要传递给受众的感受是：时间过得很快，而又很想深入了解创业项目。因此要做好展示环节的时间规划和人员安排，在演示过程中，人员之间的配合要默契。其次主要陈述者和团队成员的站姿、表情和声音要大方得体，主要陈述者要注意讲话的节奏和语气的抑扬顿挫，因为评委们都愿意听热情洋溢又积极乐观的人讲话。在演示过程中，演示者务必做到脱稿演讲，注意与PPT的衔接和与评委的眼神交流。最后是要注意把握好演示的重点和节奏，并合理地运用辅助语言来进行演示。

结尾。精彩的开场作为路演的第一印象，那意犹未尽的结尾演讲就是锦上添花，因此路演的演示结尾部分也要好好设计。结尾可以是再次阐述项目的核心价值和未来追求，可以是美好愿景的表述，千万不要出现类似于“感谢各位聆听，我们的演示到此结束，请各位评委提问。”“我的演讲结束了，谢谢大家，请大家提问吧。”等太简单的结束语。

互动。互动主要是针对评委的提问和遗漏的问题进行答辩和补充。这里要注意以下几点。一是要充分理解评委的心理，要熟悉评委的背景和经验，学者和企业家关注点的不同等因素。二是保持好安全的互动距离，不要离评委太远，也不要离评委太近。一般情况下，评委都是坐着的，而演示者是站着的，因此离得太近会给评委以压抑感，离得太远又拉开了与评委的距离。这个要根据现场的环境进行合理的控制。三是要保持正向的积极心态，在互动提问答辩环节，有的专家和评委提出的问题十分尖锐，甚至会否定你的项目。遇到此类情况，陈述者切记不可站在自己角度进行辩解，而要以一种学习者的定位虚心听取现场评委和专家的意见和建议，对于项目没有考虑周全的地方可以进行探讨和请教。如果评委问道：你们项目的核心竞争力是什么？陈述者在回答的时候就不要一直强调我们项目有专利技术，而是要通过市场、产品、技术和团队等多角度进行阐述。由此可见，前期的问题梳理和准备显得十分必要和重要。

退出。当评委宣布提问结束时，陈述者万万不要以为退场就不重要，这是展示一个团队优秀品质和素养的一环，很多项目成员由于不注重退场表现而给评委留下不好的印象。一是要向评委表达谢意，二是有序整理好本项目的展示实物，三是退出现场的时候不要发出太大的声响。企业应关注和做好每个细节，细节也是决定成败的关键。在路演过程中，企业要注意做好各种数据、图形、画面等要素给路演带来的辅助作用。

（三）电梯演讲

电梯演讲就是即兴演讲，只是把演讲场景设置在电梯环境中，因为一般坐电梯的时间大约就是 1~5 分钟，在短时间内要进行一个项目的介绍，难度是很大的。《电梯演讲要点》中曾这样提到："一个精心设计的电梯演讲会给你带来提供良好的第一印象的最佳摄入点，如果你看看大多数雇主所拟的好员工所具备的特点的清单上最重要的事项——做事有条理、自我激励、良好的沟通技巧等。你会发现一场有效的电梯演讲将会有助于建立起具备所有这些能力的人的印象。" CTR 风险投资公司的罗杰 · 布瓦斯韦特也对电梯演讲的价值做了总结："在进行商业汇报时，尤其是针对本人而言，如果不能通过电梯演讲，就不应该与任何人讨论。"

如果要做好一分钟路演的准备，可以怎样练习呢？我们可以来看一个结构化演讲内容："在×××领域，用户存在的需求是×××。为了满足这个需求，市场已有产品是×××。我们的项目与市场产品的区别如下：一是×× ，二是××，三是××。之所以借此赢得市场，是因为具备三个核心优势：一是×××，二是×××，三是×××。本项目已经在××月内做到了×××规模。在团队成员的努力下，能做到年收入××××万元的市场。希望能得到投资人×××万元投资，换取×××股份。"

所以做好电梯演讲应该注意的是：一是保障信息准确，核心关键信息不超过三个；二是用好对比，尤其是竞争对手和自己的销售数据比较；三是高度自信、思路清晰、逻辑清晰、环环相扣；四是注意语气、语速和语言的表达。

最后需要注意的是在路演之前一定要进行多次演练，在演练中熟悉自己的项目本子内容，熟悉产品的特点和核心竞争力。陈述者在路演过程中一定要保持镇定、自信、微笑。路演过程中，陈述者要注意语气和语速的把握，做到不紧不慢、不急不快，还得注意路演过程的仪表仪态的运用。

五、商业计划路演中常见的问题

在路演过程中，如果出现紧急情况，是慌张不知所措，还是临危不乱，有条不紊地面对和机警地处理，这也是给评委或投资人展示处理突发事件能力的机会。下面我们一起来学习如何处理路演过程中的一些常见问题。

（一）常见问题

路演中常见的问题一般分类两大类。第一类是路演项目的问题。其主要有创业模式陈旧、调研不深入、目标客户定位模糊、梦想大但不接地气、项目缺乏创新、项目贪大求全等问题。第二类是路演现场演示问题。其主要有设备出现故障、不注重服装、演示的语速过快、过于紧张、互动时抓不住关键点、超时、收入模式阐述不清楚、没有搞清楚路演的对象等问题。

（二）提升问题处置能力

路演项目问题。路演项目主要有四个方面的问题。一是创新创业模式，把多余的水分挤掉，踏踏实实从项目本身的优势出发提炼项目的逻辑。比如中国有十几亿人，每个人都要使用牙膏，是不是新创一个牙膏产品，就能获得这十几亿人的购买需求呢？答案肯定是否定的。二是针对调研不深入，从调研方案开始入手，认真获取第一手数据，调查范围的大小，有效数据有多少，调研的广度和维度都要达到一定量。如果你要做一个针对全国范围内消费者的一个项目，仅仅调查了自己所在城市的消费者代表，那肯定不能用来作为全国调研数据的支撑。三是针对目标客户定位模糊，建议对目标客户做画像定位，这是最好的解决途径。要解决梦想太大不接地气和太贪心的问题，项目团队要摒弃贪大求全的创业梦想。一个项目团队感觉自己啥都可以做，能把所有市场都吃定，大家可以想想，一个新创企业哪里来的底气和勇气，能够吃下整个市场，不管是腾讯还是阿里巴巴，其创业初期都是以一款核心产品打开市场局面，做好一个细分市场、赢得足够开拓其他市场业务的资金的时候才开始涉足其他领域的。四是新创项目务必要有自己的核心资源，而不是借壳上市，或者利用其他合作机构的资源来创业。

现场演示问题。其主要有设备出现故障、不注重服装的穿着、演示的语速过快、过于紧张、互动时抓不住关键点、超时、收入模式阐述不清楚、没有搞清楚路演的对象等问题。

针对以上问题，路演团队要做的是：一是要熟悉舞台或布展现场。事先调整好遥控器和准备好 PPT 内容，预放一下 PPT 是否能正常播放。二是自己要准备备用设备。三是做好可以不用设备进行脱稿演讲的准备。四是注意着装。注意服装和仪容仪表，衣着打扮不要过于随意，正式路演时要穿正装。如果条件允许，可以设计一套适合自己企业文化、项目风格、符合产品和服务的特点服装。五是注意语速调节，紧张的不二法则是勤加练习。语速过快一般是由紧张导致的，另外就是对项目的不熟悉导致的。在现场演示过程中，陈述者还要注意的是不要有蔑视竞争对手的言语，不要用绝对性的语言来阐述自己的观点。六是抓住互动关键点。互动过程中和回答提问时不要过于激情洋溢，此时更需要的是展示演示者的情商和智商，语言更需要简洁明了。同时要注意多引用数据，数据是最有说服力的。七是应用数据要合理，数据是用来支撑项目的，所以要准确合理地运用权威论文、行业分析报告、技术鉴定报告、实验数据和专家鉴定、获奖奖状等支撑项目。八是认真熟悉文本，对文本烂熟于心，了如指掌，才能做到收放自如，对答如流。九是要注意任何问题都没有完美的答案，尤其是评委提出的比较尖锐的问题，在这种情况下不要试着去说服评委，因为评委自己有时候也没有深入思考过这个问题。十是控制演示的时间。一般的演示只有 5~8 分钟，要分成三个核心展示来进行：设计演讲的时候要注意，产品和服务内容要简明扼要，重点突出。团队优势和调研分析要细致，运营财务和风险防控要认真准备。因此控制时间的最好办法除了前面的多加训练，就是在演示过程中，不要讲太多专业术语，要用通俗易懂的语言进行讲解。十一是讲真实的故事，要想获得好的评价和认可，真实的具体表现就是要描述清楚收入模式。十二是清楚目标和对象。对象是评委还是投资者，不同的投资者又有不同的关注点，比如财务投资者关心财务和盈利，行业投资者关心技术和研发能力等。

（三）强化路演演讲力

团队成员都可以做3~5分钟演讲、DE演讲、TED演讲的强化练习，不断提升每位团队成员的路演能力。需要提醒大家的是：任何好的项目不可能就路演一次获得投资人青睐，要做好打持久战的准备，尤其是在各种路演中，需要不断更换路演演讲人，因此，不能把路演演讲的任务交给团队负责人一人承担，众人划桨才能开动大船，何况我们还是刚刚起步的船，就更需要每个人都做好各种准备。

DE演讲是一种培养粉丝和流量的演讲训练。它主要是根据项目的特点，增加关注度而设计的，因此打造属于自己的IP流量需要的是激情洋溢的演讲风格。TED演讲主要是针对某一个知识点或某个观点而进行的演讲，一般在10~15分钟以内，核心要点就是反复不断练习、面对大众进行演讲，不断总结和改变自己的演讲技巧、语气和仪表仪态。

拓展阅读：

屠夫状元陆步轩的创业故事

扫一扫

课堂练习

主题：商业计划路演的问题梳理

练习1

请列出商业计划路演过程中容易出现意外的三个问题和原因。

问题	原因

练习2

请列出项目团队在进行路演时需提升哪三个方面的能力和具体提升措施。

路演能力提升方面	具体提升措施

练习 3

请你以评委或投资者角度设计五个路演提问。

问题 1：____?

问题 2：____?

问题 3：____?

问题 4：____?

问题 5：____?

案例实训

1. 背景材料

阿里巴巴 2014 年 IPO 上市的路演开场和结尾

马云在进行 IPO 上市前的演讲开场是这样的："大家好，我是马云，阿里巴巴的创始人和董事会主席。15 年前，在我的公寓里，18 位创始人有了一个梦。这个梦就是，在某一天我们能够创立一个为成千上万小企业主服务的公司。这个梦想，从始至终都没有改变过，让天下没有难做的生意。"

马云在 IPO 上市前的演讲结尾部分是这样的："阿里巴巴已经走过了一段不短的旅程，要让阿里巴巴成为一家持续发展 102 年的企业，还有 87 年的时间需要我们努力。我们甚至知道，今天很不易，明天更加困难，但是未来是无限美好的。因此，我们必须更加努力，才能够在未来的漫漫征程中赢得胜利。"

2. 实训任务

分析商业计划路演中的演讲。

3. 实训步骤

(1) 个人阅读。

学生认真阅读案例，教师对案例背景进行简单陈述，并进行分组。

(2) 小组讨论与报告。

各小组围绕实训任务进行讨论，每个小组将讨论要点或者关键词记录在下表中，用于课堂互动。具体要点记录如下所示：

小组讨论与报告

小组名称或者编号：________________

组长：________________

小组成员：________________

记录人：________________

① 小组讨论记录：

发言人1：________________

发言人2：________________

发言人3：________________

发言人4：________________

发言人5：________________

发言人6：________________

发言人7：________________

发言人8：________________

____

② 小组共识要点：

____

（3）师生互动。

各组派代表对讨论结果进行陈述，教师与学生进行互动，并回顾本章的关键知识点，同时激发学生进行进一步思考。

（4）课后形成正式的实训报告（参见附录13 实训报告）。

根据课堂讨论，学生进一步回顾课堂所学内容，形成正式的实训报告，可通过课外作业的方式进行。

（5）实训考核。

根据学生课堂表现及实训报告质量，评定实训成绩。

参考文献

[1] 杰弗里·蒂蒙斯，小斯蒂芬·斯皮内利. 创业学［M］. 周伟民，吕长春，译. 6版. 北京：人民邮电出版社，2005.

[2] 布鲁斯R. 巴林杰. 创业管理：成功创建新企业［M］. 5版. 北京：机械工业出版社，2017.

[3] 王竹立. 你没听过的创新思维课［M］. 北京：中国工信出版集团，2015.

[4] 吴见平，赵都敏. 大学生创业基础教程［M］. 北京：高等教育出版社，2015.

[5] 共青团中央，中国青年联合会，国际劳工组织. 大学生KAB创业基础［M］. 北京：高等教育出版社，2007.

[6] 姚飞. 创业管理［M］. 大连：大连理工大学出版社，2015.

[7] 刘志阳. 创业画布［M］. 北京：机械工业出版社，2018.

[8] 王中强，陈工孟. 创新思维与创业教育［M］. 北京：清华大学出版社，2017.

[9] 鲁百年. 创新设计思维［M］. 2版. 北京：清华大学出版社，2019.

[10] 刘身名. 创业能力心理学［M］. 山西师范大学出版社，2004.

[11] 张玉利. 创业管理［M］. 3版. 北京：机械工业出版社，2015.

[12] 吕森林. 创业从一份商业计划书开始［M］. 北京：电子工业出版社，2019.

[13] 埃里克·莱斯. 精益创业［M］. 北京：中信出版社，2012.

[14] 秦勇，陈爽. 创业管理：理论、方法与实践 理论、方法和案例［M］. 人民邮电出版社，2019.

[15] 陈劲，高建. 创新与创业管理（第15辑）创新创业理论与实践［M］. 北京：清华大学出版社，2016.

[16] 本·霍洛维茨. 创业维艰：如何完成比难更难的事［M］. 北京：中国工信出版集团，2015.

[17] 曹海涛. 合伙创业：合作机制+股份分配+风险规避［M］. 北京：清华大学出版社，2018.

[18] 叶雨婷. 95后大学生创业"各显神通"［N］. 中国青年报，2018-08-21.

[19] 祁伟宏，潘楚林. 创业管理［M］. 北京：经济管理出版社，2019.

[20] 斯晓夫，吴晓波，陈凌，邬爱其. 创业管理：理论与实践 [M]. 杭州：浙江大学出版社，2016.

[21] 余来文，林晓伟，陈明封，智勇. 企业商业模式：创业的视角 [M]. 2版. 厦门：厦门大学出版社，2018.

[22] 尹苗苗，张笑妍. 我国大学生创业能力提升路径探析 [J]. 科研管理，2019 (10).

[23] 彭钢. 创业教育学 [M]. 南京：江苏教育出版社，1995.

[24] 人力资源社会保障部教材办公室. 创业指导 [M]. 北京：中国劳动社会保障出版社，2018.

[25] 通识教育规划教材编写组. 大学生就业与创新创业教程 [M]. 北京：人民邮电出版社，2019.

[26] 顾明远. 高等学校要向学生进行创业教育 [J]. 中国大学教学，2002 (10).

[27] 雅斯贝尔斯. 教育是什么 [M]. 北京：生活·读书·新知三联书店，1991.

[28] 吕爽. 创业基础 [M]. 2版. 北京：中国铁道出版社，2018.

[29] 卢丽华. 美国大学实施创业教育的特点及启示 [J]. 外国教育研究，2007 (5).

[30] 张婷. 蒂蒙斯创业教育思想初探 [J]. 当代教育论坛，2007 (6).

[31] 赵建国，廖藏宜，许晓明. 大学生创业影响因素及扶持政策研究 [M]. 北京：经济科学出版社，2018.

[32] 彭钢. 创业教育学 [M]. 南京：江苏教育出版社，1998.

[33] 郁义鸿，李志能，西斯瑞克. 创业学 [M]. 上海：复旦大学出版社，2000.

[34] 刘常勇. 创业管理的12堂课 [M]. 北京：中信出版社，2002.

[35] 罗天虎. 创业学教程 [M]. 西安：西北工业大学出版社，2004

[36] 朱再法，郭亚芳. 大学生创业案例教程 [M]. 北京：人民出版社，2017.

[37] 李肖鸣，孙逸，宋柏红. 大学生创业基础 [M]. 3版. 北京：清华大学出版社，2016.

[38] 布赖恩·芬奇. 如何撰写商业计划书（创造成功经典系列）[M]. 邱墨楠，译 北京：中信出版社，2017.

[39] 李巍. 大学生创业基础 [M]. 北京：人民大学出版社，2016.

[40] 叶虹. 大学生创业法律实务 [M]. 2版. 北京：清华大学出版社，2015.

[41] 罗伯特·赫里斯，迈克尔·彼得斯. 创业学 [M]. 王玉，王蔷，等译. 清华大学出版社，2004

[42] 石鹏建. 大学生创业典型人物事迹 [M]. 北京：知识产权出版社，2018.

[43] 邓立治. 商业计划书：原理、演示与案例 [M]. 2版. 北京：机械工业出版社，2018.

[44] 陈工孟，孙惠敏，主鲜艳. 商业计划书 [M]. 北京：经济管理出版社，2017.

[45] 刘向东. 投资人最喜欢这样的商业计划书 [M]. 北京：中国铁道出版社，2017.

[46] 王风范. 资本路演：成功融资的路演实战图解 [M]. 北京：中国经济出版社，2016.

[47] 查克阿拉基斯等. 我是这样拿到风投的：和创业大师学写商业计划书 [M]. 2版. 北京：机械工业出版社，2015.

[48] 拜尔斯 T H，多尔夫 R C. 技术创业：从创意到企业 [M]. 4版. 北京：北京大学出版社，2017.

[49] 倪云华. 如何打造一流创业团队：创业者最实用的管理指南 [M]. 北京：中国友谊出版公司，2018.

[50] 史蒂文·霍夫曼. 让大象飞 [M]. 北京：中信出版社，2016.

附录

实训报告

附录1 《创新》实训报告

姓名________ 学号______________ 专业年级______________ 成绩________
分析案例所表现出的创新内涵是什么？
“先淘米再销售”这一过程中，有没有创新或创造性活动？

"送货上门"表现为哪种类型的创新？

附录 2 《创新思维》实训报告

姓名________ 学号______________ 专业年级______________ 成绩________
对主题的简要文字表述是：

导图绘制：

附录3 《创新过程与方法》实训报告

姓名________ 学号______________ 专业年级______________ 成绩________
选择的事物或发明：
请任意使用列举法、组合法或移植法对对象进行分析。

请使用奥斯本检核表法完成目标分析。

检核项目	设计要点
分析用途	
类比启发	
改变要素	
增加要素	
减少要素	
替代要素	
交换要素	
颠倒要素	
组合要素	

附录 4 《创新与创业》实训报告

姓名________ 学号______________ 专业年级______________ 成绩________
分析俞敏洪创业的原因。
分析俞敏洪创业成功的关键要素。

根据俞敏洪创业的历程，谈谈自己对创业的理解。

附录 5 《创业选择》实训报告

姓名________　学号______________　专业年级______________　成绩________
雷军在大学期间创业动机产生的主要影响因素有哪些？
雷军具备哪些创业者素质？

分析雷军大学创业失败的原因。

附录 6 《创业机会》实训报告

姓名________ 学号______________ 专业年级______________ 成绩________

宗庆后创业成功的主要因素有哪些？

宗庆后是如何识别创业机会的？是否存在风险？如何改进。

根据宗庆后创业的历程，谈谈对自己的启示。

附录 7 《商业模式》实训报告

姓名________ 学号______________ 专业年级______________ 成绩________
企业名称：
请完成商业模式画布分析描述（并将结果填在后面的表格中）。
CS 客户细分： VP 价值主张： CH 渠道通路： CR 客户关系： RS 收入来源： KR 核心资源： KA 关键业务： KP 重要伙伴： CS 成本结构：

结合分析结果，请提出对该企业商业模式的建议。

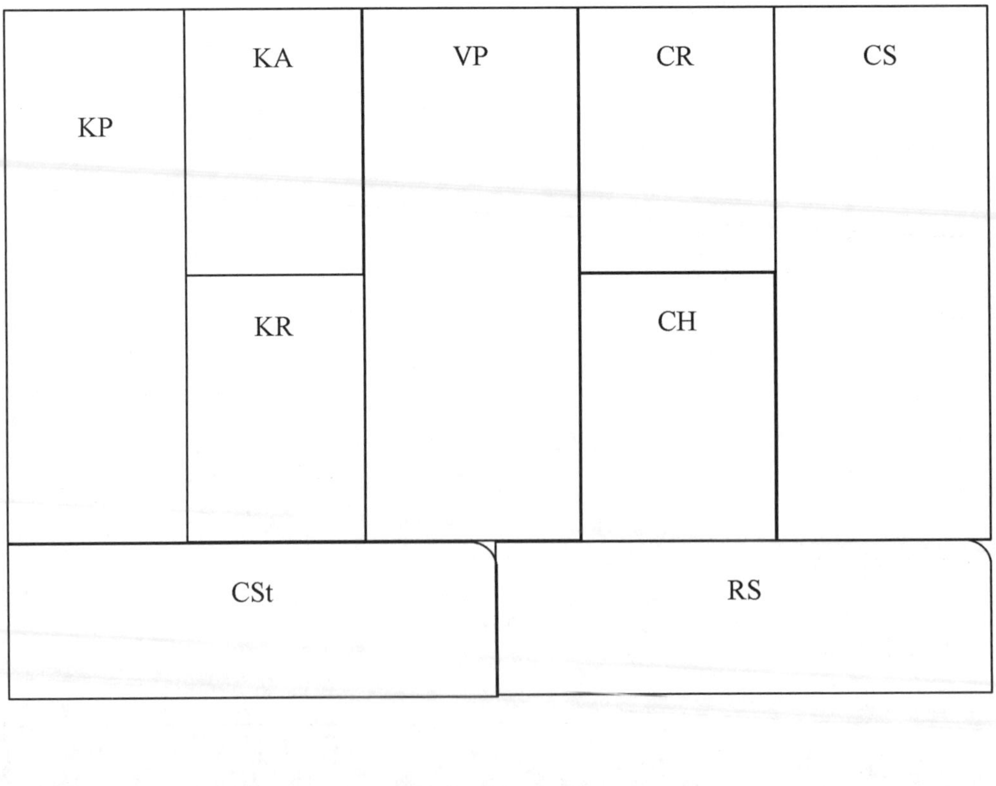

附录 8 《创业融资》实训报告

姓名________ 学号______________ 专业年级______________ 成绩________
阿里巴巴进行 8 次融资的原因是什么?
阿里巴巴 8 次融资的资金来源分别是什么?

根据阿里巴巴的融资历程，谈谈你对企业融资的认识。

附录9 《新创企业》实训报告

姓名________ 学号______________ 专业年级______________ 成绩________

分析初创企业主要面临的哪些法律与伦理问题。
调查你所在城市注册公司需要哪些流程及需要准备哪些材料。

调查你所在的城市对小微企业有哪些相关的优惠政策。

附录 10 《企业初创期管理》实训报告

姓名________ 学号________________ 专业年级________________ 成绩_________
分析微软在初创期有哪些特征。
分析微软在初创期是如何进行管理的。

谈谈自己对企业初创期的理解。

附录 11 《商业计划书技巧》实训报告

姓名________ 学号______________ 专业年级______________ 成绩________
分析该商业计划书（部分）中使用字、图、数的特点。
分析该商业计划书（部分）的排版设计特点。

谈谈自己对商业计划书中字、图、数的设计思考（填写要点）。

附录 12 《撰写商业计划书》实训报告

姓名________	学号______________	专业年级______________	成绩________
分析该商业计划书（PPT 版）的优点。			
分析该商业计划书（PPT 版）的缺点。			

根据缺点，谈谈自己对商业计划书 PPT 设计的思考（只填要点）。

附录 13 《商业计划路演》实训报告

姓名________ 学号________________ 专业年级________________ 成绩_________

分析该商业计划路演的开场演讲的优点。

分析该商业计划路演的结尾演讲的优点。

请模拟设计一份商业计划路演的考场和结尾演讲词。

“国培”引领
教师自主成长

——“国培”：以教师工作坊承载自主研修

（下册）

顾　　问　刘　涛　汪桂琼

主　　编　肖世林　李芝伦　熊生贵

副 主 编　罗洪彬　陈　艳
　　　　　张家玉　陈维勇

编写人员　肖世林　李芝伦　熊生贵　罗洪彬
　　　　　罗天斌　黄正萍　陈　艳　张家玉
　　　　　陈维勇　杨　帆

西南财经大学出版社

四川・成都

图书在版编目(CIP)数据

"国培"引领教师自主成长/肖世林,李芝伦,熊生贵主编.—成都:西南财经大学出版社,2020.12
ISBN 978-7-5504-4646-5

Ⅰ.①国… Ⅱ.①肖…②李…③熊… Ⅲ.①农村学校—师资培养—中国—文集 Ⅳ.①G451.2-53

中国版本图书馆CIP数据核字(2020)第227997号

"国培"引领教师自主成长
主编 肖世林 李芝伦 熊生贵

责任编辑:雷静
封面设计:墨创文化
责任印制:朱曼丽

出版发行	西南财经大学出版社(四川省成都市光华村街55号)
网　　址	http://www.bookcj.com
电子邮件	bookcj@foxmail.com
邮政编码	610074
电　　话	028-87353785
照　　排	四川胜翔数码印务设计有限公司
印　　刷	四川新财印务有限公司
成品尺寸	145mm×210mm
印　　张	13.375
字　　数	349千字
版　　次	2020年12月第1版
印　　次	2020年12月第1次印刷
书　　号	ISBN 978-7-5504-4646-5
定　　价	58.00元

总 序

2017—2019年，作为西部欠发达地区的四川省泸州市江阳区，承接了《“国培计划（2017）”——中西部项目县》项目，实施了全区乡村教师全覆盖培养计划。该计划包括乡村教师培训团队研修、乡村教师送教下乡、网络研修与校本研修整合、教师网络研修工作坊四个项目。在开展项目工作的过程中，我们坚持“为了每一个乡村教师的专业发展，为了每一个乡村孩子的幸福成长”的工作理念，进行整体规划、精心准备、扎实施培、不断创新、务实认真地促进每一位乡村教师发展成长。

基于对全区乡村教师现状和培训需求的调研，我们确定的“国培计划（2017）”的基本思路是：改变过去“灌输式”“要我学”的“高空喷洒”培训模式，注重“根部滴灌”，将培训重心下沉，让老师们在真实的教育情境中去做正确的事，促进乡村教师自主学习、自主发展。

我们将培训的长远目标定位于提升教育教学质量，促进学生核心素养提升，而在众多的“素养”要素中，我们尤为关注“学会学习”这一个点。而此次“国培”的内容，我们确定为：以聚焦课堂为基础展开教师教学的四大技能培养——建构教学内容的技能、设计教学的技能、课堂实施的技能、教学评价的技能。在项目实施过程中，我们既考虑综合教学技能，又突出重点，分四学期完成四项技能训练，帮助乡村教师更新教师教育观念，提升乡村教师教育教学能力，并且在这一过程中涵育师德修养。

为了实现上述目标，结合我区实际，我们将重点展开的乡村教师送教下乡、工作坊研修、网络研修与校本研修整合三个项目相互联系，将"国培"工作与日常教学教研工作和全区的教师专项培训打通设计，制定出江阳区项目实施的总体方案。方案设计按照"整体规划、主题突破、整合资源、分步推进"的原则，总体目标在于学生核心素养提升和教师教学技能提升，其中以送教下乡为重点，在实践中提高教师教育教学能力，把网络研修与工作坊研修作为补充和辅助。我们对同时参加两个项目的学员，对其学习内容、任务完成和考评考核均进行一体化要求，避免重复，避免增加学员负担。

在精心打造专家团队、构建课程、设计教学的基础上，我们采用自主参与的"实战式"培训模式，让参培教师置身于真实的教学情境中，通过真实参与和一次次研磨、锤炼，通过多方面的激励措施，切实地唤醒教师自主发展的意识，扎实地促进教师在这次系统培训中自主成长。

《"国培"：引领教师自主成长》就是基于这样的工作着力点和成果提炼立意，总结、编写的，是《"国培计划（2017）"——中西部项目县》的经验成果。

我们这一套成果的撰写与编辑，不是只把工作材料汇总、拼接起来，而是按一定的逻辑关系进行架构，从而使整套成果显现出一定的学术性和可供借鉴的经验系统性。

这套丛书共五本（本次先将前面两本分上下册出版），它们立体式、全景式地梳理与展现《"国培计划（2017）"——中西部项目县》的设计、做法及其形成的经验和获得的成果。

第一本《"国培"：为了教师自主成长的区域行动》，全局性、整体性地呈现我区实施"国培计划（2017·江阳区）"的准备、设计、计划、实施（管理）和评价等。此书主要讲"国培”引领教师自主成长的区域设计，包括目标设计、学习内容设计、操作设计、成果设计等；“国培”引领教师自主成长的区域实施，具体介绍有效开展“国培”工作的“六个四”举措；“国培”引领教师自主成长的区域评价，包括“国培”工作的过程督查及“国培”评价操作。

这一本是“国培”实施的总述性介绍。江阳区的“国培”主要体现在两个方面：乡村教师送教下乡与乡村教师工作坊研修。

第二本《“国培”：以教师工作坊承载自主研修》，介绍了在“国培计划”实施中乡村教师工作坊研修的运作，包括乡村教师工作坊研修的区域架构，乡村教师工作坊的建立、运行与评价；我区常态化的教师工作坊研修运行，具体列举了13个教师工作坊。

第三本《“国培”：在送教下乡中自主成长》，介绍了“国培计划”最大版块“送教下乡”的实施，包括送教下乡的组织与管理、教学诊断的实施、示范教学的实施、研课的实施、磨课的实施、成果展示的实施、总结提升的实施等。

第二本和第三本书与第一本书的关系是，总述之后再从两个“点”出发对“面”进行的详细展开，是对全局工作的支撑性说明。如果说“国培”的整个工作是大厦，那么送教下乡与乡村教师工作坊研修，就是这座大厦的两大顶梁柱。

第四本《“国培”：教师教学自主建模》，呈现了我区通过“国培”后，老师们自主建构起来的学科教学模式。其中，小学部分有13种教学模式，中学部分有15种教学模式。

第四本是前面三本的结果性证明，是“国培”带来的丰硕的成果之一，也是最具江阳特色的成果之一，更是“国培”催生出的一个推动课程改革的重要成果。

第五本《“国培”：我的成长故事》，主要呈现江阳区教师参加“国培”过程之中和之后的故事，共收录49个故事。

第五本是对前面四本所呈现的工作的过程性记录，是“国培”工作中的一个个特写镜头。如果说“国培”是一个鲜活的生命体，那么前四本是“骨”，这一本是“肉”。有“骨”有“肉”才是完整、鲜活的生命体。

“国培”成果的这五本书，前三本是行动，后两本是行动的结果；前三本是因，后两本是果。

《“国培计划（2017）”——中西部项目县》完成后，通过了国家相关部门的检查验收，整个工作获得了评价A级的殊荣。有关领导和专家在审查了江阳区的全部做法后，给予了高度的赞扬，称“国培”江阳经验就是四川经验，是实施“国培”计划的典范，勉励我们应该好好总结与提炼，以供全国各地在开展此项工作时能学习借鉴。基于这样的鼓励与要求，我们在前期认真工作和设计的基础上，进行了后期的深入反思与整理，从而编写、出版了这套丛书。

由于我们编写水平有限，书中难免存在一些疏漏，恳请读者不吝赐教，帮助我们不断进步。

编者

2020年8月

目 录

第一部分 "国培"：乡村教师工作坊研修

第二部分　常态：乡村教师工作坊研修

第一部分

“国培”：乡村教师工作坊研修

第一章　乡村教师工作坊研修的区域架构

以泸州市江阳区为例，根据《教育部办公厅 财政部办公厅关于做好2017年中小学幼儿园教师国家级培训计划实施工作的通知》，根据《教育部办公厅关于印发乡村教师培训指南的通知》及其《乡村教师工作坊研修指南》，以及根据《泸州市江阳区“国培计划”中西部2017项目实施方案》，并配合江阳区送教下乡培训和乡村教师网络研修与校本研修整合培训，为确保我区乡村教师工作坊研修工作落地和见实效，我区特制定《泸州市江阳区乡村教师工作坊研修规划与实施方案》。此方案为江阳区乡村教师工作坊搭建了整体架构，设计了工作目标、工作内容、工作措施、成果预设和工作时间安排五个方面的内容。

第一节　区域内乡村教师工作坊研修的架构

一、江阳区乡村教师工作坊研修目标

依据“国培”计划的规划，工作坊项目重在建立“用得好、辐射广、可持续”的骨干引领全员的培训机制与环境。针对当前乡村教师发展专家指导不够、骨干教师引领机制不健全等问题，我区依托骨干教师组建工作坊，带动乡村教师开展工作坊研修，打造信息技术环境下的教师学习共同体，推进骨干引领全员

的常态化研修。其主要目标任务如下：

（1）遴选骨干教师 21 名并将其培养成为工作坊主持人。

（2）依托工作坊主持人建立 21 个乡村教师工作坊。

（3）工作坊主持人带动 1 051 名乡村教师进行工作坊研修。

（4）持续提升我区乡村教师教育教学能力。

（5）推动工作坊主持人从优秀迈向卓越。

（6）完善乡村教师专业发展支持服务体系。

二、江阳区乡村教师工作坊研修内容

根据工作坊研修的主要目标任务，在两年的“国培计划”实施过程中，我们设计了如下的研修内容：

第一，依托有关高等学校和网络研修支持服务机构，以江阳区教研培训中心为业务管理和指导主体，按照教育部提出的“建坊、用坊、评坊”的流程，组织实施我区乡村教师工作坊研修。

第二，紧紧围绕关注核心素养之“学会学习”，以促进学生“会学、学好”为目标，聚焦课堂展开教师教学的四大技能（教学内容解读与建构的技能、教学设计的技能、课堂实施的技能、教学评价的技能）研修。

第三，以提升我区乡村教师教育教学能力为指向，形成我区乡村教师工作坊研修经验，提炼成果，撰写并出版相关专著，为我区创建示范性“国培计划”项目县做出努力。

三、江阳区乡村教师工作坊研修工作措施

围绕乡村教师工作坊研修活动的目标任务及主要内容，我们通过以下工作措施来保障工作坊研修的顺利进行。

（一）工作坊的建立

（1）制定乡村教师工作坊主持人的遴选条件，并按条件遴选出骨干教师，安排其为工作坊主持人。

（2）全区分学段、学科（领域）组建乡村教师工作坊 21 个，将具备网络学习条件的乡村教师 1 060 名纳入工作坊。各坊配置一名主持人，一名骨干教师，一名指导专家，约 50 名学员。工作坊内设立若干个研修小组，并选拔优秀学员担任组长，明确研修分工。

（3）各工作坊拟定自己的个性化名称，设定自己的研修理念（口号），提出自己的研修目标，围绕全区设定的研修主要内容（规定动作），再自主选择与之相匹配的研修内容（自选动作），以问题为导向建构自己的研修内容体系（框架），倡导各工作坊探索建构自己的研修模式与打造自己的特色。

（4）全区建立与完善工作坊研修管理制度，明确各方职责，建立激励与约束机制。各工作坊也建立小组间的合作竞争机制。

（5）全区开展三次工作坊坊主与骨干教师培训，指导其开展工作。

（二）工作坊的运行

全区各个工作坊组建之后，按照相关要求开展活动。

（1）各工作坊制定本乡村教师工作坊两年的研修方案，每学期拟订出研修计划。

（2）各工作坊紧紧围绕全区设定的两年送教下乡和工作坊研修主题与内容（以促进学生“会学、学好”为目标，聚焦课堂展开教师教学的四大技能研修），递进式地设置研修内容体系。

各工作坊各学期须完成的规定动作是：

第一学期，以解读与建构教学内容的技能和设计教学的技能的研修为重点。

第二学期，以课堂实施的技能和教学评价的技能的研修为重点。

第三学期，以四种技能的综合运用研修，促进学生会学为重点。

第四学期，以更多技能的综合运用研修，促进课堂有效性的提升，重点督促学生学好。

同时，各学期、各工作坊按各自设定的自选动作（每年 2 次×2 天，两年计 4 次 8 天）进行相应的研修。

（3）各工作坊研修将主题研修与常规研修相结合，以主题研修为主，确保研修具有针对性；将网络研修、集中培训与现场实践相结合，实现教师学用结合，确保研修实效性。

主题研修要针对乡村教师教育教学中的突出问题，预设研修主题，主要采取诊断示范、课例研修、专题研讨、微型讲座、课题研究指导和成果总结展示等方式，由工作坊主持人组织全坊乡村教师进行主题鲜明的研修活动。主题研修要将网络研修、集中培训与现场实践相结合。网络研修重在支持主题研修的常态化开展。集中培训重在现场诊断示范、研修成果展示和经验分享等，营造研修氛围，巩固研修成效。现场实践重在推动乡村教师及时将网络研修与集中培训的所学应用于实践，切实解决教育教学中的突出问题。

常规研修要结合乡村教师日常教育教学工作，主要采取网上诊断、课例点评、问题解答、资源推送等方式，由工作坊主持人对乡村教师进行个性化指导。常规研修主要采取网络研修与现场实践相结合的方式进行，推动教师即学即用。

（4）各工作坊要管理和组织好本坊教师展开研修。要求每位教师根据工作坊研修方案，制订个人研修计划，积极参与研修，严格遵守纪律。

（5）各工作坊积极探索富有实效的研修方式方法，形成研修经验，指导本坊学员形成实践成果，提炼、汇聚、加工优秀成果。注重研修过程的记载，积极搜集和整理研修材料。及时发掘"好小组、好学员、好成果"，做好典型经验、先进做法的总结宣传推广工作。

（6）教研培训中心将常规教研活动与工作坊研修整合起来，增强研修的可操作性与实效性。注重对各工作坊日常研修的监管，防止各坊研修落空或流于形式。

（三）工作坊的评价

在“国培计划”实施过程中，我们制定了相应的评价机制和考评制度，对工作坊的研修进行评价。

（1）各工作坊和研修学员每学期提交研修总结和研修成果资料。

（2）区教研培训中心每学期组织对工作坊及其主持人进行评估。对乡村教师工作坊的评估，以工作坊主持人的引领带动作用、学习共同体组建、研修活动开展、资源生成和乡村教师学习与实践成效等为重点。区教研培训中心根据评价结果，对工作成效突出的主持人给予奖励支持，对工作不力的主持人及时进行调整。

网络研修支持服务机构通过大数据分析等手段，有效记录并反馈工作坊主持人和乡村教师的研修行为及成效，为教育行政部门和业务部门管理工作坊、工作坊主持人管理坊内学习小组与学员提供有力支持。

（3）各工作坊主持人根据教育行政部门、教研部门的要求，做好本坊学员的监管评估工作，通过小组评价和个体评价，对参与研修、支持同伴、完成任务和生成成果等进行有效评价。完善坊内管理评价机制，激励学员认真参与、乐于展示、积极分享。充分发掘并推荐优秀小组与优秀成员，并对学习不力的学员进行有效督促。

四、成果预设

我们通过工作坊研修与校本研修的整合，围绕教师教学四大技能，开展一系列的线上线下研修活动，经过两年的努力，拟编写出版《“国培”：以教师工作坊承载自主研修》。本书主要展现乡村教师工作坊的建立和运行方式及机制。

本书主要通过部分来呈现。

第一部分为"国培"：乡村教师工作坊研修。

第一章：乡村教师工作坊研修的区域架构。本章介绍区域内乡村教师工作坊研修的设计思路、区域内乡村教师工作坊研修的需求调研与总体研修方向的设定。

第二章：乡村教师工作坊的建立。本章主要介绍工作坊的性质、功能、组织结构、人员配置、机制建设、特色打造等。

第三章：乡村教师工作坊的设计与实施。本章主要介绍工作坊的研修活动展开，呈现各种研修主题的选择、研修内容的建构、研修活动的开展、研修方式的探索、研修成果的提炼与展现等。

第四章：乡村教师工作坊的评价。本章主要介绍工作坊及其坊主、骨干教师、指导专家及学员的评价标准、评价方式及评价结果的运用。

第二部分为常态：乡村教师工作坊研修。

第五章：乡村教师工作坊常态化研修的体制机制。本章包括教师工作坊常态化研修的体制机制的区域性建构和校本建构。

第六章：乡村教师工作坊常态化自主研修的运行模式。本章介绍江阳区十几种有特色的教师工作坊模式（包括区域性的、学校名师领衔的、学校组建的教研模式）。

本书要公开出版，要总结和提炼乡村教师工作坊的操作经验，呈现丰富而鲜活的案例，为欠发达地区开展乡村教师区域培训及校本研修，提供可供借鉴的、构建工作坊类的学习共同体的操作经验。

五、工作时间安排

为保障工作坊研修活动的有序开展，我们特制定了工作推进时间安排表（表1-1），让每个工作坊按照进度推进研修活动。

表 1-1　江阳区乡村教师工作坊研修工作推进安排

时段	工作主要内容	保障措施	责任机构或负责人	备注
第一学期	完成全区乡村教师工作坊的研修规划和实施方案的拟订 完成各工作坊的建立 各工作坊开始运行，完成第一学期的研修任务 做好全区工作坊研修的监管与评估	管理机构、组织机构的建设 全区乡村教师工作坊运行机制（包括监管、评估、激励机制等）的建设。 各工作坊内部机制的建设 网络研修资源支持 经费支持	区教研培训中心相关管理机构与人员 各工作坊负责人	
第二学期	各工作坊常态化运行，完成第二学期的研修任务 做好全区工作坊研修的监管与评估	网络研修资源支持 经费支持	区教研培训中心相关管理机构与人员 各工作坊负责人	
第三学期	各工作坊继续常态化运行，完成第三学期的研修任务 做好全区工作坊研修的监管与评估 开始提炼、总结我区乡村教师研修工作坊建设与运行经验 进行专著《又一种学习共同体：乡村教师工作坊》的撰写	网络研修资源支持 经费支持	区教研培训中心相关管理机构与人员 各工作坊负责人 区教研培训中心学术中心及其他相关人员	
第四学期	各工作坊继续常态化运行，完成第四学期的研修任务 做好全区工作坊研修的监管与评估 将我区乡村教师研修工作坊建设与运行经验提炼成成果 出版专著《又一种学习共同体：乡村教师工作坊》	网络研修资源支持 经费支持	区教研培训中心相关管理机构与人员 各工作坊负责人 区教研培训中心学术中心及其他相关人员	

第二节 区域内乡村教师工作坊研修的需求调研与总体研修方向设定

我区承担“国培计划（2017）”培训项目的组织实施，针对全区乡村教师，全员开展乡村教师培训团队研修、乡村教师送教下乡、网络研修与校本研修整合、教师网络研修工作坊四个项目。其中教师研修工作坊 1 060 人，根据人员结构情况，划分为 21 个坊，整合新思考网和江阳区本土资源，进行整体设计，紧紧围绕关注核心素养之“学会学习”，以促进学生“会学、学好”为目标，以聚焦课堂展开教师教学的四大技能开展培训研修。我区根据实际，与新思考网进行协调，调整了网络课程设置，同时进行线下研修。

在这两年内，我们设计了比较详细的研修内容，但是还不能很彻底地了解一线老师的想法，他们究竟需要什么样的课程，迫切需要解决什么样的教学难题……我们无法掌握。所以，我们针对乡村老师工作坊的线下研修培训进行了培训前的问卷调查工作。

由于中小学学科全覆盖，工作坊的个数多，参培的教师人数多，因此，我们采用了“问卷星”进行网络问卷调查。

首先，问卷内容的设计。此次问卷调查的设计分为主观题和客观题两类。客观题是了解教师的教龄、职位，以及对工作坊研修的期望与需求，明确一线教师希望以什么方式开展培训学习。主观题则是为了了解教师们的困惑及通过工作坊线下研修需要解决哪些问题。整体来看，问卷调查填写方式简单，填写内容难度很低，可操作性强。

【附】问卷调查

1. 你所在学校（　　）。

A. 白马学校　　　B. 弥陀学校　　　C. 分水中学

2. 你的职称（　　）。

A. 未定级　　B. 初级　　C. 中级　　D. 高级

3. 你的性别（　　）。

A. 男　　B. 女

4. 你的年龄（　　）。

A. 20~30 岁　B. 31~40 岁　C. 41~45 岁　D. 45 岁以上

5. 你在乡村学校的教龄（　　）。

A. 3 年以下　　B. 3 年至 5 年　　C. 6 年至 10 年

D. 11 年至 15 年　　E. 15 年以上

6. 你认为这两年的工作坊线下研修应该要做些什么？可以多选。

(1) 学习理论（　　）。

A. 听专家讲座　　B. 小组共读一本书

C. 沙龙式　　D. 互相讨论

(2) 教学研讨（　　）。

A. 案例教学式　　B. 交互式

C. 专题讲座式　　D. 参与式

(3) 编制日常教学需要的参考资料（　　）。

A. 教案　　B. 试题

C. 课程资源开发方法　　D. 其他教学辅助资料

7. 你希望工作坊线下研修活动为您解决哪些主要问题？

____

____

____

其次，根据问卷内容，进行网络问卷调查。本次调查力争做到公正、客观。调查对象是参加工作坊研修培训项目的全体学员。我们利用“问卷星”设计问卷题目，通过 QQ 和微信请学员作答，操作简单、便捷。

为了打消被调查的教师的顾虑，让他们能真实作答，如实说出自己的需求，我们在调查表的一开始有这样的一段话：

老师：

你好!

为科学设计乡村教师培训项目，增强乡村教师培训的针对性和实效性，我们特组织了本次乡村教师培训需求调查。这项调查纯粹作为工作研究，是无记名调查，调查结果不作为考核教师、考核学校的任何依据。敬请你将你的有关情况如实填写。谢谢合作!

然后，得出调查结果。调查共收回问卷 1 060 份，后台直接统计出结果。

首先是客观题部分的数据和分析。

第一题：各学校所调查教师所在学校的比例如图 1-1 所示，包含了全区所有乡镇学校教师。

第 1 题　你所在的学校

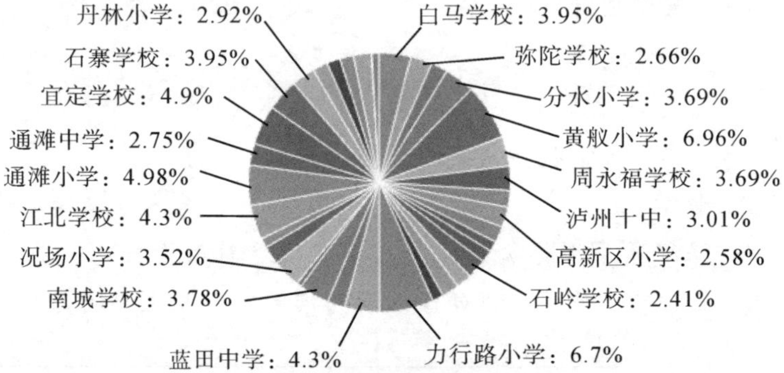

图 1-1　各学校所调查教师所在学校的比例

第二题是了解所调查教师的职称情况，如表 1-2 所示。从调查的结果来看，参加培训的乡村教师中，初级职称和中级职称占多数，高级职称和未定级的教师占少数。

第 2 题　你的职称是？[单选题]

表 1-2　所调查教师的职称情况

选项	小计	比例
未定级	24	2.26%
初级	553	52.17%
中级	386	36.42%
高级	97	9.15%
本题有效填写人数	1 060	

第三题调查了此次培训教师的性别，参加培训的男教师 263 人，远低于女教师 797 人（表 1-3）。

第 3 题　你的性别是？[单选题]

表 1-3　参加培训教师的性别情况

选项	小计	比例
男	263	24.81%
女	797	75.19%
本题有效填写人次	1 060	

第四题调查参加培训教师的年龄结构特点，20～40 岁的教师人数占了总人数的 77.45%，也有 10.57%的年龄偏大的教师参加培训（表 1-4）。

第 4 题　你的年龄？［单选题］

表 1-4　参加培训教师的年龄结构

选项	小计	比例
20~30 岁	359	33.87%
31~40 岁	462	43.58%
41~45 岁	127	11.98%
45 岁以上	112	10.57%
本题有效填写人次	1 060	

第五题是为了调查教师们在乡村学校从教的年限，从结果来看，从教五年以上的教师占多数，说明参培的老师们都具有一定的教学经验。具体数据如表 1-5 所示。

第 5 题　你在乡村学校的教龄是？［单选题］

表 1-5　参加培训教师的从教年限

选项	小计	比例
3 年以下	141	13.3%
3 年至 5 年	210	19.81%
6 年至 10 年	235	22.17%
11 年至 15 年	145	13.68%
15 年以上	329	31.04%
本题有效填写人次	1 060	

第六题是一个多项选择题，目的是调查参培老师们最希望解

决在教育教学中遇到的问题是什么，希望通工作坊线下研修得到些什么等，从而为我们研修课程的设置起到参考作用。从调查的结果来看，选择学习理论的仅占 6.79%，选择教学研讨的占 34.43%，希望编制日常教学需要参考资料的人数占 58.78%（表 1-6）。

第 6 题　你认为这两年的工作坊线下研修应该要做些什么？[单选题]

表 1-6　参加培训教师希望工作坊做什么

选项	小计	比例
学习理论	72	6.79%
教学研讨	365	34.43%
编制日常教学需要的参考资料	623	58.73%
本题有效填写人次	1 060	

此题的每个选项设置了下拉菜单供教师进行选择：在选择理论学习时，大家偏向于听专家讲座和互相讨论，在选择教学研讨的选项里面，选择案例式教学的占 89.22%，选择编制日常教学需要的参考资料的人数中，选择编制教案的人数占 34.83%，编制试题的人数占 21.91%，课程资源开发方法的占 30.11%。有了这个数据，我们就很容易了解到，教师们现在所迫切需要解决的问题就是需要日常教学中的参考资料，包括教案、试题、课程资源开发的办法等。

其次是主观题部分。

为了避免客观题无法全面反映老师们的需求的问题，问卷设计了主观题供老师们开放作答。从主观题的作答情况来看，老师们的回答主要集中在如何针对性地开发能够有效训练学生能力的资料，课程资料的开发和整合，设计教案及制作课件，试题的命制，以及多给教师提供一些教学辅助资料等方面。

最后是结果分析。

根据上述问卷调查的结果，我们一线的乡村教师，不管是刚参加工作的，还是经验丰富的，需要的都是通过具体的研讨，得到日常教学所需要的教学资料，比如教学设计、试题，课程开发与整合等。根据此结果，结合工作坊课程的整体架构，我们对以前的培训课程构想进行了及时调整，所以，江阳区乡村教师工作坊总体研修的方向，设计为以成果编写为载体，反映各工作坊开展的线下研修活动。

【附】

乡村教师工作坊研修指南

一、目标任务

针对当前乡村教师发展专家指导不够、骨干教师引领机制不健全等问题，我们依托骨干教师组建工作坊，带动乡村教师开展工作坊研修，打造信息技术环境下的教师学习共同体，推进骨干引领全员的常态化研修。主要目标任务如下：

（1）遴选骨干教师并培养成为工作坊主持人。

（2）依托工作坊主持人建立一批乡村教师工作坊。

（3）工作坊主持人带动一定数量的乡村教师进行工作坊研修。

（4）持续提升乡村教师教育教学能力。

（5）推动工作坊主持人从优秀迈向卓越。

（6）完善乡村教师专业发展支持服务体系。

二、实施流程

省市和区县教育行政部门要将教师工作坊研修纳入乡村教师全员培训规划，科学制定教师工作坊研修实施方案，遴选网络研修平台功能完善、网络研修成效突出的高等学校或教师培训专业机构作为网络研修支持服务机构，依托本地培训教研机构，按照建坊—用坊—评坊的流程，组织实施教师工作坊研修。

1. 建坊

（1）示范性教师工作坊组建。省市教育行政部门组建示范性教师工作坊，综合考虑学段、学科（领域）覆盖面，择优遴选区县骨干教师教研员，采取集中面授与网络研修相结合的方式，进行工作坊主持人专项培训。

（2）乡村教师工作坊组建。区县教育行政部门依托教师工作坊主持人，分学段、学科（领域）组建乡村教师工作坊，将具备网络学习条件的乡村教师纳入工作坊。工作坊内可设立若干研修小组，选拔优秀学员担任组长，明确研修分工，建立研修小组间的合作竞争机制。

2. 用坊

（1）示范性教师工作坊研修。省市组织开展示范性教师工作坊研修。示范性工作坊研修内容主要包括基础培训能力培训和工作坊主持能力培训两个方面，以工作坊主持能力培训为重点。基础培训能力培训应包括培训需求诊断分析、培训方案设计、培训课程资源开发、教师学习共同体构建、课堂教学指导和培训绩效评价等。教师工作坊主持能力培训应包括网络研修指导、线上与线下研修活动设计、课堂教学诊断与指导、生成性培训资源开发、教师协同研修指导等。

优化示范性教师工作坊研修流程，将集中面授、网络研修与工作坊研修实践相结合。先行开展工作坊主持人集中面授，然后采取网络研修对工作坊主持人进行跟进指导，同时工作坊主持人进行乡村教师工作坊研修实践。要适时对工作坊主持人进行再次集中面授，重在分享工作坊主持经验与成果，解决主持工作坊的突出问题，优化下一步研修方案。

（2）乡村教师工作坊研修。乡村教师工作坊研修要将主题研修与常规研修相结合，以主题研修为主，确保研修针对性；将网络研修、集中培训与现场实践相结合，实现教师学用结合，确保研修实效性。

主题研修要针对乡村教师教育教学中的突出问题，预设研修主题，主要采取诊断示范、课例研修、专题研讨、微型讲座、课题研究指导和成果总结展示等方式，由工作坊主持人组织全坊乡村教师进行主题鲜明的研修活动。要根据研修主题，设置递进式研修内容，持续提升乡村教师教育教学能力。主题研修要将网络研修、集中培训与现场实践相结合。网络研修重在支持主题研修的常态化开展；集中培训重在现场诊断示范、研修成果展示和经验分享等，营造研修氛围，巩固研修成效；现场实践重在推动乡村教师及时将网络研修与集中培训所学应用于实践，切实解决教育教学中的突出问题。

常规研修要结合乡村教师日常教育教学工作，主要采取网上诊断、课例点评、问题解答、资源推送等方式，由工作坊主持人对乡村教师进行个性化指导。常规研修主要采取网络研修与现场实践相结合的方式进行，推动教师即学即用。

区县要将乡村教师工作坊研修纳入区县日常培训教研工作，建立本地培训教研机构与网络研修支持服务机构的协同机制，为工作坊研修提供充足的经费支持和有力的条件保障，确保研修的常态化。网络研修支持服务机构要为工作坊研修提供平台支持、课程资源支持、工具支持与专家指导等服务，确保研修高效开展。省市要从区县乡村教师工作坊中遴选一批成效突出、受教师欢迎的工作坊，给予重点支持。

3. 评坊

省市和区县教育行政部门要做好工作坊研修的过程监管和绩效评估工作，建立制度，落实责任，改进方法，对工作坊研修的关键环节、重点工作和实施绩效进行有效管理。要创新评估方式方法，依据培训质量标准，采取大数据评估、参训教师匿名评估、抽查评估和第三方评估等方式对工作坊研修绩效进行有效评估。

省市教育行政部门重点做好示范性工作坊和区县工作坊研修工作的监管评估。对示范性工作坊的评估应以参训学员的工作坊主持能力提升程度、工作坊研修创新和引领等为重点。对区县开展工作坊研修工作的评估应以重视程度、经费保障和实施成效等为重点。评估结果应作为省市对区县进行支持的重要依据。

区县教育行政部门要做好乡村教师工作坊和培训任务承担机构的监管评估工作。对乡村教师工作坊的评估应以工作坊主持人的引领带动作用、学习共同体组建、研修活动开展、资源生成和乡村教师学习与实践成效等为重点。要根据评价结果，对工作成效突出的主持人给予奖励支持，对工作不力的主持人及时进行调整。对本地培训教研机构的评估应以工作坊研修与日常培训教研工作的结合成效为重点。对网络研修支持服务机构的评估应以平台支持、课程资源支持、工具支持和专家指导成效为重点。

网络研修支持服务机构要通过大数据分析等手段，有效记录并反馈工作坊主持人和乡村教师的研修行为及成效，为教育行政部门管理工作坊、工作坊主持人管理坊内学习小组与学员提供有力支持。

工作坊主持人要根据教育行政部门要求，做好本坊学员的监管评估工作，通过小组评价和个体评价，对参与研修、支持同伴、完成任务和生成成果等进行有效评价。要完善坊内管理评价机制，激励学员认真参与、乐于展示、积极分享。要发掘推荐优秀小组与优秀成员，并对学习不力的学员进行有效督促。

三、职责分工

1. 省市教育行政部门职责

（1）将工作坊研修纳入省市教师培训规划，完善制度，建立机制。

（2）有效利用国培、省培、市培经费对区县进行支持。

（3）组建示范性工作坊，做好乡村教师工作坊主持人培养工作。

（4）做好对示范性工作坊、区县开展乡村教师工作坊研修工作的指导和监管评估。

（5）发掘先进做法、典型经验，及时总结推广。

2. 区县教育行政部门职责

（1）根据省市要求，制定乡村教师工作坊研修规划与实施方案。

（2）完善工作坊研修管理制度，明确各方职责，建立激励与约束机制。

（3）加强县级教师发展中心建设，建立区县培训教研机构与网络研修支持服务机构的协同机制。

（4）遴选工作坊主持人，将具备网络学习条件的乡村教师纳入工作坊，组建乡村教师工作坊。

（5）根据培训规划和职责分工，落实培训经费。

（6）组织开展乡村教师工作坊研修。

（7）做好工作坊研修本地资源的建设与使用工作。

（8）做好本地乡村教师工作坊和培训任务承担机构的监管评估工作。

（9）及时发掘“好工作坊、好教师、好成果”，做好典型经验、先进做法的总结宣传推广。

3. 网络研修支持服务机构职责

（1）根据工作坊研修实施方案，制定网络研修支持服务方案。

（2）提供满足培训需要的功能完善的网络研修平台。

（3）做好预设性课程资源开发建设工作，支持区县做好本地资源的遴选、加工与应用。

（4）组建结构合理的高水平专家团队，做好工作坊研修指导工作。

（5）支持工作坊主持人制定研修方案，开展研修活动。

（6）利用大数据分析等手段，为工作坊管理提供有力支持。

（7）及时发掘“好工作坊、好教师、好成果”，做好典型经验、先进做法的总结宣传推广。

4. 工作坊主持人职责

（1）认真参加示范性工作坊研修，切实提升工作坊主持能力。

（2）制定本乡村教师工作坊的研修方案。

（3）组建坊内学习小组，建立小组间的合作竞争机制。

（4）组织开展主题研修，解决乡村教师教育教学中的突出问题。

（5）组织开展常规研修，对乡村教师进行个性化指导。

（6）指导本坊学员形成实践成果，提炼、汇聚、加工优秀成果。

（7）根据教育行政部门要求，做好本坊学员的监管评估工作。

（8）及时发掘“好小组、好学员、好成果”，做好典型经验、先进做法的总结宣传推广。

5. 教师职责

（1）根据工作坊研修方案，制定个人研修计划。

（2）认真参加主题研修，切实解决教育教学的突出问题。

（3）积极参加常规研修，改进日常教育教学工作。

（4）有效利用工作坊，养成网络学习习惯。

（5）树立分享、交流、合作学习意识，有效融入学习共同体。

（6）学以致用，完成研修实践任务，提交培训成果。

第二章　乡村教师工作坊的建立

第一节　乡村教师工作坊的组建

按照教育部“国培计划”中的《乡村教师工作坊研修指南》的要求，乡村教师工作坊研修第一步是建坊。

一、示范性教师工作坊的组建

对这项工作，泸州市江阳区启动较早，在2014—2015年就全面启动。整个江阳区由区教研培训中心统筹管理，出台相应的机制，遴选全区著名的优秀教师或教育教学专家，组建了近20个名师领衔的工作坊或工作室，如熊生贵练能工作坊等。

这些工作坊在主持人的领导下，积极探索，积累了组织建设、机制建设、活动开展方式等多方面的经验，为后来接受“国培计划”实施全区乡村教师工作坊研修，打下了较好的基础。（这些内容，在本书第二部分中有具体呈现）

二、乡村教师工作坊的全面组建

1. 区域乡村教师工作坊研修分坊思路

泸州市江阳区按照以下思路，设立全区乡村教师工作坊。

江阳区接受的“国培计划”，是面向全区中学（主要是初中）、小学学科教师实施的培训，该区同时将新入职的城市学校的教师也纳入这次“国培”。培训分为三大版块：送教下乡培训、乡村教师工作坊研修、网络研修与校本研修的整合。第一个版块是所有上述受培对象全员参与，第二和第三个版块是将上述全部教师划分为两部分，即乡村学校中较为年轻的中青年教师划入乡村教师工作坊研修，剩余的教师纳入网络研修与校本研修的整合这一部分。

根据划分，需要参与乡村教师工作坊研修的人员共达一千余人。经统计，再按学科与年段划分，并按相关建坊的人数设定要求，需要建工作坊 21 个，各坊首次分配的研修人员数量分别是：

小学语文工作坊 1 班，共 51 人；

小学语文工作坊 2 班，共 51 人；

小学语文工作坊 3 班，共 50 人；

小学语文工作坊 4 班，共 51 人；

小学数学工作坊 1 班，共 51 人；

小学数学工作坊 2 班，共 51 人；

小学数学工作坊 3 班，共 49 人；

小学数学工作坊 4 班，共 51 人；

小学思想政治工作坊，共 65 人；

初中语文工作坊 1 班，共 51 人；

初中语文工作坊 2 班，共 50 人；

初中数学工作坊 1 班，共 50 人；

初中数学工作坊 2 班，共 49 人；

初中英语工作坊 1 班，共 51 人；

初中英语工作坊 2 班，共 49 人；

初中思政政治工作坊，共 51 人；

初中历史工作坊，共 50 人；

初中物理工作坊，共 49 人；

中小学体育工作坊，共 50 人；

中小学音乐工作坊，共 62 人。

2. 遴选工作坊主持人、骨干教师

江阳区在按受培对象分坊的同时，精心遴选出各坊的主持人、骨干教师。这两类人员选择的是全区相应学科的优秀教师或优秀教研人员。入选的基本要求是：

（1）工作坊主持人的要求。

①组织管理方面，主要是引导学员登录发布、通知公告，管理学员行为，进行学情统计反馈等。

②专业指导方面，负责制订研修计划，组织研修活动，提供研究资源，诊断关键问题等。

③监督评价方面，点评学员作业，推荐优质资源、优秀日志，监督研修进程等。

④成果提升方面，主要是策划特色活动、总结研修经验、汇聚优秀成果、生成培训课程资源等。

（2）工作坊骨干教师的要求。

①教学、教研、科研工作成绩优异，在全区范围内具有一定影响力。

②具有丰富培训经验，承担过区级以上教师培训任务。

③能够为人师表，引领帮助其他教师成长的愿望强烈，团队合作能力和凝聚力强。

据此，形成全区21个乡村教师工作坊的主持人与骨干教师如下：

小学语文工作坊1班，主持人张家玉，骨干教师熊生贵；

小学语文工作坊2班，主持人黄正萍，骨干教师高天翔；

小学语文工作坊3班，主持人穆燕，骨干教师李芝伦；

小学语文工作坊4班，主持人陈艳，骨干教师王官兰；

小学数学工作坊1班，主持人余雪英，骨干教师袁小平；

小学数学工作坊2班，主持人何春艳，骨干教师李敏；

小学数学工作坊3班，主持人彭燕，骨干教师马宁；

小学数学工作坊 4 班，主持人简丽，骨干教师袁历；

小学思想政治工作坊，主持人李思策，骨干教师吴开碧；

初中语文工作坊 1 班，主持人唐丽，骨干教师张远成；

初中语文工作坊 2 班，主持人许忠莲，骨干教师朱祥群；

初中数学工作坊 1 班，主持人代霞，骨干教师张惠芬；

初中数学工作坊 2 班，主持人韩忠华，骨干教师王晓兰；

初中英语工作坊 1 班，主持人刘纭汐，骨干教师曾雪梅；

初中英语工作坊 2 班，主持人杨静，骨干教师李青梅；

初中思政政治工作坊，主持人刘刚群，骨干教师陈洪平；

初中历史工作坊，主持人何屏频，骨干教师欧阳菊；

初中物理工作坊，主持人丁念锟，骨干教师陈维勇；

中小学体育工作坊，主持人杜朝蓉，骨干教师邓玉梅；

中小学音乐工作坊，主持人王玲，骨干教师张雪峰。

在后来的实际工作中，我们对最初设置好的人员进行了适度的淘汰与变更。

第二节　乡村教师工作坊的设计

乡村教师工作坊主持人与骨干教师如何建设自己的工作坊，如何开展工作……要回答这些问题，就需要对他们进行指导。

泸州市江阳区因为有常态化开展名师工作坊研修的经验，因此，开展了较为有实效性的培训指导。

一、范例引导，培训各工作坊进行系统设计

江阳区以已经成功开展多年的名师工作坊设计、建设经验为引领，知道如何进行比较专业的工作坊设计。

例如，熊生贵练能工作坊，其设计着眼全局，明确了工作坊的性质、发展方向、目标、文化定位、核心理念、宣言、力推的

教育主张或模式等。从而熊生贵练能工作坊形成了如表 2-1 所示的公告。

表 2-1　熊生贵工作坊基本信息公告

工作坊名称	熊生贵练能工作坊；四川省“国培计划”项目执行办公室
工作坊隶属	泸州市教育局
工作坊性质	研行一体的学习型组织
工作坊组建日期	2014 年 1 月
工作坊发展方向	把本工作坊打造成在全国富有个性与特色，具有一定影响力的名师工作坊，成为语文教学改革的一大流派
工作坊目标	通过几年努力，在推动泸州区域性课堂教学改革、培养大量有影响力的名师的基础上，将“练能教育”铸造成四川乃至中国教育改革的一大品牌，特别是将“自学—展练”课堂模型，做成中小学课堂教学改革的一大特色模式，在全省乃至全国范围内形成极大的影响力，使泸州教育教学（特别是语文教学）改革在四川乃至全国都有一席之地
工作坊文化定位（关键词）	思 · 行 基本含义：本工作坊注重学习基础上的思考、研究，以所思所研引领教育改革行动；思想是行为的先导；思与行统一，互为因果。本工作坊要努力造就教育的思想者，思想的行动者，以思行改变教育现状，铸造教育新局面
工作坊核心理念	练能学研行，成长无极限 基本含义：以推行练能教育改革为载体，学习、研究和行动统一，在学研行中改变现实，促进成长。探索无边际，改革无止境，成长无极限
工作坊宣言	让能力之树在历练中快乐生长，让生命之花因自主而精彩绽放 基本含义：本工作坊大力推动教学从教知型转变为练能型，能力成为教育教学最重要的价值取向、目标追求和教学重点，历练是能力生成的基本方式和最重要的路径，学生是在历练能力的过程中，快乐幸福地成长。而这种生长是主体性生命的全面发展，其核心要素中的自主性、能动性和创造性，也因其练能而焕发别样的精彩

表2-1(续)

工作坊力推的教育教学主张或模式	熊生贵的练能教育（体系）	相关简介（概念/理念/操作模式或方法/适用范围）	练能教育是指在先进教育理念指导下，通过建构富有主体性教育文化特征的练能式班级管理、练能式自主课堂、练能式多维学校活动，以及练能式生活化学习，实现学生自主管理和自主学习，从而快乐、自信地成长 自主课堂是“练能”教育模式是最主要、最突出、最常态化的表现方式，它颠覆传统课堂模式，充分显现学生是课堂的主人，课堂充满生命活力，教师教得轻松，学生学得更好，课堂是师生享受的天地 基本模式是：“自学—展练”课堂模型+练能型班级管理+练能型生活学习 本模式适用于小学和初中主要学科的教学常态
工作坊可供服务的项目	本工作坊可提供的服务方向有： 练能型（牵引练能型和自主练能型）课堂教学示范；涉及教育教学改革、教育科研、教师专业化成长等方面的学术讲座；策划和打造学校课堂教学改革；策划和实施教师培训，指导学校校本研修；策划和指导学校文化建设和特色学校建设（最擅长的领域是小学语文教学及其改革涉及的诸多方面）		
工作坊领衔名师	熊生贵	基本信息（所在区县及单位/职称/研究方向）	熊生贵：泸州市江阳区教研培训中心，中学高级教师，特级教师。主要研究方向：教育教学、学校管理、学校文化与特色建设、教育科研、课程改革、小学语文教学
工作坊首批研修员（姓名/性别/所在区县及学校/学科）	名单略		

表2-1(续)

工作坊首批学员（姓名/性别/所在区县及学校/学科）	名单略			
工作坊挂牌办公地点	泸州市江阳区教研培训中心	联系人	略	略
备注	略			

熊生贵练能工作坊还制定了相应的制度。

【附】

熊生贵练能工作坊研修员与学员基本职责与行动要求

1. 认同并学习、实践、创新“练能教育”。

2. 加入熊生贵工作坊QQ群、微信群，保持信息交流的畅通。

3. 按“练能教育”之自主课堂设计教学（变传统教案为“展练案”），不再简单照抄无用教案，力求每课（每期不少于10篇）“展练案”（内容与形式）达到“入书”标准。

4. 制订练能发展规划，在一定期限内将自己所教学科（语文及其他）“自主练能”（自学—展练型）课堂变成常态（允许程度不同）。

5. 如果是班主任，要努力将班级管理变成“练能教育”之班级自主管理状态。

6. 每学期至少要做一个围绕练能教育的微型课题研究，自觉写教学叙事（反思）文章。

7. 一年内形成一个讲授一小时至半天的练能改革专题讲座（方向是“怎样才能实现自主练能”，内容是为什么、是什么、怎么做及做了会怎么样），包括制作课件及大量链接资料，做好到各地讲课讲学的准备。

8. 原则上工作坊安排的每次活动都要参加，如遇特殊情况不能参加，需要写清情况说明，交工作坊备案。

（工作坊预计每年在每个研修员和学员所在的学校，分别搞一次活动，每次活动用讲课和讲座的方式进行，原则上每次活动为一天，至少有三名研修员或学员讲课或讲座，其中所在学校的研修员或学员必须做课。）

9. 每个研修员或学员，除在本校的工作坊活动时有所表现外，一年内，移位上课或讲座至少一次以上，合计全年市级以上讲课讲学不少于两次。

10. 主动、积极、有效地沟通好工作坊到自己所在学校的活动安排，落实好除本人以外的其他工作坊成员的活动待遇。（到研修员或学员所在学校开展活动，原则上熊老师不进行讲学）

11. 主动撰稿，宣传工作坊的活动情况。积极在“熊生贵工作坊网页”上传相应的稿件。

12. 主动、自觉地完成工作坊安排的各项临时性工作。

13. 保守工作坊的秘密，未经熊老师允许，不得将工作坊的各类材料私自复制给其他任何人。尊重知识产权，避免知识产权纠纷。

熊生贵练能工作坊纪律制度

根据市教育局相关文件的精神，为了确保工作坊各项工作有效开展，工作坊成员须遵守下列纪律制度。

一、按时参加工作坊会议

工作坊每学期召开计划会、阶段性工作情况汇报会议、学期总结会等。全体成员必须按时参加，并做好会议记录。如有特殊事情必须由领衔人批准并记入成员档案。

二、认真完成工作坊安排的学习任务

一是按时学习。工作坊成员平时学习以自学为主，同时要根据工作坊的安排按时集中学习或利用工作平台学习。

二是按需学习。工作坊成员除了按自我发展计划中明确学习内容、学习目标，按需有选择性地进行学习，还要完成因为工作坊的需要必须学习的内容。

三、保质保量完成工作坊布置的其他工作

1. 根据工作坊研究目标和个人专业化成长方面制订周期发展计划。

2. 按时参加工作坊组织的各类培训、送教、研讨活动并做好记录，如有特殊事情需向领衔人书面请假，得到批准后方可，否则视为缺席。

四、及时上传各类资料

工作坊要及时通过网站发布工作动态、成员论文、专题研究课例设计、典型案例及评析、教育故事、活动图片等，各成员要及时上传各类资料。

五、严格实施奖惩

1. 工作坊设立“工作坊优秀成员”等奖项，对优秀成员做出奖励。

2. 对于不能按时完成工作坊布置的工作和多次不参加活动的成员劝其退出。

二、提出乡村教师工作坊设计要求

江阳区给全区乡村教师工作的设计提出的要求是：

（1）给自己的工作坊起一个个性化名称。

（2）设计本工作坊的口号（或理念）。

（3）设计好为期两年的工作坊研修主题（或方向）。

（4）立足两年研修并着虑长远，提出本工作坊特色打造方向。

（5）明确本工作坊两年的研修目标（不写空洞目标，重点要写明研究出什么成果）。

（6）设计网络研修的主要内容。

（7）设计两年的线下研修的方向与活动；设计本工作坊其他研修活动内容与方式。

（8）设计本工作坊的研修制度。

（9）组建本工作坊小组；设计出本工作坊的优秀小组评比标准。

为了简化上述设计工作，江阳区让各工作坊以表格的形式完成相应的任务（表 2-2 到表 2-5）。

表 2-2 泸州市江阳区乡村教师××工作坊基本信息

（××：填工作坊编号名称，填写后文件名也相应改动）

<table>
<tr><td colspan="6">工作坊编号名称：</td></tr>
<tr><td colspan="6">工作坊个性化名称（简单说明）：（ ）</td></tr>
<tr><td colspan="2">坊主姓名：</td><td colspan="2">所在单位：</td><td colspan="2">联系电话：</td></tr>
<tr><td colspan="2">骨干教师姓名：</td><td colspan="2">所在单位：</td><td colspan="2">联系电话：</td></tr>
<tr><td colspan="2">指导专家姓名：</td><td colspan="2">所在单位：</td><td colspan="2">联系电话：</td></tr>
<tr><td colspan="6">本坊总人数：</td></tr>
<tr><td>组别</td><td>组长姓名</td><td>所在单位</td><td>联系电话</td><td>人数</td><td>组员姓名</td></tr>
<tr><td></td><td></td><td></td><td></td><td></td><td></td></tr>
<tr><td></td><td></td><td></td><td></td><td></td><td></td></tr>
<tr><td></td><td></td><td></td><td></td><td></td><td></td></tr>
<tr><td colspan="2">工作坊口号（或理念）</td><td colspan="4">（简单解释： ）</td></tr>
<tr><td colspan="2">工作坊研修主题（或方向）</td><td colspan="4">（简单解释： ）</td></tr>
<tr><td colspan="2">本工作坊特色打造</td><td colspan="4">（简单解释： ）</td></tr>
<tr><td colspan="2">工作坊研修目标（不写空洞目标，重点要写明研究出什么成果）</td><td colspan="4"></td></tr>
</table>

表2-2(续)

网络研修的主要内容						
线下研修的方向与活动设计						
年次	第几天	需要的成果名称	研修内容	研修方式	需要人员与其他资源	备注
第一年第一次	第一天					
	第二天					
第一年第二次	第三天					
	第四天					
第二年第一次	第五天					
	第六天					
第二年第二次	第七天					
	第八天					
本坊其他研修活动内容与方式设计：						

表 2-3 泸州市江阳区乡村教师××工作坊××个人研修计划

（前××：填工作坊编号名称；后××：填自己姓名。

填写后文件名也相应改动）

工作坊编号名称		
工作坊个性化名称		
教师个人所属组别	（组长姓名： ）	
教师个人姓名：	所在单位：	联系电话：
两年研修目标（不写空洞目标，重点要写明研究出什么成果）		
研修内容与行动		
网络研修方面		

表2-3(续)

集中研修方面	
其他自主研修方面	
研修成果预设	
其他说明	

表 2-4　泸州市江阳区乡村教师××工作坊××个人研修总结

（前××：填工作坊编号名称；后××：填自己姓名。

填写后文件名也相应改动）

工作坊编号名称		
工作坊个性化名称		
教师个人所属组别	（组长姓名：　　　　）	
教师个人姓名：	所在单位：	联系电话：
两年工作坊研修概述		
个人取得的成果与效果		
成果（列举干货）		

表2-4(续)

效果（直接性的效果，要通过数据与事实说话）	
存在问题与反思（主要针对“四大技能”研修及各坊个性化目标，是否达成）	
今后努力的方向	

表 2-5　泸州市江阳区乡村教师××工作坊×年度研修总结

（前××：填工作坊编号名称；后××：填 2018 或 2019。填写后文件名也相应改动）

<table>
<tr><td>工作坊编号名称</td><td colspan="2"></td></tr>
<tr><td>工作坊个性化名称</td><td colspan="2"></td></tr>
<tr><td></td><td colspan="2"></td></tr>
<tr><td>坊主姓名：</td><td>所在单位：</td><td>联系电话：</td></tr>
<tr><td colspan="3">本年度工作坊研修概述</td></tr>
<tr><td colspan="3"></td></tr>
<tr><td colspan="3">工作坊取得的成果与效果</td></tr>
<tr><td>成果（列举干货）</td><td colspan="2"></td></tr>
</table>

表2-5（续）

效果（直接性的效果，要通过数据与事实说话）	
本坊工作亮点与经验	
存在问题与反思（主要针对“四大技能”研修及各坊个性化目标，是否达成）	
今后努力的方向	

第三节　泸州市江阳区乡村教师工作坊的设计举例

一、乡村教师工作坊整体设计举例

乡村教师工作坊的整体设计举例见表2-6到表2-9。

表2-6　泸州市江阳区乡村教师小语1坊工作坊基本信息

工作坊编号名称：小语1坊		
工作坊个性化名称（简单说明）：时雨工作坊（好雨知时节，当春乃发生。愿本工作坊如及时雨般给老师们带来生机和活力）		
坊主姓名：张家玉	所在单位：江阳区教研培训中心	联系电话：略

表2-6(续)

<table>
<tr><td colspan="2">骨干教师姓名：熊生贵</td><td colspan="3">所在单位：江阳区教研培训中心</td><td>联系电话：略</td></tr>
<tr><td colspan="2">指导专家姓名：</td><td colspan="3">所在单位：</td><td>联系电话：</td></tr>
<tr><td colspan="6">本坊总人数：51</td></tr>
<tr><td>组别</td><td>组长姓名</td><td>所在单位</td><td>联系电话</td><td>人数</td><td>组员姓名</td></tr>
<tr><td>1组</td><td>尚明娟</td><td>江北学校</td><td>略</td><td>11</td><td>尚明娟、王蔺、宋婵娟、胡文、范翠、唐小燕、朱瑞、黄亮、杨秀梅、童辛未、李志强</td></tr>
<tr><td>2组</td><td>杨春霞</td><td>分水中心校</td><td>略</td><td>9</td><td>杨春霞、周娟、曹霞、陈健、王聘、周晓燕、曾为、邓莉、曹婷</td></tr>
<tr><td>3组</td><td>陈钰</td><td>弥陀学校</td><td>略</td><td>10</td><td>李孝梅、杨佳淇、刘黎、洪君、陈钰、陈雯、杜小英、余兰、陈明珠、张启容</td></tr>
<tr><td>4组</td><td>唐敏</td><td>城西实小</td><td>略</td><td>11</td><td>韩敏、龚雪、刘小勤、傅小兰、邵菊红、李起会、宿红玉、陈蔚、赵丽、王沛、唐敏</td></tr>
<tr><td>5组</td><td>王超</td><td>渔子溪梓小</td><td>略</td><td>10</td><td>贺文静、侯娟、张世莲、程利、李长立、王超、刘秋菊、吴春梅、文治敏、王燕霞</td></tr>
<tr><td colspan="2">工作坊口号(或理念)</td><td colspan="4">绽放芳华，不负春光！
(简单解释：要求各位学员，珍惜宝贵的研修时光，努力学习，积极投身于练能式语文教学资源建设之中，完成工作坊布置的资料编写任务，以优良的成果，回报青春岁月)</td></tr>
<tr><td colspan="2">工作坊研修主题（或方向）</td><td colspan="4">练能式语文教学资源建设
(简单解释：本工作坊要按全区“国培计划”语文组的工作坊成果系列设计，进行相应的资源开发，编写相应的资料，集中出成果，以“小我”的参与汇集成“大我”，即集体的力量！共享智慧，提升能力)</td></tr>
<tr><td colspan="2">本工作坊特色打造</td><td colspan="4">练能教学生力军
(简单解释：通过两年的研修，希望能够将学员培养成为实施练能式语文教学的生力军：理解练能教学的价值意义，明确练能教学的课堂教学操作，初步掌握练能教学的操作技术，在练能教学的资源支持下，常态化地实施练能式语文教学)</td></tr>
</table>

表2-6(续)

<table>
<tr><td colspan="2">工作坊研修目标（不写空洞目标，重点要写明研究出什么成果）</td><td colspan="5">1. 依照设定的模板编写出小语部编版五册展练能型教案集
2. 依照设定的模板编写出小语五年级和六年级各单元字词句及课内阅读积累复习抽测试题（以供各册期末复习抽测使用）
3. 依照设定的模板拟订出小语各册练能型学科教学计划(样例，各册形成两个不同班、有差异的教学计划样例，尽量经典，可供学习借鉴)
4. 编写出《争当学习和班级管理的小主人——小学生自主学习、自主管理的训练读本》（给学生写的阅读材料）。(可分以下各章来写：第一章为如何学会课堂展练；第二章为如何学会自主学习；第三章为如何学会班级自主管理)</td></tr>
<tr><td colspan="2">网络研修的主要内容</td><td colspan="5">围绕以下内容，在网络上展开学习：学科素养解读、课标解读与教学内容建构技能、教学设计技能、教学实施技能、教学评价技能</td></tr>
<tr><td colspan="7">线下研修的方向与活动设计</td></tr>
<tr><td>年次</td><td>第几天</td><td>需要的成果名称</td><td>研修内容</td><td>研修方式</td><td>需要人员与其他资源</td><td>备注</td></tr>
<tr><td rowspan="2">第一年第一次</td><td>第一天</td><td>五册教学设计案(展练案)</td><td>小学语文中段课标解析、五册教材解读与教学设计</td><td>网络研修+自主实践+小组研讨+反思提炼</td><td>熊生贵工作坊成员</td><td></td></tr>
<tr><td>第二天</td><td>五册教学设计案(展练案)</td><td>小学语文中段课标解析、五册教材解读与教学设计</td><td>网络研修+自主实践+小组研讨+反思提炼</td><td>熊生贵工作坊成员</td><td></td></tr>
<tr><td rowspan="2">第一年第二次</td><td>第三天</td><td>编写出小语五年级各单元字词句及课内阅读积累复习抽测试题</td><td>小学五年级课标解析、教材解读与试题设计</td><td>网络研修+自主实践+小组研讨+反思提炼</td><td>熊生贵工作坊成员</td><td></td></tr>
<tr><td>第四天</td><td>编写出小语六年级各单元字词句及课内阅读积累复习抽测试题</td><td>小学六年级课标解析、教材解读与试题设计</td><td>自主实践+小组研讨+展示交流+反思提炼</td><td>熊生贵工作坊成员</td><td></td></tr>
</table>

表2-6(续)

第二年第一次	第五天	拟订出小语1~3年级练能型学科教学计划（样例，各册形成两个不同班、有差异的教学计划样例，尽量经典，可供学习借鉴）	1~3年级练能课堂的解析、1~3年级语文教材的解读、课标的解析	自主实践+小组研讨+展示交流+微课+反思提炼	熊生贵工作坊成员	
	第六天	拟订出小语4~6年级练能型学科教学计划（样例，各册形成两个不同班、有差异的教学计划样例，尽量经典，可供学习借鉴）	4~6年级练能课堂的解析、4~6年级语文教材的解读、课标的解析	自主实践+小组研讨+展示交流+反思提炼	熊生贵工作坊成员	
第二年第二次	第七天	编写出《争当学习和班级管理的小主人——小学生自主学习、自主管理的训练读本》：第一章为如何学会课堂展练；第二章为如何学会自主学习	小学生课堂展练与自主学习相关书籍与案例	网络研修+自主实践+小组研讨+反思提炼	熊生贵工作坊成员	
	第八天	编写出《争当学习和班级管理的小主人——小学生自主学习、自主管理的训练读本》的第三章：如何学会班级自主管理	小学生自主管理相关书籍与案例	网络研修+自主实践+小组研讨+反思提炼	熊生贵工作坊成员	
本坊其他研修活动内容与方式设计： 鼓励学员在“成长为练能教学生力军”的大旗帜下，自主研修，积极改革，尝试练能教学，改变课堂常态，提高课堂教学效率						

表 2-7　泸州市江阳区乡村教师道德与法治工作坊基本信息

<table>
<tr><td colspan="6">工作坊编号名称：泸州市江阳区乡村教师道德与法治工作坊</td></tr>
<tr><td colspan="6">工作坊个性化名称（简单说明）：德智源工作坊（品德与智慧的源泉）</td></tr>
<tr><td colspan="2">坊主姓名：刘刚群</td><td colspan="3">所在单位：泸州市第十五中学</td><td>联系电话：略</td></tr>
<tr><td colspan="2">骨干教师姓名：陈洪平</td><td colspan="3">所在单位：江阳区教培中心</td><td>联系电话：略</td></tr>
<tr><td colspan="2">指导专家姓名：</td><td colspan="3">所在单位：</td><td>联系电话：</td></tr>
<tr><td colspan="6">本坊总人数：51</td></tr>
<tr><td>组别</td><td>组长姓名</td><td>所在单位</td><td>联系电话</td><td>人数</td><td>组员姓名</td></tr>
<tr><td>1</td><td>邓清华</td><td>丹林中学</td><td>略</td><td>8</td><td>欧万民、刘诚、聂治洋、杨小燕、蒋英洪、付健、何磊、杨丹</td></tr>
<tr><td>2</td><td>张华炉</td><td>江北学校</td><td>略</td><td>8</td><td>陆宏清、刘金江、阳维惠、刘方群、万大明、饶云秀、熊世丹、袁勇</td></tr>
<tr><td>3</td><td>王亚娜</td><td>泸州市南城学校</td><td>略</td><td>7</td><td>宋义强、涂中选、李盛江、候利君、王成、孙朝芬、洪兴群</td></tr>
<tr><td>4</td><td>曾燕</td><td>四川省泸州市蓝田中学校</td><td>略</td><td>7</td><td>王顺江、张朝均、文国才、赵静、陈源源、张梦、廖福平</td></tr>
<tr><td>5</td><td>文雯</td><td>泸州市江阳区弥陀镇白马学校</td><td>略</td><td>7</td><td>车福贤、韩国春、邹智慧、苏媛、李铭、李长江、刘绍英</td></tr>
<tr><td>6</td><td>王昭贵</td><td>通滩镇初级中学校</td><td>略</td><td>8</td><td>刘相革、沈沾友、胡仪深、曾万均、李立新、刘昌全、吴小林、孙志英</td></tr>
<tr><td colspan="2">工作坊口号（或理念）</td><td colspan="4">品德为先、德才兼备、服务教师、伴生成长
（简单解释：致力于让乡村教师拥有更强的综合素质，以有效帮助学生学习，成为学生成长的优质引路人）</td></tr>
<tr><td colspan="2">工作坊研修主题（或方向）</td><td colspan="4">“1+3”模式，细致化指导
（简单解释：将全区乡村与城区学校分为 6 个组，一所城区学校结对三所乡村学校，对乡村学校教师的专业发展进行精细化指导）</td></tr>
</table>

表2-7(续)

<table>
<tr><td colspan="2">本工作坊特色打造</td><td colspan="5">"1+3"模式，精细化指导
（简单解释：将全区乡村与城区学校以"以一带三"模式，点对点的帮助教师们的成长）</td></tr>
<tr><td colspan="2">工作坊研修目标（不写空洞目标，重点要写明研究出什么成果）</td><td colspan="5">同课异构教学设计
组员学习心得体会
构建小组资源共享库
编辑《青春护航》活动课程</td></tr>
<tr><td colspan="2">网络研修的主要内容</td><td colspan="5">新课程教学改革、学校教育与家庭教育、心理健康教育、综合实践活动</td></tr>
<tr><td colspan="7">线下研修的方向与活动设计</td></tr>
<tr><td>年次</td><td>第几天</td><td>需要的成果名称</td><td>研修内容</td><td>研修方式</td><td>需要人员与其他资源</td><td>备注</td></tr>
<tr><td rowspan="2">第一年第一次</td><td>第一天</td><td>同课异构的教学设计集</td><td>组员提前独立完成同课异构的教学设计，活动结束后撰写一篇工作坊活动学习心得（心得内容重点围绕教学内容的建构要素中的某个点来写）</td><td>课堂教学、校际合作</td><td>全体组员</td><td>组长负责组织实施活动，坊主负责协调、承办学校积极配合支持</td></tr>
<tr><td>第二天</td><td>课例分析</td><td>乡村教师上课，城区教师送课</td><td>课堂教学、校际合作</td><td>全体组员</td><td>组长负责组织实施活动</td></tr>
<tr><td rowspan="2">第一年第二次</td><td>第三天</td><td>课例分析</td><td>各小组集体反复打磨小组赛课教师，积极准备赛课活动</td><td>课堂教学、校际合作</td><td>全体组员</td><td>坊主负责组织、承办学校积极配合支持</td></tr>
<tr><td>第四天</td><td>专题讲座的心得体会</td><td>教学设计技能培训讲座</td><td>专题讲座、校际合作</td><td>全体组员</td><td>全体学科教师积极参与</td></tr>
</table>

表2-7(续)

第二年第一次	第五天	构建小组共享资源库	1. 听初三复习课 2. 议课及复习课教学实施技能研讨 3. 构建小组共享资源库	课堂教学、专业发展、同伴互助	全体组员	各组组长负责组织相应小组的跟岗培训、承办学校积极配合支持
	第六天	初三后期复习教学实施策略	1. 各小组交流跟岗实践情况 2. 教学实施技能培训讲座 3. 适应性考试成绩分析及后期复习教学实施策略	专业发展、同伴互助、校际合作	全体组员	全体学科教师积极参与
第二年第二次	第七天	“3+2+1”模式教学评价集	1. 两位送教教师进行《青春护航》特色实践活动课教学展示 2. 采用“3+2+1”模式（三个亮点、两个不足、一点建议）进行教学评价活动	课堂教学、专业发展、校际合作	全体组员	各组组长负责组织相应小组成员的课程开发的讨论及编写工作
	第八天	《青春护航》	1. 各小组讨论《青春护航》相应编写板块的活动设计 2. 学科骨干教师后续集中修订编辑《青春护航》活动课程并印发	专业发展、同伴互助	全体组员	全体学科教师积极参与

表2-7(续)

本坊其他研修活动内容与方式设计： 1. 各小组集中打磨同题异构课，并推荐一名乡镇同题异构上课教师代表本组参加江阳区初中道德与法治学科国培计划 2017 乡村教师课堂教学技能大赛 2. 全体参培人员认真进行教学评价，各组组长收集整理教学评价资料并派一名代表进行评课展示

表 2-8　泸州市江阳区乡村教师小学体育工作坊基本信息

工作坊编号名称：小学体育工作坊					
工作坊个性化名称（简单说明）：　　（　　）					
坊主姓名：杜朝蓉		所在单位：泸州市江阳西路学校		联系电话：	
骨干教师姓名：邓玉梅		所在单位：泸师附小		联系电话：	
指导专家姓名：		所在单位：		联系电话：	
本坊总人数：50 人					
组别	组长姓名	所在单位	联系电话	人数	组员姓名
1	耿洪兴	师范附小	略	10	卢超、杨胜勇、孙林、唐蔓俊、陈万锋、耿洪兴、周鹏、兰华、吴翠花、朱瑞
2	李其西	广营路小学	略	9	谭佐武、雍新、詹炯、赵有琼、陈欢、邱琳、李家秋、刘俊、李其西
3	万聪	丹林小学	略	12	何思成、万聪、梁蓉、万永涛、朱剑、陈权、黄旭、罗敏、车林虎、彭彩春、欧庸海、刘洋
4	张虎	分水小学	略	9	王泽刚、张春梅、王天春、张虎、童云、张皓、刘毅、林刚、阮剑

表2-8(续)

<table>
<tr><td>5</td><td>杨益</td><td>黄舣小学</td><td>略</td><td>10</td><td>阮雪、李鸿、梁茜、瞿婷、先思平、刘程聪、杨益、易横空、张才华、张春天</td></tr>
</table>

<table>
<tr><td>工作坊口号（或理念）</td><td>自信、博学、健康、卓越
（简单解释：有信念、有责任、有激情，追求卓越、出类拔萃）</td></tr>
<tr><td>工作坊研修主题（或方向）</td><td>构建趣味体育课堂，有效提升教学质量
（简单解释：学科核心素养包括运动能力、健康行为和体育品德，这些素养是要通过体育课堂和课外体育锻炼“练”出来的，不是说教出来的。简单来说，就是要追求有效的课堂教学）</td></tr>
<tr><td>本工作坊特色打造</td><td>打造教师学研共同体，构建趣味、内涵课堂
（简单解释：培养教师对学科知识内涵的挖掘拓展能力、趣味和魅力课堂的教学能力）</td></tr>
<tr><td>工作坊研修目标（不写空洞目标，重点要写明研究出什么成果）</td><td>1. 优秀课例专著集（课堂实录）
2. 专题讲座及论文集
3. 组员学习心得体会
4. 构建小组资源共享库</td></tr>
<tr><td>网络研修的主要内容</td><td>参照新思考网上的相关研修内容而完成。</td></tr>
</table>

<table>
<tr><th colspan="7">线下研修的方向与活动设计</th></tr>
<tr><th>年次</th><th>第几天</th><th>需要的成果名称</th><th>研修内容</th><th>研修方式</th><th>需要人员与其他资源</th><th>备注</th></tr>
<tr><td rowspan="2">第一年第一次</td><td>第一天</td><td>优秀教学设计</td><td>“教学诊断入门”“解读与建构教学内容”技能提升</td><td>1. 听课、磨课
2. 专题讲座
3. 反思并二次备课</td><td>1. 专家引领
2. 录课设备</td><td></td></tr>
<tr><td>第二天</td><td>优秀教学设计</td><td>“教学设计技能”提升</td><td>1. 专家团队示范课
2. 参培教师“同课异构”
3. 参培教师实战：完成特色教学设计</td><td></td><td></td></tr>
</table>

表2-8(续)

<table>
<tr><td rowspan="2">第一年第二次</td><td>第三天</td><td>优秀课例集</td><td>教学课堂实施与评价技能提升</td><td>1. 专家讲座
2. 专家团队展示课
3. 评课议课</td><td></td><td></td></tr>
<tr><td>第四天</td><td>优秀课例集</td><td>教学课堂实施与评价技能提升</td><td>1. 参培教师展示课
2. 评课议课
3. 交流讨论：如何构建合格课堂</td><td></td><td></td></tr>
<tr><td rowspan="2">第二年第一次</td><td>第五天</td><td>优秀课例集</td><td>教学设计与课堂实施技能提升</td><td>1. 课堂教学展示、说课
2. 全班交流讨论</td><td></td><td></td></tr>
<tr><td>第六天</td><td>优秀课例集</td><td>教学设计与课堂实施技能提升</td><td>1. 课堂教学展示、说课
2. 交流讨论：如何打造特色课堂</td><td></td><td></td></tr>
<tr><td rowspan="2">第二年第二次</td><td>第七天</td><td>论文集</td><td>总结提炼成果</td><td>1. 参培教师交流（心得体会、经验材料、论文）
2. 准备资料汇编</td><td></td><td></td></tr>
<tr><td>第八天</td><td>论文集</td><td>成果展示与推广应用</td><td>1. 活动小结
2. 完成资料汇编与成果展示</td><td></td><td></td></tr>
<tr><td colspan="7">本坊其他研修活动内容与方式设计：略</td></tr>
</table>

表 2-9　泸州市江阳区乡村教师中小学音乐工作坊基本信息表

<table>
<tr><td colspan="6">工作坊编号名称：江阳区中小学音乐工作坊</td></tr>
<tr><td colspan="6">工作坊个性化名称（简单说明）：江音坊——“音”你而“形”</td></tr>
<tr><td colspan="2">坊主姓名：王玲</td><td colspan="3">所在单位：泸州七中佳德学校</td><td>联系电话：略</td></tr>
<tr><td colspan="2">骨干教师姓名：张雪峰</td><td colspan="3">所在单位：区教培中心</td><td>联系电话：略</td></tr>
<tr><td colspan="2">指导专家姓名：周特古斯</td><td colspan="3">所在单位：乐山师范学院音乐学院</td><td>联系电话：略</td></tr>
<tr><td colspan="6">本坊总人数：52 人</td></tr>
<tr><td>组别</td><td>组长姓名</td><td>所在单位</td><td>联系电话</td><td>人数</td><td>组员姓名</td></tr>
</table>

表2-9(续)

小一组	刘怡池	师范附属小学城西学校		10人	刘怡池、杜明雨、徐弋鸿、李瑞婷、魏梦菡、袁才英、江冀玲、邓凯、刘璐、王洪波
小二组	易志	梓潼路渔子溪小学		10人	马温霞、王世容、冯欣、刘凤雨、易志、舒杨、雷英、罗媛、姚建萍、樊小玲
小三组	张嘉怡	况场街道中心小学		16人	简红梅、张若芸、曾铮、马利、郭春燕、王畅、张嘉怡、古玲霜、杨笑天、陈露露、卢燕、黄华丽、夏微微、徐淼冬、扶欢、赵小蕾
小四组	周和平	弥陀镇白马学校		16人	钟蕾、杨梅、陈显玉、罗延昭、曹婷、向小琴、林弟娴、姚俊、陈爽娇、白方雪、杨青、周和平、况文思、朱星蕾、王小兵、伏晓
中学组	张茂薇	泸州十五中	18982715186		线下成员等
工作坊口号（或理念）	“音”为有你，共同成“形” （简单解释：音乐相随，因为有你，互助学习，共同成长，重塑新形）				
工作坊研修主题（或方向）	1. 聚焦课堂展开教师教学的四大技能（教学内容解读与构建的技能；教学设计的技能；课堂实施的技能；教学评价的技能），通过教学竞赛和送教活动呈现 2. 通过系列音乐活动和学术研究，让每一位学员的学习力、行动力、专注力和毅力得到质的蜕变，重塑新“形”				
本工作坊特色打造	攻术、成器、得道 （简单解释：通过精学，提升自我，发扬个性，修成新形）				

表2-9(续)

<table>
<tr><td colspan="3">工作坊研修目标（不写空洞目标，重点要写明研究出什么成果）</td><td colspan="4">1. 出“精品课”，通过研究理论、研究课例、自主做课、同伴互助、专家指导，推出2~3节高级别的精品课
2. 出“新人”，通过专业引领，共同成长，完成双向共赢
3. 出“经验”，以“中小学高效课堂”为载体，通过两年时间的课堂教学四个技能研讨，对中小学“高效课堂”的研究探索其规律，打造音乐唱歌课和音乐欣赏课的高效课堂，为大面积提高我区教育教学探索新的途径和方法
4. 出“成果”，收集成员们的相关资料，争取在两年后，汇总形成多篇论文、课题、教案、专项研究、编写相关书籍、音乐工作室网站等</td></tr>
<tr><td colspan="3">网络研修的主要内容</td><td colspan="4">1. 资源推送（学习微课等）
2. 专家讲座：看专家视频3~5个讲座
3. 专题研讨：网络平台上讨论3~4次
4. 课例研究：网络平台上，开展1~2节课教案设计、实施与评价
5. 成果分享：微讲座、课例成果、资源开发等
6. 学员考核：考核总分为100分，考核结果为70分的准予结业，95分以上的为优秀，可参加优秀学员的评比，以及学习进度反馈和学员信息化管理等</td></tr>
<tr><td colspan="7">线下研修的方向与活动设计</td></tr>
<tr><td>年次</td><td>第几天</td><td>需要的成果名称</td><td>研修内容</td><td>研修方式</td><td>需要人员与其他资源</td><td>备注</td></tr>
<tr><td rowspan="2">第一年第一次</td><td>第一天</td><td>宜宾工作坊资料及专家等
1. 简报
2. 每位学员交一份论文或感悟或学习心得</td><td>以解读与建构教学内容的技能和设计教学的技能的研修为重点
1.《课标》解读
2. 教材解读</td><td>上午：方案解读、专题讲座
下午：示范观摩：走进名师课堂、观摩体验区域教研活动</td><td>专家、名师、学校资源</td><td>坊主负责组织、承办学校积极配合支持</td></tr>
<tr><td>第二天</td><td>1. 江音坊实施方案及名师课堂
2. 每位学员交一份教学流程设计图</td><td>以解读与建构教学内容的技能和设计教学的技能的研修为重点。教学设计的技能
1. 如何备课
2. 教学流程图的运用</td><td>上午：方案解读、课例研究
下午：示范课、分组议课、研课</td><td>专家、一线教师、所有学员。</td><td>组长负责组织实施活动，坊主负责协调、承办学校积极配合支持</td></tr>
</table>

表2-9（续）

第一年第一次	第三天	1. 专题讲座的心得体会 2. 书面报告	以课堂实施的技能和教学评价的技能的研修为重点 朱福荣教授关于《基于学本立场的观课评课》的学习	上午：专家讲座 下午：课例研究、分组讨论形成书面报告	专家、一线教师、所有学员	坊主负责组织、承办学校积极配合支持
	第四天	课例分析	以课堂实施的技能和教学评价的技能的研修为重点	上午：说课、展示课 下午：课例点评、分组议课修改	全体学员	全体学科教师积极参与
第二年第一次	第五天	学习心得等	以四种技能的综合运用研修，促进学生会学为重点 1. 乐山市李智名师工作室相关介绍学习等 2. 组内交流	上午：示范观摩：走进名师工作室，了解区域培训、教研情况 下午：教学沙龙	全体学员	坊主负责组织、组长协助、承办学校积极配合支持
	第六天	1. 课例分析 2. 同课异构 3. 每位学员上交一份教学计划（具体可实施）	以四种技能的综合运用研修，促进学生会学为重点。组员提前独立完成同课异构的教学设计，活动结束后撰写一篇工作坊活动学习心得（心得内容重点围绕教学内容的建构要素中的某个点来写）	培训活动，参与1~2次送教下乡培训活动、布置学员展示内容、同课异构 上午：展示课、议课 下午：课例点评、分组议课修改、并总结	送教团队、学员	组长负责组织实施活动，坊主负责协调、承办学校积极配合支持

表2-9(续)

第二年第二次	第七天	1. 课例分析 2. 模式教学形成	以更多技能的综合运用研修，促进课堂的有效性提升，促进学生学好为重点各组集体磨课议课，形成教学模式	上午：第二展示课、议课 下午：课例点评、分组议课修改、并总结	全体人员	全体学科教师积极参与
	第八天	1. 构建小组共享资源库 2. 形成成果《“音”为有你》	1. 各小组讨论《“音”为有你》相应编写板块的活动设计 2. 学科骨干教师后续集中修订编辑《“音”为有你》活动课程并印发	上午：专家讲座、专题学习、活动总结 下午：分组讨论形成成果	全体人员	全体学科教师积极参与
本坊其他研修活动内容与方式设计： 研修活动：让学员参与校本研修活动等 方式设计： 1. 每月一次在线研讨（固定时间）“教师话语” 2. 成果分享：资源开发情况介绍 3. 还可以建立团队博客或是每个成员建立一个个人博客 4. 建立工作坊 QQ 群和微信群，体现线上与线下交流学习一体化						

二、乡村教师工作坊制度设计举例

乡村教师工作坊的制度设计以小学语文 1 坊的管理制度为例进行介绍。

乡村教师工作坊小学语文 1 坊管理制度

为确保工作坊各项工作有效开展，不断推进教育教学改革，特制定以下工作坊规章制度。

一、学习研修制度

1. 建立定期研讨制度。每月工作坊围绕一个主题进行两次集中学习研讨活动，各成员应提前做好准备，进行有效的研讨，做好学习活动，记录完成网络工作坊的各项作业。

2. 工作坊成员要积极参与工作坊组织的业务学习，每学期系统学习一本教育理论书籍，做读书笔记，完成一篇2 000字以上的心得体会。

3. 参与工作坊的课题研究成员也可以针对自己课堂教学出现的小问题来确立小课题，进行教学教育研究，力求创新成果可操作。

4. 教学模式，个性化研究。工作坊成员要善于思考，对自己的教学风格进行研究，分析自己的教学过程、个性特点，探索属于自己的、充满个性的教学模式。

建立网络工作坊，完善各模块内容，实现优质资源共享，各成员应积极上传学案，其他成员要及时阅读并评价，写出自己的反馈意见。积极参与学校的教育教学网络研究活动，完成所在教研组交付的工作任务，并积极推广先进经验，带动本校同学科教师共同进步。

二、考核制度

1. 组织考核组根据考核工作坊成员的考核依据，对工作坊成员职责任务完成情况进行考核。

2. 遵守工作纪律，积极参加工作坊组织的各种会议、专题报告、教学研讨、课题研究等活动。各项活动要按时签到，原则上不予请假，若有特殊情况，须书面请假。

3. 设立“工作坊优秀成员”等奖项，每学期进行一次评选，反馈到所在学校，并针对每位成员的实际完成情况做出评价和建议。

三、乡村教师工作坊个人研修计划举例

乡村教师工作坊个人研修计划以泸州市江阳区乡村教师初中数学工作坊为例进行介绍（表2-10）。

表 2-10　泸州市江阳区乡村教师初中数学工作 2 坊赵声容个人研修计划

<table>
<tr><td>工作坊编号名称</td><td colspan="2">泸州市江阳区乡村教师初中数学工作 2 坊</td></tr>
<tr><td>工作坊个性化名称</td><td colspan="2">初中数学 0.618 工作 2 坊</td></tr>
<tr><td>教师个人所属组别</td><td colspan="2">一组　（组长姓名：成刚）</td></tr>
<tr><td>教师个人姓名：赵声容</td><td>所在单位：况场街道实验学校</td><td>联系电话：略</td></tr>
<tr><td>两年研修目标（不写空洞目标，重点要写明研究出什么成果）</td><td colspan="2">1. 研究分析 2012—2018 年泸州中考题的试题结构和双向细目表，针对一次函数与反比例函数，二次函数的综合问题开展专题复习课的教学资源库建设（教案、学案、课件）
2. 研究分析八年级下《二次根式》的教材教法，针对《16.2 最简二次根式》开展新授课的教学资源库建设（教案、学案、课件）</td></tr>
<tr><td colspan="3">研修内容与行动</td></tr>
<tr><td>网络研修方面</td><td colspan="2">1. 通过师德标兵典型案例和报告的学习，树立乡村教师的职业理想，培养坚守乡村教育的情怀
2. 通过教育教学能力版块的学习，掌握初中数学教学内容的处理、教学难点的分析、教学策略的研究、学案设计应用
3. 掌握教师心理健康与压力管理知识，主动调节自身存在的心理问题
4. 积极参与工作坊研讨活动，在活动中积极发帖和回帖，表达自己的观点，在探讨中提高自己的数学学科素养
5. 按时完成网络研修作业，结合自身教学的实际案例进行分析与交流</td></tr>
<tr><td>集中研修方面</td><td colspan="2">1. 通过小组研磨、工作坊交流、骨干教师指导，修订完善小组研修成果中考专题复习课《一次函数与反比例函数的综合运用》《二次函数与几何图形的综合运用》的“教案、学案、课件”三合一资源
2. 通过个人自主研修、小组研磨、工作坊交流、骨干教师指导，修订完善个人研修成果《16.2 最简二次根式》的“教案、学案、课件”三合一资源</td></tr>
</table>

表2-10(续)

其他自主研修方面	1. 阅读华东师范大学汪晓勤教授编著的《数学史与数学教育》，在课堂教学中自然融入数学史，对学生进行数学文化的熏陶，激发学生学习数学的兴趣 2. 积极参加区级一般课题《乡镇初中数学学困生课堂帮扶有效策略的实践与研究》的研修活动
研修成果预设	1. 形成中考专题复习课《一次函数与反比例函数的综合运用》《二次函数与几何图形的综合运用》的“教案、学案、课件”三合一资源 2. 形成新授课《16.2 最简二次根式》的“教案、学案、课件”三合一资源
其他说明	作为区骨干教师参与全区初中数学资源库建设的审阅工作

第三章　乡村教师工作坊的设计与实施

第一节　乡村教师工作坊网络研修的设计与实施

一、乡村教师工作坊网络研修的设计

江阳区乡村教师工作坊网络研修连续实施 2 年，每年完成网络研修 80 学时和 4 天的集中面授，2 年共计完成 160 学时的网络研修和 8 天的集中面授任务。

两年的工作坊网络研修，根据参培教师的诊断测评，聚焦老师们目前急需解决的问题，围绕教师实施课堂教学转型的专项技能的提升和落实学科核心素养能力的提升进行课程设计。

工作坊网络研修的第一年聚焦于教师实施课堂教学转型的专项技能的提升，第二年聚焦于落实学科核心素养能力的提升。每一年的培训又分为测评诊断、聚焦问题—实践反思、形成初案—校本研修、课例研磨—固化成果、提交作业五个阶段。

老师们在网络平台上完成诊断测评、课例点评、专题研讨、专家答疑、资源推送等。工作坊坊主进行管理，根据研修主题确立四个步骤：一是个人空间、研修社区的创建，完善学员个人信息，熟悉平台操作，组建班委，制订个人专业发展计划；二是完成网络课程的学习，更新教育理念，优化课堂教学，参与主题研讨活动，撰写读书笔记和研修简报，提交研修作业；三是把现代

教育技术与教学教研相结合，分享资源，参与主题研讨活动；四是提升校本研修能力，完成并提交所有作业和个人研修总结。

（一）目标

打造信息技术环境下的教师学习共同体——工作坊，建立“实效高、辐射广、共成长”的骨干引领全员的常态化研修机制，注重坊主对优秀主持经验与系统化研修指导经验的提炼，推动坊主从优秀迈向卓越，提升乡村教师落实核心素养的教育教学能力，着力完善促进乡村教师专业发展的支持服务体系。

（1）两年的递进式培训，增强坊员对教师职业幸福感的认同和做“四有教师”的自觉性。

（2）集中研修和网络研修的整合，促进坊员落实学科核心素养的能力和实现课堂教学转型的能力的提升。

（3）网络研修和校本研修的整合，有利于培养坊员的校本研修能力。

（4）线上线下交互融合的研修，以协同发展的方式，促进优秀学员研修成果的优化提炼，开成本土研修资源。

（二）内容

1. 实施课堂教学转型的专项技能的提升

（1）做“四有”好教师主题研修。

（2）提升学习活动设计的技能。

（3）提升学科教学中运用信息技术的技能。

（4）提升课堂问题设计与生成的技能。

2. 落实学科核心素养能力的提升

（1）“立德树人”主题研修。

（2）核心素养与课程开发。

（3）落实学科核心素养。

二、乡村教师工作坊网络研修的实施

（一）运行

1. 第一年运行

第一年，工作坊聚焦教师实施课堂教学转型的专项技能提升，按照测评诊断、聚焦问题—实践反思、形成初案—校本研修、课例研磨—固化成果、提交作业的流程，开展研修。

（1）测评诊断，提升理念，聚焦问题。

①研读并深入了解项目实施方案，明确项目整体安排与学习要求。

②学习专题讲座：基于立德树人的课堂教学转型。

③基于教学转型的课例观摩与转型研讨。

④完成课堂教学转型专项技能的测评诊断。

⑤制订个人研修学习计划，明确要解决的核心问题。

（2）实践反思、形成初案。

围绕做“四有”好教师的目的展开学习，以期提升学习活动设计的技能，提升学科教学中信息技术的技能，提升课堂问题设计与生成的技能。

①问卷调查，在教学中你与“四有”教师的要求有哪些差距？你的教学设计中学习活动所占的比例？对于学习活动的设计，你的困惑是什么？信息技术应用的情况和主要困难有哪些？

②网上收集“四有教师”的学习资料，特别是乡村教师的先进事迹，并选择一则做点评写感言；收集以学生学习活动为主的教学设计，点评分析一个案例；收集运用信息技术改进教学的微课、微格课、微视频。

③选学课程：在教学技能方面，学习基于学生经验的教学设计、高校课堂导学案设计等内容；在教材解读与构建教学内容的技能方面，学习教师如何做小课题研究等内容；在教学实施技能

方面，学习课堂观察与移动教学的技术实现，以及如何培养乡村学生良好的书写习惯等内容；在教学评价技能方面，学习提问与反馈如何改进课堂及时性评价、有效学习评价理念、“基于课程标准”的学习评价、有效的学生学习评价方法、表现性评价的设计与实施等内容。

④坊员设计以学生学习活动为主的教学内容，将其在工作坊内互动交流后，根据大家的建议修改教学设计；完成一个运用信息技术改进教学的设计或微课，在坊内交流研讨；完成一份课堂提问与预设的生成设计。

⑤反思小结，即对照收集的事例和课程内容，结合自己的工作撰写收获体会。

（3）校本研修、课例研磨。

①访员通过校本研修内容及操作方法的学习，结合本校校本研修的案例，设计一个校本研修的方案并互动研讨。

②坊员将第二阶段的研修成果整合为一个教学设计，在学校开展校本研修活动。研修的案例包括课堂实录、教学设计、教学反思、研修活动等，修改完善后形成案例资源包。

（4）固化成果、提交作业。

①坊员之间交流校本研修内容与存在的问题。

②梳理研修过程的成果，完成平台上的作业。第一，拟定明确的个人研修主题，并围绕该主题制订本次培训的研修计划、预设突破点的研修方法等。第二，学习微课题研究流程及方法，梳理实际教学工作中的问题，确立一个要进行研究的微课题。第三，学习如何组织微课题的研究，组织人员制定微课题研究方案，通过方案研究提升教师的微科研能力；坊员间分工合作为实施方案做好准备。第四，在方案实施过程中做好每一步的笔记；同科教师互相参与方案的实施及点评，提出修改建议；专家指导，提出建议；边实施边反思，收集同科教师及专家的修改建

议。第五，在实践活动后修改微课题研修方案；通过再实践及时发现未解决的问题并进行方案再完善；在校内及更大的范围推广完善后方案；完善的方案实施，使教学科研常态化。

2. 第二年运行

第二年工作坊的网络研修同样按第一年的四个流程进行。每个流程进行的活动和关注的重点在上一年的基础上有所深入。

（1）测评诊断、聚焦问题。

①研读并深入了解项目实施方案，明确项目整体安排与学习要求。

②学习专题讲座：核心素养与课程改革、学科核心素养与教学改革。

③落实学科核心素养的课例研讨。

④完成课堂核心素养与学科核心素养专项知识的测评诊断。

⑤制订个人研修学习计划，明确要解决的核心问题。

（2）实践反思、形成初案。

①问卷调查，在教育教学中你是如何落实“立德树人”的？对照核心素养的18个要点，你在教育与教学中主要落实了哪些，哪几项是空白？落实学科核心素养1的优势与问题有哪些？落实学科核心素养2的优势与问题有哪些？

②收集“立德树人”的学习资料，选择2个内容做圈点批注；收集落实核心素养的课程建设与校本课程开发案例，选一个案例点评分析；收集有关核心素养的相关资料，观摩并分析学科核心素养的教学案例。

③选学有关核心素养的课程：借翻转课程教学落实学科素养；巧用思维导图，促进小学高年级学生语文深度阅读能力的提升；运用“关联性”阅读，培养高年级学生非线性思维的能力等。

④设计一个落实核心素养的综合性学习活动，在工作坊内互动交流，并修改活动设计；完成一个落实核心素养的教学设计，

在工作坊内互动交流后，修改教学设计。

（3）校本研修、课例研磨。

略。（与上一年类似）

（4）固化成果、提交作业。

①坊员交流校本研修内容与存在的问题。

②结合落实核心素养的要求完成一篇教育叙事文章。

③梳理研修过程的成果，完成平台上的作业。第一，结合个人教学经历，介绍本人所教班级的教学情况或学生管理情况，着重描述教学经验、心得。第二，依托个人教学，讲述一件真实的个人教学故事，并引申出有关教学育人的心得体会。第三，坊员通过本阶段课程的学习，结合实际课堂教学中的某一节课或是某个主要问题，做一份教学设计。坊员根据自己在教学中存在的某个主要问题或需要改进的某一方面，结合本阶段课程的学习，对教学设计进行优化，并在教研组内交流研讨，然后付诸课堂进行实践，最后根据实践效果，完善并形成最终的、优化后的课堂教学设计。第四，通过本阶段课程的学习，坊员设计一次课堂教学评价活动并进行实践验证，提交设计方案和最终的活动报告。第五，假如你是一名工作坊坊主，结合本阶段课程内容，设计一份工作坊研修计划并提交至平台。

（二）考核

本项目根据以评促研的原则，采取过程测评与结果测评相结合的方式，对工作坊主持人和参培学员进行考核评价。第四章将对此内容具体进行介绍。

第二节　乡村教师工作坊线下研修的设计与实施

乡村教师工作坊除了开展线上网络研修以外，还有 8 天的线下研修培训。各工作坊根据项目实施方案，制定学科工作坊两年的研修方案，并确定本学科的研修主题。

为了促进课堂有效性的提升，促进学生学好，各工作坊除了完成解读与建构教学内容的技能和设计教学的技能的研修；以课堂实施的技能和教学评价的技能的研修、四种技能的综合运用的研修、综合运用更多技能的研修这几个“规定动作”的学习以外，还按各自设定的“自选动作”进行（每年2次，每次2天，两年计4次8天）相应的研修。

一、研修主题的确立

两年的培训，不可能解决乡村教师的所有问题。在广泛征求乡村学校校长、教师的意见之后，培训的长远目标确定为提升教育教学质量，促进学生核心素养提升。通过对全区乡村教师现状和培训需求进行调研后，我们确定了研修的主题是：紧紧围绕关注核心素养之“学会学习”，以促进学生“会学、学好”为目标，聚焦课堂展开教师教学的四大技能研修。

二、研究内容的建构

“国培”内容确定为：聚焦课堂展开教师教学的四大技能培养，即培养建构教学内容的技能、设计教学的技能、课堂实施的技能、教学评价的技能。项目的实施过程既考虑了综合教学技能，又突出重点，其分四期完成四项技能研修，帮助乡村教师更新教师教育观念，提升乡村教师教育教学能力和学习能力。同时，将教师师德的培养贯穿于整个培训内容当中。

三、研修活动的开展

（1）制定线下研修方案。按照项目实施要求，制定教师工作坊线下集中研修方案，包括研修的主题，研修内容，研修任务，研修对象，研修的时间、地点，日程安排，领导小组，工作要求等内容。

（2）提前一天将线下研修方案发至坊内QQ群，并提醒坊员带好相关资料，做好研修准备。

（3）组建班委，分小组集中研修，各坊按小组分配研修任务。

（4）制作研修简报，提交研修作业。

我们以泸州市江阳区乡村教师工作坊第二次集中研修活动（表3-1）为例，展示了研修活动的开展情况。

【附】

表3-1　泸州市江阳区乡村教师工作坊第二次集中研修活动记录

坊名：小语4坊　坊主：陈艳　骨干教师：王官兰

集体研修任务	修订人教版小学语文第八、十、十二册展练案集 编写《人教课标版小学语文第八册各单元字词句及课内阅读积累复习抽测试题》			
时间	第一个半天（2019年1月21日）	第二个半天（2019年1月21日）	第三个半天（2019年1月22日）	第四个半天（2019年1月22日）
组别	具体研修活动	具体研修活动	具体研修活动	具体研修活动
第一组	修订人教版小学语文第八册展练案第1、第2单元	修订人教版小学语文第八册展练案第3、第4单元	编写人教课标版小学语文第八册1单元字词句及课内阅读积累复习抽测试题	编写人教课标版小学语文第八册2单元字词句及课内阅读积累复习抽测试题
第二组	修订人教版小学语文第八册展练案第5、第6单元	修订人教版小学语文第八册展练案第7、第8单元	编写人教课标版小学语文第八册3单元字词句及课内阅读积累复习抽测试题	编写人教课标版小学语文第八册4单元字词句及课内阅读积累复习抽测试题

表3-1(续)

第三组	修订人教版小学语文第十册展练案第 1、第 2 单元	修订人教版小学语文第十册展练案第 3、第 4 单元	编写人教课标版小学语文第八册 5 单元字词句及课内阅读积累复习抽测试题	编写人教课标版小学语文第八册 6 单元字词句及课内阅读积累复习抽测试题
第四组	修订人教版小学语文第十册展练案第 5、第 6 单元	修订人教版小学语文第十册展练案第 7、第 8 单元	编写人教课标版小学语文第八册 7 单元字词句及课内阅读积累复习抽测试题	编写人教课标版小学语文第八册 8 单元字词句及课内阅读积累复习抽测试题
第五组	修订出人教版小学语文第十二册展练案第 1、2、3 单元	修订出人教版小学语文第十二册展练案第 1、2、3 单元	修订出人教版小学语文第十二册展练案第 4、5、6 单元	修订出人教版小学语文第十二册展练案第 4、5、6 单元

注：此表由各坊坊主或骨干教师组织填写，两天活动结束后，由坊主交给教研培训中心张家玉。

四、研修方式的探索

（1）小组合作研修，互动交流研讨。

（2）设置小组专题，注重研修引领，根据课示，依托教材，进行工作坊的主题研修。

（3）聚焦重点、难点，组内集中打磨。

（4）线上学习与线下交流相结合。

（5）形成研修成果，提升学生素养，提升教师能力。

五、研修成果的提炼

各工作坊积极探索富有实效的研修方式方法，形成了研修经验，指导本坊学员形成实践成果，提炼、汇聚、加工形成优秀成果。发掘好小组、好学员、好成果，形成了丰富的课程资源包，包括教学设计、学科拓展课程、课堂评价策略、命题与作业等。

【附】

2019 年春季学期小学语文乡村教师工作坊集中研修成果撰写任务分配

四个小语工作坊统一安排，撰写制作新版教材 1、3、5、7 册重点课文的教学设计或展练设计及其教学课件。第一天集中时，由黄正萍培训 1、3 册如何撰写教学设计，由熊生贵培训 5、7 册如何撰写展练设计。

黄正萍（小语坊 2 班）：

第一、二天，完成小语第一册以下课文的教学设计：

1 组：识字 1~5 课；2 组：拼音 1 课，课文 1~4 课；3 组：识字 6~10 课；4 组：5~9 课；5 组：10~14 课。

第三、四天，完成小语第一册以下课文的教学课件：

1 组：识字 1~5 课；2 组：拼音 1 课，课文 1~4 课；3 组：识字 6~10 课；4 组：5~9 课；5 组：10~14 课。

陈艳（小语坊 4 班）：

第一、二天，完成小语第三册以下课文的教学设计：

1 组：课文 1~3 课，识字 1~3 课；2 组：识字 4 课，课文 4~7；3 组：课文 8~12 组：4 组：课文 13~18；5 组：课文 19~24。

第三、四天，完成小语第三册以下课文的教学课件：

1 组：课文 1~3 课，识字 1~3 课；2 组：识字 4 课，课文 4~7；3 组：课文 8~12 组：4 组：课文 13~18；5 组：课文 19~24。

穆燕（小语坊 3 班）：

第一、二天，完成小语第五册以下课文的展练案设计：

1 组：1、2、4、5 课；2 组：6、8、10、12 课；3 组：15~18 课；4 组：19~22 课；5 组：23~26 课。

第三、四天，完成小语第五册以下课文的教学课件：

1 组：1、2、4、5 课；2 组：6、8、10、12 课；3 组：15~

18课；4组：19~22课；5组：23~26课。

张家玉（小语坊1班）：

第一、二天，完成小语第七册以下课文的展练案设计：

1组：重点课文（非星号课文）依顺序数1~4课；2组：依顺序数5~8课；3组：依顺序数9~12课；4组：依顺序数13~16课；5组：依顺序数17~21课。（待拿到课文后确定）

第三、四天，完成小语第七册以下课文的教学课件：

1组：重点课文（非星号课文）依顺序数1~4课；2组：依顺序数5~8课；3组：依顺序数9~12课；4组：依顺序数13~16课；5组：依顺序数17~21课。（待拿到新教材后确定）

（以上如果有什么错误，由各坊自行注意修改与调整。）

第三节　乡村教师工作坊线下研修的设计与运行例举

江阳区21个乡村教师工作坊，除了根据全区方案要求，完成线下集中研修的规定动作以外，各个工作坊根据自己坊的特点，围绕教师四大技能研修进行个性化的设计与运行。以下例举部分学科工作坊线下研修的设计与运行。

小学数学工作坊线下研修活动的设计与运行

——“小学数学拓展课程的设计与开发”专题研修

一、研修主题确立

1. 主题确立

小学数学工作坊线下研修力求为促进教师专业成长服务，帮助解决教师教学中的实际问题，切实提高教师教学能力和业务水平。我区正大力推进教育改革，课后延辅和全域课程建设正全面展开，教师们普遍对四点半课后延辅的课程设置及全域课程建设行动中“如何设计和开发数学拓展课程”感到十分困惑，觉得无从下手。因此，小学数学工作坊线下研修确立了“小学数学拓展课程的设计与开发”的研修任务。

2. 价值意义

小学数学拓展课是对小学数学教材进行扩充、开拓、扩展、延伸、展开的课堂教学，通过创设问题情境，提供研究空间，让学生在动手操作、实践探究等活动中发现知识、感悟数学思想与方法，提高数学素养。数学拓展课程的实施能增强学生学习内容的丰富性、趣味性、挑战性，为数学学习注入新的活力，满足学生的求知欲。它可以让小学数学课堂变得丰富多彩、饶有趣味，有利于激发小学生学习数学的兴趣，有利于拓宽小学生探究的空间，有利于小学生更好地认识数学、学习数学、理解数学；它可以让更多学生感受到数学文化的魅力与数学思维的乐趣，从而在数学上得到更好的发展。

二、专题知识培训

1. 专题讲座

针对工作坊学员普遍对“小学数学拓展课程”缺乏认知这一情况，我们首先开展了“小学数学拓展课程”的专题讲座。讲座围绕“什么是小学数学拓展课程?”“怎样开发与设计小学数学拓展课程?”“小学数学拓展课程开发策略、设计要点是什么?”等问题展开了讲解。

2. 范例赏析

为了让学员了解数学拓展课程如何让枯燥的数学变得好玩，优秀教师如何发掘生活中的数学故事和素材，如何通过拓展课程的实施提升学生的数学核心素养等问题有更具体的认识，在专题讲座之后，我们为学员呈现了不同类型的数学拓展课案例，丰富了学员的见识。我们还为学员呈现了优秀数学教师华应龙的数学拓展课例《阅兵中的数学故事》，帮助学员全面了解华应龙老师的设计构想和设计历程，学会如何在生活中用数学思维思考和捕捉知识，寻找数学与现实的联系，从而设计好数学拓展课程。

通过范例赏析与交流，学员们进一步加深了对数学拓展课程的理解。

三、研修任务分配

小学数学的4个工作坊，分工合作完成小学1~6年级数学拓展课程的设计与开发，制定任务分配表，明确各坊各研修阶段的任务分配，确保研修有序进行。

四、共同设计与开发

1. 初选题材

小学数学拓展课可以是对教材中某一概念进行追根溯源的探究，可以是对某一重点、难点知识的深入挖掘、开发，可以是对某一数学思想与方法的渗透、提炼，也可以是与其他学科知识的整合。选择合适的学习题材和素材是课程设计开发的首要任务，因此，研修的第一步是小组商议，即结合学生学习兴趣、教学内容进行挖掘开发，自行选材，拟定初选题材，确定大致思路。

2. 交流评议

各小组交流自己初选的素材和题材，介绍预期目标（知识目标、技能目标、育人目标），汇报大致思路。

小组间互动评议，评议规则是一个小组主评主议，其他小组辅评助议，指导教师终评建议。评议的内容包括该小组的选题、素材、目标制定、思路确定以及可行性等。

3. 确立选题

各小组在听取其他小组的选题设计时获得启示，在听取同伴对自己的意见、建议后，丰富、完善、修正原有思路，经过再次商议确定本组最终选题。

4. 活动设计

小学数学拓展课离不开好情境、好问题，因此需选择合适的学习素材，设置合理的现实情境，以引导学生从数学的角度发现问题，提出问题，综合运用数学知识分析问题、解决问题，增强应用意识，提高实践能力。本环节各小组根据本组确定的选题进行小组研讨，选择素材、设计情境，进行教学活动设计。

5. 交流评议

各小组代表交流本小组围绕确立的课题和目标进行的活动设计和大致教学流程，概括介绍各个教学活动的设计意图。小组间展开互评互议，学习借鉴。

6. 修改定稿

参考、借鉴、吸取他人的建议和优点，修改完善设计中的不足之处，反复研讨论证后定稿。

五、资源共享

至此，小学数学4个工作坊分工合作，开发设计了小学数学1~6年级上下册的数学拓展课程，建立了江阳区小学数学拓展课程资源库。全区教师可将其直接用于教学实践，并在实践运用中反思、修改、完善。

六、以赛促研

经过一年的教学实践，老师们在教育教学实践中积累了一些小学数学拓展课的经验和反思，并在实践中设计开发出了数学拓展课程新资源。为进一步促进小学数学拓展课程建设，以赛促研，我们组织了“小学数学拓展课程”说课竞赛。竞赛有助于促进教师们进一步研讨、交流，吸引更多的教师投入对小学数学拓展课程开发的研究中，促进江阳区全域课程建设工作的顺利推进。

小学数学工作坊线下研修以教师教学工作中亟待解决问题为研修任务，以主题研修引领学习实践，有效促进教师专业发展，让所有的成员真正得到成长、得到进步。

（泸州市江阳区教研培训中心　李敏）

小学语文乡村教师工作坊线下研修的运行

一、确立目标

小学语文是一门大学科，学员总共204人，因为人数众多，为了能均衡地开展工作，我们分设了四个坊。同时为避免各坊“各自为政”，江阳区教研培训中心的四个语文教研员分别领衔坊主或骨干指导教师，共同策划了“小学语文送教、校本研修”。工作坊围绕“练能式语文教学”之四大技能的主题研修，开展乡村教师工作坊线下研修。

二、基本思路

工作坊线下研修以成果为导向，以任务驱动型学习来引导此次“国培”研修活动，以“小我”的参与汇集成“大我”（集体）的力量。工作坊通过为期两年，集中四次共八天的线下集中培训、小组活动和自学研修活动，形成了对自己有用的成果。

三、形成成果

小学语文工作坊的研修周期是两年，通过两年的培训交流学习，形成了主要围绕四大技能培养的成果，即教学内容解读与建构的技能、教学设计的技能、课堂实施的技能、教学评价的技能的培养，有利于帮助教师撰写，可供教师日常教学参考的教学资料。

四、任务分配

（一）各坊分工

小学语文乡村教师工作坊主要以工作坊为单位，网络与校本研修辅导团队及熊生贵工作室的部分成员相互配合，分坊完成相应的成果，最后集体形成一个总的成果体系。两年的研修需要每年分别完成相应的成果，分配任务如表3-2和表3-3所示。

表 3-2　2018 年小学语文乡村教师工作坊集中研修成果撰写任务分配

坊名	坊主	负责完成研修成果
小语 1 坊	张家玉	依照设定的模板编写出小语部编版第五册牵引练能型教案集 依照设定的模板编写出小语五年级和六年级各单元字词句及课内阅读积累复习抽测试题 依照设定的模板拟订出小语各册练能型学科教学计划 编写出《争当学习和班级管理的小主人——小学生自主学习、自主管理的训练读本》（给学生写的阅读材料）
小语 2 坊	黄正萍	依照设定的模板编写出小语部编版第一、三册牵引练能型教案集 依照设定的模板编写出小语一、三册各单元字词句及课内阅读积累复习抽测试题 编写出《让小学低段教学更有效——小学语文低年级教学常规、指令和游戏》文本资料
小语 3 坊	穆燕	依照设定的模板编写出小语三年级各单元字词句及课内阅读积累复习抽测试题 编写出《小学语文课堂激励性评价话语大全》文本资料 编写出《小学语文中高段典型试题答题技巧训练方法》文本资料
小语 4 坊	陈艳	修订小语人教课标版六、七、八、九、十、十一、十二册自主展练型教案集 依照设定的模板编写出小语四年级各单元字词句及课内阅读积累复习抽测试题

表 3-3　2019 年小学语文乡村教师工作坊集中研修成果撰写任务分配

坊名	坊主	负责完成研修成果
小语 1 坊	张家玉	撰写新部编版教材第 7 册重点课文的教学设计或展练设计及其教学课件
小语 2 坊	黄正萍	撰写新部编版教材第 1 册重点课文的教学设计或展练设计及其教学课件

表3-3(续)

小语3坊	穆燕	撰写新部编版教材第5册重点课文的教学设计或展练设计及其教学课件
小语4坊	陈艳	撰写新部编版教材第3册重点课文的教学设计或展练设计及其教学课件

（二）坊内分工

各坊主领取到相应任务后，在坊内再次进行分工细化，把任务分配到各个小组，确保任务的落实和完成。举例见表3-4。

表3-4　小学语文工作坊3班2019年春期第四次（5月中旬）集中研修成果编写及任务分配

<table>
<tr><td colspan="5">乡村教师工作坊名：小学语文工作坊3班
坊主（及电话）：穆燕　电话略
骨干教师（及电话）：李芝伦　电话略
集中研修成果编写任务：</td></tr>
<tr><td colspan="5">分组完成小语第五册以下课文的教学课件：</td></tr>
<tr><td colspan="5">集中研修成果编写任务分配：</td></tr>
<tr><td>具体任务</td><td>承担小组</td><td>负责人姓名（及电话）［统稿］</td><td>完成交稿（电子稿）时间</td><td>备注</td></tr>
<tr><td>1、2、4、5课的教学课件</td><td>一组</td><td>赵守霞
电话略</td><td>5月10日上交</td><td></td></tr>
<tr><td>6、8、10、12课的教学课件</td><td>二组</td><td>杨晓兰
电话略</td><td>5月10日上交</td><td></td></tr>
<tr><td>15~18课的教学课件</td><td>三组</td><td>郑雪梅
电话略</td><td>5月10日上交</td><td></td></tr>
<tr><td>19~22课的教学课件</td><td>四组</td><td>杨蕾
电话略</td><td>5月10日上交</td><td></td></tr>
<tr><td>23~26课的教学课件</td><td>五组</td><td>牟春梅
电话略</td><td>5月10日上交</td><td></td></tr>
</table>

五、工作流程

小学语文乡村教师工作坊每次活动均按以下流程进行：集中听取专家或教研员的讲座—各坊内小组分工—进行成果的撰写—分组上传坊主（附上每次的活动简报）—坊主上传、张家玉统编。

【附】

江阳区“国培计划（2017）”乡村教师小语工作坊

学习简报

2019 年第 3 期

黄正萍　主编　　　　2019-05-10

［卷首语］

春雨绵绵，花香沁人。5 月 8 号上午，由江阳区教培中心主办的江阳区“国培计划（2017）”乡村教师（小学语文）工作坊第三次线下集中研修活动如期举行。雨天湿滑，却阻挡不住老师们研修的热情；路途迢遥，阻隔不了老师们充电的渴望。是什么在支撑着大家？

有一种精神叫敬业——“为伊消得人憔悴，衣带渐宽终不悔”。

有一种力量叫坚持——“既然选择了远方，便只顾风雨兼程”。

有一种激情叫追求——“路漫漫其修远兮，吾将上下而求索”。

研修，是成长的平台，能汲取专家智慧，获得心灵成长，岂能错过？

人如树，既要享受温暖的阳光，也要承受风雨的洗礼。

在风雨中，叶子一片片地张开，花朵一枝枝地绽放，果实最终也会酝酿成希望的色彩、醉人的收成。

成长、蜕变，从研修路上的那一刻开始。

走过风雨，走过泥泞，定将收获鲜花硕果。

[研修动态]

春风送凉，恰逢韶华，2019 年 5 月 8 日，江阳区“国培计划（2017）”乡村教师小语工作坊 2 坊第三次线下集中研修活动在江阳区教研培训中心学术报告厅举行。本次研修分为 5 月 8 日和 9 日两天进行。

第一天，大伙早早地来到学术厅，期待着集体研修的开始。首先，江阳区教研培训中心的黄正萍老师就低段语文教学设计的基本流程与注意事项，为大家带来了一次题为《小学语文低段教学设计》的专题讲座。其间，黄老师以《乌鸦喝水》《彩色的梦》等课文为例，向大家详细讲解了低段小语教学设计究竟该如何设计。

接着，江阳区教研培训中心的熊生贵老师向大家进行了一次《小学语文高段教学设计》的专题讲座。熊老师以教师串讲串问的教学现状入手，深入浅出地讲解了如何在教学设计中避免这种现状，并以《将相和》《花的学校》等课文为例，具体解析了如何在课堂上带领学生开展好好读、好好说、好好写等语文练能活动。

紧接着，根据两位专家的讲座，各位学员在组长的带领下，对坊主布置的相应课文，开始了教学设计讨论。此时，各个小组都积极地交流，大家各抒己见，并将研讨成果记录在电脑上，以便整理形成完整的教学设计。

第二天，成员们依旧来到老地方——学术报告厅，一坐下，就立即将各自的教学设计拿出来，交给组长和其他组员指正。各个组员都一一认真地看完，提出自己的想法，大家在讨论中再次修订自己的教学设计，并立马着手，完成相应的课件制作。

你有困难我来帮，在相互的帮助中，在集体的智慧传递中，一份份课件完整地呈现出来。带着丰收的喜悦，我们在线下集体研修活动中交出了令人满意的答卷！

[感悟与反思]

新的学习，新的收获，新的感悟

千呼万唤始出来，千盼万盼终于盼来了“国培”工作坊研修活动。这次培训让我感悟良多，收获颇丰。我认识到教师总是在不断的实践中逐步成长起来的。

这次我们工作坊的活动分为两次，每次为期两天，这是第一次培训活动。在培训期间，黄老师和熊老师首先分别给我们大家讲解，应该怎么设计低年级与高年级的教案。听了黄老师和熊老师的讲座，我受益匪浅的同时又感到无比庆幸，多亏今天听到了他们精彩的讲解，回顾我之前的教学设计，有那么多不合理的地方，原来我自己已经走进了“串讲串问”的误区而不自知。多亏这次培训活动，让我能够及时发现自己的不足与错误，能够及时改正。

接下来我们分了小组，每个小组的老师一起学习，一起讨论，一起完成任务，大家都把自己的宝贵经验无私地分享出来，大家共同进步。每一次热烈的讨论，都是思维的碰撞。他们那精辟的理论、独到的见解，拨动了我的心弦，触及我思想的深处。所以在这短短的两天时间里，我自始至终都在努力学习，像一块海绵，努力地吸收着知识。

通这次国培学习，我感触很深，真正认识到“学无止境”的意义，人的一生要学习的实在太多太多，这已成为当今时代，人们生存的必要。在当今这个知识经济时代，知识更新可说是日新月异，这就要求人们必须要终身学习，才能在这高速变化的时代中生存、发展、成功。

古人云：“师者传道授业解惑也。”我们作为新时代的教师，“传道、授业、解惑”已远远不能应对日新月异的变化，就连学生的需求也难以满足。因此教师要不断学习提高，做创新型教师、研究型教师、引导型教师。如今，网络技术的进步和信息的快速传播，让学生的见识不断增长，他们的知识量也在以几何级数增长。学生除了在课堂学习知识外，在广阔的课外天地里，古今中外、天文地理……各方面的信息都可以接触到，他们每时每刻都在产生许许多多“稀奇古怪”“异想天开”的问题。面对上述情况，老师必须不断更新自己的知识储备，并同时具备双重身份：既是教师，又是学生。教师为“育人”而学习，作为教师，我们的学习不是一般的学习，而是基于一个教育者的学习，我们最终的追求是育好人，为“育人”而学习是教师的天职。我们应当积极参加上级组织的各种培训，继续教育，不断学习新的教法、新的教育教学理念，让自己成为“源头活水”，这样才能更好地滋润学生渴求知识的心田。

教育之路任重而道远，吾将上下而求索！

（泸州市江阳区弥陀学校　牟霖）

编辑：黄茜　**审稿**：黄正萍　**责任编辑**：小语工作2坊第3小组

初中语文工作坊线下研修活动的设计与运行

教师工作坊研修是教师培训的一项重要培训项目，它以网络课程学习为载体，以开展主题活动研修为主要形式，通过线上课程网络研修与线下集中活动研修相结合的方式，开展混合式培训，引领坊内成员开展教育教学的热点、难点、疑点问题研究，促进中小学教师的专业发展。

文章以泸州市江阳区初中语文学科开展工作坊线下研修为例，探讨适合乡村教师工作坊线下研修的有效活动设计与运行方式。

一、组建“阳光语路”教师工作坊

建立“学科专家（区语文教研员）+坊主（区骨干教师）+学员（乡村语文教师）”的立体互助学习共同体。

根据“国培计划（2017）”的具体要求，江阳区初中语文根据实际情况，组建了“学科专家+坊主+学员”的立体互助学习共同体，命名为“阳光语路”教师工作坊（图 3-1），根据教师人数将其分为“阳光语路”1 坊和“阳光语路”2 坊。教师工作坊线下研修主要采用学科专家指导，坊主示范引领、主持研修活动，学员互助学习、自主研修相结合的方式，并依托网络学习平台提升教师素养，集中开展线下专题研究，开发和整合教育教学资源。

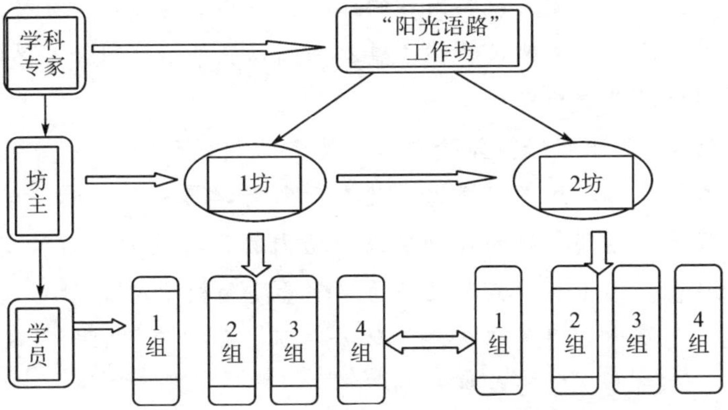

图 3-1　“阳光语路”教师工作坊

工作坊组建后，因为参加研修的老师来自不同的学校，为了方便交流与研修，由坊主建立研修 QQ 群，成为线下研修发布信息、交流探讨等的重要阵地。两个工作坊进行坊内机制建设，推选工作坊委员及各小组长。

二、设计“阳光语路”工作坊线下研修活动

教师工作坊是一个整体，是由具有相同目标，即希望提升自身的教学知识、学科知识和综合素养的老师们组成，因此，教师工作坊就是一个互助共同体。工作坊线下研修的核心在于研修活动的开展，研修活动应该是主题式的系列活动，在活动中，学科专家、坊主、学员各自分工，积极讨论，形成共有的学习资源。

（一）问卷调查：根据教师需求选定研修主题

教师工作坊选择的研修主题一定是来源于教师教学实践中遇到的真实问题，研修活动才能真实地开展，才有真实的意义，才能真正地促进教师将研修的教学技能和教学理论应用于教学实践。因此，在选择怎样的研修主题前，我们进行了前置性的问卷调查，从一线教师的需求出发，进行研修活动主题的确定。

根据问卷调查结果，初中语文工作坊确定了集中研修活动为四次：第一次主题为教学内容的建构，第二次为教学实施技能研修，第三次为群文阅读教学、整本书阅读教学实践研修，第四次为教学资源开发与整合。

（二）集中研修：体验式与“滚雪球”式研修

教师工作坊线下研修的意义在于所有学员能积极参与活动，积极发言，达到良好的互动效果，坊内的学员共同学习、实践，共同进步。为了有效提高教师的综合素质和教学实践能力，我们在集中研修中采用了“三段”体验式研修和“滚雪球”式研修。

1.“三段”体验式研修

（1）集中研修前：坊主发布研修主题→研读推荐书籍→QQ群在线研修→问题收集→学科专家释疑解难。

（2）集中研修中：学科专家专题讲座、坊主示范→现场任务布置→小组合作研讨→交流分享→学科专家指导、评价。

（3）集中研修后：坊主布置研修作业→学员独立完成→小组成果→学科资源。

2.“滚雪球”式研修

“滚雪球”的核心在于反复积累，积累得越多雪球就会越滚越大，越滚越扎实。所谓“滚雪球”式研修，就是反复钻研、反复积累、反复沉淀，层层深入、精益求精，将研修活动引向纵深式发展。工作坊线下研修采用“滚雪球”的研修方式，最大的目的在于让学员能循序渐进、扎实地掌握知识，提升能力。

工作坊研修强调的是团队的整体推进，所以更加注重合作研修。在线下研修的课堂教学中，初中语文工作坊聚焦课堂，强调专业引领、同伴互助、教学反思和行为跟进的“行动研究”，有效开展了“滚雪球”听课、评课和议课活动。由于“滚雪球”研修活动凝聚了团队的智慧，目标明确，操作性强，让团体研修实现了高效且实效的效果。下面就以初中语文工作坊课堂教学实践研修活动为例具体呈现（表3–5）。

表3–5　江阳区初中语文“阳光语路”工作1坊第二次集中研修活动安排

研修活动安排	课题	研究专题	上课者	评课组织者	研修方式
1	“滚雪球”式研修（1）——集体备课《关雎》				小组合作研修
2	“滚雪球”式研修（2）——课堂实践	《关雎》	两节：1. 示范课（骨干教师）2. 诊断课（乡村教师）	1. 观课 2. 评课议课 3. 交流展示	集中研修
3	“滚雪球”式研修（3）——集体讨论、修改教案《关雎》				小组合作研修
4	“滚雪球”式研修（4）——课堂展示	《关雎》	两节展示课（乡村教师）	1. 观课。 2. 评课议课 3. 交流展示	集中研修
5	“滚雪球”式研修（5）——学科专家点评、微讲座		学科专家		集中研修

“滚雪球”式研修是通过学员们进行多轮合作，认真磨课，充分发挥每一个学员的智慧，深入文本、博采众长，有所收获、有所创新、有所改进。“滚雪球”式合作研修的过程，是教师一次次与文本对话的过程，是与新课标对话的过程，也是反复与同伴交流、合作的过程。在一次次交流实践中，教师自身的能力也

得到了提升。

教师工作坊线下活动研修要有实效，首先要对研修的主题进行合理选择，这直接关系研修的内容、目标及研修的最终成效等。因此“阳光语路”工作坊在前期开展问卷调查的意义就在于后期能有效地开展研修活动。

教师工作坊具有共学、导教、引研的三重性质，坊内教师通过共同学习、交流研讨的方式解决教育教学中的问题，但是在培训中有很多不能忽略的困难，最大的困难在于如何形成学习驱动力。基于这一点，“阳光语路”工作坊在研修活动中，主要采用了“三段”体验式研修与“滚雪球”式研修方式，以激发学员主动学习的热情。多种任务驱动教师进行研修实践，从而使每一次研修活动有效、有趣、有用！

（泸师附小　穆燕）

初中数学工作坊线下研修活动的设计与运行

“国培计划 2017”（江阳区）初中数学工作 1 坊和 2 坊根据工作坊线下研修的总体设计，结合全区乡镇初中教学的实际和工作坊学员线上研修的实际情况，从反思定标、分组研磨、资源共享等方面对线下集中研修活动进行了有效性探索。

一、反思定标，提升线下研修的目标性

线下研修的目的就是解决老师们的疑难问题，那么有哪些疑难问题呢？怎样收集呢？我们组织老师们认真反思，梳理自己在教学中感到最困惑的 2 个问题，通过线上收集、片区小组收集、教师座谈等方式收集老师们在教学中存在的问题。我们把收集的问题进行梳理，总结出几个大家都认为亟待解决的问题。

（1）乡镇学校的学生学习习惯差，学习积极性不高，学业水平比较低，不知从哪些方面进行实效性改进。

（2）因为学生问题，课堂教学有效性比较低，教师教学成功感弱。

（3）中考专题复习定位难，中考复习课难设计、难上。

（4）学困生群体大，如何转化。

（5）培养数学群体优生措施欠缺，效果不明显。

大家一致认为以上五个问题中首先要解决第三个问题，特别是在九年级的中考迫在眉睫的情况下。我们利用老师们急切的心理，顺势进行第三个问题的研讨。

研讨首先确定中考复习的目标，只有目标清晰了，才能设计出有效的教学设计。如何确定复习目标呢？我们引导教师们从下面四个方面进行对标分析。

一是分析课程标准对每一章节的要求层次——是了解、理解还是掌握或应用。

二是分析近五年的中考试题，分析每一道题的考点、考法、难易程度、学生可能的失分点。

三是分析所在班级和乡镇学校的学生学业水平。

我们根据学生的学情并结合前面的两项分析，正确定位中考专题复习。

大家通过研讨，确定了中考专题复习的总目标：夯实基础，适当拓展；基础人人过关，中档题70%过关，难题不在全班讲，而是对学有余力的学生进行课外辅导。确定了这样的目标，中考专题复习的目的性更强了！

其余的问题我们通过一些小专题的讲座给予老师们建议，让大家根据本班学生实际情况进行参考性的使用。如工作1坊骨干教师张惠芬老师在集中研修中做了《数学问题串教学设计与实践》的专题培训，工作2坊王晓兰老师在集中研修中做了《一题一课教学设计的思考》《初中数学学困生转化策略》的专题培训，工作1坊坊主代霞在集中研修中作了《初中数学群体优生培养策略》专题发言。我们通过小专题的培训，积极引导教师正确分析问题背后的本质原因，要多从教师的教方面下功夫，少找客观的学生原因，唯有这样，教师才能提升教学创造力。

二、分组研磨，积累集体智慧突破难点

目标定好了，真正要落实教学，还需要大家群策群力，共同探讨。我们在集中研修前一周就把近五年的中考题提供给老师们，把教师分组，明确每个组的具体任务。把具体的分组和分工发到工作坊研修群里，大家提前知晓集中研修的内容好要求，每组由组长带领大家进行研讨。

1. 以双向细目表方式研磨中考试题

组长组织大家分析所分到的中考题块，根据发放的双向细目表，逐题分析考点、分值、题型、难易度、学生失分点、预测得分等。老师们看到双向细目表设计都很惊叹，因为大家平时分析试题基本都是大致看看，从来没有这样细致地去分析过一道题。通过这样的分析，老师们明确了中考试题的结构、分值分布、试题考点、考查重点、难易度分布等。

2. 以“三必须一辅助”为基本要求研磨教学设计

“三必须”是指各组根据本小组研究分析的中考题，进行1课时的集体备课，集体备课有三个必须有的内容：必须撰写一课时教案，必须制作该课时的课件，必须编制该课时的学案。由于乡镇教师的水平参差不齐，我们通过讨论，给教师们制定了规范的文本标准，设计了比较全面的表格，让老师们根据表格项目设计内容；在学案设计方面，明确了学案设计的必要版块；对于课件也规范了文字的大小和页面的美化要求；对于各种文本资料的字号、字体、格式等要求都进行了培训。为了让老师们的教学设计更有目标性，我们建议教师们采用“问题串”方式设计各个环节，问题由浅入深、层层推进。学生通过解决这些问题积累数学经验和提升数学素养。

“一辅助”是指微课或信息软件的辅助，即帮助教师们利用现代教育技术优化教学手段，提升教学质量。在集中研修中，我们针对教师微课录制疑难问题进行了小专题的培训，根据教师的需要进行数学专用软件“几何画板”的培训。通过培训，老师们转变了传统教学的方式，更新了数学教学的观念，在教学中能较为大胆地使用信息技术手段来辅助教学，提升教学质量。

各个组集体备课研讨后再结合内容和教师所长分好工，大家集中力量在一周内完成初稿，然后通过 QQ 群进行探讨，提出修改建议，确定二稿。工作坊的坊主和骨干教师收集整理老师们的二稿，逐一进行查阅，针对大家存在的普遍问题再次进行相关的培训和研讨，利用集中研修时间要求老师们进行优化改进。在这个过程中，老师沉下心来研究试题，思考教学，真正提升了研究能力。

三、资源共享，实践促进专业化提升

资源共享成常态。工作坊坊主和骨干教师将老师们编制的研修成果通过 QQ 群向全区教师分享。“纸上得来终觉浅！”老师们将这些研修成果积极地用于自己的教育教学实践，在实践中不断地修正和改进设计、优化课件，丰富教学的信息技术手段。教师们在实践中遇到问题，再次提出来相互研讨。例如，在教学中，有的老师发现部分优秀设计在本班实施比较困难；有的老师感觉微课学习时间不好安排；有的老师认为学案有时会起消极影响，因为有的学生只专注于学案中的问题，忽略老师对重难点的解析等。通过研修探讨，老师们关注教的行为的有效性的意识越来越强，提升自身素养的意愿越来越强。教师们把自己的研修成果通过各种渠道进行申奖和发表，扩大了成果的影响力。

两年来，工作坊学员们通过线下研修加强了教学的思考，教学的技能。研修的成果运用到教学实践促进了教学质量的提升。在 2018 年中考中，江阳区初中数学成绩优异，全区 18 所乡镇学校成绩进步显著。2019 年的全市中考数学复习研讨会在江阳区举行，工作坊学员代表周正国老师做《紧扣教材，夯实基础，培养能力，挑战中考》的专题讲座，受到全市同行的一致好评。在今后的教学和中考准备中，工作坊关于中考专题复习的教案、学案、课件、微课等研修成果将在全区初中备战中考的复习中发挥着积极有效的作用。我们期待着江阳区初中数学团队再创辉煌！

（泸州七中　唐丽）

初中英语工作坊线下研修活动的设计与运行

“国培计划（2017）”——四川省江阳区中西部教师工作坊初中英语工作坊在上级统一领导下，采用线上网络研修和线下集中研修的方式，通过为期4次8天的线下集中研修，在提升教师教学素养、教育教学技能，以及拓展课程资源等方面取得了一定的成效。

江阳区“国培计划（2017）”初中英语工作坊，坊名为“Shining & Sharing”，意思是“发光、光热、分享、共生”。一坊坊主为李青梅（教培中心）、杨静（泸南中学），二坊坊主为曾雪梅（梓橦路学校）、孙艳（江北学校）。线下集中研修在区教培中心统一指导下开展工作，紧密围绕提升教师四项基本技能和建立教学资源库进行研修。结合英语学科实际情况，进行需求调查分析。

经过线下调研，我们发现如下几个问题：

第一，坊内有大部分年轻教师，渴望增强教学内容建构能力。基于此，线下集中研修共同研讨如何制订学期教学计划，着力提升教师分析课标、确立教学目标、宏观和微观建构教学的能力，以达到增强教师教学内容构建技能的目的。

第二，大部分乡镇学校英语课时少，但学科知识多，任务重。教师课堂多注重口头练习，忽略学生书面能力的训练，忽略对学生学习效果的有效评价。基于此，线下集中研修分小组合作，深度挖掘教材，开发拓展课程，形成课时重难点书面能力提升课程库，提升教师教学评价水平。

第三，初中英语学科教学内容多，课时少，教师急需提升课堂教学效率。基于此，线下集中研修在教研员李老师统筹引导下，设立四种基本课型的教学模式。老师们在此模式下，深度整合教材，全面培养学生核心素养，形成“三合一”教学资源库，有效提升教师教学设计水平。同时，在线下研修过程中，老师们分小组展示个人研修成果，并相互观察评价成果，也增强了教师的教学实施技能。

基于需求调研，确立研修目标，老师们在研修过程中不断提升教学水平，取得了良好效果，取得了显著的教学成效。江阳区“国培计划（2017）”初中英语工作坊从以下三方面展开线下集中研修活动。

第一，线下集中研修着力提升教师教学内容建构能力，集中研讨如何制订教学计划。

在线下集中研修过程中，坊主通过调研针对部分老师不熟悉课标的现状，结合英语学科核心素养和最新教育理念进行专题讲座，启迪老师们分阶段设立教学目标，最终实现立德树人的育人目标。工作坊坊主结合对2017版中学英语新课标的理解，以及学生在不同阶段有不同素养的培养方向，结合学生实际情况，做如何制订教学计划的专题讲座。教师们在坊主的思想引领和案例示范下，深度解读课标，结合所教班级实际情况，有效构建教学内容，制订教学计划，层层推进学生素养的培养，提升教学技能。

第二，线下集中研修着力提升教师教学评价能力，集中开发拓展课程资源，围绕课堂教学重难点，设立重难点题目，检测当堂课教学效果。

初中英语教学任务重，课时少，大多数教师仅凭课堂时间难以对学生是否有效掌握课堂重难点进行有效评价。基于此，老师们深度解读教材，集中研讨每课时的重难点，生成不同题型的书面题目，检测学生的课堂效果。老师们分小组讨论每个单元的课时重难点，设置适当题量的书面题目，用于当堂检测学生的学习效果。小组讨论完成后，由教师代表展示设置的书面题目，讲解本课时重难点，并解释设计意图。在讲解过程中，所有参培老师认真聆听，并适时发表看法，进一步深刻解读教材。形成的拓展课程资料，有效提升了教师教学评价水平，对课堂教学效果起到极大的提升作用。

第三，线下集中研修着力提升教师教学设计技能。集中研修开发“三合一”课程资源，形成宝贵教学资源库，打破校本研修模式，开创区域教研的新格局，极大地促进了教育均衡发展。

教学的主阵地是课堂，上课成效的有效保证是教学设计，提升教师教学设计水平对增强教师技能有决定性作用。坊主做专题讲座，指导老师们针对英语听说读写四大课型，在统一教学模式下，整合教材，进行教学设计。坊主结合教研员的思想引领，结合优秀教学课例，对教材单元内容进行整合，建立“三合一”资源，对课堂结构模式和教材整合的教学设计进行分享交流。老师们在其思想引领和案例示范下，深度解读不同课型的设计模式，深度解读教材，把握教学重难点，设立教学目标，整合单元教学内容，进行教学设计。“三合一”资源的建立，有效增强教师的教学内容建构技能和教学设计技能。老师们乐在其中，体会我下研修带来进步和快乐。老师们分单元设计“三合一”资源，并上台展示教学设计，参与老师共同研讨该设计。全区教师共同研课，不再局限于校内教研，而是集中了全区教师的智慧，形成有效的区域教育共同体。老师们根据他人意见进行适当调整设计，形成“三合一”资源库。老师们欣喜于集体智慧的凝聚，也享受集体智慧带来的作用，共同提升教师教学水平。

江阳区国“培计划（2017）”初中英语工作坊的坊名

“Shining & Sharing” 寓意每位老师都能充分发挥自己的专业技能，分享交流自己的经验，共同提升教师教学水平，形成共同的初中英语教学资源库和高品质英语课堂。江阳区“国培计划（2017）”初中英语工作坊线下集中研修，在坊主们的统筹规划下，老师们积极参与，共同创造，分享资源，提升自身水平，促进区域教育的可持续的发展。线下集中研修给各校老师提供了遇见和交流的平台，相信老师们会在今后的教育路上抱团前行，共同促进教育事业的发展。

（泸州市江阳区教培中心　王晓兰
泸州市梓橦路学校　代霞）

音乐工作坊线下研修活动的设计与运行

“国培计划（2017）”——四川省江阳区中西部教师工作坊研修培训的项目自 2017 年 12 月开始到结束，历时两年。我区根据“国培”要求，建立了音乐教师工作坊，旨在推动优秀音乐教师队伍建设，促进乡村青年音乐教师的有效成长。同时，工作坊通过共同研讨，解决音乐教育教学中的一些困惑，促进乡镇学校音乐学科教学的改革与提升。本文将介绍我区音乐坊“江音坊”的建立与工作情况，为今后音乐教研工作更好地开展提供可借鉴的经验和教训。

一、“音”为有你，互助提升

（一）“江音坊”名字的确立

为加强我区音乐坊的凝聚力，体现音乐坊的工作特色，音乐坊成员通过讨论，对工作坊进行了一些简单的“包装”。

（1）名称为“江音坊”——取隶属江阳区、音乐学科工作坊之意，通俗易记却不失寓意。

（2）工作理念为“音”为有你，共同成“形”。“音”既指“音乐坊”，又与“因”谐音；“你”，是指音乐坊所有的成员及江阳区所有的音乐老师。我们希望“江音坊”能为所有的音乐老师提供一个学习、交流、展示、提高的平台，为江阳区音乐教育服务，真正做到"为你而建，为你而兴，为你添彩"。

(3) 特色为"攻术、成器、得道"，即通过精学，提升自我，发扬个性，修成"新形"。

(二) 工作坊的定位

(1) 交流的平台：在这里我们可以开展"课程的建设与实施"和"网络平台的开发与利用"等研修活动。

(2) 教研的基地：我们主要通过"课例研讨"和"课题研究"在这里进行培训。

(3) 辐射的中心：将先进的教育教学理念、方法等通过送教下乡活动辐射我区的乡镇中心小学，让大家都能有所获。

(4) 成长的摇篮："江音坊"的坊员们通过参与工作坊的学习，把收获转化成荣誉，在我区优质课竞赛中均取得了优异成绩。

(三) 工作坊研修目标

教师工作坊的主体是研修的教师群体。我们以工作坊为平台，以团队为力量，以"专家引领、同伴互助、自我反思"为路径，以主题、课例、研讨、培训的有机结合为行动方式，希望通过两年的时间，结合四项基本教学技能的学习，研究中小学音乐课堂教学设计，探索其规律，形成一个可操作性的音乐教学具体框架结构（模式）。教师运用模式进行教学，打造高效课堂，使工作坊成为一个大家可以共同探索教育教学的基地并共同成长，也为乡村教师的进步打下良好的基础。为此，我们提出"江音坊""四出"研修目标。

一是出"精品课"。我们通过研究理论、研究课例、自主做课、同伴互助、专家指导，推出2~3节高级别的精品课。

二是出"新人"。我们通过专业引领，共同成长，实现新老教师双向共赢。

三是出“经验”。我们以中小学高效课堂为载体，通过两年时间的课堂教学四个技能的研讨，研究中小学高效课堂并探索其规律，构建在基本框架结构下形成的音乐唱歌课和音乐欣赏课的高效课堂，为大幅度提高我区教育教学水平探索新的途径和方法。

四是出“成果”。我们收集成员们的相关资料，在两年的研修结束后汇总形成多篇论文、课题、教案、专项研究，编写相关书籍，制作音乐工作室网站等。

二、“音”为有你，共同成长

个人的进步必须依赖团队的力量，重要的是你和我在一起！因为有了你和我，我们才能走得更远。就在这样的领悟中，我们构建了“江音坊”互助共享“四圈”模式。

（一）设置一个团队圈：构建一个“江音坊”的组织机构

（1）专家团队：我们以乐山师院的教授们为专家团队。专家团队为我们指引思想、把握方向。

（2）指导员：教研员张雪峰老师为指导者，他主要负责监督、管理、领导的工作，在专业成长和教育教学上给予我们明确的指导，并为教师课堂教学诊断、把脉，并进行具体指导。

（3）坊主（主持人）：七中佳德音乐教师王玲既是主持人也为坊主，主要负责统筹工作坊的全面工作，制定工作坊的实施方案，制定工作坊日常管理制度、组织分工，主持召开活动，组织协调成员的学术交流活动，检视工作进度，安排网络研修等内容和完成其他相关任务。

（4）参与培训者：参与培训的教师主要完成学习及工作任务的落实。

（二）设计一个主题圈：围绕主题按照“同课异构—互动研讨—专题讲座—教研员总结”的培训模式进行培训

同课异构是指选用同一教学内容，根据学生实际、现有的教学条件和教师自身的特点，进行不同的教学设计。同课异构的基础是“同课”，即同一教学内容、基本一致的教学目标，“异构”则体现在两位（多位）教师的不同呈现。确定这一主题，有助于进行比较式研讨，在同中求异、异中求同的过程中提升我们的教学水平。

互动研讨：我们根据参与培训教师的实际人数，把他们分成五个组，确定主题后，每个人都参与同一主题的教学设计，在小组里进行初步讨论后，再由各小组推举一人上课。通过对比、反复讨论，总结出最恰当的教学设计，最终形成定稿教案。

专题讲座：针对“江音坊”学员们普遍缺乏对音乐学科课堂教学构建、教学设计、教学实施和教学评价的认知的情况，我们分别对其进行了相关主题的专题讲座。

教研员总结：张老师根据“江音坊”每次线下集中培训的收获和困惑提出自己的建议和想法，让大家在反思中不断总结出新的教育教学心得，从而使学员们教育教学理论得到加强，教学实践水平得以提高。

（三）完成一个内容圈：结合四大技能构建音乐唱歌课和欣赏课基本框架结构模式，即互助自导式

构建音乐唱歌课互助自导式基本框架结构模式，即唱歌课流程，见图3-2。

图3-2　唱歌课流程

1. 互助导学

（1）学生根据老师的要求相互复习所学的知识，教师巡视抽查。

（2）教师作情境导入，引导启发学生学习兴趣。

互助导学要给学生创设情境环境，调动学生学习积极性，通过师友互助，让同学们相互督促学习，共同进步，发现问题，解决问题，从而为互助学习打好基础。

2. 探究释疑

（1）师生交流自主学习情况。

（2）教师可适时提出问题，引导学生讨论分析，寻找知识间的内在联系，让学生在所学知识的基础上，解决问题，使学生对知识的理解更加透彻，训练他们的求异思维和创新思维。

3. 巩固提高

（1）学生自主巩固所学知识。为了更准确地了解学生对知识的掌握情况，师生共同对所学知识进行巩固。

（2）教师就重点问题，对学生进行检查。比如，对歌曲的情感处理，强弱处理的过程，就是学生巩固提高的过程。

4. 拓展升华

（1）教师根据所学内容结合学生课堂掌握情况，让学生分组进行练习，自主完成如歌唱表演、器乐演奏等。练习要针对优、中、差学生提出不同的方法，使不同层次的学生都有所进步。

（2）学生交流展示练习成果，全班同学进行点评，教师可做进一步讲解，达到开阔学生视野，丰富学生知识的目的。

5. 总结巩固

（1）师生共同总结本节课重点。

（2）教师布置课后的音乐拓展作业等。

构建音乐欣赏课互助自导式基本框架结构模式，即欣赏课流程，见图 3–3。

图 3–3　欣赏课流程

1. 互助欣赏

（1）教师课前根据教学内容布置学生搜集与本课相关的音乐资料内容。

（2）教师播放导学内容，学生自主互助欣赏学习新知识，交流心得。

（3）教师导入部分。

2. 探究欣赏

（1）师生交流自主欣赏情况。简单的知识点先由学生讲给老师听，较难理解的知识点由老师给学生讲解，暂时有困难的问题可讨论解决或在全班交流时解决。

（2）学生提出问题（也可由教师提出问题），教师就重点知识进行讲解，归纳总结重点难点。

（3）教师教授课程重点环节。

3. 拓展欣赏

（1）教师根据本节内容拓展书本内容，开拓学生欣赏眼界。

（2）师生互相释疑提高，教师巡视点拨。

4. 互助提高

（1）教师出示技能训练内容，学生自主互助完成。

（2）全班交流体验。

5. 总结归纳

（1）师生共同总结本节课的收获，全班交流学习心得。

（2）教师引导学生归纳知识要点，对本节课重难点进行强调，评价师生表现。

（四）形成一个成果圈：人人参与互助学习，形成成果，资源共享

通过大家的共同努力，参与教师每人按照统一的要求规范完成一份教案、一份导学案、一份课件，从而获得整册或是不同年级段的教学资源，建立了相关的课程资源库。对于全区的新教师

来说，建立起的课程资源库完全可以直接用于教学实践。

三、“音”为有你，谱写华章

“江音坊”近两年的研修，对培养我区音乐教师的学科素养、转变教育教学理念、增强教学能力、提高教学水平起到了很大的推动作用。教师们对音乐教育有了新的认识。他们积极参与线上和线下的研讨活动，不遗余力地帮助同伴成长。“江音坊”的成员通过两年的研修共上了12次示范课，引领江阳区音乐教学的方向；承担5次市、区音乐教师基本功培训，起到示范引领作用；参与各种教师技能、教育论文等比赛，有十余人次获得了各等级奖项。由此可见，在“江音坊”的带领下，我区音乐骨干教师队伍正走在从成熟迈向优秀，在达成共同成长、共同进步的目标的路上勇往直前。

虽然，此次国培项目即将结束，但教学探索之路却永无止步。让我们在常态教学中体会做教师的乐趣，在学习研究中感悟做教师的快乐，在交换彼此心得中升华教师的情感，在平和的心态中寻找做教师的幸福，在研究中追寻教师的工作生活方向。

且思且行，让江音坊静等花开！

（李青梅　杨静）

小学语文1坊1组线下研修活动纪实

2018年6月29日—7月2日和2019年1月21日—22日江阳区乡村教师小学语文工作坊第一次和第二次集中研修活动在教研培训中心隆重举行。在语文教研员张家玉和熊生贵老师的带领下，我们1坊的51名小学语文教师，在这两次集中研修活动中完成了教学研讨、练能型学科教学计划编制、练能教案编制和复习抽测题编制等研修任务。

一、研修活动前

2018年秋季学期，我们接到了线下集中研修的通知。研修的内容是：小学语文中段课标解析、五册教材解读与教学设计，小学五年级课标解析、教材解读与试题设计，小学六年级课标解析、教材解读与试题设计。研修方式是：网络研修+自主实践+小组研讨+反思提炼。每个小组按照坊主的任务分配，进行各小组的集中研修活动。我们1坊1小组的成员们在接到通知后，就提前做好了学习准备工作。例如学习时带来人教课标版小学语文第九、第十册教材和相关的教学辅助资料，每个人都带好下学期要教的册次的教材，带笔记本电脑（每个小组至少保证一个），带笔记的本子与笔。

二、研修活动时

1. 任务分配

在语文教研员熊生贵和张家玉老师的带领下，我们1坊的51名小学语文教师，在这两次集中研修活动中需要完成教学研讨、练能型学科教学计划编制、练能教案编制和复习抽测题编制等研修任务。因此，研修第一步是：分配小组任务。每个小组按照坊主的任务分配，通过小组商议，结合学生学习兴趣、结合教学内容来进行各小组的集中研修活动。

2. 小组合作编写复习抽测试题

研修时，我们1组研修的任务是：新课标小学语文九册、十册课标解析、教材解读与试题设计，人教课标版小学语文第九册一到三单元、第十册一、二单元字词句及课内阅读积累复习抽测试题。小组长童辛未老师安排分配各成员负责编写的试题任务，具体分工为王蔺负责拼音题，宋婵娟负责词语题，胡文负责句型题，范翠负责默写题，唐小燕负责阅读理解题一，杨秀梅负责阅读理解题二，尚明娟负责第一次检查校对并汇总，李志强负责二轮检查，等等。任务分配之后，各成员参照《黄茜五年级自主练能复习方案》中的《八单元复习抽测试题》，完成各自的原创测试题。中途要是有疑问，大家都会及时探讨并解决。胡文老师提出了他的问题：九册各单元的测试题中的句型题，就是只出各单元中学到的句型吗？问题一经提出，大家都积极发表意见。最后大家一致决定，可以结合本册教材和以往学过的句型来安排设计，例如，缩句，扩句，反问句改陈述句，陈述句改反问句、比喻句、拟人句，修改病句，等等。经过大家的共同努力，我们成功编写出了小学语文第九册一、二、三单元，第十册一、二单元字词句及课内阅读积累复习抽测试题。

3. 编写练能教学计划

研修时，我们每个成员都按《练能式小学语文教学计划编制模板》，即邹葛明《2018 年春期五（3）班语文教学计划》的修改稿，来编制下学期各班级能够切实实施的练能式小学语文教学计划（计划约一万字）。经过大家的认真研讨和思考，最后，我们小组每个人都完成了各自的以《2018 年秋期×（×）班语文教学计划》和《2019 年春期×（×）班语文教学计划》为名的教学计划。

4. 成果展示

至此，在各个小组的集体努力下，小学语文 1 坊成功完成了研修成果的撰写任务：编写出了《人教课标版小学语文第八、九、十、十一册各单元字词句及课内阅读积累复习抽测试题》和小学语文五、六、七、八、九、十、十一册练能型学科教学计划。

三、研修活动后

以前会听到有的教师这样抱怨：现在的学生太难教，教师的工作太累，有的教师甚至产生了教育倦怠感。此次集中研修学习，让我明白，保持良好的心态很重要。我们 1 坊坊名叫时雨工作坊，寓意是好雨知时节，当春乃发生。正如此名，这两次集中研修活动如及时雨般给我带来生机和活力。我必须珍惜每一次宝贵的研修时光，努力学习，全身心地投入练能式语文教学资源建设之中，积极完成工作坊布置的资料编写任务，以优良的成果，回报青春岁月。简而言之就是：绽放芳华，不负春光！有句话说得好“他山之石，可以攻玉”，在今后的教学活动中，我一定会学以致用，将此次培训所学的新理念内化为自己的知识，结合我班的实际情况，运用到教学实践中去，让培训的硕果在教育教学中大放异彩。

（泸州市江阳区江北学校　尚明娟）

第四章　乡村教师工作坊的评价

乡村教师工作坊的评价，主要是评价工作坊的运行情况，工作坊坊主、骨干教师的尽职情况，各坊学员的学习情况。全面的评价体系要包含各个方面的评价标准、评价方式及评价结果的运用。

第一节　乡村教师工作坊运行情况的评价

这是对各个工作坊运行情况的全面评价。泸州市江阳区根据教育部相关文件的规定，将乡村教师工作坊的评价设置为以下几个维度：工作坊组织建设、工作坊设计、坊主与骨干教师履职情况、网络研修、线下研修、内部管理及研修成果。我们将这些维度设置为一级指标，再据此拟出各评价指标评价的具体内容并赋予评分的权重与分值。各个指标都拟订了相应的评价方式方法。这样就构成了乡村教师工作坊评价标准（表4-1）。

表4-1　泸州市江阳区优秀乡村教师工作坊评价标准

一级指标	评价分值	二级指标	评价方式方法	得分
组织建构	5	工作坊组织机构完善，成员信息登记齐全	查看“泸州市江阳区乡村教师××工作坊基本信息表”	

表4-1(续)

工作坊设计	5	工作坊研修理念、研修主题、特色打造、研修目标明确，两年研修内容设计清楚	查看“泸州市江阳区乡村教师××工作坊基本信息表”	
坊主与骨干教师履职	10	坊主与骨干教师认真履行工作职责，及时而保质保量地完成区工作坊管理机构布置的任务，提交资料不拖沓	查看江阳区乡村教师工作坊管理机构记载	
网络研修	20	网络研修全员注册，全面完成网络研修任务	查看乡村教师工作坊研修网络数据	
线下研修	10	线下研修活动内容设计恰当，组织有序，考核严格，学员全员积极参与活动，研修任务完成好	查看有关记载 查看工作坊研修简报	
内部管理	10	坊主与骨干教师组建了坊内学习小组，建立了小组间的合作竞争机制；指导本坊学员形成实践成果，提炼、汇聚、加工优秀成果；做好本坊学员的监管评估工作；及时发掘“好小组、好学员、好成果”，做好典型经验、先进做法的总结宣传推广	查看由工作坊提供的相应资料	
研修成果	40	所编撰的研修成果实用性强，原创度高，内容丰富，提交资料及时	查看工作坊提供的成果资料，审读成果	

评价的实际操作主要是看工作坊常态化的运行情况，看过程资料的上交情况。各坊要应对的评价也不是太复杂，资料准备不至于太繁琐。

评价时着重看各坊的研修成果，这是江阳区的工作坊的运行特色。这样的评价导向，极大地促进了各工作坊积极推进研修活动特别是线下研修，总结提炼出对老师们有用的教学辅助资料性成果。

以泸州市江阳区乡村教师工作坊2018年第一次集中研修活动取得的成果（表4-2）为例进行展示。

表4-2　泸州市江阳区乡村教师工作坊2018第一次集中研修活动成果

坊名	坊主（及电话）	骨干教师（及电话）	成果目录
小学语文工作坊1班	张家玉 电话略	熊生贵 电话略	1. 人教课标版小学语文第九、第十一册各单元字词句及课内阅读积累复习抽测试题 2. 小学语文五、七、九、十一册练能型学科教学计划
小学语文工作坊2班	黄正萍 电话略	高天祥 电话略	1. 部编版小学语文第一册和第三册牵引练能型教案集 2.《让小学低段教学更有效——小学语文低年级教学常规、指令和游戏》书稿
小学语文工作坊3班	穆燕 电话略	李芝伦 电话略	1. 部编版小学语文第五册各单元字词句及课内阅读积累复习抽测试题 2.《小学语文课堂激励性评价话语大全》书稿 3.《小学语文中高段典型试题答题技巧训练方法》书稿
小学语文工作坊4班	陈艳 电话略	王官兰 电话略	1. 人教课标版小学语文第七、九、十一册展练案集 2. 人教课标版小学语文第七册各单元字词句及课内阅读积累复习抽测试题
小学数学工作坊1班	余雪英 电话略	袁小平 电话略	1. 一年级和二年级前半部分小学数学拓展课程 2. 一年级小学数学自主学习评价试题
小学数学工作坊2班	何春艳 电话略	李敏 电话略	1 二年级后半部分和三年级小学数学拓展课程 2. 二年级小学数学自主学习评价试题
小学数学工作坊3班	彭燕 电话略	马宁 电话略	1. 四年级和五年级前半部分小学数学拓展课程 2. 三年级小学数学自主学习评价试题

表4-2(续)

小学数学工作坊4班	简丽 电话略	袁历 电话略	1. 小学五年级后半部分和六年级数学拓展课程 2. 四年级小学数学自主学习评价测试卷
小学思想政治工作坊	李思泽 电话略	吴开碧 电话略	1.《人教版（部编）小学道德与法治三年级上册教材教案集》（课时参考模板） 2.《人教版（部编）小学道德与法治三年级上册学习评价》四套（课时参考模板） 3. 人教部编版小学道德与法治三年级上册教学工作计划
中小学体育工作坊	杜朝蓉 电话略	邓玉梅 电话略	1. 小学体育学科体育教学设计与教案 2. 小学体育学科心得体会集 3. 小学体育学科游戏大全集
中小学音乐工作坊	王玲 电话略	张雪峰 电话略	人民音乐出版社小学音乐学科一年级到六年级春期教案各单元内容
中小学美术工作坊	许成霞 电话略	赵珣 电话略	1. 教师个人研修计划 2. 小学美术一至六年级上册教学计划 3. 人美版小学美术一至六年级上册优秀教案集、课件集
初中语文工作坊1班	唐丽 电话略	张远成 电话略	1. 部编版初中语文七年级、八年级和九年级《名著阅读教学设计及习题汇编》 2. 部编版初中八年级下单元测试卷汇编
初中语文工作坊2班	许忠莲 电话略	朱祥群 电话略	1. 统编版语文中考第一轮复习资料集(分版块) 2. 统编版语文中考模拟试题5套
初中数学工作坊1班	代霞 电话略	张惠芬 电话略	1. 近五年泸州市中考数学题1~23题试题归类研究文集 2. 初中数学单册教学设计
初中数学工作坊2班	韩忠华 电话略	王晓兰 电话略	1. 近五年泸州市中考数学题24题思路研究文集 2. 初中数学双册教学设计

表4-2(续)

初中英语工作坊1班	刘纭汐 电话略	曾雪梅 电话略	1. 人教版初中英语七年级上册全册每课时当堂重点内容习题集 2. 人教版初中英语八年级上册1到5单元每课时当堂重点内容习题集 3. 2018年秋期初中英语教师个人教学计划集
初中英语工作坊2班	杨静 电话略	李青梅 电话略	1. 人教版初中英语八年级上册6单元到10单元每课时课堂当堂重点内容习题集 2. 人教版初中英语九年级1到9单元每课时当堂重点内容习题集 3. 2018年秋期初中英语教师个人教学计划集
初中道德与法治工作坊	刘刚群 电话略	陈洪平 电话略	1. 初中道德与法治七上、八上单元检测试题 2. 初中道德与法治七上、八上说课方案设计
初中历史工作坊	何屏频 电话略	周霞 电话略	部编版初中历史七年级上下册、八年级上册的优秀课例（含教学设计和课件）选编
初中物理工作坊	丁念锟 电话略	陈维勇 电话略	1.《教科版九年级全册物理课时达标训练》，共124个页面 2. 录制了初中阶段18个典型的演示实验微视频

各工作坊在整理自己的成果时，要做到清晰有条理。所整理的资料要供老师们日常教学使用。

【附】

2019年春期小语工作坊1班编写的部编版小语7册

重点课文展练案成果目录

1. 观潮………………第一组/文案设计：尚明娟；课件制作：宋婵娟。

2. 走月亮……………第一组/文案设计：王蔺；课件制作：胡文。

3. 一个豆荚里的五粒豆…………………第一组/文案设计：唐小艳；课件制作：李志强。

4. 蝙蝠和雷达…………………第一组/文案设计：童辛未；课件制作：杨秀梅。

5. 呼风唤雨的世纪第…………第二组/文案设计：周娟、周晓燕；课件制作：周娟、周晓燕。

6. 古诗三首…………第二组/文案设计：王聘、陈健；课件制作：王聘、陈健。

7. 爬山虎的脚…………第二组/文案设计：邓莉、曹婷；课件制作：邓莉、曹婷。

8. 蟋蟀的住宅…………第二组/文案设计：杨春霞、曹霞；课件制作：杨春霞、曹霞。

9. 盘古开天地…………第三组/文案设计：陈雯、杜小英；课件制作：陈雯、杜小英。

10. 精卫填海…………第三组/文案设计：杨佳琪、刘黎；课件制作：杨佳琪、刘黎。

11. 普罗米修斯…………第三组/文案设计：张启容；课件制作：陈明珠。

12. 麻雀…………第三组/文案设计：陈钰、洪君；课件制作：陈钰、洪君。

13. 爬天都峰…………第四组/文案设计：王沛、韩敏；课件制作：王沛。

14. 牛和鹅…………第四组/文案设计：赵丽、宿红玉；课件制作：宿红玉。

15. 一只窝囊的大老虎…………第四组/文案设计：龚雪、邵菊红；课件制作：龚雪。

16. 陀螺…………第四组/文案设计：傅小兰、唐敏；课件制作：傅小兰。

17. 古诗三首…………第五组/文案设计：刘秋菊；课件制作：吴春梅。

18. 为中华之崛起而读书…………第五组/文案设计：侯娟；课件制作：贺文静。

19. 王戎不取道旁李…………第五组/文案设计：文治敏；课件制作：李长立。

20. 西门豹治邺…………第五组/文案设计：王超；课件制作：张世莲。

2018 年春期小数工作坊 2 班设计的西师版小数第 3、5 册拓展活动成果目录

3 册

1. 小小观察员……………………第一组：李敏、周帅。
2. 我有火眼金睛…………………第一组：肖晓月、刘佳楣。
3. 了解我们的身体与校园………第一组：杨艺、王琴。
4. 小小研究员……………………第二组：赵春艳、江源。
5. 决“豆”………………………第二组：魏陈琴、唐红琴。
6. 秋游……………………………第二组：王石、李永。

5 册

7. 称体重…………………………第三组：汪冬梅、周雪梅。
8. 生活中的工具称………………第三组：袁烨、陈利。
9. 小小购物员……………………第四组：刘春、李兰。
10. 幸运转转盘…………………第四组：姚婷、黄晓芳。
11. 生活中的四面八方…………第五组：杨静、朱玲。
12. 制作指南针…………………第五组：李鹏飞、许祖毅、先黎潇。
13. 我们的节日我做主…………第六组：王敏、姜兰、李晓东。
14. 快乐农家乐…………………第六组：祝洁、任春梅。

15. 小小数学家…………………第七组：郑雪梅、刘华珍。
16. 小小购物员…………………第七组：雷亮、肖玲。
17. 制作活动日历………………第八组：段雪花、吴国琴。
18. 制作家庭年历………………第八组：周敏、罗浇。
19. 院子里的周长………………第九组：赵光琼、刘佳楣。
20. 我们一起美美哒……………第九组：袁冬勤、成兰。
21. 符号猜猜猜…………………第十组：何丽、冯碧湘。
22. 学当小记者…………………第十组：李芳、刘茂。

（特别说明：成果设计包括课程设计和课件制作）

2019年春期中语工作坊1、2班编写的统编版七年级上册教学资源成果目录

中语工作坊1班

1. 春………………第一组/教案设计：徐文秀；学案设计：杨婷；课件制作：王小刚。

2. 济南的冬天……第一组/教案设计：何娅萍；学案设计：王艳；课件制作：温正芳。

3. 雨的四季………第一组/教案设计：许春梅；学案设计：田永芳；课件制作：田永芳。

4. 古代诗歌四首…第一组/教案设计：陈雪涛；学案设计：韩琳；课件制作：潘胜利

5. 秋天的怀念……第二组/教案设计：郑媛媛；学案设计：白亚利；课件制作：白亚利。

6. 散步……………第二组/教案设计：罗敏；学案设计：赵怡婷；课件制作：赵怡婷。

7. 散文诗二首……第二组/教案设计：朱文廷；学案设计：许庆；课件制作：许庆。

8. 《世说新语》二则…第二组/教案设计：杨洪光；学案设计：李明珍；课件制作：李燕。

9. 从百草园到三味书屋…第二组/教案设计：蒋林；学案设计：任艳；课件制作：赵小霞。

10. 再塑生命的人……第三组/教案设计：谢小萍；学案设计：张胜梅；课件制作：曾佳。

11.《论语》十二章…第三组/教案设计：万蜀权；学案设计：陈竹；课件制作：万蜀权。

12. 纪念白求恩………第三组/教案设计：杨永；学案设计：邹春燕；课件制作：唐宗涌。

13. 植树人的牧羊人…第三组/教案设计：文小兰；学案设计：文小兰；课件制作：陈泽勤。

14. 走一步，再走一步…第三组/教案设计：赵启琴；学案设计：蒋海燕；课件制作：李德贤。

15. 诫子书…………第四组/教案设计：杨雪琴；学案设计：徐世玲；课件制作：杨雪琴。

16. 猫………………第四组/教案设计：马肖肖；学案设计：马肖肖；课件制作：王蓉。

17. 动物笑谈………第四组/教案设计：胡朝涌；学案设计：胡朝涌；课件制作：杜敏。

19. 皇帝的新装……第四组/教案设计：陶益；学案设计：陶益；课件制作：钟静。

名著导读一《朝花夕拾》………教案设计：李静；学案设计：李静；课件制作：胡蓉。

名著导读二《西游记》………教案设计：匡林彬；学案设计：匡林彬；课件制作：蒋林。

中语工作坊2班

5. 藤野先生……第一组/教案设计：刘燕；学案设计：兰光丽；课件制作：谢君。

6. 回忆我的母亲…第一组/教案设计：罗秀芬；学案设计：

夏磊；课件制作：张霞。

7. 列夫托尔斯泰……第一组/教案设计：肖坤霞；学案设计：李茂茹；课件制作：代碧原。

8. 美丽的颜色………第一组/教案设计：朱祥群；学案设计：张玉平；课件制作：张霞

9. 三峡…………第二组/教案设计：赵莉；学案设计：彭昭蓉；课件制作：尹玲。

10. 短文两篇…………第二组/教案设计：王丽娟；学案设计：周大军；课件制作：王霞。

11. 与朱元思书………第二组/教案设计：陶永梅；学案设计：唐艳芬；课件制作：陶永梅。

12. 唐诗五首…………第二组/教案设计：魏小平；学案设计：魏小平；课件制作：罗小琴。

13. 背影…………第三组/教案设计：许忠莲；学案设计：穆世敏；课件制作：穆世敏。

14. 白杨礼赞…………第三组/教案设计：曹丹科；学案设计：唐明潇；课件制作：唐明潇。

15. 散文两篇…………第三组/教案设计：刘勇；学案设计：曹芳；课件制作：曹芳。

16. 昆明的雨…………第三组/教案设计：曾旭英；学案设计：熊建友；课件制作：杨欢。

17. 中国石拱桥…………第四组/教案设计：王燕；学案设计：赵晓雷；课件制作：赵晓雷。

18. 苏州园林…………第四组/教案设计：郑艳；学案设计：商利；课件制作：商利。

21. 孟子二章…………第四组/教案设计：周娟；学案设计：刘存伟；课件制作：刘存伟。

22. 愚公移山…………第四组/教案设计：祝廷；学案设计：

邢宇；课件制作：邢宇。

24. 诗词五首…………第四组/教案设计：陈宣霖；学案设计：陈宣霖；课件制作：陈梅。

名著导读一《红星照耀中国》…教案设计：梁人方；学案设计：刘敏；课件制作：刘敏。

名著导读二《昆虫记》………教案设计：周建龙；学案设计：张琴燕；课件制作：张琴燕。

第二节　乡村教师工作坊坊主与骨干教师的评价

按教育部相关文件的要求，乡村教师工作坊的评估应以工作坊主持人的引领带动作用、学习共同体组建、研修活动开展、资源生成和乡村教师学习与实践成效等为重点。这一切，显然要看工作坊坊主，即工作坊主持人的工作尽职情况。

教育部相关文件规定，工作坊主持人职责是：

（1）认真参加示范性工作坊研修，切实提升工作坊主持能力。

（2）制定本乡村教师工作坊的研修方案。

（3）组建坊内学习小组，建立小组间的合作竞争机制。

（4）组织开展主题研修，解决乡村教师教育教学中的突出问题。

（5）组织开展常规研修，对乡村教师进行个性化指导。

（6）指导本坊学员形成实践成果，提炼、汇聚、加工优秀成果。

（7）根据教育行政部门要求，做好本坊学员的监管评估工作。

（8）及时发掘“好小组、好学员、好成果”，做好典型经验、先进做法的总结宣传推广。

教育部相关文件没有规定骨干教师的职责。对比，泸州市江阳区的做法是，将工作坊坊主与骨干教师捆绑起来，共同履行好上述工作坊主持人职责。在实际运行中，这两个角色是不分彼此的，是共同履职的。只要两人合作得好，工作坊就能运行良好，学习与工作成效就显著。因此，江阳区在对工作坊运行进行评价时，将两个角色进行捆绑式评价。

两个角色捆绑式评价的内容主要是：工作坊设计与组织建设、制度建设，研修方案与计划拟订，组织研修活动，提炼研修成果，学习小组与学员的评价，以及总结与宣传。根据这些指标内容，我们再设计出具体的评价内容与方式方法，形成如表4-3所示的评价标准。

表4-3　泸州市江阳区乡村教师工作坊优秀坊主与骨干教师评价标准

一级指标	评价分值	二级指标	评价方式方法	得分
工作坊设计与组织建设、制度建设	10	1. 按全区的统一要求做好了工作坊的整体设计（工作坊名称个性化，理念或口号明确，研修主题、特色打造方向和研修目标清晰等） 2. 工作坊内容内部组织建设符合要求，特别是有完善小组建设 3. 工作坊制度完善，形成本坊的研修竞争与激励机制	查看相关的文本材料	
研修方案与计划拟订	10	1. 制定出本坊两年的研修方案。 2. 按时段完成了本坊研修计划的拟订	查看相关的文本材料	
组织研修活动	30	1. 做好本坊活动的严格考勤 2. 做好相应的学术讲座与整体化的研修指导 3. 组织好线上研修，带头学好 4. 线下集中研修具体活动分工明确，任务落实，活动运行良好 4. 线上线下研修，对活动过程做好了及时调控 5. 线上线下研修，对本坊学员进行了个性化指导	查考勤签到表 查看相关的讲座资料，现场活动照片等 查看研修网络信息 查看教研培训中心的巡视记载。 查看工作坊研修简报 访问学员	

表4-3(续)

研修成果	30	1. 按预设完成研修成果的撰写或开发 2. 研修成果实用性强，原创度高，内容丰富 3. 成果汇总好，资料提交及时	查看教研培训中心的资料搜集记载，审查成果内容	
学习小组与学员的评价	10	1. 有小组的评比标准，实施小组的研修评价 2. 做好本坊学员的监管评估工作，及时评出了本坊的优秀学员	查看相关资料 查看教研培训中心的相关记载	
总结与宣传	10	1. 按要求及时做好本坊的研修总结 2. 及时发掘“好小组、好学员、好成果”，做好了典型经验、先进做法的总结宣传推广		

我们按上述评价指标与评价方式方法，对乡村教师工作坊各坊主与骨干教师进行评价，评出优秀成员，进行奖励。

在评价时，既关注各坊主与骨干教师对学员研修的过程组织，也关注各坊做出的研修成果；既关注检查机构对各坊的督查结果，也关注各坊形成提交的对研修情况的自我反思。

表4-4　泸州市江阳区乡村教师初中英语工作坊
2019年度研修总结

<table>
<tr><td>工作坊编号名称</td><td colspan="2">初中英语工作坊</td></tr>
<tr><td>工作坊个性化名称</td><td colspan="2">Shining & Sharing Workshop</td></tr>
<tr><td>坊主姓名：李青梅</td><td>所在单位：江阳区教培中心</td><td>联系电话：略</td></tr>
<tr><td colspan="3">本年度工作坊研修概述</td></tr>
<tr><td colspan="3">初中英语工作坊2019年继续采用线上网络研修和线下集中研修的方式，通过为期2次4天的线下集中研修，在提升教师教学素养、教育教学技能水平，以及拓展课程资源等方面取得了一定的成效。线上研修过程中，全坊教师认真观摩视频，积极参与社区研讨，按时提交作业，提升了教师素养，实现全员合格。线下集中研修围绕区教培中心统一指导展开工作，紧密围绕提升教师四项基本技能和建立教学资源库进行研修。</td></tr>
</table>

表4-4(续)

<table>
<tr><td colspan="2">我们结合英语学科实际情况，进行需求调查分析，经过线下调研，发现如下几个问题并将其作为着力点：
第一，坊内年轻教师居多，亟须提升教学内容建构能力。基于此，线下集中研修共同研讨如何制订学期教学计划，着力提升教师分析课标的水平，确立教学目标，从宏观和微观角度培养教学的能力，增强教师教学内容构建的技能。
第二，大部分乡镇学校英语课课时少，但学科知识多。教师课堂多注重口头练习，忽略学生书面表达能力的提升，忽略对学生学习生成的有效评价。基于此，线下集中研修分小组合作，深度挖掘教材，开发拓展课程，形成课时重难点书面能力提升课程库，提升教师教学评价技能。
第三，初中英语学科教学内容多，课时少，教师亟须提升课堂教学效率。
针对以上三方面的问题，基于前期送教下乡研课磨课中积累的经验，工作坊集体研讨出四种基本课型的教学模式。老师们在此模式下，深度整合教材，深度挖掘中学英语学科核心素养，形成"三合一"教学资源库，有效提升教师教学设计水平。同时，在线下研修过程中，老师们分小组展示个人研修成果，再相互观察评价成果，增强了教师的教学实施技能。</td></tr>
<tr><td colspan="2">工作坊取得的成果与效果</td></tr>
<tr><td>成果</td><td>1. 形成教师工作计划集
2. 形成初中英语素质拓展课程资源库
3. 形成九年级新授课"三合一"课程资源库</td></tr>
<tr><td>效果</td><td>1. 工作坊活动全面提升教师教学素养，教育教学技能，形成拓展课程资源，取得一定成效。
2. 两轮网络研修，参培教师成绩合格率为100%。
3. 线下集中研修，每次研修基于需求调查，坊员参与率在95%以上，个别未参与坊员都提交学校签章假条。
4. 全区英语教育水平得以提高，中考全区英语平均成绩名列全市前茅。
5. 全区教育进一步发展，乡镇学校和城区学校期末平均成绩差距明显缩小。</td></tr>
<tr><td colspan="2">本坊工作亮点与经验</td></tr>
<tr><td colspan="2">1. 充分结合"国培"纲领和区教培中心设计的增强教师四项基本技能的方案，充分结合英语学科实际情况和本坊教师素质，展开研修工作。
2. 工作坊个性化坊名为"Shining & Sharing Workshop"，旨在充分挖掘展示每位教师潜能，实现经验资源共享，促进全体教师教学素养提升。
3. 工作坊研修目标的设定和方案实施，基于教师的需求分析，研修内容切合教师发展需求，有助于充分调动坊内教师积极性，有效促进教师教学技能和教学素养的提升。</td></tr>
</table>

表4-4(续)

4. 工作坊研修研磨出英语教学基本课型的基本范式，以及九年级新授课“三合一”资源库，强力增强教师教学内容构建技能和教学设计技能。 5. 工作坊研修生成一系列可操作性的实际成果，为坊内资源共享，为教育均衡发展起到极大的促进作用。 6. 工作坊研修形成全区教研团队，凝聚全区教师，使全区教师合作共赢，相互取长补短，为今后共同进步奠定坚实基础。
存在问题与反思（主要针对四大技能研修及各坊个性化目标，是否达成等方面）
1. 工作坊研修过程中，教师教学实施技能、教学评价技能未得到更深层次的培训。 2. 工作坊研修过程中，教师共同开发资源及资源的质量水平检测能力需进一步提高。 3. 工作坊研修过程中，坊内教师继续共同培训的体系建设不够完善。
今后努力的方向
1. 在今后的研修过程中，为增强教师教学实施技能、教学评价技能提供更多研修主题和实践训练的平台。 2. 在今后的研修过程中，对研修形成的资源库进行更全面的评价，让资源实现精品化。 3. 在今后研修的过程中，注重对教师教育热情的持续刺激，设立合理评价机制，督促教师持续学习和进步。

表 4-5　泸州市江阳区乡村教师音乐工作坊 2019 年度研修总结

工作坊编号名称	音乐工作坊	
工作坊个性化名称	江音坊	
坊主姓名：王玲	所在单位：泸州七中佳德	联系电话：略
本年度工作坊研修概述		
我们以“江音坊”为平台，以团队为力量，以“专家引领、同伴互助、自我反思”为路径，以主题、课例、研讨、培训的有机结合为行动方式，通过两年的时间，结合四项基本教学技能的学习，对中小学音乐课堂教学设计进行研究，探索其规律，形成了一个可操作性的具体框架结构(模式)，教师运用模式进行教学，打造高效课堂，从而达到：“四出”目标：①出精品课；②出新人；③出经验；④出成果。为此，我们具体从以下两方面实践研修：		

表4-5(续)

一、网络研修方面 (1) 专家讲座：看专家的5个视频讲座，包括音乐艺术大师王希珍讲座《深圳中小学生合唱艺术的崛起之路》(上下集)、中央音乐学院周海宏教授音乐讲座、中央音乐学院曹晓青老师2016年草原琴韵音乐节专家讲座、走进音乐世界讲座 (2) 专题研讨：在网络平台上讨论4次，包括怎样上好音乐教学唱歌课2次和欣赏课2次 (3) 课例研究：在网络平台上开展《田野在召唤》和《小步舞曲》2节课教案设计、实施与评价 (4) 成果分享：音乐活动创作微讲座、唱歌课和欣赏课课例成果、网络资源开发等 (5) 每月一次在线研讨（固定时间为星期五） (6) 学员考核：考核总分为100分，考核结果为60分的合格，95分以上的为优秀，可参加优秀学员的评比 二、线下研修方面 (1) 走进城西附小和七中佳德学校实地观摩、参观学习、增加经验 (2) 示范观摩：走进朱成蓉老师名师课堂、观摩体验江阳区城区教研活动 (3) 同课异构：本期教学内容与网络课例研究的内容一致，为《田野在召唤》和《小步舞曲》。大家通过网络研修先进行自我设计，再参与线下比较式研讨，在同中求异、异中求同的比较过程中提升我们的教学水平。本次参加的老师上课的教师分别是：《田野在召唤》——石岭学校马温霞、矿场学校陈露露、江南小学姚建萍、通滩学校文娟；《小步舞曲》——实验小学蒋中琴（专家团队送教课）、高新区小学钟蕾、邻玉小学冯欣、力行路小学袁才英
(4) 案例互动研讨：课例研究唱歌课《青春舞曲》《沂蒙山小调》《剪羊毛》《波尔卡》《小蜜蜂》，欣赏课《花之歌》6节课。 (5) 专题讲座：4次。针对江音坊学员们普遍对音乐学科课堂教学构建、教学设计、教学实施和教学评价的缺乏认知的情况，我们分别举办了相关主题的专题讲座。例如，张雪峰老师《教师怎样提升课堂教学技能》和《音乐学科课堂教学设计和教学实施》，王玲老师《唱歌课教学设计框架结构》；张茂薇老师《提高教学技能之钢琴教学与课堂教学》。 (6) 活动参与：参与各自学校校本研修活动 (7) 成果分享：小学教案资源开发和优质PPT课件情况介绍 (8) 培训活动：参与蓝田学校、矿场学校、石寨学校和江北学校4次送教下乡培训
工作坊取得的成果与效果

表4-5(续)

<table>
<tr><td>成果（列举干货）</td><td>1. 构建音乐唱歌课互助自导式基本框架结构模式：（唱歌课流程）
互助导学 → 探究释疑 → 巩固提高 → 拓展升华 → 总结巩固
2. 构建音乐欣赏课互助自导式基本框架结构模式：（欣赏课流程）
互助欣赏 → 探究欣赏 → 拓展欣赏 → 互助提高 → 总结归纳
3. 坊员每人按照统一的要求完成了相应的教案，形成小学音乐学科教案集，建立了相关的课程资源库，对于全区的新教师来说，课程资源库完全可以直接用于教学实践中
4. 整理出一份优秀教案、一份导学案、一份课件，可供大家共享
5. 整理收集泸州民间歌曲集</td></tr>
<tr><td>效果（直接性的效果，要通过数据与事实说话）</td><td>在这两年的研修中，参加培训的老师们都很珍惜这次难得的学习机会，在最短的时间内完成了由教师到学生的角色转换，认真、虚心、诚恳地接受培训，态度端正、学习专注，认真聆听和记录，及时完成作业，小组及时制作出学习简报，学习氛围十分浓厚，在培训活动中，共同学习、探讨、争辩，碰撞出火花，理论和专业水平都得到了进一步提高，充分认识到教师工作的意义。“江音坊”的成员共上了12次示范课，引领江阳区音乐教学的方向；承担5次市、区音乐教师基本功培训，起到示范引领作用；参与各种教师技能、教育论文等比赛，有十余人次获得了各等级奖</td></tr>
<tr><td colspan="2">“江音坊”：“音”为有你，共同成“形”。“音”既指音乐坊，又与“因”谐音；“你”是指音乐坊所有的成员及江阳区所有的音乐老师。我们希望“江音坊”能为所有的音乐老师提供一个学习、交流、展示、提高的平台，为江阳区音乐教育服务，真正做到“为你而建，为你而兴，为你添彩”
我们构建了“江音坊”互助共享“四圈”模式
1. 设置一个团队圈：构建一个“江音坊”的组织机构
（1）专家团队：我们以乐山师院的教授们为专家团队。专家团队为我们引领思想、把握方向
（2）指导者：以教研员张雪峰老师为指导者，主要负责监督、管理、领导，在专业成长和教育教学上给予明确的指导，并为教师课堂教学诊断、把脉，并作出具体指导
（3）坊主（主持人）：七中佳德音乐教师王玲既是主持人也为坊主，主要负责工作坊的全面工作，全面统筹，制定工作坊的实施方案，制定工作坊日常管理制度，组织分工，组织协调成员的学术交流活动，检视工作进度，安排网络研修等内容和完成其他相关任务</td></tr>
</table>

表4-5(续)

(4) 参与培训者：参与培训的教师，主要完成学习及工作任务的落实。(并具体分组、分工) 2. 设计一个主题圈：围绕主题按照“同课异构—互动研讨—专题讲座—教研员总结”的培训模式进行示范课。 3. 完成一个内容圈：结合四大技能构建音乐唱歌课和欣赏课基本框架结构模式——互助自导式 构建音乐唱歌课互助自导式基本框架结构模式，即唱歌课流程 (一) 互助导学 (二) 探究释疑 (三) 巩固提高 (四) 拓展升华 (五) 总结巩固 构建音乐欣赏课互助自导式基本框架结构模式，即欣赏课流程 (一) 互助欣赏 (二) 探究欣赏 (三) 拓展欣赏 (四) 互助提高 (五) 总结归纳 4. 形成一个成果圈：人人参与，互助学习，形成成果，资源共享。通过大家的共同努力，参与教师每人按照统一的要求规范完成一个单元，精选一份教案、一份导学案、一份课件的要求，从而获得整册或是不同年级段的教学资源，建立了相关的课程资源库。对于全区的新教师来说，课程资源完全可以直接用于教学实践
存在问题与反思（主要针对“四大技能”研修及各坊个性化目标，是否达成）
1. 结合增强四大技能的研修，坊员们在教育教学方面的实践能力有所提高，但老师还需要提高自身的素养、增强音乐老师的基本技能，比如唱歌技能、钢琴技能、书写技能等，从根本上提高音乐教学中的实际技能教学水平。 2. 关于课程的建设与实施和网络平台的开发与利用，在这次“国培”学习结束后怎样继续实施 3. 对于音乐老师来说，怎样把音乐教学的实际问题与课题的开发与研究紧密结合
今后努力的方向
虽然此次“国培”项目即将结束，但教学探索之路永无止步之时。让我们在常态教学中体会做教师的乐趣，在学习研究中感悟做教师的快乐，在交换彼此心得中升华教师的情感，在平和的心态中寻找做教师的幸福，在研究中追寻教师的工作生活方向 且思且行，让国培之路永无止步

第三节　乡村教师工作坊的学员研修评价

按照教育部相关文件的要求，乡村教师工作坊的学员教师，应该履行好的研修职责是：

（1）根据工作坊研修方案，制订个人研修计划。

（2）认真参加主题研修，切实解决教育教学的突出问题。

（3）积极参加常规研修，改进日常教育教学工作。

（4）有效利用工作坊，养成网络学习习惯。

（5）树立分享、交流、合作学习意识，有效融入学习共同体。

（6）学以致用，完成研修实践任务，提交培训成果。

泸州市江阳区据以上要求，对乡村教师工作坊的学员进行评价，并设计了以下评价维度：个人研修计划，参加网络研修，参加线下集中研修，合作、分享，建设与融入学习共同体，完成成果撰写、资源开发，学以致用、改进教学，个人总结等。根据这些指标内容，设计出具体的评价内容与方式方法，形成如表 4-6 所示的评价标准。

表 4-6　泸州市江阳区乡村教师工作坊优秀学员评价标准

一级指标	评价分值	二级指标	评价方式方法	得分
个人研修计划	10	个人研修目标明确，研修内容具体	查看计划	
参加网络研修	10	完成网络研修的相关任务，得分高	查看研修网络信息	
参加线下集中研修	20	积极参加线下集中研修，没有迟到、早退、缺席等违纪现象	查看集中研修考勤	

表4-6(续)

合作、分享，建设与融入学习共同体	10	在整个工作坊中，积极承担组织分派的研修工作，主动与其他学员合作研修，分享研修成果，为整个工作坊的学习共同体建设做出了突出贡献	听取坊主与骨干教师评价，听取学员意见	
完成成果撰写、资源开发	30	主动承担并保质保量地完成本工作坊设置的研修成果的撰写与资源开发，坊主与骨干教师评价，以及学员评价高	查看成果 听取坊主与骨干教师评价，听取学员意见	
学以致用，改进教学	10	自觉将工作坊所学用于教育教学实践，在教学实践中认真使用工作坊开发出的资源，工作改进好，学校领导与同事反映良好	听取学校领导与同事的意见	
个人总结	10	完成个人研修总结，总结的内容实在，反思实在	查看个人总结	

我们按上述评价指标与评价方式方法，对乡村教师工作坊学员进行评价，评出优秀学员，进行奖励。评价要特别关注学员的实际表现，考量学员是否真实与高质量地参与，学有所获，研有所果。

【附】

表4-7　泸州市江阳区乡村教师小学数学3工作坊王登霞个人研修总结

（前××：填工作坊编号名称；后××：填自己姓名。填写后文件名也相应改动）

<table>
<tr><td>工作坊编号名称</td><td colspan="2">小数3坊</td></tr>
<tr><td>工作坊个性化名称</td><td colspan="2">意匠工作坊</td></tr>
<tr><td>教师个人所属组别</td><td colspan="2">6组（组长姓名：王登霞）</td></tr>
<tr><td>教师个人姓名：王登霞</td><td>所在单位：石寨学校</td><td>联系电话：略</td></tr>
<tr><td colspan="3">两年工作坊研修概述</td></tr>
</table>

表4-7(续)

这次"国培"线上学习，我学习了很多内容，如师德师风的养成，现代教学理论，小课题研究等，其中让我印象深刻的是《激发乡村学生学习兴趣的小妙招》。小妙招之一是：设计灵活多样的练习：我们要根据儿童的心理特点，在教学中要想持续吸引学生的注意力，必须间隔一段时间刺激学生的兴奋点。动手操作能引起小学生的兴趣。我们可以结合教学内容，设计相关的动手操作练习，给学生设计和提供新颖、多样、有变化和有趣的活动，设计合理的挑战任务，使所有的学生都有动手操作的机会，使他们在不知不觉中感知知识。我们在设计练习时，特别要在"寓练于乐"上下功夫，把习题编成故事、童话、谜语、游戏等，从而使学生更迫切地去探索、研究它。这样既能减轻学生练习的心理负担，又能提高练习的效率。 这让我想到我们班。我五年级刚接班的时候，数学平均分 59 分，61 个同学只有 4 个优生，28 个同学及格，33 个不及格，其中有 14 个学困生，刚开始时真的是很想放弃了，这样的班级我怎么能教好呢？我该怎么教呢？马上就要毕业了，怎样让他们的成绩能够在这一年多的时间里得到提升呢？我先找出孩子们的试卷进行分析，看他们哪个地方失分比较严重，通过分析，我发现他们的基础比较差，计算失分比较严重。我就每天利用早自习前 10 分钟做口算，午休 20 分钟做简便计算和脱式计算。刚开始，我还有时间全批全改，可后来随着上课内容的增加，新课旧课一起，有时要做其他的班主任事务，有部分同学就没有批改到，随之发现有的同学没有做。人数多，有的同学又不自觉，作业批改不完，让几个"懒汉"总是"梭边边"，导致差的还是差，好的还是好，结果部分中等生有进步了，效果不大。当时我真的很困惑，没想到"国培"这个"及时雨"来得真是时候，通过线上的学习，我知道了自己该怎么做：我把全班分成了十一组（后来班上 66 人），选出小组长，每组成员由好、中、差生组成，组长负责出题和改正，完成了的下课后就可以出去玩，不能完成的就不能出去，如果正确率高就上体育兴趣课，错了的改正并重新完成。孩子们为了能出去玩和能上体育兴趣课，都积极去小组长那里完成。我反而变成了一个旁观者，变成了一个"懒老师"，每天都不用改课堂作业了。到期末考试的时候，我的心一直很忐忑，怕他们考得不好，等孩子们成绩的过程比自己等高考成绩的时候还要难熬。当成绩下来的时候，我笑了，因为班上的数学平均分从 59 分上升到 76 分，优生人数从 4 人上升到 24 人，学困从 14 人下降到 7 人。 在《师德标兵，用心浇花花更艳》的视频学习中，我看到一位教师，她受自己小学老师的影响，选择了教师这一职业，成为教师以后，她用爱自己孩子的方式爱自己的学生。她为了照顾班里的孩子，被迫给九个月的孩子断奶，而且因为劳累过度生病住院，自己的孩子也顾不上照顾，甚至 2007 年的第一天，全家人都在儿童医院度过的。她还成为班里的发型师，好多男生都找她理头发……经过一年的努力，班级的学习氛围和班风都有了很大的改善。她坚持以身作则、行为示范，坚持潜心施教、追求卓越，

表4-7(续)

甚至连班级的管理也标新立异，在班主任工作中追求家校合作、求真务实。经过20多年的耕耘，她取得了杰出的成就，屡次被评为优秀教师。她辛苦并快乐着，她愿意继续一路耕耘，一路奉献，她坚信用心血浇花，花一定会开得更加艳丽。这位老师为学生的付出，让我深受感动。我也是一名班主任，深深觉得，只有尽心尽力地为孩子们付出，孩子们在成长过程中才会开出不一样的花。我接手班主任工作以来，我在班级思想、班风、学风、生活等方面给予了无微不至的关心和照顾，时时刻刻关注学生的一举一动。对优秀的学生，我鼓励他们更上一层楼；对中等的学生，我教育他们向上看齐、迎难而上；对后进的学生，我关心他们、了解他们。比如我们班的小姜同学，他上课喜欢讲话、开小差，下课喜欢打同学、不爱做作业。我就通过家访得知他现在是由年迈的奶奶在家照顾他，他的父母离异，爸爸和继母常年在外打工，很少回家。父亲回来又常常对他大声吼叫，他很缺乏父母的爱，他的种种行为不过是想引起大家对他的关注。后来我多次与他的父亲通电话、聊微信，也常常找小姜同学单独谈心。经过多方的努力，现在小姜同学能够按时完成作业，班上打他小报告的同学几乎没有了。 2018年6月29日，“国培计划（2017）”江阳区小学数学教师工作坊3坊在梓橦路学校，开始了为期2天的第一次集中研修活动。在坊主彭燕老师的组织下，在马宁副校长的指导下，老师们在短短的两天时间里集思广益，通力合作，以培养学生的核心素养为教育目标，对西师版小学数学的教学内容进行拓展课程的开发。大家你一言我一语，在思维的碰撞中擦出智慧的火花。 本次集中研修主要针对西师版小学数学教学内容进行核心素养下拓展课程的开发和活动的设计。第一天上午，教培中心袁小平主任先针对核心素养下拓展课程的开发进行集中讲解。 紧接着，各个工作坊分班单独研修，在彭燕老师的组织下，我们坊分为了11个小组展开讨论。我当时分到8组并担任组长，我们小组是设计西师版四年级下册《平均数》的拓展课程，拿到任务我先给组员们安排任务：一人负责命制题目，一人负责认真研读教参写出教学目标，一人在网上搜集优秀教案进行学习，最后大家集体汇报，一人负责整理。马宁老师用自身的教学经验给老师们支招，到各个小组进行指导，每个小组的老师们都在群策群力，说出自己的想法与创意，讨论得十分激烈。袁小平主任还亲自到各个班进行单独指导。一天下来，针对教学中的重难点，如何创新，如何设计丰富有趣的活动等问题，各个小组都集思广益，做到人人参与讨论，各抒己见，收获满满。每个小组经过思维的碰撞后都拿出了初步的活动方案，并在全班进行了初步交流。 我汇报《心中有数》的时候，彭燕老师指出情境不对，活动设计操作指向不明，我回来后又进行了修改，把原来“记录一周家庭用于买菜的钱”改成“记录自己一周的零花钱”，使学生明白合理规划零花钱的价值，并借此初步渗透统计思想，让学生体会数学应用的价值，从而感受

表4-7(续)

<table>
<tr><td colspan="2">挣钱的不容易和父母的辛劳，培养他们节俭的品质，形成正确的价值观，并渗透感恩教育。
第二次线下学习是2019年1月21日和22日两天。第一天首先由袁小平主任为我们讲解核心素养的有关知识。通过袁主任的讲解，我明白了数学核心素养的三大版块问题，即数学核心素养是什么，为什么要培养数学的核心素养，怎么样培养数学的核心素养。数学的核心素养总结来说包括数感、符号意识、空间观念、几何直观、数据分析观念、计算能力、推理能力、应用意识和创新意识。接下来我们开发拓展课程都是紧紧围绕着数学核心素养进行的。拓展课程最重要的是要以活动的形式开展。袁主任还提出要以大活动、大设计为主。
在坊主分配任务以后，我们小组研究的内容是四年级下册第八单元《条形统计图制作》和对五年级上册第一单元、第二单元等六个内容进行拓展课程设计。我的是《条形统计图制作》拓展课程设计，有了第一次的设计经验，这次就轻松一点。但是第二天在汇报拓展课程设计的时候，马宁副校长指出，活动设计目的不明确，操作流程不详细。下来后我又重新设计了一个活动，以选拔运动员为主，把运动员的成绩先制作成统计表，再画出统计图，通过观察统计图，最后分析数据得出谁代表班级参加运动会。通过设计拓展课程和修改自己的设计，我明白了自己要如何完善、改进，有种恍然大悟的感觉！
通过这次的培训及自己亲身参与拓展课程，我知道了开发拓展课程其实不仅是专家、一线工作者的工作，更是我们每一个教师的职责。教师不是教材的搬运工，教师要有主动开发拓展课程的意识，在平时的教学过程中，做一个有思想的教师，为教学添加新活力！</td></tr>
<tr><td colspan="2">个人取得的成果与效果</td></tr>
<tr><td>成果（列举干货）</td><td>工作坊研修中我参与并负责《平均数》和《条形统计图》的拓展课程设计。
《平均数》是西师版数学四年级下册第八单元内容。平均数是一个重要的刻画数据集中趋势的统计量。小学数学里所讲的平均数一般是指算数平均数，也就是一组数据的和除以这组数据的个数所得的商。我们既可以用它来反映一组数据的一般情况，也可以用它来进行不同数据组的比较，从而看出，组与组之间的差别。用平均数表示一组数据的情况有直观、简明的特点，所以在日常生活中经常用到如平均身高、平均成绩等概念。我们这次的设计是在此基础上做的一个拓展设计，取名为《心中有数》。我确定了以下教学目标：
1. 知识与技能：在平均数的意义上，运用平均数对生活中某一现象进行分析和应用。
2. 过程与方法：掌握求平均数的方法，并能解决生活中的简单实际问题。</td></tr>
</table>

表4-7(续)

	3. 情感态度与价值观：合理规划零花钱，感受挣钱的不容易和父母的辛劳，培养节俭的品质，帮助学生树立正确的价值观。借此初步渗透统计思想，体会数学应用的价值；渗透感恩教育。 教学过程设计：提前一周发给学生一个表，让学生把一周的零花钱如实填写在表格里。上课伊始，我通过激励导入，使学生明白平均数就在我们身边。接着，采用自主活动，让学生运用上一节课所学习的“移多补少”的方法求出组内成员的每周每日的零花钱的平均数。再根据求出的平均数，先思考零花钱用在了哪些地方，综合组内成员的意见，讨论。这些零花钱，一定要用吗？可不可以节省一部分下来？节省下来的零花钱用在哪些方面更有意义？我们把零花钱的平均数降低至多少？准备怎样使用？小组内统一完成一个简单计划，从下周开始执行。 《条形统计图》是西师版数学四年级下册第八单元内容，本课时的设计是其拓展课程，用在单元之后。这是在三年级的基础上初步认识复式条形统计图，使学生会看统计图，具备初步的观察、分析能力。我这次是在此基础上做的一个拓展设计，取名为《体育明星》。我确定了以下教学目标： 1. 让学生认识复式条形统计图，根据收集的数据完成复式条形统计图，学会分析和判断条形统计图。 2. 让学生把单式条形统计图整合成复式条形统计图，增强学生的整理和描述数据的能力，让学生在获取知识的过程中，主动探索解决问题的方法。 3. 进一步体会统计与现实生活紧密联系，感受数学的乐趣，体会到数学来源于生活，生活又产生数学问题。 同学们通过选优秀运动员代表班级参加学校组织的运动会，选出男生参加1分钟跳短绳和立定跳远的各1名，再选出女生参加1分钟跳短绳和立定跳远的各1名。那么我们要怎么办呢？学生就会想到要用统计图，从而产生统计的需要，随即让学生自主开展统计活动。我先让同学们经过收集、整理数据的过程，并让他们在事先准备好的表格纸上制作出一张统计图，然后再拿出另外一个班参加此次运动会的统计图展示给学生看。他们看到两张反映不同班级运动员的成绩情况统计图，自然会进一步比较分析。于是同学提出活动关键问题：哪个班的同学最可能获胜呢？他们通过观察肯定会有不同的答案，可能会说用直尺量高度，用直尺比刻度等方法。我给予他们一定时间后追问：“有没有简单的方法，能一目了然地看清楚谁多谁少？”引导他们产生把两张图合二为一的需要，让学生在探讨怎样合二为一的争论中认识复式统计图。最后进行数据分析得出结论，让学生发表意见。

表4-7(续)

<table>
<tr><td>效果（直接性的效果，要通过数据与事实说话）</td><td>我通过组织学生参与《心中有数》拓展课程的学习，买零食吃的同学变少了，班上的学习用具越来越齐全了，以前作图不是不用铅笔就是不用直尺，现在，这样的情况几乎为零了。班上的卫生情况也越来越好了，以前一个垃圾桶都不够装孩子们的零食袋垃圾，现在明显没有那么多了。
通过组织学生参与《体育明星》拓展课程的学习，孩子们更爱我们的班集体了，也更愿意为班集体做贡献，班级荣誉感增强了，爱运动了。
只有孩子们自己经历了、体验了，才会体会父母和别人的辛劳，才能真诚地为他人着想，做到“己所不欲，勿施于人”。我由衷地为孩子们的改变点赞。
另外，2018 年秋，我被评为石寨镇优秀班主任并作为优秀班主任代表发言，在《中国教育学刊》发表文章《探析小学数学有效课堂教学评价》。我所在班级被评为 2018—2019 学年江阳区先进班集体。</td></tr>
<tr><td colspan="2">存在问题与反思（主要针对“四大技能”研修及各坊个性化目标，是否达成）</td></tr>
<tr><td colspan="2">由于农村学校地理位置偏远，师资配备不足，教师流动性大，每天耽搁在上班路上的时间都是 2 个小时，加之课时多，任务重，回家又要照顾小孩，因此我用于自我提升的时间不多，线上视频学习时间就不是很充足。</td></tr>
<tr><td colspan="2">今后努力的方向</td></tr>
<tr><td colspan="2">孩子在慢慢长大，我在陪伴孩子的过程，也要努力提升自己，给孩子做好榜样，和孩子一起共同成长。</td></tr>
</table>

表 4-8　泸州市江阳区乡村教师物理工作坊扶春华个人研修总结

<table>
<tr><td>工作坊编号名称</td><td colspan="2">泸州市江阳区乡村教师物理工作坊</td></tr>
<tr><td>工作坊个性化名称</td><td colspan="2">燎原工作坊</td></tr>
<tr><td>教师个人所属组别</td><td colspan="2">绘声绘色组（第 5 组）</td></tr>
<tr><td>教师个人姓名：扶春华</td><td>所在单位：江阳石寨学校</td><td>联系电话：略</td></tr>
<tr><td colspan="3">两年工作坊研修概述</td></tr>
<tr><td colspan="3">这两年来在骨干教师陈维勇老师的精心组织和工作坊坊主丁念锟老师的带领下，我除了完成已经注册了的网络研修，还在线下集中研修中，聆听了罗洪彬主任的《优化环节，共享资源，提升教学绩效》，陈维勇老师的关于《高效课堂的构建策略》《教学内容的建构策略》《物理课堂标准与范式》《资源库建设》等专题讲座，还学习了丁念锟老师主讲的如下内容，并进行了认真的实操研修：</td></tr>
</table>

表4-8(续)

<table>
<tr><td colspan="2">1. 如何编辑物理图片。
2. 如何编制单元检测试题。
3. 如何快速命制中考模拟试题。
4. 如何自制物理教具，物理演示实验和分组实验的基本要领是什么。
5. 如何根据泸州市物理中考考试说明，落实每一节教材内容的三维目标，从而落实立德树人的基本任务。
在集中研修的成果编写中，我完成了如下的工作：
1. 和全体工作坊的同志们一起交流了如何用软件录制微课，自己也录制了微课《伏安法测电功率》，还指导了其他同志一起更好地录制微课。
2. 编制两套单元检测试题和一套中考模拟试题。
3. 自制了一个物理教具蜡烛跷跷板。
4. 编制了一个《牛顿第一定律和惯性》的教案、学案和 PPT 三案合一教学资源。</td></tr>
<tr><td colspan="2">个人取得的成果与效果</td></tr>
<tr><td>成果</td><td>1. 录制了微课《伏安法测电功率》和《探究电流与电压电阻的关系》。
2. 自制了一个物理教具《蜡烛跷跷板》，在泸州市教学研讨会上作《泸州市初三中考复习建议》交流发言。
3 承担教科版物理光学复习、力与运动新课教学部分区统一资源库的编纂工作。
4. 带领本校物理教研组制定并落实“自导式教学模式”在乡镇实施运用。
5. 承担课题《微课设计与制作》经验交流。</td></tr>
<tr><td>效果</td><td>泸州市中小学实验操作技能大赛二等奖。
泸州市物理课外活动设计大赛二等奖。
指导学生获青少年科技创新技能大赛区三等奖。</td></tr>
<tr><td colspan="2">存在问题与反思</td></tr>
<tr><td colspan="2">1. 通过对教学内容建构技能的研修，我发现我在正确预设、规范呈现学习目标，预设生成新目标的能力方面还有待提高。
2. 我在整合教学资源，根据目标、内容与学生特点设计教学过程，科学规范地编制教学设计方案的能力还需要提升。
3. 我在教学实施过程中，还需要进一步提高调控教学过程、调整教学设计，处理偶发事件，利用不同认识、意见等生成资源进行教学的能力。
4. 在教学中，我还应注意利用多种评价方法与工具，多视角、全过程、发展性地评价学生。
5. 缺乏娴熟的作图技能。</td></tr>
</table>

表4-8(续)

今后努力的方向
这次的学习让我如沐春风，使我学习到了许多技术。此次的学习，形式多样，让我在教学内容的建构方面，继续研究教材，明白编写者的意图，对教科书深加工，创新教学内容，构建教科书生态，开拓补充材料，努力做好教材资源的整合、学科内部资源的整合、跨学科资源的整合、同科组师生资源的整合。教学实施是教学工作的重中之重，我要努力转变教师角色，充分发挥学生的主体作用，转变教学观念。认真备课，精心设计教学环节，根据教学内容、学生实际情况，设计出能最大限度地激发学生学习兴趣、调动学生学习积极性的作业，打破学习的封闭性，倡导合作学习，重视教学活动的及时反馈，在提问和内容学习后增强“留白”的时间。以后我将见贤思齐，不忘初心，继续努力。

第二部分

常态：乡村教师工作坊研修

第五章　乡村教师工作坊常态化研修的体制机制

江阳区抓住“国培计划”项目县的契机，深化教师队伍建设，大力推行“国培计划”的教师工作坊研修项目，从适应到适合，探索教师发展新机制；由借力到发力，做到输血造血两相宜，使教师工作坊研修常态化运行，对教师进行针对性强、操作性强的培训，这样才能做好促进教师发展的工作。

第一节　乡村教师工作坊常态化研修的体制机制的区域性建构

为了区域建构教师工作坊常态化研修机制，全区制定了工作坊主持人遴选条件，明确工作坊的设计要求，制定常态化的管理机制，设计相关的研修活动。

一、工作坊主持人遴选条件

工作坊的主持人要具有较高的师德威望，有较强的教育教学科研能力，教学成绩突出，在所任教的学科领域或本区域内有较高的知名度和影响力，有较丰富的指导青年教师成长的经历和经验。据此，全区制定出工作坊主持人的遴选条件如下：

（1）热爱教育事业，师德高尚，乐于奉献，无违法、违规、违纪的记录或反映。

（2）教育理念先进，具有深厚的教育理论积累和专业知识功底，教育管理、学科教学能力强、水平高，具有独特的教学风格和教育艺术，教学质量高，深受学生爱戴和家长支持，在全区有较高的知名度。

（3）具有泸州市中小学骨干教师及以上称号的在职优秀教师；或虽不具备泸州市中小学骨干教师及以上称号，但在区域内有一定影响力的优秀教师；或首届、第二届教师发展工作坊主持人。

（4）具有较强的教科研能力，主持或作为核心成员参与过区级以上课题研究并形成了一定指导意义的成果，有多篇具备一定学术水平的论文公开发表。

（5）有较强的组织、管理能力，热衷于青年教师培养，有培训、指导教师的能力，有过指导其他教师的经历并有实绩。

（6）具有三年以上班主任工作经验，在全区有较大影响，目前仍担任班主任或从事德育工作，被评为区级以上优秀班主任、优秀德育工作者，有较强的德育研究能力、团队协作精神和勇于创新的精神，有多篇高水平的班主任或德育管理论文公开发表。

（7）教师发展工作坊方案设计恰当，定位准确，三年发展目标明确且科学，措施扎实有效，招聘工作坊成员的思路成熟，对拟招聘的工作坊成员的分工、专业发展程度有初步的规划和举措，工作坊规章制度明确合理。

（8）选定的研究课题具体明确，具有研究价值和一定的科学性、独创性、可行性。研究价值体现在选题符合教育改革发展方向，能切实提高教育质量，反映当前教育改革和发展进程中普遍存在的问题，同时符合教育科学本身的要求，有学术价值。科学性表现在选题有充分的相关资料支持，以事实（实践经验）和教育科学基本原理为依据。独创性表现在对选题的独到见解、对研究方法和呈现结果的个性化设计。可行性表现在具备研究条件和时机，研究者本人具备从事课题研究的知识、能力、基础、经验、专长，具备查找与课题相关的资料、使用与课题相关的设备等客观条件，研究时机成熟。课题研究的内容详细，方法恰当，预期成果及呈现方式明确。

（9）身心健康，肯吃苦，有热情，善研究。

二、工作坊的设计要求

各工作坊要重视顶层设计，进行系统安排，要有明确的发展方向、研修核心理念、研修目标、文化定位等。每个工作坊在建坊初需要完成如表 5-1 所示的基本信息公告。

表 5-1　×××工作坊基本信息公告

工作坊名称			
工作坊隶属			
工作坊性质			
工作坊组建日期			
工作坊发展方向			
工作坊目标			
工作坊文化定位（关键词）			
工作坊核心理念			
工作坊宣言			
工作坊力推的教育教学主张或模式			
工作坊可供服务的项目			
工作坊领衔名师			
工作坊首批研修员（姓名/性别/所在区县及学校/学科）			

表5-1(续)

工作坊首批学员（姓名/性别/所在区县及学校/学科）				
工作坊挂牌办公地点				
备　注				

三、工作坊管理考评制度

为了加强工作坊自身的建设，明确工作坊主持人、骨干教师、学员的研修职责，制定和完善工作坊运行和主持人评价考核制度，我区制定了工作坊管理细则。

【附】

泸州市江阳区工作坊管理细则

根据《泸教局函〔2015〕62号》及《泸教局函〔2015〕91号》文件精神，为加强我区工作坊建设和管理，特制定本细则。

一、保障条件

工作坊的办公地点设在主持人所在学校。主持人所在学校要为主持人工作坊提供相对独立的办公室，配置办公设施，要为主持人组建工作坊提供必要资金，经费主要用于：工作坊添置书籍、办公设备，办公经费和活动经费，课题研究、专题研究经费，专家授课费，与培训工作有关的会务费。工作坊的经费由工作坊主持人统筹使用，要建立经费开支明细，交学校审核。工作坊成员所在学校也要为工作坊成员参与工作坊提供必要的时间、经费、资料等保障。主持人和工作坊成员要主动向学校汇报情况，积极争取学校的支持。

二、组织建设

各工作坊设1位主持人。主持人所在学校要主动关心，督促主持人牵头做好组织建设工作。主持人可根据本室的实际情况和需要设几位主要工作坊员，协助主持人管理工作坊的全面工作。还可以设立几位小组长，便于将工作分解、落实，也有利于各小组创造性地开展活动。各工作坊要建立完善室内相关人员的信息，要落实相关人员的职责。工作坊主持人要与工作坊成员签订工作协议，要增强工作坊的凝聚力，塑造团队精神，打造工作坊的文化。

三、制度建设

主持人所在学校要主动关心，督促主持人牵头制定相关制度。各工作坊的相关制度要完善和具体，要规定集中工作坊活动组织和参与的要求、小组活动组织和参与的要求、网上工作坊内容和完成任务的要求、自主工作坊的内容和要求、参与课题研究和成果发表的要求、成员自身教学实践的要求等，并建立必要的奖惩制度。各工作坊的制度要让全体成员知晓，并督促成员遵守。

四、工作开展

工作坊的工作坊时限为3年一个周期，3年以后可继续，也可重新创建和调整。工作坊成员所在学校要主动关心、督促本校工作坊成员认真参与工作坊活动，完成工作坊任务。区教培中心主要负责对市级、区级层面的工作坊的直接管理，校级层面的工作坊主要由所在学校教科室或校本工作坊管理。

（一）制定规划

各工作坊要提出三年工作坊目标，确定工作规划、学年计划、学期安排，开展交流讨论，发挥集体智慧，确立共同愿景和实施步骤。工作坊目标包括课题研究与结题、学术论文和科研成果获奖或发表的数量和等级、教育教学和管理研究的成果集、各级名师打造的数量、教学质量的预期效果、各类工作坊资料汇编、工作坊的影响和辐射程度、工作坊建设和工作坊活动开展策略等。规划主要包括实施步骤、阶段任务、措施办法、方法策略等。计划主要是完成阶段目标和任务的具体活动安排、工作要求等。

（二）网络工作坊

各工作坊必须建立工作坊网页或博客、QQ群、微信等，搭建网络工作坊平台。网络工作坊可设置“协作备课”“课例研讨”“专题研讨”“经验交流”“成果展示”“资源分享”“科研课题研究”等栏目。要对工作坊成员提出具体的网络工作坊要求，要加强网络工作坊栏目的管理和网络工作坊成果的收集整理。

（三）自主工作坊

各工作坊要布置工作坊成员自主研修的任务和要求，包括读书学习、教学设计、上公开课、听课评课、教学反思、案例分析、专题讲座、心得体会、课题研究、论文撰写等，要提出项目、时间、数量、质量的具体要求。各工作坊要注意收集、整理、提炼学员自主工作坊的成果，并借助网络平台共同分享。

（四）集中工作坊

各工作坊每学期集中工作坊不得少于相应次数。要多与区培训中心相关部门和学科教研员联系，集中工作坊可借助市、区级培训、教研、展评、竞赛、送教等活动契机一并开展，（比如先参加市、区级集中工作坊，然后再针对本工作坊急需解决的共通性问题开展工作坊）集中工作坊主题要突出，避免流于形式。

（五）小组工作坊

各工作坊要将工作分解、细化，通过小组工作坊予以落实，同时要鼓励各小组创造性地开展活动。小组工作坊也要注意针对性和实效性，避免流于形式。各小组可根据实际开展丰富多彩的富有特色的活动。

（六）辐射带动

各工作坊要通过组织集中活动、小组活动和充分发挥工作坊成员的作用，扩大辐射范围，带动更多教师的发展。

（七）总结提炼

各工作坊要有较强的工作记录和材料积累意识、总结反思意识、成果提炼意识。重视工作坊过程性工作的记录和过程性资料的收集，定期总结反思工作、整理汇总资料，总结提炼阶段性成果和终结性成果并编制成册，包括课题研究与结题、学术论文和科研成果获奖或发表、教育教学和管理研究的成果集、各级名师的打造、教学质量、各类工作坊资料汇编、工作坊的影响和辐射程度、工作坊建设和工作坊活动开展的策略等（注重对各类资料电子文档的整理）。

（八）宣传报道

各工作坊要重视对开展的活动、工作的亮点、获得的成果和荣誉等及时向媒体进行宣传报道，区级以上的工作坊同时报送教研培训中心名师办，邮箱 1149571107@ qq. com，每年至少完成两期简报。

各工作坊要充分考虑工作坊目标和工作任务的合理性、可行性，要有在“保底”的基础上“争取”的意识。要重视分解任务、分工协作，调动力量、广纳资源。要学习借助别人的先进经验和优秀做法，做出自己的特色，做出成果，取得效果。

五、工作考评

（一）工作检查

1. 过程检查

区教培中心将组织人员对各工作坊的工作开展情况进行交叉专项检查，在教育教学视导过程中，也将把各工作坊的工作开展情况作为视导内容之一。主持人和工作坊成员所在学校要经常关注主持人或工作坊成员的工作情况，指导和督促他们完成工作坊任务。

2. 资料上报

各工作坊须在规定时间内上报以下资料：①年度工作坊工作计划（包括机构设置、成员情况、相关制度、网络平台建设、年度目标任务、自主工作坊、集中工作坊、小组工作坊具体工作安排等）；②年度工作总结（包括网络工作坊、自主工作坊、集中工作坊、小组工作坊情况以及成员工作坊情况、目标任务完成情况、取得的成果和效果、存在的问题和改进措施等，图文并茂，电子文档呈现也可以用 ppt 呈现）；③相关活动记录、年度考核记载等过程性资料；④工作亮点资料（图片印证资料等）。区级以上工作坊的资料报送邮箱：1149571107@ qq. com，校级工作坊的，资料报学校存档，再由学校推荐上报。

（二）考核评价

1. 室内考核

各工作坊要对工作坊成员的工作态度、工作质量和效果按"优、良、中、差"等级实施考核。考核结果年终报主持人所在单位。

2. 学校考核

主持人所在学校要在每年 12 月以前，按照《泸州市工作坊年度分级评估参考指标》（表 5-2），完成一、二级工作坊评估考核。工作成果突出、业绩显著的主持人和工作坊成员在职务晋升、职称评审、评先评优中同等条件下优先推荐，在参加学术会议、科研活动、外出考察、高端培训中优先安排。主持人和工作坊成员，其工作计入所在学校的工作量并纳入年度绩效考核。

3. 区级考核

区教培中心将根据《泸教局发〔2015〕91 号》文件精神及《泸州市江阳区工作坊年度分级评估参考指标（试行）》（表 5-2）在每年元月底以前，完成学校向区教育局、区（县）教育局向市教育局的登记备案工作。在每年 12 月以前，完成三级工作坊评估工作，在市教育局规定时间内完成四、五级工作坊的申报推荐工作。

4. 经费补助

评估认定为一、二级工作坊的，由主持人所在学校补助工作经费；评估认定为三级工作坊的，由区教育局补助适当的工作经费；评估认定为四、五级工作坊的，由市教育局补助适当的工作经费。

六、拓展延伸

鼓励各工作坊吸纳区内更多的教师参与工作坊，特别鼓励吸纳区域外的教师参与工作坊。吸纳新成员的信息要报教培中心。吸纳新成员特别是区域外成员的情况，将作为考核加分的依据之一。

鼓励各街道、各乡镇、各学校建立新的工作坊，并在条件成熟时向区、市申请备案。

备注：工作坊工作群号230095992。工作坊相关通知下发、上交的资料等主要通过群上传，要求上传的资料应在规定时间内上传，严格考核登记。

表5-2　泸州市江阳区工作坊年度分级评估参考指标（试行）

评估指标		权重	一级工作坊	二级工作坊	三级工作坊	四级工作坊	五级工作坊
过程管理（20分）	工作坊任务	5	立足工作实际，至少解决了基地学校改革与发展的1个重点问题	立足工作实际，至少解决了基地学校改革与发展的2个重点问题	立足工作实际，至少解决了县域教育改革与发展的1个重点问题	立足工作实际，解决了市域教育改革与发展的1个重点问题	立足工作实际，解决了市域教育改革与发展的2个重点问题
	活动开展	15	有年度计划和总结、活动记录、年度考核记载等过程性材料。有QQ群（或微信群、网页）等常态化的互动交流平台。每年开展专题活动不少于5次	有年度计划和总结、活动记录、年度考核记载等过程性材料。有QQ群（或微信群、网页）等常态化的互动交流平台。每年开展专题活动不少于6次	有年度计划和总结、活动记录、年度考核记载等过程性材料。有QQ群（或微信群、网页）等常态化的互动交流平台。每年开展专题活动不少于7次	有年度计划和总结、活动记录、年度考核记载等过程性材料。有QQ群（或微信群、网页）等常态化的互动交流平台。每年开展专题活动不少于8次	有年度计划和总结、活动记录、年度考核记载等过程性材料。有QQ群（或微信群、网页）等常态化的互动交流平台。每年开展专题活动不少于10次

表5-2(续)

质量提升(30分)	教育质量	20	从事教学工作的成员的教育质量，从事教研工作的成员的学科区域教育质量，从事管理成员的工作质量，均得到一定提高	从事教学工作的成员的教育质量，从事教研工作的成员的学科区域教育质量，从事管理成员的工作质量，均得到一定提高	从事教学工作的成员的教育质量，从事教研工作的成员的学科区域教育质量，从事管理成员的工作质量，均得到明显提高	从事教学工作的成员的教育质量，从事教研工作的成员的学科区域教育质量，从事管理成员的工作质量，均得到明显提高或处于领先水平	从事教学工作的成员的教育质量，从事教研工作的成员的学科区域教育质量，从事管理成员的工作质量，均得到明显提高或处于领先水平
	学校实践	10	基地学校相关的专项研究和实践活动不少于2次	基地学校相关的专项研究和实践活动不少于3次	基地学校相关的专项研究和实践活动不少4于次	基地学校相关的专项研究和实践活动不少于5次	基地学校相关的专项研究和实践活动不少于6次
专业发展(50分)	学术成果	20	团队成员积极参与教育改革活动，研究成果得到基地学校认可（成果推广，或获奖，或论文发表2篇以上）	团队成员积极参与教育改革活动，研究成果得到基地学校内外的认可（成果推广，或获奖，或论文发表2篇以上）	团队成员积极参与教育改革活动，研究成果得到全县（区）同行认可（成果推广，或获奖，或论文发表2篇以上）	团队成员积极参与教育改革活动，研究成果得到全市同行认可（成果推广，或获奖，或论文发表2篇以上）	团队成员积极参与教育改革活动，研究成果得到全省及以上同行认可（成果推广，或获奖，或论文发表2篇以上）
	应用效果	20	学术成果起到示范作用，成果在基地学校教育教学实践中得到较好的应用和推广	学术成果起到示范作用，成果在基地学校教育教学实践中得到较好的应用和推广	学术成果起到示范作用，成果在全县（区）教育教学实践中得到较好的应用和推广	学术成果起到示范作用，成果在全市教育教学实践中得到较好的应用和推广	学术成果起到示范作用，成果在全省及以上教育教学实践中得到较好的应用和推广

表5-2(续)

专业发展（50分）	推广价值	10	工作坊成果富有一定的创新性、独特性。工作坊成果对解决当前基地学校教育存在的主要问题起到了一定作用，并有一定的推广价值	工作坊成果富有一定的创新性、独特性。工作坊成果对解决当前基地学校教育存在的主要问题起到了重要的作用，并有一定的推广价值	工作坊成果富有创新性、独特性。工作坊成果对解决当前全县（区）教育存在的主要问题起到了重要的作用，并有一定的推广价值	工作坊成果富有创新性、独特性。工作坊成果对解决当前全市教育存在的主要问题起到了重要的作用，并有较大的推广价值	工作坊成果富有创新性、独特性。工作坊成果对解决当前全省及以上教育存在的主要问题起到了重要的作用，并有较大的推广价值

参考标准：经过年度分级评估，原则上工作坊得分达到90分以上（含90分），可以认定为该等级的名师工作坊。

四、工作坊培训活动设计

为了使工作坊的研修活动常态化开展，各工作坊要进行相应的培训活动设计（表5-3），开展丰富多彩的研修活动，注重研修活动过程资料的记录整理（表5-4），加强研修活动的宣传报道。

表5-3　工作坊培训活动设计

工作坊名称	
工作坊领衔名师	
工作坊发展方向	
工作坊目标	
工作坊本年度工作计划制定日期	
工作坊本年度主要工作目标	
工作坊本年度工作要点	

表5-3(续)

1. 打造学科团队 引领进入名师工作坊的青年教师增强师德修养和教育教学质量，提高科研水平和管理水平。以名师公开教学、组织研讨、现场指导、专题研究、公开课讲评、观摩考察等方式对研修员进行培养。工作坊在工作周期内应培养出一定数量的优秀骨干教师，负责指导学员制订专业发展计划，通过集体备课、双向听课、说课评课、案例分析、课例开发、课题研究和巡回讲座等形式，引导学员专业水平的提升	
2. 开展学术研究 以领衔名师的学术专长为基础，以参研教师的共同志向、共同研究方向、共同研究愿望为依托，确定并开展教育教学项目研究。任期内要完成立项课题的研究任务 在本周期内，完成骨干教师市级培训委托的课题研究，并完成有较高质量的研究报告、专业论文或专业著作。同时根据当地教育教学情况开展课题研究，为当地教学改革提供科研服务	
3. 承担培训任务 承担市级骨干教师的培训和指导工作，参与本区县教师培训和校本培训工作，成为骨干教师成长的摇篮	
4. 发挥辐射作用 过组织学员上示范课、专题讲座、教学研讨等形式，促进当地中小学教师专业成长。坚持以教育教学为中心，开展学术研究，引领学科建设，举办学术活动，以研讨会、报告会、名师论坛、公开教学、送教下乡、现场指导等形式向全市辐射、示范	

表5-3(续)

5. 提炼教育成果 开展学科课程教学改革网络研修。工作坊应以论文、课题报告、专著等形式推出教育教学、教学研究、教育管理等成果	
6. 建立工作坊网页 依托泸州教育网，建立名师工作坊专栏，实现名师工作坊教育教学经验成果共享，开展学科课程教学改革在线研讨，在线解答本市教师的学科教学问题。工作坊成员每月至少上稿1篇	
7. 完成市教育局交办的其他工作任务	
工作坊本年度主要工作时间（段）规划	
工作坊本年度工作开展所需的政策与资源支持	
备　　注	

表5-4　工作坊活动情况记录

工作坊名称		工作坊领衔名师	
××年度活动记录之第××份		活动日期（年/月/日/星期×/×午）	
活动内容		活动主题	
活动地点		参加人员	
领队或主持		记录人员	
活动程序			
活动后总结（反思要点）			

表5-4(续)

备　注	

第二节　乡村教师工作坊常态化研修的体制机制的校本建构

学校为了促进教师的专业成长，除了将教师送出去培训以外，还应参照区域教师工作坊的操作模式，根据学校实际和教师情况，进行顶层设计，从学校里面建构教师工作坊常态研修机制。

一、组织建设

学校为保障教师工作坊开展常态化研修，应进行相关组织建设。

1. 成立工作坊工作领导小组

领导小组组长由校长担任，是教师工作坊工作第一责任人，全面负责学校教师的培训工作，主管继续教育、教师培训。分管人员任副组长，总体规划教师工作坊，制订工作计划，负责日常的教师工作坊工作。其他成员协助组长开展工作，具体组织各学科培训的具体工作，保障教师工作坊工作经费等。成员之间互相配合、协调，保证工作顺利进行。

2. 制定教师工作坊工作制度

（1）成立教师工作坊领导小组、学习小组，保证教师工作坊工作的顺利进行。

（2）领导小组负责教师工作坊的领导、计划及协调检查等管理工作；小组成员按要求认真开展对每个专题的学习反思、互评互学、研讨，记录学习心得笔记等。

(3) 参训教师要以科学求实的态度自觉反思自己的教育教学行为，收集资料，用新理念、新观念做出分析，在反思中寻找提高自身综合素质的切入点，以求确有成效。

(4) 发扬密切联系实际的学风，在教育教学行为中，自觉转变与更新观念，运用新理论、新观点解决实际问题，积极投入教育教学改革和教育科研，不断提升教育教学水平，提高理论素养。

(5) 正确认识并以求实的态度做好前后调查，以调查促提高，取长补短，不断进步。

(6) 教师工作坊的态度、效果等与年终考核挂钩，对表现优异的个人予以表彰和奖励。

(7) 没有参加教师工作坊或教师工作坊不合格者，不得晋升职称，年终考核不合格。

(8) 不按规定参加继续教育的教师，年终考核不合格。

3. 建立工作坊工作的保障机制

(1) 保证时间：每次学习培训不得迟到、早退，严格考勤制度，并与学校考勤奖罚制度挂钩。

(2) 保证质量：每次学习内容经领导小组审核，符合要求后，才可集中学习，学习内容要有针对性、可操作性、实效性。

(3) 保证经费：学校划出教师工作坊的专项资金，保证培训顺利进行。

(4) 保证培训人员参与：每次学习培训对象确定后，任何人不得请假，事病假由组长批准，在期末工作考核中扣除相应分数，并在年终绩效考核中有所体现。

二、工作坊制度建设

学校为了加强对教师工作坊的规范管理，更好地发挥工作坊的示范、引领和辐射作用，促进一批教师的专业化发展，制定相关的各类学习研修制度。

【附】

教师工作坊管理制度

根据泸州市江阳区教育与体育局和泸州市江阳区教研培训中心对教师工作坊常态化研修机制的管理意见，为更好地发挥教师工作坊作用，特制定如下规章制度。

一、工作宗旨

以科学发展观为统领，以人的发展为本，以提高骨干教师培训质量和效益为核心，以教育教学实践为主渠道，学校为提升教师专业水平搭建教科研平台，提供专业成长和发展的空间，切实做好教师培养工作，充分发挥名师工作坊的示范、引领、辐射和带动作用，促进青年教师快速、可持续成长。

二、工作目标

1. 带好团队发展

通过培养计划的实施，有效促进教师工作坊成员的专业成长，实现入坊名师和各工作坊成员的专业成长和专业化发展。

2. 抓好课题研究

围绕研究课题在实践中总结教育教学经验，探寻教研教改的新思路、新方法，并以此为研究方向，工作坊成员开展有效的教学科研活动。

3. 做好带头示范

以同课异构、研讨课、公开教学、成员共研、报告会、名师博客等形式，有计划、有步骤地开展教学研究与展示活动，传播先进的教育理念和教学方法，充分发挥名师的带头、示范、辐射作用，从而形成名优群体效应，实现优质教育资源的共享。

4. 建立交流平台（博客）

开辟工作坊网页（博客），及时分享工作坊成员之间学习成果，交流研究成果，并使网页（博客）成为本学科教学动态工作站、成果辐射源和资源生成站，以互动的形式面向广大教师和学生。

三、会议制度

（1）建立每月例会制度，即每月最后一周召开全体成员会议，总结本月工作情况，解决实施过程中的难点和疑点问题，商讨布置下月工作。

（2）每个学期的期初召开一次教师工作坊计划会议，讨论本学期教师工作坊计划，确定工作阶段工作目标、教师工作坊的教育科研课题及专题讲座内容。

（3）每学期的期终召开一次教师工作坊总结会议，展示学期工作成果及形成的经验、探讨存在的问题。

四、学研制度

（1）制订个人计划。

（2）根据个人自我发展目标和研究课题，有选择性地学习教育教学理论，每学期至少阅读一至两本的理论专著，参加教师工作坊组织的集体交流研讨。

（3）教师工作坊成员积极参加各级各类教学研讨活动。

（4）教师工作坊建立“每月一主题”研讨制度，由教师工作坊根据工作方向确定主题，每月集体研究1次。

（5）按时学习与按需学习相结合，自主学习和集中学习相结合，提升自己。

五、档案管理与网坊建设制度

（1）为每位成员建立研修业务档案，教师工作坊主持人和助理做好档案的管理工作。

（2）教师工作坊成员的计划、总结、听课、评课记录、公开课、展示课、教案定期收集、归档、存档，为个人的成长和教师工作坊的发展提供依据（数据光盘和打印稿）。

(3) 教师工作坊建立博客，由专人负责信息采集与发布。

六、工作计划表

各教师工作坊针对学校发展中的问题或困惑进行系统规划(表5-5)，做到年初有计划、每月有安排，专项活动有方案、有主题，有具体活动安排。

表5-5 ×××工作坊××年度工作计划表

时间	主持人	记录人	研修主题	活动流程	待解决的问题
2月					
3月					
4月					
5月					
6月					
7月					
8月					
9月					
10月					
11月					
12月					
1月					

第六章　乡村教师工作坊常态化自主研修的运行模式

第一节　区域性教师工作坊运行模式举隅（一）

江阳区早在2014年，就按照省市相关要求，成立了多个区域性的以知名教研员和名师领衔的教师工作坊，常态化地开展了教师自主研修。在承担“国培计划”任务后，这些教师工作坊积极行动，多层面、多角度地开展教师自主研修活动，既有效地完成了相关的“国培计划”任务，又丰富了这些教师工作坊的日常研修内容与方式，更好地促进了教师的专业发展。以下列举四个区域性教师工作坊模式，呈现他们在推动教师自主研修方面的工作经验。

熊生贵练能工作坊自主研修经验介绍

一、工作坊概况

熊生贵练能工作坊，是经四川省“国培计划”项目执行办公室批准成立的“国培计划”名师高端研修工作坊，也是泸州市教育局批准成立的泸州市小学语文名师工作坊，主要是以小学语文教师为主体、以研究练能改革为主要方向的一个学、研、行一体的学习型组织。该工作坊于2014年1月组建。本工作坊成员来自泸州市四县三区，其中以熊生贵为领衔导师，有7位研修员，59位学员。该工作坊具有鲜明的核心理念：练能学研行，成长无极限。有明确的文化定位：思·行。有高端发展的目标：推动区域性课改，培养名师，将“练能教育”铸造成四川乃至中国教育改革的一大品牌。有个性化教育主张和特色化教育品牌（练能教育），有明确的目标任务、研修方向、研修内容与计划，有规范的组织机构与制度建设。该工作坊以“学研行·果”为行动主轴，通过集体行动来共筑练能改革成果。通过学习研讨、做行动规划、打造教师改革支持条件、开展行动研究、组织专著编写等行动，为工作坊学员提供学习与交流平台。

二、工作坊自主研修活动的开展

（一）理性建构，“技术”梳理，教学设计

近年来，通过全体工作坊成员的努力，我们以自主练能课堂建构为切入点和突破口，从班级管理、学校活动、校外生活等方面建构起完整的中小学学生成长的立体练能体系，并梳理出了一系列“练能教育·自主课堂”操作技术体系。这个体系包括练能教育的概念、核心理念、理论依据、自主练能课堂体系建构、班级自主管理体系建构。工作坊重点是系统设计出自主练能课堂和班级自主管理的改革操作体系，以及设计出小学老师口才训练营课程目标与内容，并按总课程目标与内容，设计出了五个段共十册的教材编写要点。为了支撑小学语文和小学数学练能课堂的常态化教学操作，工作坊设计出小学语文和数学与现行教材配套的展练案。

（二）开展活动，研讨教学，诊断改进

工作坊围绕练能教育改革，重点围绕练能课堂实施，开展了丰富多彩的教学研修活动。活动的范围广，包括区内区外、省内省外，如江阳区、龙马潭区、合江、成都、温江、南充重庆、深圳等。一大批改革基地学校，如江阳区的忠山小学、广营路小学、力行路小学、长江小学、江南小学、邻玉小学、石寨学校、黄舣小学，还有部分省外学校等都在积极进行练能教育与教学改革。

目前，练能教育理念正在被越来越多的学校领导和老师所接受，愿意参与进行练能教育改革的学校也在增加。本区参与常态化的练能教育改革学校有十余所。在这些基地校中，工作坊成员都在积极进行教学改革，有的做得比较好，有的学校已取得了较大的改革成效。

工作坊在基地学校的每次研修活动分为研讨教学、诊断改进和学术讲座几大版块。每次教学研讨先由工作坊同志上研究课，针对课堂上出现的问题及现行教学中出现的问题，熊老师进行诊断，并提出改进意见。近几年工作坊走进基地校开展研修活动近40次。

同时，熊老师还带领工作坊成员走出泸州开展研讨活动。

2016年9月到南充市参加“名师汇”中小学语文新教材培训暨“随课微写作”专题教育研讨活动，工作坊何晓琴老师献课，熊生贵老师课后作讲座。

2018年5月和7月，省上“随课微写”总课题组，在峨眉山市举行了随课微写研讨与学习活动，本工作坊组织了部分成员前往学习。两次研讨会上，组委会请来了省内外知名的教学名师讲课讲学，学习内容丰富，学习效果扎实，大家收获颇丰。

2018年9月17—19日，省上“随课微写”总课题组在宜宾市举办统编小学语文新教材培训暨第五届“随课微写”专题研讨活动。本工作坊遂组织部分同仁前往参会，聆听了专家讲学，学习各地介绍的开展随课微写改革实验的经验。熊老师还在大会上作了《随课微写的教学策略》专题讲座，获得了极好的评价。

（三）总结反思，撰写论文，编写专著

1. 开展专题研讨，组织撰写经验论文。

（1）工作坊针对教育教学中的实际问题，开展专题性研讨。研讨过的问题有：什么样的课不算好课？什么样的课堂不能算真正的自主课堂？等等。面对“强调成绩”的教学现实，改革型教师提出了一个问题：如何将练能改革、能力培养与获得高分数、好成绩有机结合？我们在活动中展开了切实的研讨，并探索出了大量的技术性措施。

（2）从现实的课堂中诊断出问题：传统“问答”式教学，有效性是怎样丢失的？并撰写相关论文，如《从反面为自主课堂立标杆》《语文自主练能课堂的禁忌》《传统“问答”式教学，有效性是怎样丢失的》等。

（3）针对诊断出的问题提出解决方法。工作坊的成员撰写了大量相关的论文，如《课堂，如何避免大多数学生的“听看”状态》《革除串讲串问陋习》《增加练检，提高教学有效性》《让练读说写成为课堂常态》《让结构化言说成为课堂常态》《课堂自主学习的设计，最重要的是设计什么》等。

（4）围绕语文课口语训练存在的严重问题进行调研，并形成文章《“然后”病流行背后：语文教学的重大偏失》。

（5）为了深度改革作文教学，工作坊几位同志集体研究并形成成果《“我塑我型”习作教学》，发表在全国刊物上。提出了“随课微写”的新概念与新主张，并形成论文《作文新路径随课微写》，2017年开年就发表在全国刊物上。

（6）工作坊的成员积极研究，提出《绕个弯弯要成绩》的主张，提出《复习也要自主练能》，并且建立起了自已自主练能的教学模型……

2. 选择前沿课题，组织策划编写专著

（1）工作坊成员合作完成专著编写并公开正式出版了《读练式自主课堂》（上下册）《教学转向练能》《练能教育与自主课堂》《练能·生长——自主练能课堂与立体练能体系建构》《练能课练什么》《泸州市家长学校培训教材（小学版）》等专著。

（2）参与编写了人教版小学语文教材配套用书《特级教师新

设计 新课堂 新说课》一至十二册，由山西出版传媒集团·山西教育出版社于2014—2015年出版；参与编写《语文报·小考作文名师押题》由二十一世纪出版社于2015年2月出版；完整编写出人教版六年级上册小学语文教材配套学生用书的《同步作文》（学生用书）一册，由二十一世纪出版社于2015年7月出版。

（3）编写了《学习展练，会当小老师学会上台展练读本》《善于学习，精彩展练语文篇章“自学·展练”技巧读本》《善于学习，精彩展练数学“自学·展练”技巧读本》《凸显自主，展现活力自主练能课堂提升技巧读本》《小老师口才训练营教程》等操作性训练材料。

（4）本工作坊一直是全省随课微写总课题的协助研究单位之一，熊老师是这个研发团队的核心成员之一。2018年，本工作坊继续参与该课题的研究与改革实验，在已经推出随课微写学生用书小学语文六年级上下册的基础上，继续探索相关的问题，研究出相应的学术研究成果，发表了多篇论文。2019年，这一套学生用书，在试用多年的基础上，已公开出版。

（四）立项研究，提炼成果，结题申报

工作坊主研的大课题《中小学练能教育实践研究》，已于2016年结题，并获得泸州市江阳区政府教育科研成果一等奖。

工作坊成员展开了大量子课题研究，如《小学中高段“多维拓展，立体练能”的实践研究》《利用身边资源，开展观察——写作活动实践研究》，等等。

三、成效方面

（一）成果

近年来，工作坊成员共计发表论文30多篇，获奖论文50多篇，经验交流文章4篇；公开出版专著8本，获省市奖2项；省级教育科研课题（微型课题）结题，获奖共25项；专题讲座近百次；赛课获奖与指导教师参赛获奖共计24人次；其他获奖12人次。

（二）效果

1. 刷新了语文教学课堂常态，推进了我区课堂教学结构改革

练能教育改革刷新了语文教学课堂常态，较大程度地改变了传统“讲授式”、教师“一讲到底”的课堂教学形式，也使以学生为主的课堂（让同学们听、看，偶尔读、说或记录），得到了实质性的落实，让“沉闷无趣”的课堂变得“生动有趣”——自主练能课堂让学生在动作化、活动化的方式中学习和练能，课堂就动起来、活起来了，练的方式多样，课堂便有了趣味。练能教育的实施，解决了江阳区乃至泸州市课堂教学结构改革的操作问题。在改革基地学校大力开展课堂教学结构改革，实现了“天天开放校”和“天天公开课”，随时可让广大教育工作者莅临学校观摩充满生命活力的课堂，领略孩子们朝气蓬勃的学习风采。参与研究的泸州市忠山小学等多所学校被评为“泸州市课改示范学校”。泸州市力行路小学等多所学校已经被评为“江阳区课堂教学改革优秀学校”。

2. 推进学校的文化建设，使学校得到长足发展

练能改革也推进了学校的文化建设，使大力推动改革的学校得到了长足发展，许多荣誉纷至沓来，生源连年攀升。（例如，泸州市忠山小学接待了 100 多个教育团队，6 000人次的参观学习，教学质量逐年攀升，先后获得素质教育评估二等奖、一等奖、特等奖；先后获得泸州市教学结构改革先进学校，江阳区特色学校、市万人经典诵读比赛一等奖，市校本课程展示比赛二等奖，区素质教育评估特等奖，市少儿合唱团培训基地，市文明单位，市绿色学校，区、市、省校本研修示范校，全国特色学校，市课堂教学结构改革示范校等荣誉。）

3. 工作坊的成员成长非常快，发展迅速

一些年轻的学员迅速成长为学校的中层干部，成为学校的课

堂教学结构改革的践行者，成为我市我区教学改革的骨干力量、中坚力量。

（三）推广应用

工作坊的同志们以练能教学的思想与操作方法，指导我区教师到各地参赛并获奖。指导刘旭《说姓道名》一课，参加四川省青年教师口语交际课堂竞赛，获得一等奖第一名；指导万丽《矛和盾的集合》、王维《呼风唤雨的世纪》，均获泸州市小学语文青年教师优质课大赛一等奖，其中万丽获得一等奖第一名；指导徐瑜《比尾巴》，获得泸州市信息技术语文课赛课唯一一个一等奖，以此她还获得全市劳动竞赛标兵称号。本工作坊王丽以《开国大典》一课获得合江县首届校长赛课一等奖第一名。2019年泸州市小学语文教师素养大赛，工作坊成员刘列平、何小梅均获得一等奖第一名。

（泸州市江阳区教研培训中心　陈艳）

江阳区小学数学工作坊自主研修经验介绍

一、工作坊概况

由本人担任坊主的江阳区“国培计划”（2017）小学数学1坊共有坊员51名，全体坊员都来自农村学校。本坊依托新思考网中国教育资源服务平台提供的研修内容开展网络研修，主要采用学员听讲座，开展热点、难点问题研讨，独立完成作业，坊主指导、批改作业等方式进行，充分体现了学员研修的自主性和学员、坊主研讨的互动性。在线下集中研修中，我们紧扣教学改革的热点、难点问题，紧扣学员的教学实践，充分体现了研修的实践性。本工作坊以“学研行·果”为行动主轴，通过集体行动共筑小学数学拓展课程开发成果。本坊通过培训学习、互动研讨、展示交流、总结提炼，为工作坊学员提供学、研、行平台，较好地促进了工作坊坊员的成长。

二、工作坊自主研修活动的开展

（一）超越时空的网络研修

新思考网中国教育资源服务平台为全体坊员提供了丰富的研修资源。两年来，本坊学员在网上认真听讲座、读论文。大家围绕疑难问题和热点、难点问题开展了热烈的讨论，我也和学员们一起互动，解答了大家提出的问题。全坊学员认真完成了所有作业，共完成作业255份，我对作业实行了全批、全改。通过网络研修，全体学员教学、制作课件的水平有了很大提高，他们的教学观念也得到了较好的更新。通过两年的网络研修，我深深地体会到激发坊员研修的兴趣与需求，调动坊员研修的主动性和积极性是开展好工作坊网络研修的保障。开展好坊内研讨活动、及时批改作业、及时解答坊员问题、及时评价、热情服务坊员是做好工作坊网络研修的重要措施。

（二）实战式、互动式集中研修

纸上得来终觉浅，绝知此事要躬行。理论与实践相结合是研修的有效方式。两年来，我们已经开展了两次集中研修，做到了主题突出、目标明确、方式得当、效果显著。

1. 第1次集中研修

（1）研修主题：基于培养小学生数学核心素养的小学数学拓展课程开发。

（2）研修目的。

①开发小学数学1、3、5、7、9、11册的拓展课程。

②为全区小学数学老师开发出一套能很好地促进学生数学核心素养发展的，理念新颖、科学、适用的小学数学拓展课程。

③更新坊员的课程理念，提高坊员拓展课程开发的能力。

④通过拓展课程在全区的使用，有效促进全区学生数学核心素养的发展。

（3）研修方式。

①集中培训。

由本坊骨干教师袁小平主任做《基于培养小学生数学核心素养的小学数学拓展课程开发》的专题讲座。从“什么是核心素养”“为什么要发展学生的核心素养”“小学数学核心素养有哪些?”“现行小学数学教材对促进学生数学核心素养的发展还不够。”“小学数学拓展课程的目标”“小学数学拓展课程的内容”“小学数学拓展课程的呈现方式”“小学数学拓展课程的实施”8个方面进行了精辟的阐释，让学员们对为什么要开发小学数学拓展课程，开发什么样的小学数学拓展课程，如何开发、实施小学数学拓展课程有了比较清醒的认识。

②任务驱动。

袁小平主任分配了小学数学拓展课程开发的任务：

小学数学1坊负责1册1~6单元和3册1~3单元的拓展课程开发。

小学数学2坊负责3册4~6单元和5册1~8单元的拓展课程开发。

小学数学3坊负责7册1~8单元和9册1~3单元的拓展课程开发。

小学数学4坊负责9册4~6单元和11册1~8单元的拓展课程开发。

各坊再将任务分配到组，各组再分配到学员。每坊要成立一个拓展课程审查、修改小组，由5~7人组成。全数学科要成立小学数学拓展课程开发编委会。通过任务驱动促进各工作坊和全体坊员积极、主动地参与小学数学拓展课程的开发中来。

③小组研讨。

每坊的每个小组领到任务以后，先进行集体研讨，讨论本小组领到的小学数学拓展课程的名称、目标、内容、呈现方式和实施要求。这种方式很好地发挥了集体智慧的作用。

④编写课程。

小组研讨后，每个学员完成小学数学拓展课程编写任务，在编写中领悟小学数学拓展课程的编写方法。

⑤展示交流。

每个组选1~2名学员上台展示自己开发的拓展课程，全坊学员对展示的拓展课程进行评价，并提出修改意见。

⑥专家指导。

坊主和教研培训中心的专家对学员展示交流的课程进行点评、指导，提出修改、完善拓展课程的意见。

⑦修改完善。

编写人员根据学员互动研讨和坊主及专家提出的修改意见，修改完善自主编写的数学拓展课程。

2. 第2次集中研修

第2次集中研修的主题、目标、方式与第1次集中研修基本相同，只是第2次集中研修的主要内容是开发与小学数学双册匹配的拓展课程，此处不进行详细介绍。

三、成效方面

（一）研修成果

在坊主和教研培训中心专家的指导下，通过小学数学工作坊全体坊员的认真研究，本坊基本形成了与小学数学单册、双册匹配的拓展课程。开发出的拓展课程目标定位符合教育教学改革的要求，主要以培养小学生的数学核心素养为主，而不是以加深知识、技能为主。课程内容突出了以学生的数学抽象能力、逻辑推理能力、直观想象能力、数据分析能力和数学运算能力的拓展训练为主，而不是增加知识的量或知识难度。开发出的小学数学拓展课程的呈现方式突出了以学生的活动为主，主要设计了学生的探究活动、自主学习活动、展示交流活动、实践操作活动、练习活动、研讨活动、数学课外活动等。整套小学数学拓展课程的设计，既有知识技能，又设计好了激发、引导学生探究学习的导学系统。

下文的西师版小学数学一年级下册第三单元《认识图形》的拓展课程数图形为例详细介绍。

1. 课程名称：数图形

2. 课程目标

（1）通过数图形的学习，让学生能够正确辨认长方形、正方形、三角形和圆。

（2）在数图形的学习过程中，让学生逐步形成有序思考的好习惯，做到不重复，不遗漏。

（3）在数一数的过程中，让学生体验成就感，培养空间观念，激发学习兴趣。

3. 课程用途

本课程可在西师版小学数学一年级下册第三单元《认识图形》教学完成后使用。

4. 课程内容

活动一：

小朋友们，这个机器人好可爱！

它是由哪些图形组成的呢？

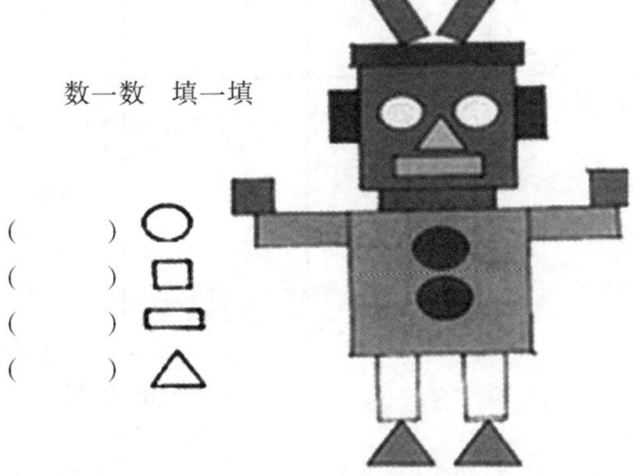

活动二：

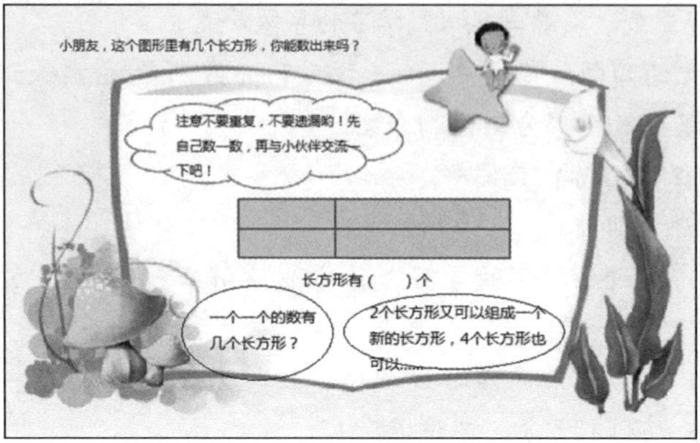

活动三：

试一试

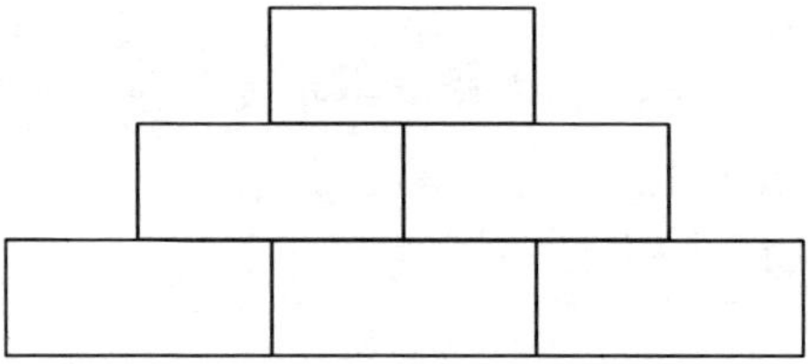

上图中有（ ）个长方形

上图中有（ ）个正方形

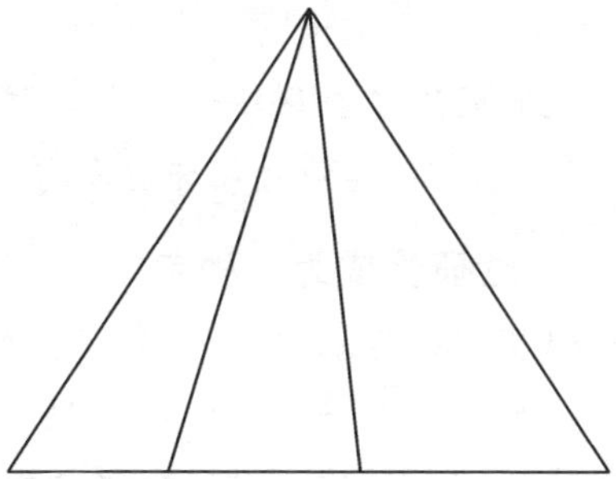

上图中有（　　　　）个三角形

活动四：

（二）研修效果

（1）在网络研修中，小学数学工作坊的全体成员都完成了研修任务，共完成研修作业1 020份。坊主对作业实行了全批全改。

（2）更新了全体坊员的课程理念，提高了坊员开发小学数学拓展课程的能力。

（3）更新了全体坊员的教学思想，提高了全体坊员的教学水平。

（三）推广应用

（1）我们在乐山师院组织开展的“‘国培计划’（2017）培训者培训总结会”上作了小学数学工作坊的经验交流。

（2）小学数学工作坊开发出的小学数学拓展课程在全区得到了推广使用，有效地促进了我区小学生数学核心素养的提高。

（泸州七中佳德学校　余雪英）

让研修成为一种自觉

——德智源工作坊自主研修经验介绍

一、以德为先，智慧共享——工作坊概况

德智源工作坊是江阳区区域工作坊，是以初中思想政治教师为主体、以研究学科教学及课程改革为主要方向的学、研、行一体的学习型组织。该工作坊于 2015 年 3 月组建。本工作坊成员是来自全区及泸州外国语学校、天府中学初中思想政治学科的教师，由江阳区中学思政学科教研员陈洪平担任领衔人，有 12 位中心组成员，他们分别是：王昭贵、温雪梅、李朝贵、黄文彬、邓清华、彭传耘、蔡玉莲、刘学会、刘国、刘刚群、李敏、斯燕梅。中心组成员均来自各学校思政学科教研组长或备课组长。工作坊共有 123 名学员。

该工作坊有鲜明的工作核心理念，即以德为先，智慧共享，联组并进；有明确的工作目标，即让思政教师秀起来、靓起来，让思政课堂活起来、火起来。工作坊成员还有严格的要求：政治要强、情怀要深、思维要新、视野要广、自律要严、人格要正。工作坊以教学改革、课程建设为行为主轴，通过联组研修，实现精准研修，为工作坊的全体学员提供学习交流与展示自我的平台。四年多来，德智源工作坊一行人可信、可敬、可靠，乐为、敢为、有为。我们用行动促进了自己的成长，用成绩赢得了他人的尊重。

二、联组并进，资源共享——工作坊研修活动的开展

（一）联组研讨复习教学，提高教学质量

2016 年春期，针对 2016 年中考复习策略开展联组研修，采用城乡学校联组的方式，将全区 24 所学校分成每 3 校为一组，共 8 个研修联组。具体安排如表 6-1 所示。

表 6-1　2016 年春期初中思政学科联组研修活动安排

组号	学　校	组长	活动地点	活动时间
1	七中、十中、泰安学校	温雪梅	泰安学校	3 月 16 日
2	泸南、弥陀学校、白马学校	刘学会	白马学校	3 月 17 日
3	十五中、兰中、石油中学	蔡玉莲	蓝田中学	3 月 18 日
4	西路、长江学校、南城学校	刘国	长江学校	3 月 25 日
5	梓橦路、方山学校、江北学校	黄文彬	方山学校	3 月 30 日
6	佳德、周永福学校、分水学校	彭传耘	周永福学校	3 月 31 日
7	通滩、石寨学校、宜定学校	王昭贵	通滩中学	4 月 7 日
8	况场中学、丹林、况实校	邓清华	况实校	4 月 8 日

本轮研修活动由组长负责组织、协调，各学校全力配合，活动地点全部安排在乡镇学校。各联组学校均选派一名初三思政教师上一节中考复习研讨课，至少要有一节试卷评讲课。教研组提前打磨课，领衔人全程参与 8 个联组的研修活动。联组研修推动了教师队伍建设。通过分小组研修，我坊实现精准教研，提高迎考复习效率，提升教学质量。2017 年、2018 年继续针对中考复习开展联组研修，2016—2018 年连续三年我区初中思政学科中考成绩居全市前列。

（二）联组研讨新课教学，促进教学改革

2016 年秋期，8 个联组针对新课教学开展联组研修，具体安排如如表 6-2 所示。

表 6-2　2016 年秋期初中思政学科联组研修活动安排

组号	学　校	组长	活动地点	活动时间
1	泸南中学、弥陀学校、白马学校	刘学会	弥陀学校	10 月 13 日
2	十五中、蓝中、石油中学	蔡玉莲	石油中学	10 月 20 日
3	西路学校、长江学校、南城学校	刘国	南城学校	10 月 27 日

表6-2(续)

4	梓橦路学校、方山学校、江北学校	黄文彬	江北学校	11月3日
5	佳德学校、周永福学校、分水中学	彭传耘	分水中学	11月10日
6	通滩中学、石寨学校、宜定学校	王昭贵	石寨学校	11月17日
7	况场中学、丹林中学、况实校	邓清华	丹林中学	11月24日
8	七中、十中、泰安学校	温雪梅	泸州十中	12月1日

本轮研修活动由组长负责组织、协调，各学校全力配合，各联组学校均选派一名40岁以下青年专职思政教师上一节以活动教学为主的课堂教学结构改革研讨课，如果无专职教师可以是兼职教师且不受年龄限制，活动地点全部安排在乡镇学校。各学校思政教研组对研讨课进行提前打磨，制作课件辅助教学。各小组至少安排2节研讨课，安排一个针对某个教学观察点的微论坛。各组组长至少选择一个教学观察点写一份课例分析，字数在1 500字左右。各上课教师要写1 200字左右的教学感悟。推荐优秀的课例分析和教学感悟参加2016年论文评选活动。通过评选，25篇文章获区等级奖，4篇文章获市一、二等奖，3篇文章获省一、二、三等奖。

（三）联组汇编教学资源，实现共建共享

2017年，我们立足于立德树人之本，致力于初中思政活动课教学研究，工作坊中心组成员和部分学科骨干教师陈洪平、温雪梅、刘学会、蔡玉莲、刘国、黄文彬、彭传耘、王昭贵、李敏、邓清华、李朝贵、刘刚群、徐泽铃、岳娟、张玲、王亚娜、陈秋等共同编制了区域实践活动课程青春护航七（上）、七（下）两册，并修订完善了七（上），合计三本，在开学前编写完成后发全区各学校试用，并收集试用意见以便进一步完善修订。这极大促进了学生“增智与育德”的协同发展，有利于思政课教师不断更新教育理念，树立大教材观，培养了教师开发校本课程、整合课程资源的意识和能力。

2017—2019年，连续三年根据当年市中考考试说明编写考点复习资料及复习试题，并对考点及复习策略进行专题分析。这三年，刘国、李朝贵、刘学会、张玲、王亚娜、邓清华等工作坊中心组成员主动承担职责，精心编写资料，共享给全区各初三教师，真正实现了资源共建共享，营造了互帮互助的良好学术氛围。

2017年1月，德智源工作坊认真总结2016年联组研修成果，对研修活动中的课例分析、教学感悟、观课、磨课感悟，由8位联组组长负责收集、整理后，由王昭贵老师负责汇编成教师论文集《一线闪光点》。通过老师们的积极反思、总结、提炼，我坊共遴选出34篇文章并参加区教育学会论文评选，有10篇文章获区一等奖，12篇文章获区二等奖，3篇文章获区三等奖。另推荐文章参与省市评选，3篇文章分别获省一、二、三等奖。同时，教师论文集《一线闪光点》分享到德智源工作坊QQ群供大家分享交流。这大大增强了教师们的成果意识，提升了教师们的教学反思能力，为改进自身教育教学工作起到很好的促进作用。

（四）联组国培送教下乡，增强四大技能

2018年春期起至今，“国培计划”（2017）乡村教师能力提升项目在我区实施，初中思政学科大胆创新、打破传统的送教模式，采取“1+3”联组送教的方式。由于城区学校只有6所，乡镇学校有18所，所以我们将原来的8个联组微调为6个联组，以1所城区学校与3所乡镇学校，即“1+3”联组的方式开展联组送教下乡活动。近两年，6个联组分别开展了同课异构、联组磨课、乡村教师课堂教学展评活动等。研修活动紧紧围绕教学内容建构、教学设计、教学实施、教学评价四大技能开展4轮联组送教。这一系列活动的开展，普遍提升了教师四大教学技能。下面附德智源工作坊第一天联组送教活动安排（表6-3）。

表 6-3　"国培计划（2017）"江阳区初中道德与法治第一天送教下乡暨德智源工作坊联组研修活动安排

序号	学科	时间	地点	主题	参加人员	组长（负责人）	内容安排及要求
第一组	道德与法治	4. 11 星期三 全天	白马学校	教学内容建构技能培训	泸南中学、弥陀学校、白马学校、分水学校初中道德与法治全体教师	刘学会	内容安排：1. 上午：乡镇三校分别派一名初中道德与法治教师老师同课异构上统编版新教材教学研讨课 2. 下午：（1）城区校派一名初中道德与法治骨干教师同课异构上示范课。（2）全体参会人员研课磨课。（3）教学技能培训讲座 活动要求：1. 组长负责制度具体实施方案并组织实施，教研员负责协调、承办学校积极配合支持 2. 参培人员提前独立完成基于同题异构的教学内容建构方案，打印一式两份，报到时上交一份 3. 全体参培人员活动结束后撰写一篇江阳区初中道德与法治"国培计划 2017"联组送教下乡活动学习心得 4. 各小组集中打磨问题异构课，并推荐一名乡镇同问题异构上课教师代表本组参加第二轮的江阳区初中道德与法治学科国培计划 2017 乡村教师课堂教学技能大赛 5. 各组组长负责完成一份课例分析，1 500字左右 6. 上课教师撰写一份心得体会，1200 字左右，并交上课的教案和课件和磨课后的修改教案和课件（电子版） 7. 各组及时完成一份小组活动简报交陈洪平老师处，简报上要有每个参培人员的观点或成果 8. 双语学校和外国语学校、天府中学自愿选择小组参加活动 9. 全区初中道德与法治教师全程参与活动，不得迟到，早退，如因极特殊情况请假由学校书面报教育局审批。请提前调整好岗位工作，谢谢支持
第二组	道德与法治	4. 12 星期四 全天	泸州十中	教学内容构建技能培训	泸洲十五中、周永福学校、泸州十中、高新区中学初中道德与法治全体教师	刘刚群	
第三组	道德与法治	4. 13 星期五 全天	泸州十中	教学内容构建技能培训	泸州七中、长江中学、蓝田中学、石油中学初中道德与法治全体教师	温雪梅	
第四组	道德与法治	4. 18 星期三 全天	况实校	教学内容构建技能	西路学校、南城学校、况实校、况场中学初中道德与法治全体教师	刘国	
第五组	道德与法治	4. 19 星期四 全天	江北学校	教学内容构建技能培训	梓橦路学校、方山学校、江北学校、丹林学校初中道德与法治全体教师	黄文彬	
第六组	道德与法治	5. 20 星期五 全天	通滩中学	教学内容构建技能培训	佳德学校、通滩中学、宜定学校、石寨学校初中道德与法治全体教师		

（五）联组建设校本课程，实现德智双修

自 2017 年起，德智源工作坊以德育与智育"双价值"有机整合策略研究为目标，着力推进学科教学改革和课程建设，结合国家课程道德与法治自主研发体验式实践育人校本课程青春护航。工作坊领衔人陈洪平担任省级课题"中学人文类学科增智与育德'双价值'整合策略研究"的主研人。该课题由市教科所黄先华副所长担任课题负责人。在省市专家的引领下，德智源工作坊于2018年立项市级课题“初中道德与法治学科体验式实践育人课程建设研究”。该课题既是独立的市级课题，又是省级课题的子课题。这使我们的研究有了学术保障。2018年春期起，课题组主研成员陈洪平、王昭贵、黄文彬、邓清华、刘刚群及工作坊中心组与工作坊成员一道进行体验式实践育人活动设计与实践验证。2019年春期，工作坊开展了8次联组体验式实践育人课程建设研究。体验式实践育人课程建设创新了传统的思政课堂教学模式，让思政课堂的价值与意义得到更充分的体现。2019年3月18日，习近平总书记在全国思想政治理论课教师座谈会上的讲话，极大地鼓舞了一线思政教师，这也更加坚定了德智源工作坊一系列的研修、研究及实践创新的信心。

三、成效方面

（一）成果

德智源工作坊成立4年多以来，工作坊成员成果意识增强，共发表文章10余篇，获奖论文省、市、区级共50余篇，课题成果获省一等奖2项、市级奖3项、区级奖5项，参与专题讲座40余人次，进行教师上研讨课100余人次。赛课获市一等奖2人，市二等奖2人，省二等奖1人，编写体验式实践育人课程读本《青春护航》3册，现在研省级课题1项，市级课题2项，在编校本课程2册。

（二）效果

1. 德智源工作坊联组研修模式实现了师资、教学等资源共建共享，大大缓解了城乡教育二元化矛盾

4年多来，我坊共开展了6轮联组研修活动，活动地点涉及全区所有初中及九义学校，工作坊学员人人参与，人人是观摩者、展示者、研究者，人人有话语权，形成了城区学校与乡镇学校互帮互助的良好研修氛围。

2. 破除了思政课堂教学德智撕裂的桎梏，推动思想政治课改革创新。

工作坊锁定“培养什么样的人、为谁培养人”这一根本性问题，立足学生核心素养的培养，关注品格养成和能力发展，对新课教学、复习课教学、教学评价、体验式实践育人课程开发等进行深入研究。我们坚持政治性和学理性相统一，坚持价值性和知识性相统一，坚持建设性和批判性相统一，坚持理论性和实践性相统一，坚持统一性和多样性相统一，坚持主导性和主体性相统一，坚持灌输性和启发性相统一，坚持显性教育和隐性教育相统一，真正实现德育与智育的有机整合。这一系列的创新举措取得的成效在2019年3月29日全区思政工作会上，由黄文彬老师展示的思政课上得到了充分印证。教研员陈洪平对我区思政课建设与发展向区委、区府及教体局、各学校校长等领导作了情况汇报，得到了与会人员的高度评价。

3. 联组研修给更多的思政教师搭建了展示自我的平台，促进了教师专业水平提升

工作坊采用了联组组长组织带领、工作坊中心组成员学术引领、老中青教师搭配、城乡结合、自主师徒结对、团队磨课等方式。4年多来，共有100余人次教师上研讨课、展示课，对部分青年教师的课，工作坊中心组成员反复磨课，只求精益求精。此外，上课教师和观课教师均须写教学反思、课例分析等，以此倒逼老师们提升专业能力。近几年，我区青年教师迅速成长，成为思政课体验式实践育人课程建设的实践者，成为我区思政课改革的骨干力量、中坚力量并逐渐辐射到区外其他区域。

（三）推广应用

工作坊的老师们将牢记德智源的工作理念和目标，将已有研修成果进行深入研究与完善，向全市进行推广。2018年7月，工作坊领衔人陈洪平就工作坊研修情况在全市的教研活动上作经

验交流；2019 年 3 月，易宗艳老师应邀到纳溪区上马中学送教；2019 年 4 月，王昭贵老师应邀向全区领航教师就教师学养提升作经验交流等。未来，工作坊的工作开展将更有定力、更有自信。我们将致力于体验式实践育人活动课程建设研究。我们被一名学生“我敢肯定地说，这是我一辈子最难忘的课”那响亮的声音所深深触动并倍感欣慰，我们希望这种声音成为我们思政课堂的常态评价。为实现这一目标，工作坊所有成员将齐心协力让思政课真正活起来、火起来！

（泸州市江阳区教研培训中心　陈洪平
泸州十五中　刘刚群）

“心灵桥”班主任工作坊自主研修经验介绍

一、工作坊概况

泸州市“心灵桥”班主任工作坊，是经泸州市教育局批准成立的第一个一线班主任管理艺术研修工作坊。成员以中小学班主任老师为主体，是以研究班主任管理艺术、带班策略、家校共育为主要研究方向的“学·研·行·思”一体化发展的班主任成长共同体。工作坊于 2015 年 3 月组建，QQ 群现有成员 377 人，主要来自泸州市四县三区，以及安徽、重庆、贵州、广西、湖北、山东等地的班主任同仁，主持人是泸州七中副校长郭家琴。工作坊共设有 8 个市内研修小组，3 个市外研修小组，开展线上研讨活动——讨论解决一线班主任工作中遇到的各种棘手问题；共享班主任工作所需的各项资料，形成成员之间互帮互促，沟通无极限的良好局面。“心灵桥”班主任工作坊具有鲜明的核心理念，即享受幸福共同提高；有明确的文化定位，即坚守一线“学·研·行·思”，做班主任工作艺术的探索者；有高端发展的目标，即搭建交流平台，打造“学·研·行·思”一体化发展的班主任成长共同体；有最朴素的工作坊研修活动信条，即学习学习再学习，反思反思勤反思；有坚守班主任工作一线的职业理念，即微笑是世间最美的语言，爱是班主任无私的奉献。我们的工作坊有明确的目标任务、研修方向、研修内容与计划，有规范的组织机构、制度建设和考核机制。我们的工作坊以"学·研·行·思"为行动主轴，通过探索班集体建设、家校共育策略、与现代孩子交流沟通的方法等，共筑班主任成长共同体的大厦。我们通过学习研讨，做实行动规划，打造城乡互访互学活动平台，开展行动研究，组织专著编写等行动，为工作坊成员建立一个温馨的心灵家园，提供学习、交流、展示的平台。

二、工作坊自主研修活动的开展

（一）开启沟通新模式，搭建心灵直通车

1. 搭建自由交流沟通的平台，共建双向互通的网络空间

我们的工作坊研修QQ群，本着"人人出力，资源共享"的原则，每日推荐每日推送家教资料、班级故事、班级管理策略、家校联系的创新做法等类文章，每周推送主题班会活动的资料，包括课件、教案、主持词、活动流程等，共同建设家园般温暖的"心灵桥"交流沟通平台。"工作坊是我们的家，发展壮大靠大家"的理念根植在全体成员的心目中，凡是自己手中有了好东西——班级管理的文章、活动课的设计方案、从专业书籍中学习到的好方法等，老师们都及时上传QQ群。共享资源的习惯，让我们的QQ群成了大家"家园般"温暖的心灵栖息地。

2. 晒幸福瞬间——"让人们因我的存在而感到幸福"，寻找师生幸福成长的"密码"

班主任工作繁琐、忙乱，班级问题层出不穷，家校共育的理念尚待进一步完善……一系列问题，如果没有及时得到引导和鼓励，很多年轻班主任会被班级杂务绊住手脚，很快失去班主任工作的热情。为此，我们坚持做"晒幸福瞬间"的活动，例如，娃娃们的问候与惦念，毕业多年以后的费力寻找，班级学生最令人感动的故事，家校联系中家长理解老师的信息……这些晒出的

幸福瞬间，让老师收获心灵宁静——我们的很多年轻班主任，因此坚定了在班主任工作道路上的脚步，跟随工作坊成员们，一起探索师生幸福成长的“情感投入密码”。

3. “读书充电，反思写作”——工作坊的研修活动抓住班主任成长的这两条重要途径，创建班主任自由交流、沟通无极限的心灵家园

自工作坊成立以来，我们开展了学习“陶行知先生知行合一理论”读书心得交流活动；阅读苏霍姆林斯基《给教师的一百条建议》《我把心给了孩子们》等书；阅读李镇西《爱心与教育》《做最好的班主任》等书；还推荐阅读班华教授的《享受与班主任老师共同成长的快乐》，万玮老师的《班主任兵法》，丁如许老师的《魅力班会课》等。通过读书活动，我们学习到了很多理论与实践的宝贵知识，同时也打消了工作坊成员们“你喊我做事情都可以，不要让我写文章”的念头，很多老师拿起手中的生花妙笔，记录班级故事、孩子们成长的特例、家校交流沟通的趣事，以及反思自己处理问题学生的方法和得失等，我们的工作坊研讨逐步走向成熟。

（二）问渠那得清如许，源头活水是研讨

1. 分工明确，各司其职，促成“心灵桥”班主任工作坊各项研修活动踏实而有效的推进

“心灵桥”班主任工作坊各项研修活动的开展与推进，得益于参与活动的热心管理团队，大家不计个人得失，努力抽时间完成自己负责的工作。我们学习秦望老师“8+1”工作坊的操作模式，创新解决老师们的工学矛盾——将实时交流与留言探讨相结合，解除了被动应付的签到式培训的“紧箍咒”，老师们反而感觉学有所获，推动了工作坊各项研修活动的顺利开展。

2. 条理清晰，忙而不乱，“网络研修、读书活动、特色活动课打造”等常规工作有序开展

我们牢记成立工作坊的“初心”——打造“学、研、行、思”一体化的班主任专业成长共同体，秉承开展研修活动不给一线班主任老师们添堵，更不能增加老师们负担的原则，我们的各项活动都没有强制性。但是，我们抓住班主任老师感兴趣的话题展开网络研修活动，推荐最实用的班主任专业书籍开展读书活动，从班主任老师们最头痛的特色活动课作为突破口，所以老师们的参与热情高涨，常规研修活动的开展有序也有效。

3. 扎实开展“城乡互访互助”活动，打通交流渠道，让研修活动落地生根

2015年，我们的“心灵桥”班主任工作坊成立，年末做工作坊总结的时候，有老师建议我们做“青蓝结对”工作——以老带新，城乡结对，促进工作坊成员的快速成长。我坊经过核心管理团队的反复研究，考虑到我们工作坊成员来自四面八方，真正结对起来，互相学习其实没有天时地利的条件，因此，我们将工作坊成员按照县区分为8个市内研修小组，3个市外研修小组，将线上研讨与“城乡互访互助”活动相结合，带着老师们需要的专题，走进各研修小组，实地借班授课、开展专题讲座与现场提问交流。我们扎实开展这些活动，效果确实不错。比如，我们的第一场活动是到分水中学，我们江阳片区的很多年轻班主任积极响应活动号召，赶到分水中学，参与“城乡互访互助”的活动；我们多次去叙永摩尼新苗实验学校，叙永片区的老师们也积极参与活动；我们走进古蔺县二郎镇复陶中学，古蔺片区的老师们又赶到复陶中学，大家交流班主任工作经验，现场氛围其乐融融。我们的研修活动，打通了城乡之间交流沟通的渠道，让各项研修活动落地生根，发芽吐蕊，茁壮成长。

（三）不畏浮云遮望眼，课程意识促成长

受恩师熊生贵主任的讲座启发，我和核心管理团队的老师们树立起了课程意识，认真梳理我们的成果，希望能够真正引领年

轻班主任的专业化成长，使一批参与工作坊研修活动的班主任老师更加热爱班主任工作。这些年，我们做了以下几方面的工作。

1. 新颖别致的主题班会活动课程《心花怒放快乐成长—初中学生“体验式心理健康教育主题活动课”课例36计》新鲜出炉——初中三年，每年开展12次“体验式心理健康教育主题活动”

我们旨在关注初中学生的心理健康成长，助力未成年人的核心素养提升。这本带着我们心血的书，走进城乡班主任老师的班会课，打开学生的心结，培养出一批批身心健康发展的初中学生，让更多的班主任受益。

2. 倾力打造“心灵桥”班主任工作坊的拳头成果——《年轻班主任做中学》

该成果让新入职的班主任、工作经验不太丰富的年轻班主任能够从中学到“治班金点子”、与特殊学生交流沟通的方法、创新设计家校共育活动等，将其运用到自己的班级管理工作中，带出一个个朝气蓬勃的班级，教育引导出一批批身体健康、心态阳光、乐观积极的学生，努力提高他们的综合素质，为孩子们的健康成长奠定坚实的基础。

3. 编辑印制《心与心的交融——架起家校之间的沟通桥梁》家教故事集锦

集锦让年轻班主任在开家长会的时候有材料可以使用，让家长在阅读家教故事的时候得到一些启发，努力引导家长改变自己固有的家教观念，为孩子们营造最温馨和谐的家庭氛围，为孩子们的健康成长保驾护航。

（四）课题研究勤实践，提炼申报结硕果

工作坊主持人郭家琴参与主研的课题《培养初中学生逆商，提升抗挫折能力实践研究》，已于2017年结题，并于2018年荣获泸州市人民政府教育科研成果一等奖，课题的研究报告荣获四川省德育成果评比一等奖。工作坊成员展开了大量子课题研究，如《初一新生适应性心理调适实践研究》《抓好两极分化工作，为初二学生健康成长保驾护航的案例研究》《体验式少先队活动课课例与理论构建实践研究》等，均获得丰硕的成果。

三、成效方面

（一）成果

近年来，工作坊成员共计发表论文30余篇，获奖论文80多篇，经验交流文章7篇；主编、参编专著6部，论文、教育叙事、课例、优课获省市奖20余项；省市区级教育科研课题+微型课题结题，获奖共十余项，工作坊成员在研的省市区级课题若干；工作坊内部及重庆、贵州、三州、山西、南京等地参与专题讲座100余场；赛课获奖与指导教师参赛获奖共计30余人次。

（二）效果

1. 激情满满坚持当班主任，争做学生成长道路上的重要引领人

我们工作坊的一线班主任，在工作坊氛围的影响下，都坚定了坚持当班主任的信念。我们坚信，爱是一种能力，每一个班主任都要努力使我们的教育成为一个创造爱、享受爱的过程。“做班主任是守望梦想，做好班主任却是一种苦心的经营”，我们都会像经营自己的爱情与家庭一样，努力研究教育孩子、研究家校合作、研究利用好社会资源，与孩子们一起、与教师团队同行、与家长和社会合作，将自己所带的班级建设成流淌着情感之歌的生命成长加油站，助推孩子们身心健康成长！

2. 用一流的教学业绩，赢得学生、家长、学校的一致好评——班主任工作坊成员永远的追求

我们“心灵桥”班主任工作坊QQ交流平台充满正能量，核心成员们在各自的学校都是教学业绩一流、班级管理一流的好老师。他们像一个个灯塔，引领着年轻的班主任老师们不断努力上

进，追求自己教学水平和班级管理水平的提高。因为我们拥有一个“充满正能量的最好的群”，所以，我们有问题都在群上讨论，大家互相碰撞产生的智慧火花，让我们能够站稳班主任讲台，努力去做受学生欢迎的班主任老师，能够用一流的教学业绩，赢得学生、家长、学校、社会的一致好评。

3.“心灵桥”班主任工作坊的成员专业化成长速度快，发展势头强劲

唐丽、申燕平、赵婷、黄祖惠、蒲犀利、郭家琴、黄玉兰(广西)、郭圣峰（重庆）等老师，就是“心灵桥”班主任工作坊优秀成员的代表。他们的教学业绩、管理能力、科研能力、论文或教育叙事的撰写能力等，都得到了长足的进步，在自己所在的单位和地区小有名气，受到大家的一致好评。

（三）推广应用

第一，主持人郭家琴参与山西太原全国苏霍姆林斯基专委会“情感教育与班集体建设”工作会、南京师范大学班主任研究中心成立24周年暨随园夜话十周年庆典大会等活动，均在大会发言中推广介绍“心灵桥”班主任工作坊的研讨策略，受到与会者的好评，收到多个去学校或地区做专题讲座的邀请。

第二，《心花怒放　快乐成长—初中学生“体验式心理健康教育主题活动课”课例36计》《年轻班主任做中学》《心与心的交融——架起家校之间的沟通桥梁》等成果，不仅在各研修小组、各基地学校使用，还被广西、重庆、安徽、三州等地的班主任同仁使用，受到班主任朋友们的欢迎。

第三，本着“走出去，请进来”的工作坊培训原则，我们请来南京师范大学朱曦教授等德育专家，为工作坊成员做专题讲座，开展班主任工作沙龙研讨，让老师们与一线专家面对面交流，收获了很好的培训效果。我们还利用工作坊2016年被评为泸州市四级工作坊获得的有限经费，安排骨干成员参与班主任工

作的高端研修活动，努力提高工作坊成员的素质，将我们工作坊的研修成果推广出去。

（泸州七中郭家琴、彭华、张梅）

第二节　区域性教师工作坊运行模式举隅（二）

21世纪伊始，江阳区各中小学、幼儿园为促进青年教师专业成长，陆续成立了数十个规模不一的教师专业发展研习组。这些教师专业发展研习组开展了丰富的校本研修活动，积累了大量的教师亚团体研习经验，被全国和省级教育宣传媒体多次作宣传报道。2011年之后，江阳区各学校的校本教师研习组，纷纷升级为校本教师研修工作坊，参与研习的人员不断增加，研习范围不断拓展，研习绩效不断提升。在江阳区领受了《"国培计划（2017）"——中西部项目县》任务后，这些校本教师研修工作坊积极行动，将"国培计划"任务与自身常态化的研修工作有机结合，更有针对性地开展教师自主研修活动，积累了丰富的研修经验。以下列举全区各个层面的校本教师研修工作坊中的几个代表，介绍他们自主研修的工作经验。

忠山小学"生长教育"教师研修工作坊自主研修经验介绍

一、工作坊概况

忠山小学"生长教育"教师研修工作坊，是泸州市教育局批准成立的市级工作坊，是主要以学校教师为主体、以研究课堂教学结构改革为主要研究方向的一个"学、研、行、果"的教师专业发展学习型组织。该工作坊在2014年5月由四个学科教研工作坊组成，在2015年后升级为教师研修工作坊。该工作坊有28名不同等级骨干教师成员。该工作坊具有鲜明的核心理念：

成就生长教育就是成就学生，成就学生就是成就自己。该工作坊有明确的目标任务、研修方向、研修内容与计划和具体的研修活动，有规范的组织机构与制度建设等。该工作坊在2016年被泸州市教育局评为四级教育研修工作坊。

二、工作坊自主研修路径

在当前加快推进教育治理体系和治理能力现代化的背景下，忠山小学思考：要落实好立德树人的根本任务，关键在教师。忠山小学通过“生长教育”教师研修工作坊制度的建立，力求为年龄40周岁以下的市、区、校级骨干教师，教学工作业绩优良、具备一定的教育技术能力、参训积极性高、有自助成长愿望的教师，搭建培育教育思考能力的平台；推动工作坊中的“种子”教师从平凡迈向优秀，从优秀迈向卓越。工作坊全方位探索科学的实施路径，积极以教师自主发展为核心，以教师自主研修为主体，以网络研修、区域送教游学为契机，积极建设该工作坊骨干教师专业发展平台，探索了“生长教育”工作坊教师自主、联动、开放、共享的发展路径。

路径一：导师+导师助理。

教师发展到一定阶段，不和名家接触，发展就缓慢，尤其是对于已经具有较高水准的教师，他们要进步，必须接触、领悟更高水平的教育实践。为此，工作坊聘请了谢铭、宋明清、周健、熊生贵、袁小平、邓伯勇等区域教育专家，形成工作坊导师团。导师们挤出宝贵时间到校指导工作坊工作，深入课堂听学员们上课，耐心分析课堂各环节，知识点的处理办法等，促进学员专业化成长。同时，各工作坊坊主为导师助理，他们作为导师日常事务的代言人，协助导师做好培训工作，在学术层面做服务和引领工作，比如做学术交流策划者、研究活动组织者、教师自我发展规划制定的指导者，以及教师发展信息的收集、整理和经验的传播者。导师+导师助理，保障了教师研修工作坊的高效运行。

路径二：课堂教学改革+课题研究。

在原市教育局刘涛局长“在这里看到了我心中理想的课堂！”的鼓舞下，课堂教学结构改革不断向纵深推进，对“怎样对生长课堂进行有效评价观察？”“如何丰富生长课堂，让自助互助形式更丰富，效果更有效？”“各学科各类型的生长课堂模式是什么？”“如何完善更新评价机制？”“在生长课堂中如何发挥教师师助作用？”等方面进行了研究和尝试。在课题研究方面，目前学校有一个省级课题《基于生长教育下三助生长课堂实践与研究》，三个市级课题《群文阅读中展练策略》《小学生综合评价结果呈现方式研究》《小学生自主学习研究》，全部由工作坊成员担纲主研，做到人人都有课题研究。课堂教学结构改革工作和课题研究工作的衔接，有力助推教师们专业化成长。

路径三：“十个一”+榜样。

忠山小学“生长教育”教师研修工作坊是为骨干教师高位发展搭建的平台。为增强骨干教师自主发展的动力，我们以“十个一”+榜样的契约型管理引导他们珍惜发展机会，在发展中体验成功，在被赏识中体验职业的幸福感。学校、导师和导师助理及工作坊成员共同商定形成对工作坊成员最基本的责任要求。这些要求重在促进其对专业发展目标的自我定位和自觉追求，对参与工作坊活动的行为规范，以及在培训期间发挥带动其他教师发展的责任承担，同时用榜样来影响坊内成员和各教师。

路径四：自我充电+论坛培训。

“生长教育”教师研修工作坊成员在繁忙的工作中要挤出时间开展读书活动，内容包括教育科研、有效教学、名师名课、专业技能等方面。积极参与论坛培训，培训主要以当前先进的教育教学理念、新课堂的新动态、优秀的教育教学案例为主要内容，以提高教师的新课堂创建水平和专业水平为重点，来确定采取专题论坛、交流研讨的形式，引导广大教师将培训学习与自己的教育教学实践紧密结合起来。

路径五：同伴合作+完善机制。

工作坊以教研组为单位，组织工作坊成员及其他教师听课、说课、评课、反思等活动，强化集体备课活动，通过同伴协作、新老带教、相互交流，发挥老教师、骨干教师的示范和引领作用，达到共同提高的目的，同时积极完善生长课堂教学评价机制。加强对每一位工作坊成员的常态课、优质课及当堂检测工作的管理，深化“推门听课”制度，形成“听则评、评则改”的有效常态课堂监控机制。

三、成效方面

（一）成果

六年间，工作坊成员发表论文多篇，获奖论文20多篇，经验交流文章5篇；公开出版专著4本；各类科研课题（微型课题）结题，获奖共30项；专题讲座10多次；赛课获奖与指导教师参赛获奖共计6人次。

（二）效果

1. 在“工作坊”的浸润下，教学水平不断提升

在“生长教育”工作坊建设中，教师们教学水平不断提升，自主课堂改革成效明显，引起了周边地区老师们的关注。多年来，我们一直期盼的彰显生命活力的课堂，不再只是一种理想愿景，而是一种真实的状态。

2. 在“工作坊”的引领下，学术氛围更加浓厚

在工作坊建设的引领下“教师们”学术氛围变得更加浓厚。教师们人人成为研究者，且行，且思。在研究中成长，在成长中升华。初级“读练课堂”教学成果被汇编成《“自学—展练”课堂操作实用手册》，出版了《读练式自主课堂（上、下册）》《教学转向“练能”》等丛书。升级版“生长课堂”教学模式已出炉，并在老师们的不断实践中完善。工作坊成员撰写了

“生长课堂”教改工作手册，并得到了相关专家的肯定。

3. 在“工作坊”的助推下，科研工作成效更加明显

随着教师工作坊建设的逐步推进，教师科研效果更加明显。我校现有立项省级课题1个，市级重点课题3个，微型课题30多个。其中《小学生自主课堂教学案设计与应用实践研究》获得泸州市教学成果一等奖，《小学生自主课堂“同步展练”方式研究》获得泸州市教学成果二等奖。区级课题《小学生活化数学研究》获得市政府科研课题三等奖，《语文开放性作业研究》获得区政府普教科研课题三等奖。市级课题《小学自主课堂“自学—展练”建构实践研究》获四川省第五届普教教学成果三等奖，《书香校园建设实践活动研究》获得泸州市第五届普教教学成果一等奖，省级课题《基于生长教育下“三助”生长课堂实践与研究》获阶段性成果省级二等奖，另有10余个微型课题分获区一、二、三等奖。

4. 在工作坊的砺炼下，教师团队的素质水平得以更加提高

在教师工作坊建设的历练下，学校教师队伍素质水平不断提高，更多的教师走向了成功，体会到了职业幸福感。近几年，工作坊培养打造出市区级名师5名，市区级骨干教师20多名，还有多名教师被请到全国各地讲课讲学，多名教师被民办学校高薪挖掘。

（三）推广应用

工作坊最杰出的成果就是对“三助生长”课堂的研究和推广。在近两年的时间，工作坊在对内推广的基础上进行了对外推广。

1. 对内推广

（1）2017年3月20日，工作坊开展生长课堂改革与教学质量提升工作论坛活动，推广生长课堂操作经验。

（2）2017年7月5日，工作坊在“三助课堂”高位推进研讨会上向全校教师推广研究成果。

（3）2018年5月29日，开展语文科“生长课堂”提升品质研究活动，工作坊成员孙英给全校老师上示范课，推广三助课堂模式。

……

2. 对外推广

（1）2017年2月28日，工作坊与德阳东电外国语学校开展交流活动，推广“三助生长课堂”经验。

（2）2017年3月14日，工作坊成员张敏向重庆九龙坡区金凤小学、石板小学推广“三助生长课堂”经验。

（3）2017年3月31日，工作坊成员孙英向四川大学西航港实验小学推广“三助生长课堂”经验。

（4）2017年4月18日，工作坊成员喻丽蓉向云南省网络与校本研修成员推广“三助课堂”。

（5）2017年4月18日，工作坊成员杨宏向云南省网络与校本研修成员推广“三助课堂”教改经验。

（6）2017年4月28日，工作坊向盐源县中小学干部推广“三助课堂”课改经验。

（7）2017年5月16日，工作坊成员费国萍在四川省教学改革联盟专题研讨会上作“三助课堂”课改经验专题报告。

（8）2017年6月7日，工作坊给马鞭彝族自治县教研组长推广“三助课堂”。

（9）2017年11月1，工作坊成员费国萍在四川省第22届小学教育教学改革研究共同体活动中作“三助课堂”课改经验的专题发言。

（10）2018年4月20日，工作坊与眉山市徐长华、张泽军工作坊及资中县水楠镇中心校开展“三助生长课堂”研讨活动，推广成果。

……

（泸州市忠山小学　费国萍）

“非常5+2”工作坊自主研修经验介绍

一、工作坊概况

“非常5+2”工作坊组建于2010年12月，最初是由泸州市实验小学校的七个数学教师组成。因为是5位美女加上2名帅哥的组合，所以把它命名为“非常5+2”，希望大家团结一心，用5+2的智慧创造大于5+2的价值。

和众多经过官方批准的工作坊不同，“非常5+2”工作坊是在实验小学“我育我学”办学理念的引领下，自发组合形成的学习型小团队，是一个教师亚团体组织。7名教师因为共同的爱好和对教育的执着追求走到一起，大家一起制订学习计划，确定学习制度，坚持从自己的本职工作出发，共同研讨课堂教学，练习教师基本功，交流读书心得体会，向名师专家学习……旨在提高自身素养，探寻具有自己特色的教育方法，争做快乐教育、快乐生活的新型教师。

随着学校的发展及工作坊成员的成长，工作坊的成员也不断发生变化：曹冬琴、李学洪、嵇军三位年轻教师来到实验小学后，先后加入工作坊；工作坊坊主马宁根据组织安排，任泸州市梓橦路小学渔子溪学校副校长，成员宋莉萍调到泸州市实验小学城西学校工作。大家不改初心，仍然利用业余时间聚在一起学习，共同探讨，始终秉承“同伴互助、名师引领、共同发展”的宗旨，以课堂教学研究为主要努力方向，全面提升个人综合素养。

二、工作坊自主研修活动的开展

（一）内需激活　寻找自我

“和阳光的人在一起，心里就不会晦暗；和快乐的人在一起，嘴角就常带微笑；和进取的人在一起，行动就不会落后……”这是工作坊的成员最喜欢的一段话。在实验小学“六朵金花”团队的引领下，几个青春正盛、志同道合的数学教师自发走到了一起，并得到学校领导的大力支持和贴心关怀。时任校长刘诗珍不但帮助工作坊邀请了专业导师，对教学业务、粉笔字、普通话进行指导，还为工作坊举行了一个简朴而隆重的团体成立及拜师仪式，这无疑给工作坊的每个成员增添了更大的信心。无规矩不成方圆，特别是自发组织的团队更需要立规矩。经过成员们的集体商量，工作坊制定了学习方案和小组活动制度，确保有目的、有计划地开展各种活动。同时进行了人员分工，选出了坊主、学习委员、文娱委员、生活委员、宣传委员及财务管理，为了让每个成员都能得到锻炼，大家决定工作角色每年轮换一次。

（二）团队协作　磨砺自我

工作坊成员深知要想提高自己，就得不断充实自己，于是确定了“共读”+“自读”两者结合的读书学习模式。成员共读一本书，分享读书心得，如《给教师的一百条建议》《我们都可以是研究者》《如何听课评课》《不打不骂教孩子 60 招》……大家在书籍中汲取智慧的力量。“非常 5+2”的身影也常常出现在校内外各种场合：在会议室里共描前景、静心习字；在教室里练习普通话、观看名师实录；在办公室里开展课题研讨。每周星期三上午第三节课是工作坊成员固定的集中活动的时间。此附成员们在交流中畅谈生活、谈教学困惑、谈子女教育，尽情享受“1+1>2”的学习的快乐。

近年来工作坊成员承担了从国家到省市区等各类各级公开课、观摩课、送教课等任务，《节约一粒米》《平移与旋转》《一一间隔》《三位数除以两位数的笔算》等课题均获得好评。在一次次赛课过程中，从设计教案、调整方案、修改课件，到最后执教，团队每个成员必定都主动地抽出时间、毫无保留地献计献策，互相帮助，共同提高。

（三）任务驱动　提升自我

随着“非常 5+2”工作坊的活动常态化开展，大家也在思考如何更好地突破发展的瓶颈，实现团队的价值。通过分析教学现状，大家决定开发一套发展学生数学能力，集知识、趣味为一体的校本教材，从而带领学生畅游数学的海洋，领略数学的魅力。于是，在2013年暑假，成员们顶着酷热聚到一起先确定内容，再分工合作，根据分配的任务回家查资料、写方案，大家通过qq、短信等方式互相了解进度，解决困难，然后带着自己思考的成果聚到一起，互相“挑漏眼”，大到整节课的结构，小到一个词语的运用，都会引起大家的争论，直到找出最佳方案，有时一节课的教学方案要讨论上几个小时。时任学校科研室主任的李芝伦也为这本校本教材的编写提出了很多宝贵的的意见。两个月的时间，成员们整理出一册包括数学家的故事、数学规律探索、数学与环保等内容的校本教材——《“玩美”数学》。为此，学校专门安排了一节数学活动课，全校使用该教材。在用的过程中，大家发现还有很多问题，其他老师也提出许多非常好的建议和意见，成员们又逐步改进、完善，使它真正服务于我们的数学教学，以提高学生学习数学的兴趣。

教学相长，近几年团队定期参加外出培训，在学校做经验交流，担任青年教师的指导老师。这样一次次的历练，一次次的磨合，让我们每一个成员在团体中不断成长。我们每一个人的努力也让这个团体不断丰盈。每位成员都逐渐形成自己的教学风格。

（四）提炼成果　突破自我

工作坊致力于以课题研究提升理论水平，共同研究的课题《小学数学综合实践课程开发与设施》，获泸州第六届优秀成果评选二等奖。该课题以小学各学段学生的年龄特点、心理发展水平为基础，关注学生数学学科的核心素养的养成，做到和数学教材融会贯通，目标一致。课题构建了实践课程的目标体系、三位一体的课程开发路径、课程实施的系列内容及方法、对综合实践课程的评价方法等，受到学生、家长及学校的好评。此外，《小学生运算能力的研究》已列入市级课题等。

（五）享受工作　感恩生活

工作学习之余，我们共同品味生活的情趣，感受生活的快乐。享一顿小吃，看一场电影，玩一把游戏……一切都显得那么自然、那么和谐，例如每年学校的亚团体总结会都要设计一个具有团队特色、体现团队品位和精神的节目，我们积极参与乐在其中。

三、成效方面

（一）成果

近年来，工作坊成员共计发表论文近10篇，获奖论文40余篇，共同编写了数学校本教材《“玩美”数学》，课题《小学数学综合实践课程开发与实施》获泸州第六届优秀成果评选二等奖，微型课题区级获奖6项，赛课获奖与指导教师参赛获奖共计8人次，其他获奖3人次。

（二）效果

1. 率先构建了校本数学课程，增加了学校数学教育的文化内涵

2013年，当江阳教育的校本课程建设还处在摸索阶段，该工作坊已着手付诸实践。工作坊成员利用暑假时间，集体研讨，撰写了《“玩美”数学》校本课程教材，教材按年级进行编排，每个年级均按照数学文化（数学家或数学故事）、生活中的数学、数学实践操作三个版块进行编排。和现行全区各校百花齐放的数学校本课程相比，它虽然内容较为简单，但是对当时处在课程改革摸索阶段的实验小学，起到了强有力的助推作用。工作坊以《“玩美”数学》为基础，精心设计课堂教学，强化数学的文化渗透，旨在加强书本知识与实际生活的联系，让学生了解数学知识的丰富性，了解祖先的聪明智慧，从而增强学习数学的自信心，增强民族自豪感。该课程一经推出，就受到学生们的喜欢，各个年级的孩子们都在该课程的引导下表现出了丰富的想象力和创造力，极大地激发了他们的学习数学的兴趣，也丰富了他们的知识文化体系。实验小学的毕业学生受到多所初中数学老师的称

赞，均表示实验小学的孩子们的数学视角宽广，数学思维灵活，数学解题技巧多样，体现出较高的数学综合素养。

2. 构建了教师自培养体系，促进学校数学师培工作发展

该工作坊的成立，源于实验小学“我育我学”教育理念指导下的教师自培养模式的构建，和学校以教研组为单位进行的教师培养模式形成了良好的互补关系。这种自培养体系，其出发点是工作坊成员较为一致的兴趣爱好与钻研方向，在这种体系下，可以抛开学校行政体系的框架，活动更趋灵活，平台更为广泛。工作坊活动开展的时间不局限于上班期间，周末进行半天的研讨成为常态化，成员之间的活动不局限于学术研讨，还可以一起看书聊天甚至看电影，活动开展的平台除了学校提供的校本教研、学校联合教研以外，还走进泸州职业技术学院、泸州市合江县和古蔺县、宜宾市兴文县五星镇等地进行献课活动、团队建设经验交流等。良好有序的活动开展，促进了工作坊成员的成长，团队8名成员中有市级骨干教师2人，区级骨干教师3人。

3. 工作坊的成员成长迅速，成为学校的管理骨干和教学骨干

教学相长，工作坊成员教学上的突出表现也受到了学校领导的高度重视。在学校的关心和引领下，部分工作坊成员迅速成长为学校的管理骨干和教学骨干。团队8名成员中现有副科级领导1名，中层干部2名，全部成员均为校级以上的教学骨干，他们正成为学校的课堂教学结构改革的践行者，成为我市我区推进数学课程开发的骨干力量、中坚力量。

（三）推广应用

工作坊的活动开展形式、教师培养模式已经形成了较为完善的体系，可以直接进行复制和粘贴，使其在新的学校生根发芽。工作坊坊主马宁调入渔子溪学校后，在抓好学校管理的同时，成为学校数学组的领头人，他将工作坊的读书模式、论文撰写模式复制到新学校，有效促进了数学组教研活动的开展，教师队伍素

质稳步提升。工作坊成员宋莉萍，进入泸州市实验小学城西学校后，积极筹备新学校的“教师梦工（坊）”研习组，并成为研习组的骨干力量，目前已有12名教师主动参加小组活动。

（泸州市实验学校　马俊　泸州市实验学校城西学校　宋丽萍
泸州市梓橦路小学渔子溪学校　马宁）

“五步”教育管理工作坊自主研修经验介绍

一、工作坊概况

“五步”教育管理工作坊，是经江阳区教育局批准成立的学校教学结构改革的研修工作坊。该工作坊于2015年组建，主要由学校领导和骨干教师组成，其中被评为市级骨干教师3名、区级骨干教师2名，市、区级优秀教师4名；在各级技能赛获市、区级奖励5人；研究的课题获区政府及区级奖励5个，撰写的论文获国家级奖2篇、省级奖4篇，市区级奖20余篇。本工作坊结合我校“五步教学法”模式，主要从备课、上课、作业、辅导、资源制作方面，建构“五步”教学管理流程，形成学校教学管理的“五步”管理框架。工作坊发挥辐射、引领和指导作用，推进学校“五步教学法”课堂教学结构的改革实践，从根本上改变教师的教育理念，确保学校教学质量稳步提升。

二、工作坊自主研修活动的开展

每年，工作坊依据计划并结合上级工作安排，开展的主要活动有研读专著、网络研修、集中研修、课堂展示、专题讲座、结对帮扶、教学及集体备课设计、论文发表、交流学习等。

1. 专著学习储能量

工作坊要求成员加强理论学习，布置相关的专业书籍阅读。一方面，要求成员在假期结合自身实际，选读一本论著。工作坊为成员购书提供资金保障，要求读后交读书笔记或心得体会；开展年度读书评比活动，对优秀读书心得或笔记进行评比，列入对成员的年度考核。另一方面，要求成员隔周进行一次集体理论学习，主要由一个中心发言人选择一篇文章组织大家学习讨论。

2. 网络交流促成长

工作坊充分利用网络开展学习交流。一方面，利用继教网等研修网络资源，组织网络学习；另一方面，利用十中教研 qq 群和微信群，吸引全校教师的关注，让广大教师积极参与研讨，也能更好地听取广大教师的意见。教师们在平台上展示自己的杰作，提出自己的疑惑，提出自己的见解，介绍自己的阅读收获，分享教学经验等，各抒己见。教师们利用网络，使交流更方便、更及时、更有效。群里的交流分临时性的和规定时间段的交流，在周末或假期，通常要求每周一次的集体网上研修。

3. 集中研修共提高

工作坊坚持每月开展一次主题研讨，重点集中在教育教学综合改革的研讨与实践。集中研修主要分为两种方式，一是共同围绕一个主题，自由发言；二是由一个中心发言人做讲座，然后集体交流学习体会。已经开展的研讨主题有“学生小组管理建设”“学科五步的课型设计”“学生自主学习的设计”“五步式备课”“课外辅导与学生预习的设计”“课堂高效性”“微课设计”等。集体研讨要求各成员提前做好相关资料准备，在主持人的组织下，每位成员都要发言，并做好记录，做到交流经验，提出疑问，开诚布公，真实有效。

4. “请进走出”立理念

工作坊把上级工作与工作坊计划相结合，引入学者与本坊培养相结合，重视对成员进行理论与实践的提升培训。

（1）引入优秀学者教师。工作坊积极争取，引入各级专家、一线优秀教师到校送教，先后邀请市教科所和区教培中心的专家10 余人、市青教协的优秀教师、江南片区优秀政治教师等各级优秀骨干教师近 40 人到校指导工作，对成员及相关学科教师进行理论和实践培训引领。

(2) 组织成员外出交流学习。一方面，工作坊选派优秀骨干成员参加各级培训，选派成员2人分别到西南大学、山东师大等高校参加国家级集中培训，选派14人参加省市级培训，又组织多批次成员参加市、区级的培训学习；另一方面，组织教师到优秀学校交流学习，接待优秀学校到我校交流学习。外出教师学习归来，既要做经验交流，把学习的理论和技能在十中教研群中分享；也要上一节示范课，把学到新理念、新技能及时传递给全校教师，切实发挥骨干教师的作用。

5. 技能竞赛展才能

工作坊根据计划并结合上级工作安排，在成员中开展各类技能竞赛，主要开展了课堂教学展评、微课制作展评、教学设计及课件制作评比、集体备课设计评比、论文评比、教学反思评比、读书心得评比等技能评比活动，其中以课堂教学展评和微课制作评比为本年度技能展评的中心。

(1) 课堂教学竞赛。课堂教学主要分两类、两个阶段进行！上半年开展初三复习课教学竞赛，下半年开展新课教学竞赛。竞赛邀请学校领导和同学科全体教师作评委，当场评分，课后集体评课，参赛成员要提交教学设计和课后反思。工作坊最后根据上课的质量和参赛人数比例，分别评出一等奖2人，其余为二等奖，颁发获奖证书，列入年度考核。

(2) 论文竞赛。结合上级的安排，工作坊组织全体教师的论文竞赛。工作坊充分利用骨干教师的有利条件，让成员发挥引领辐射作用。首先组织成员明确要求；然后开展内部竞赛，推荐优秀的在全校教师中作展示交流；最后推荐其参与区级竞赛。经过大量的校内活动的锻炼，成员在本次区级竞赛中，成绩突出，有4人获得区级一等奖，全校有30余篇论文获区级奖励。

6. 立项研究炼成果

为了进一步提炼成果，工作坊确立了《农村初中学校“五步式教学"课堂模式的研究》的课题，并在江阳区教育科研资助金课题中成功立项。工作坊又依据此课题，在学校内组织各学科相应的子课题研究，使之更具体、更全面，确保课题成果的质量。

三、成效方面

（一）成果

在本工作成员的努力下，整理编辑出较为完善的"五步式教学"的操作手册，为我校的课堂教学结构改革确立了易于把握的操作手法。工作坊成员积极探索，努力实践，在本年度中撰写以"五步式教学"为主题的论文30余篇，完成论文集的写作。

（二）效果

1. 学生学习方式得以改变，学生素养不断提高

学生课堂学习方式得以根本改变。学生的学习方式变为"自主互助"，即小组长负责，成员间一一对应，互帮互助，优生帮中等生，中等生帮差生。

学生课堂学习习惯得以改变。我校学生的学习习惯已逐渐转变为自我主动学习，学生的学习积极性明显提高，课堂气氛更活跃了，学生学习效果明显改善了。我校的课改中，各年级学生在期末考试和中考中均取得了显著成绩，平均分、优生率提高了，学困率降低了，学生综合成绩有了显著提高。

2. 教师教学理念得以改变，能力进一步提高

教学方式得到改变。教师的教学由主讲改为主导，凡学生能自学理解的内容，由学生自学、讲述，教师针对性指导；难点知识、学生无法独立完成的，由教师讲解。

学生的课业负担减轻。我校确定学生的作业主要在课内完成，具体包括预习、练习和复习，提倡精讲精练，合理用时，特别需要补充课外作业的学科，必须做到少而精，减轻了学生的课业负担。

教师的教与研能力均得到提高。我校教师在课改工作中，教学能力和研究能力都得到了提高。近年中，我校教师在各级论文

和技能大赛中共有60余人次获得各级奖励。

3. 学校的教育教学质量整体提高

随着我校课改工作的稳步推进，学校的教学质量稳步上升。近年，我校在江阳区素质教育质量评估中连续获特等奖，也多次获得泸州市教学质量优秀学校的称号。学校的声誉在不断提高，深受社会好评。

（郑尚刚、程锋）

泸州市实验小学荷韵工作坊自主研修经验介绍

一、工作坊概况

冰心曾说："一朵孤芳自赏的花只是美丽，一片相互偎依在一起而怒放的锦绣才是灿烂。"三国时期的孙权也说："能用众力，则无敌于天下矣；能用众智，则无畏于圣人矣……"

泸州市实验小学校为了进一步推动教师队伍建设，充分发挥各级名师和骨干教师的带头和示范作用，进一步提高学校教育教学质量，在学校领导的指引下，一支学习型、研究型、实践型的语文教师团队——"荷韵工作坊"于2017年10月成立了。荷韵工作坊有九位成员，她们分别是作为领衔人的省级骨干教师何蓓蓓，学校市、区级骨干教师陈红、舒中芬、李国莲、小陈艳、谢小丽、潘春梅、王光霞、胡晓霞。

荷韵工作坊以课堂教研为主线，以专业引领、同伴互助、交流研讨、共同发展为宗旨，以课堂教学为主阵地，以教育科研为先导，以网络为交流载体，立足教学实际，聚焦小学语文课堂，以提高教育教学质量为根本目的，并通过开展系列行之有效的理论学习、教学研讨、课堂观摩、网络研修、专家引领等教育教学理论和实践研究，促进中青年教师专业成长及名师自我提升，推动我校小学语文教学教研和改革工作，促进我校小学语文教师专业化发展。在学校领导和教研培训中心的指导下，荷韵工作坊已成为研究的平台、成长的阶梯、辐射的中心、师生的益友。

二、荷韵工作坊自主研修活动的开展

（一）理论学习，提升素养

“鸟欲高飞先振翅，人求上进先读书。”荷韵工作坊的成员们深知读书的重要性，她们不断加强理论知识的学习，不断了解最前沿的教改信息，不断更新自己的教育观念，提升自己的素养。《语文教学通讯》，她们人手一册。工作之余，她们还挤出时间学习各种教育专著，做到了每学期至少读一本好书，并经常在一起进行读书交流，在交流中碰撞、提升着自我。王光霞老师还代表语文组在全校做了读书心得交流。

就这样，她们在共同读书和学习的过程中不断吸取书中的精华并化为己用，在学习和运用先进的教育教学理论的同时感受着教育的幸福。

（二）参加培训，充实自我

“问渠哪得清如许，为有源头活水来。”工作坊成员们深知仅有理论支撑是远远不够的，还需走出去，学习别人高超的教学技术、先进的教学理念。在领导们的深切关怀下，这一年来，有任何学习培训机会，都会优先考虑工作坊的每一个成员。一年多下来，她们得到了外出成都、重庆、眉山、宜宾学习的多个机会，开了眼界，长了见识。除此以外，还特意聘请了熊生贵主任、李芝伦主任为工作坊专家顾问，他们为工作坊的所有成员做课堂改革和课程建设方面的专题讲座。工作坊的成员们也格外珍惜这一个个学习的机会，积极参与，及时总结，在培训学习中不断提高自我。

（三）参与教研，示范引领

1. 上好示范课，积极编写校本教材，充分发挥示范、引领作用

荷韵工作坊的成员们深知“一花独放不是春，万紫千红花满园”，成长自己的同时，她们也没忘充分发挥自己的示范引领作用。

作为工作坊领衔人的何蓓蓓、成员王光霞、胡晓霞等老师，在学校课堂教学改革中带头上研讨课；潘春梅老师为大家提供了

示范课，圆满完成了“国培”送教下乡的任务。她们精彩的教学设计、高超的课堂驾驭能力、极具亲和力的教态，给听课老师们留下了深刻的印象。

胡晓霞老师和万丽老师率先编写了学校校本课程教材《巧嘴巴训练营》，还在全校课程教材编写培训会上作了经验交流。

2. 积极参加教育教学活动，指导青年教师更快成长

荷韵工作坊各位成员积极参加学校教学教研活动，每遇学校老师接到上课任务，她们一定会积极参与研讨磨课。一年多以来，不管是董丽萍老师的口语交际课、黄静老师的整本书阅读赛课、陈魏萍老师的吟诵课，还是文平老师的送教课、万丽老师的微课、罗晓玲老师古诗吟诵课、杨娟老师的群文阅读课，还是平常的推门预约课……都有她们的身影。都说“磨课，是对一位教师全方位的磨砺；磨课，是对一位教师由表及里的重塑；磨课，是教师成长过程中的必经之路”，在一次次听课、磨课的过程中，她们“取人之长，补己之短”，指导青年教师更快成长的同时，自己也得到不同程度的提升。

（四）开展活动，收获成长

她们认真完成着学校安排的每一项活动，不管是“四点半课堂”宣传片的拍摄，还是“经典吟诵校本课程”的编写，古诗词吟诵的推广，学校阅读节的推动，工作坊成员都是积极参与，共同商量。可以这样说，在每一次活动中，她们都是主力军。

就说“古诗词吟诵的推广”吧！从上期开展吟诵活动开始，学校领导高度重视，为每班语文教师购买了吟诵平台的教学账号，实现了“班班通”，先后派遣了多名语文教师参加吟诵平台的操作培训，观摩了各级运用吟诵平台的展示课。荷韵工作坊领衔人何蓓蓓在语文教研组活动上还做了吟诵平台运用的二级培训，为语文教师“人人会使用平台”打下了坚实的基础。在工作坊成员们的带动下，学校掀起了学习吟诵运用平台的热潮；老

师们还积极向平台老师请教使用方法，并利用平台，辅助自己的教学，增强学习趣味性，帮助学生更深入理解诗词的涵义和情感。其间，工作坊还开展了一系列活动：

（1）录制了一节古诗文吟诵教学优秀课例。

（2）组建了吟诵的课题组成员，将吟诵的课题并申报为区级课题。

（3）收集整理学校参与吟诵教学实践的图文资料，制作图文展板。

（4）采录编辑音像资料，剪辑成5~10分钟以内的介绍学校开展吟诵活动的视频。

（5）编排了教师和学生的吟诵节目，并成功上演。

（6）老师们撰写了30多篇吟诵文章。

（7）在小语专委会组织的“最美诵读”活动中，我校学生表现出色，有64名学生获奖。我校也因此获得了“最美诵读”实验学校的光荣称号。

荷韵工作坊的成员们还确立了《借助吟诵平台，指导小学生吟诵古诗词的策略研究》的研究课题，积极开展以《经典吟诵》为主题的校本课程开发，并且已投入于学校的四点半课堂的教学。学校开展了教师“吟诵教学展评”，涌现出了一大批吟诵教学的优秀教师。学校组织了全校学生整体参与“最美诵读”小学生必背古诗词吟诵活动，通过打卡积赞让学生带动家长，带动亲朋友好友知晓吟诵，参与吟诵，达到了很好的宣传效果。通过“最美吟诵”小程序的学习并录制作品完成每日的诗词学习，涌现出一大批“最美吟诵”的优秀师生和家长。

（五）撰写论文，固化成果

积极撰写教学论文，固化教学成果。在全市吟诵叙事和吟诵教学设计征文中，工作坊大部分成员及时总结教学中的经验，上交征文。

何蓓蓓《吟诵传承，我们在路上》选编入泸州市吟诵叙事集，论文《巧用课前三分钟，促学生说话能力提升》获区二等奖；陈艳的《追寻生活中的幸福——做幸福的老师》获市一等奖，《咱们班的合作日记》获区三等奖，《推导中年级学生写好合作日记的研究》获区一等奖；王光霞论文《半生烟雨，半世落花》获区级二等奖；谢小丽《小学高段学生语文家庭作业设计研究》获区二等奖；潘春梅《浅析小学语文高段同桌合作学习的实效性》获省三等奖；《安静的课堂其实也很美》获区一等奖；李国莲老师论文《探秘小学语文高段同桌合作学习的有效性》获区一等奖。陈艳老师主研的课题《以“成长记录”促进小学生“我育我学”的实践研究》获得泸州市教育科研课题阶段成果二等奖；潘春梅主研的课题《小学生“说画”能力培养策略》和《小学生音乐才艺自主展示的设计与实施》分别荣获江阳区第七届普教教学成果三等奖。

三、成效方面

1. 工作坊成立一年多以来，工作坊成员进步很大，收获颇丰

工作坊成立一年多来，工作坊成员共计获奖论文10余篇，经验交流文章4篇；市区级教育科研课题（包括微型课题）结题并获奖；专题讲座2次；赛课获奖与指导学生参赛获奖多次；其他获奖12人次，其中谢小丽被评为了江阳区优秀教师；李国莲被评为区优秀班主任；胡晓霞评为了大山坪街道优秀教师；潘春梅获四川省航模锦标赛“优秀指导教师”；何蓓蓓获得了中华传统文化吟诵师资培训班优秀学员，在中华古典诗词吟诵活动中评为“最美诵读教师”。大部分成员均被评为学校“最美教师”或“十佳班主任”。

2. 荷韵工作坊已成为富有特色的“实小名片”

荷韵工作坊自成立以来，以解决学校教育教学中的难点和热点为目的，每一位成员在不断的实践、反思、学习和研究中发挥了骨干教师的示范、引领、指导和带动作用，他们坚持“砺能

课堂"、群文阅读、古诗词吟诵等教育教学实践，带动全校语文老师们积极投身课堂教学改革，有力地促进了学校课堂教学改革的顺利开展，带动了学校老师们的学习、研究热情。她们以求实的精神、务实的态度、扎实的工作，搭建起实小语文教学新平台，把工作坊建设成更加优秀、更具魅力的工作团队、学习团队、研究团队，使之成为富有特色的"实小名片"。

（泸州市实验小学校何蓓蓓、胡晓霞、潘春梅）

泸州市广营路小学校本研修管理工作坊自主研修经验介绍

一、工作坊概况

泸州市广营路小学校本研修管理工作坊，是泸州市教育局批准成立的教育管理工作室，主要以学校管理层为主体，以研究培养教师自主成长的途径、策略等为主要目的，以研、学、行为一体的管理组织。该工作坊基于打造"三雅校园"这一办学理念应运而生，组建于2012年9月，以刘正芬校长为领衔，有14名中层干部、教研组长为主要成员，57位教师为学员。根据学校高品质发展的需要，学校不断修正工作坊的工作目标和定位。经过近年来的实践和研究，该工作坊对研修任务有明确的定位：培养"正气、睿智、和谐、阳光"的儒雅教师团队；有前瞻性的管理模式：儒雅教师"135"校本研修模式；有符合我校实情的目标：解决教育教学中的实际问题，总结和提升教育教学经验，把学校建设成"学习型组织"，把教师打造成"研究型和学术型"教师；有清晰的管理思路：以儒雅教师"135"校本研修模式引导学校校本研修工作系统化、序列化、课程化。

二、工作坊自主研修活动的开展

（一）梳理既往经验，建立研修模式

(1) 在2012年，学校根据"三雅"校园文化背景和学校教师的实际情况，通过学校请专家论证、校长办公会讨论、行政会和教研组进一步研究，初步从四个维度构建了儒雅教师修炼校本研修模式的 1.0 版（图 6-1）。

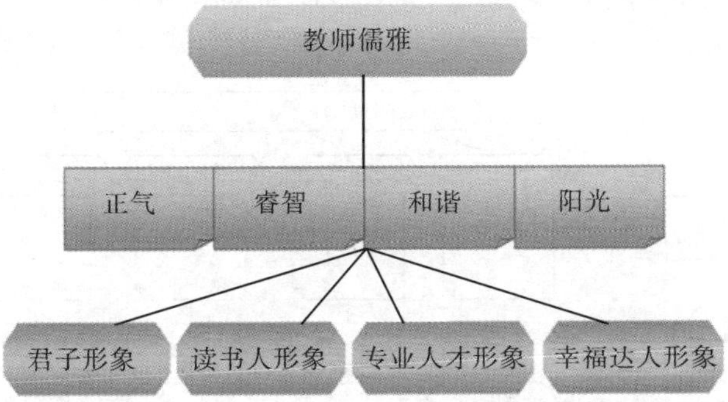

图 6-1　儒雅教师修炼校本研修模式 1.0 版

在 2012 年的校本研修 1.0 版基础上，学校通过各个层面的研讨和活动的开展，着重对儒雅教师修炼的内容、方法、途径完善，于 2014 年重新构建儒雅教师修炼“145”校本研修模式的 2.0 版（图 6-2）。

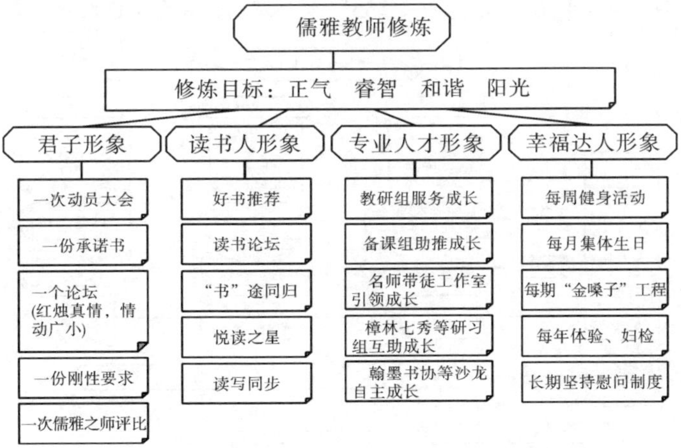

图 6-2　儒雅教师修炼“145”校本研修模式 2.0 版

通过更深一步的深入思考和研究，结合学校的实际情况和和学校发展的需要，在儒雅教师修炼"145"校本研修模式2.0版的基础上，儒雅教师"143"儒雅行为修炼模式3.0版（图6-3）于2016年构建。

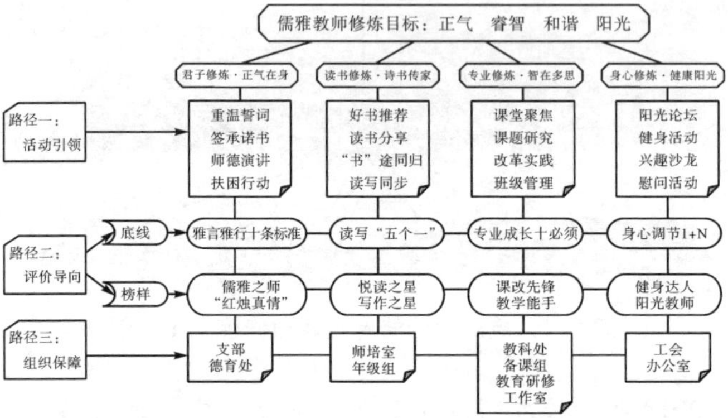

图6-3 儒雅教师修炼"143"校本研修模式3.0版

结合当前区域教育高品质发展要求，在省市区专家的指导下，学校确立了"三雅五度"高品质建设目标，在3.0版本的基础上，于2018年构建了儒雅教师"135"校本研修模式4.0版。

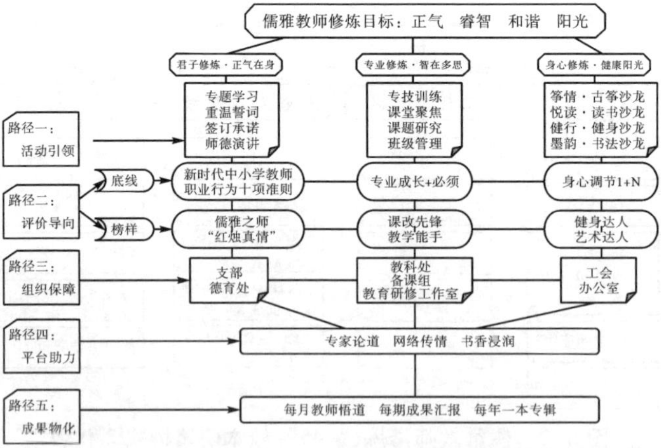

图6-4 儒雅教师"135"校本研修模式4.0版

（二）依托课程构架，开展研修活动

1.“五个一”活动的开展有助于提升教师师德水平，修炼君子形象

“五个一”活动指召开一次动员大会；将依法办学、依法执教的内容作为一项纲领性要求，与教师工资、评优晋级挂钩；签订一份《规范办学行为承诺书》；召开一次师德大讨论；开展一次师德演讲比赛。系列活动的开展，让广大教师统一认识，端正思想，自觉修炼君子形象。

2. 五项措施，锤炼教师业务水平，修炼专业人才形象

（1）确立“尚雅练能”课堂作为学校课堂教学结构改革的新名片。采取六大措施进行推进：一是强化领导，坚定立场；二是组织研讨，完善手册；三是广泛动员，深刻全员认识；四是课堂练兵，诊断情况；五是集体备课，深度推进；六是多元途径，奖惩并举。

（2）开设“香樟论坛——教师悟道”栏目，让教师从不同角度对自己或他人的工作方式、成效进行深刻反思。

（3）聘请校外知名教育工作者从不同层面进行“香樟论坛——专家论道”专题讲座，让教师增长见识，提升教育教学的深度和宽度。

（4）组建教育科研团体，立项申报省、市、区级课题，定期举行专题研究，解决教育教学中的实际问题。

（5）开展教师基本功训练，齐头并进，促进教师专业成长。

3. 五大关怀活动，加大教师幸福指数，修炼幸福达人形象

坚持开展“雅艺教师沙龙”活动、每月教师集体生日活动、年度体检、每期“金嗓子”工程，坚持落实慰问制度，让广小教师享受到被关怀、被需要、被尊重的职业幸福，促进教师身心健康发展。

（三）实施多项策略，确保工作落地

1. 资源开发策略

一是建立儒雅教师修炼的教材资源库，针对儒雅教师君子形

象、专业人才形象、幸福达人形象三个层面，重点开发师德修养、礼仪训练、基本功培训、现代教育技术应用、教育科研素养、课堂结构改革、读书与写作及身心健康修炼等方面的教材；二是建立培训者资源库，由省市区教育专家和本校骨干教师组成。

2. 协同发展策略

校本研修是一个系统的工程，需要学校各部门统一步调，协同工作。以校本研修工作室为统领，君子形象修炼重点由党支部、行政办公室负责，专业人才形象由教科室和德育处负责，幸福达人形象由工会负责，后勤处和安办全力做好后勤保障。同时，三个层面活动分别通过教师例会、教研组、备课组等途径实施。

3. 品牌效益策略

"三雅"校园建设的出发点和归宿，在于文雅学生的培养。为了培养"文明雅致、知书达理、健康阳光"的文雅学生，我们着力打造"润雅德育""尚雅练能"课堂、"习雅大舞台"三大品牌。校本研修工作室引导广大教师积极投身于三大品牌建设，一方面通过参与品牌建设，提升自身的综合素养，另一方面也通过教师的综合素养的提升，促进品牌的发展。

4. 多元评价策略

一是建立多角度评价机制，采取学校评价，教师互评、自评，家长、学生评价等方式，对教师的各方面发展情况进行评价考核；二是建立星级评价机制，根据儒雅教师修炼君子形象、专业人才形象、幸福达人形象的三个维度，设立"阅读之星""班级管理之星""师德之星""课改之星""幸福之星"等荣誉；三是建立反思性评价机制，引导教师对自己在各项活动中的表现进行自我反思性评价，让教师把每次活动中自己与他人的表现、心里感受、最大的收获，写成活动日记、反思总结，发表于校园网站，或者在每周教师例会的“教师悟道”上交流。

5. 环境熏陶策略

学校进一步打造校园环境，利用2018年操场改造和教学楼外部装饰的契机，有机融入“三雅”校园雅文化元素，让教师在优美的环境中耳濡目染，让雅文化内化于心，外显于行。

（四）强化课题研究，推进高位发展

工作坊着力推进科研课题立项研究，推动校本研修工作高位发展。《非常态家庭家教缺位学生文明举止养成策略研究》获泸州市普教科研一等奖，《“小先生制”在小学品德教学中的实践研究》和《“三雅”文化特色校园建设实践研究》获泸州市普教科研二等奖，省级课题《基于“三雅”校园文化背景下的校本研修的实践与研究》于2018年12月获得省级阶段性成果一等奖，市级课题《“尚雅练能”课堂结构改革模式探索实践研究》于2019年1月获得市级阶段性成果一等奖。市级课题《城市小学综合实践活动组织策略研究》，区级课题《小学生心理调适与良好个性培养实践研究》《小学科学实验教学“三段六程序”模式的实践与研究》成功立项。2018年，微型课题结题7项，其中2项获得区级一等奖，5项获得区级二等奖；另有28项微型课题立项在研。

三、工作坊自主研修活动成效显著

（一）成果方面

一是建构了儒雅教师“135”校本研修模式，使之成为整个雅园课程体系的重要组成部分。工作坊在该模式的引领下，通过活动引领、评价导向、组织保障、平台助力、成果物化五条路径建构了儒雅教师“135”校本研修模式。根据校本研修儒雅教师修炼的三个维度，设计了丰富多彩的活动课程：通过专题学习、重温誓言、签订承诺、师德演讲等活动课程修炼君子形象，让教师正气在身；通过专技训练、课堂聚焦、课题研究、班级管理，修炼专业，让教师智在多思；通过筝情：古筝沙龙、阅读：读书沙龙、健行：健身沙龙、墨韵：书法沙龙修炼身心，让教师健康阳光发展。评价导向上，既有针对每一个教师的底线要求，也有表现优秀的榜样示范。结合专家论道、网络传情、书香浸润等平台，达成培养“正气、睿智、和谐、阳光”的儒雅教师团队目标。

二是工作坊组建以来，学校在教育教学的各个领域取得丰硕的成果。工作坊成员发表论文20余篇，各级获奖论文100余篇，各级专题讲座10余次，国家级课题获一等奖一个，省级课题获一等奖一个，三等奖一个，市级课题获一等奖2个，二等奖6个，区级课题获奖6个，编辑了七期校刊《儒师雅韵》，20余次活动《简报》。教师们还通过“香樟论坛·教师悟道”“香樟论坛·红烛真情”等交流平台进行研修成果交流展示30余次。

（二）效果方面

1. 促进了师德师风的转变，精进了教师的专业素养，增强了全体教师的职业幸福感

一是学校通过红烛真情、师德师风演讲比赛、教师团队精神拓展训练等一系列活动，转变了教师教育观念，绝大部分教师的自主发展意识被唤醒，能主动积极参与学校的各项校本研修活动。教师们能按政策依法执教，廉洁从教，自觉抵制社会不良风气影响。教师们从心底热爱教育，热爱我们的学校，把学校利益放在第一位，时刻以“校荣我荣，校衰我耻”作为精神指引。

二是学校通过开展“香樟论坛·专家论道”“香樟论坛·教师悟道”等学习交流活动，承接区新教师培训基地工作，全面推动教学结构改革等工作，较大程度地增加了教师的实践机会，教师的专业素养得到整体提高。如口风琴、足球、古诗文经典诵读等11门特色校本课程已编写了校本讲义；基本功训练方面，教师们坚持每天写20个粉笔字、每周一篇钢笔字；在现代教育技术运用方面，教师们组团学习，现在大多数教师会较好运用一

体机上的功能，并会用相关的软件做教学课件。

三是学校通过开展“雅艺教师沙龙”、集体生日等活动，促进了教师身心健康发展。在活动中学校给予教师更多理解、更多宽容、更多掌声、更多温暖，激发了教师们的生活热情，使他们的性格更加开朗，工作干劲充足。教师们充分感受到有尊严的幸福，感受被关怀、被接纳的幸福，享受被需要、被尊重的幸福，最大限度提高了教师职业的幸福感。

2. 促进了“三雅”学校文化的纵深发展，提升了“三雅五度”品牌的社会声誉

工作坊在一定程度上改变了我校教师对教育工作的认识，提高了教育教学的水平，增强了职业认同度和幸福感，同时也为学校打造“正气、睿智、和谐、阳光”的儒雅教师团队摸索出一条切实有效的途径，促进了学校文化建设的纵深发展。学校作为江阳区高品质学校建设对象，在全域高品质发展整体推进中脱颖而出，先后获得了“全国特色教育实验校”“四川省文明校园”“四川省德育工作先进单位”“泸州市校本研修示范校”“泸州市阳光体育示范校”“泸州市教学结构改革先进学校”等殊荣，本工作室也被评为“泸州市四级教育研修工作室”。

（三）推广运用

工作坊的成果在泸州市江阳区分水小学校、弥陀小学校、白马学校、黄舣小学、古蔺双沙镇中心校、雷波县瓘琅小学等学校进行推广。学校作为江阳区新教师培训基地，承担了数学、音乐、科学三个学科20余人次的新教师结对培训，接待了泸县校长培训班、凉山州盐源县、乡城县教育考察团来校交流学习。2016年，学校承办了全区教学结构改革现场会，会上有5位同志作了经验交流分享。工作坊领衔人刘正芬校长在云南省校长培训班及省、市、区级各种培训作经验交流。

（泸州市广营路小学校刘正芬、王晶、罗平）

敏思工作坊自主研修经验介绍

一、工作坊概况

敏思工作坊，是经四川省“国培计划”项目执行办公室批准成立的“国培计划”研修工作坊，也是泸州市教育局批准成立的泸州市敏思工作室，是主要以小学数学教师为主体，以满足研修员专业发展需要，解决我校小学数学教学中的问题，推动力小小学数学课堂教学改革，促进力小小学数学教师快速成长为目的，以主题研究、任务驱动、搭建平台为手段，以自主研修、合作研修、互动研讨、示范引领、理论学习、实践探索、总结反思为主要研修形式，把分散研修、集中研修与网络研修结合起来，努力打造研修务实、成效显著、特色鲜明的研修共同体。

该工作坊于2016年1月组建。本工作坊成员是来自泸州市力行路小学校、江阳区教培中心、渔子溪梓小和雷波县山棱岗中心校的老师，其中以吴开碧为领衔教师，有2位研修员，32位学员。该工作坊具有鲜明的核心理念——“3力9行”研学，快乐成长；有明确的文化定位——敏·思；有前卫发展的目标——推动区域性课改，培养名师，将“3力9行”铸造成市内教育改革的品牌；有个性化教育主张和特色化教育品牌（“3力9行”）——有明确的目标任务、研修方向、研修内容与计划；有规范的组织机构与制度建设。该工作坊以“3力9行”为行动主轴，通过集体行动来共筑练能改革成果。工作坊通过学习研讨、做行动规划、打造教师改革支持条件、开展行动研究、组织专著编写等行动，为工作坊学员提供学习与交流平台。

二、工作坊自主研修活动的开展

（一）“敏思”工作室用文化理念提升教师人文素养

要促进教师主动发展，最主要的是要提高教师的人文素养，要让教师身上充满“书卷”气息，提升教师做人的品位。我校鼓励教师广泛阅读好书，使读书成为教师工作和生活的一种方式。我校将工作室教师读书笔记纳入考核，每学月有读书任务，帮助教师不断更新自己的教育理念，让工作室教师养成终身学习的习惯。读书内容丰富多样，以教育教学专著为主，加以教育教学期刊杂志及教育教学案例。

（二）“敏思”工作室与校本研修相结合

工作室由原来的7人增加到现在的35人，吸引了数学学科的老师们。“敏思”工作室与校本研修紧密结合，为提高工作室成员的整体水平，优化课堂教学活动，提高教育教学质量，开展了一系列活动。

1. 开展学校“力·行论坛”活动

近两年，工作室间周一次举行“力·行”论坛讲座，有数学组优秀教师进行经验交流、成果展示。如费强华为大家分享了《作为一名数学老师的几点体会》：一要成为学生心目中的优秀老师，二要有奉献精神，三要有过硬的专业知识，四要做一名阳光老师等内容。

2. 加强对新入职教师的指导

工作室协助教科处开展专题讲座，让新老师们切实走进我们的学校，了解力小的文化、教给新老师与同事相处的方法、学习学校有关的规章制度等；并从制订计划、备课、课堂教学、作业批改、指导实验、辅导、考试和校本教研八个方面做了讲解，让老师们明确了教学中的注意事项，激励新教师们以更加积极的面貌投入到教育教学工作中。

3. 开展“师徒结队”活动

工作室开展“师徒结队”活动，将“一对一指导，面对面交流”落到实处，切实加强新老教师的衔接，充分发挥老教师的示范、引领作用。结对师傅针对徒弟在教育教学中遇到的困难和疑惑给予了耐心的解答，并对“徒弟“的课及时地进行了点评，针对课堂教学提出了一些宝贵的意见和建议。

4. 专家的指导与引领

工作室邀请熊生贵主任到校，主讲题为“立足现实做好高端”的精彩讲座；经常邀请袁小平主任到学校开展工作室活动，对课堂教学等进行指导。同时力小也是袁主任“七学一整理”的基地校。专家的指导与引领让工作室老师们的目标更明确，思路更清晰。

5. 优秀教师示范课

工作室开展送教下乡活动，例如，工作室成员王元刚给江阳区分水镇文明小学的孩子们上了一节主题为“分数应用题的复习”的数学课。

开展“上期期末教学成绩第一名的教师示范课”活动。授课教师在备课时，精心选取老师们普遍认为的“难教、难学”的教学内容，深入钻研教材，挖掘数学教材的数学思想和真正内涵。

开展数学课堂展示活动。工作室各年级组组织，通过说课、听课、磨课等方式共推出6节优质课进行展示。课堂上，每一位工作室成员都结合学校数学课堂模式，呈现不同风格的教学设计，展现自己独有的课堂魅力！

6. 数学优质课竞赛

工作室成员罗文玉以江南片数学组第一名的预赛成绩参加了江阳区小学教师信息化教学应用赛课决赛活动，最终获得江阳区小学教师信息化教学应用赛课决赛一等奖。

工作室每年开展一次优质课竞赛活动，评出等级奖，给以获奖者奖励和奖品。竞赛活动呈现了“七学一整理”的数学课改模式。优质课灵动的课堂、巧妙的构思，使听课者感慨数学教学的魅力。

7. 网络研修与线下培训的整合

在线下集中研修活动中，教研组长对本期国培线下开展情况进行了全面的总结；数学教研组长作一次专题讲座。教师们各抒己见，畅谈自己在“国培”活动中的感悟。

8. 开展课堂研讨活动

（1）工作室开展磨课活动。活动以“展示教学风格，打造高效课堂”为目的，对吴开碧老师执教的《小数的混合运算》和罗文玉执教的《不确定现象》课堂内容，依据“激学、自学、展学、议学、导学、讲学、用学、一整理”的课堂操作流程进行磨课、上课、评课。

（2）工作室开展教材教法研讨活动。工作室负责人进行主题为“数学教材分析与教学方法”的讲座，以实际课例为大家展示了教材分析的具体写法。工作室成员对本年级教材进行讨论分析，对自己写的教材分析进行查漏补缺、修改完善；结合自己的教学实际，咨询遇到的困惑或者问题，交流教法上的一些思路和做法。

（三）工作坊活动与课题研究结合

我校是一个具有课题研究优良传统的学校，历届领导均大力支持教师进行教育科研，用科研的手段解决实践中的教育教学问题。老师们撰写教育教学论文、案例、教学设计、研究报告等的兴趣浓厚，乐于在实践中挖掘校本资源。

1. 加强理论学习

（1）参研人员围绕课题研究方案进行学习，思考讨论改革的方向和策略，并提出实质性的改进意见。课题组成员通过学校“力行·课堂”交流活动、校长讲座、教研活动等校本研修的形式加强了学习。

（2）自主阅读与课题研究方法论等有关的书籍、文章和资料，如《小学数学教学法》《新课程理念与小学数学课堂教学实施》等书籍和《如何进行课题研究》《浅谈教育科研论文的撰写》等相关资料的学习，撰写读书笔记，提高自身理论水平。

2. 强化课堂实践

（1）课题组各个组员根据低、中、高段的研究目标和任务，结合本班实际进行课堂改革探索与实践活动，边实践边反思，再实践再反思。组员针对本课题研究目标、内容等，创造性地进行课堂教学改革，加强“3力9行”的教学探究。

（2）整理课堂记录、教学设计，撰写案例、反思、感悟等，进行汇总交流。

（3）组织观摩课活动，开展好议课、上课、评课活动，并做好记录。袁小平主任多次莅临我校参加课题组的课堂教学探讨。李琼上了《相交与垂直》和《负数的认识》2节观摩课，吴开碧上《轴对称图形》观摩课、谭倩上了《折线统计图》观摩课，都得到袁主任的好评。

3. 撰写阶段性小结，形成资料汇编集

三、成效方面

（一）成果

学校素质教育在同类学校中名列前茅，是市里的优育传统项目学校、“课堂教学结构改革优秀学校”，也是区校本研修示范校。

学校形成“力·行”课堂教学结构模式。敏行班老师承担了区级语文江南片教材教法研讨活动的工作。“2016年长江校长论坛”关于江阳区课堂教学结构改革成果集中，我校的课改模式榜上有名。我校承办了江南片课堂教学结构改革优质课竞赛。

重新编写了校本教材《“力·行成长”》，新编了特色课间操乒乓韵律操和集体艺术活动彩带舞。

学校科研成果丰硕。我校现有在研市级课题1个，1个国家级课题和1个市级课题在研，3个市级课题申报结题，8个区级课题获奖，5个区级大课题申报立项。有十多个微型课题获江阳区教育科研成果奖，现有60多个在研的微型课题。教师发表及获奖论文达300余篇。

（二）效果

1. 学校小记者扬名中国未成年人网。力行路小记者站在全国未成年人网优秀小记者站评选中被授予“中国未成年人网优秀校园小记者站”称号，这是我市唯一获此殊荣的学校。同时我校还有几名学生被评为中国未成年人网优秀小记者，有4名老师被未成人网评为优秀指导老师。

2. 关爱留守儿童爱满心。我们学校是泸州市确定的两所“留守儿童帮扶中心”学校之一，成立了“留守儿童读书之家”。

3. 优异成绩，催人不断奋进

（1）荣誉称号。

学校祐区教育局评为“课堂教学结构改革优秀学校”，被教育局评为“一校一品”艺术特色学校；“泸州市江阳区特色学校”，小记者站的老师荣获“优秀指导老师”荣誉称号。学校是四川省首批“随课微写”研究共同体学校，被评为江阳区少先队“红旗中队”和平鸽中队、江阳区教育系统先进基层党组织、泸州市创建全国文明城市工作先进集体、第一届泸州市文明校园、“六好”基层关工委、“新华文轩杯”百名最美家长学校等。

（2）获奖情况。

近年来，学校连年获校（园）目标考核区级一等奖，党建和党风廉政建设目标考核一等奖，素质教育质量评估城区片一等奖、特等奖，江阳区学校德育工作先进集体，蓝田年度安全生产一等奖，泸州市江阳区“传承文明·书香江阳”校园诗会一等奖，校（园）综合目标考核一等奖。学校的信息宣传工作经常被通报表扬，获得第一名的好成绩。学校足球、篮球、乒乓球、田径等均在比赛中获得好成绩，获得全区中小学大课间展示评比一、二等奖。艺术领域个人奖项更是数不胜数。

（3）推广应用。

工作坊的成员以“3力9行”思想与操作方法指导教师参加

各级竞赛课，均获奖。罗文玉的《用字母表示数》，参加江阳区2017年小学数学教师信息化教学应用赛课获得一等奖，其《前行路上的那盏灯》发表在教育教育上；谭倩的《分数的加减法》，参加江阳区第九届小学数学课堂教学结构改革优质课展评获区级二等奖；袁烨的《简单的统计活动》，参加2018年江阳区小学教师信息化教学应用说课获区级三等奖。工作室领衔人吴开碧外派到雷波县山棱岗支教时，也注重把我校的课题经验带出去。山棱岗中心校是彝族地区的学校，学生卫生习惯差，针对这个问题，吴老师进行了《小学生不良卫生行为习惯的对策性研究》，并成功结题，这也是彝族地区学校第一个成功结题的课题。

（泸州市力行路小学校　吴开碧、彭俊）

心舞·馨园工作坊自主研修经验介绍

一、工作坊概况

心舞·馨园工作坊，是经泸州市江阳区教育局批准成立的区级教育教学管理工作坊，是以初中教育教学为主体、以研究校本师资培训路径为主要方向的一个群体修炼的学习型组织。该工作坊于2015年10月组建。本工作坊成员主要来自江阳区通滩镇初级中学校，其中以陈欣为领衔导师，有7位研修员，47位学员。该工作坊具有鲜明的核心理念：劲节虚空，革故鼎新；有明确的文化定位：宁静致远，人生幸福；有可行的发展目标：致力于农村学校校本研修升级管理研究，推动区域发展，培养优秀教师；有明确的目标任务、研修方向、研修内容与研修规划；有规范的组织机构与制度建设。该工作坊以“研究·修炼”为行动主轴，通过集体行动、群体智慧来提炼校本师资培训成果。通过学习研讨、做个人发展规划、打造学校硬件建设、开展行动研究、组织专著编写等行动，为工作坊学员提供学习与交流、内化与提升平台。

二、工作坊自主研修活动的开展

（一）立足校情，顶层设计，规划路径

近年来，在上级教育行政主管部门和教研部门的支持下，通过全体工作坊成员的努力，我们以学校“双主体问题导学”课堂建模为切入点和突破口，以“整体推进，团结协调，智力支持，自我推动，评价激励”为操作路径，从班级管理、课堂活动、国培助力、校外拓展等方面建构起完整的校本研修管理与师资培养路径，并梳理出了一系列的操作技术体系，这个体系包括双主体问题导学的概念、核心理念、理论依据、课堂操作体系建构、班级学习小组自主管理体系建构、师生多元评价体系建构。工作坊重点是系统设计双主体问题导学和班级小组建设管理的具体操作体系，具体设计出了学校双主体问题导学课改基本模式和各学科、各课型的灵动操作模式，体现范式与变式的整合，并设计出教师常态研修的基本路径和成果固化的基本方式。

（二）活动助推，聚焦教学，不断优化

工作坊紧紧围绕课堂教学结构改革，重点是围绕学校“双主体问题导学”的课堂模式操作，开展了扎实深入的教学研修活动。遵从“向内扎根，向上生长，向外扩展”的发展路径，活动范围较广，包括区内、区外、省内市外，如江阳区、泸县、宜宾、自贡等。有一批志同道合的联盟学校，如江阳区的况场中学、方山学校、宜定学校、石寨学校、周永福学校，还有毗邻的江安县石峰中学、迎安中学，富顺的长滩中学、石道学校等都是经常进行教学观摩联谊的学校。

工作坊注重研修学员专业引领，磨砺教学技能。侧重“五磨”：磨目标——这节课究竟要干什么？磨教材——课堂需要怎样的教材资源？磨环节——哪些是课堂必备的环节？磨学生——学生可能出现哪些问题？磨细节——该提什么问题，如何反馈？据此，工作坊注重个人备课研究与集体研修的智慧碰撞，在反复研判、修改中锤炼教师的教材解读能力、组织与设计能力。

工作坊注重研修学员常规课打磨，提炼精品课例。以课堂教学为平台，以互动为策略，以促进学生发展为内核，整合资源，形成活力，契合“一师一优课，一课一名师”理念，从以下方面推进：以计划为纽带，让研修活动有始有终；以课堂为阵地，让研修活动有血有肉；以活动为平台，让研修活动有色有色；以课题为抓手，让研修活动有理有据；以层次为推进，让研修活动有点有面。推行“一加一”观课议课法，即教师观摩后提炼一个优点，指出一个不足。各学科均提炼出适合校情、生情的系统教学课例，并按照课改“七个一”要求，固化成果。

工作坊注重研修学员展示交流，内化生成成果。近两年的江阳区全员国培期间，本工作坊研修学员执教示范课、研究课、诊断课共计 27 节；骨干研修员做学科专题讲座 5 次。校际联谊，本工作坊研修学员献课 16 节。成员在不断的学习、研究与修炼中，收获满满。

工作坊注重研修学员理论提升，带领研修学员外出充电。

2015 年 11 月、2017 年 11 月分别选派骨干研修成员到云南师范大学、吉林师范大学参加全国一线优秀语文教师为期半个月的集中研修，参培同志均获得优秀学员称号。

2016 年 10 月选派骨干研修成员到成都参加全国中学序列课堂教学改革高端研修。

2018 年 10 月、2019 年 4 月两次选派骨干研修成员到重庆参加全国“群文阅读”高端课例展示与讲座活动。

（三）理性反思，撰写论文，参编专著

1. 接地专题研讨，积极提炼撰写经验文章

（1）专题研讨，智慧碰撞。工作坊针对“双主体问题导学”中学生自主与合作的相关要义，开展专题性研讨。全员互动，集思广益，研讨过的话题有：怎样合理组建班级学习小组？师生双

主体地位怎样体现？怎样实施有效的课堂提问？课堂的导学环节如何拟定？等等。就上述问题，我们在活动推进中展开了切实的研讨，求同存异，总结出了大量的技术性措施。

（2）观摩课堂，梳理问题。针对研修学员双班教学、多班教学的实际，有意识地让他们在部分班级保留传统上法，部分班级先试行课改操作，在比对中诊断分析，自我评判、专家助力，从而明确课堂教学结构改革势在必行，并撰写出相关论文，如《对学生小组建设和合作学习的感悟》《我感受到了课改的力量》《互动教学，让课堂动起来》《课堂结构改革必须重视能力提升》《实施有效追问构建生命课堂》《从学生那里“学”教书》等。

（3）解决问题，寻求突破。针对诊断出的问题，积极寻求对策，提出解决办法。工作室领衔导师和研修员就观摩课堂会诊，聚焦课堂教学结构改革的路径、后续发力点，集体研究并形成成果《课堂教学结构改革的核心——让学生动起来》《课堂改革，我们继续践行》获四川省教育报刊社组办的“四川省第十九届教师优秀论文评选”二等奖。

2. 立足教育前沿，组织策划编写专著

（1）工作坊领衔导师参与编写专著《学习部落导引——教育研修工作室的组织与实施》，由四川大学出版社于 2016 年 11 月公开出版。

（2）工作坊成员合作完成校本课程经典诵读读本《致敬经典·悟道修身》及艺术类课程《剪纸艺术窥探》的编撰工作。

（四）立项研究，凝炼成果，结题申报

工作坊与江阳区教研培训中心主研的大课题《乡镇初中数学课堂“问题串”教学设计与运用》已于 2018 年结题，并获得江阳区人民政府教育科研成果二等奖及泸州市教育局教学成果推广运用一等奖。

工作坊成员开展了大量子课题研究，如《小组合作学习的尝试与探究》《在课堂教学结构改革下的问题设置有效性研究》《基于课堂教学结构改革的学科融合研究》，等等；采用案例解析式梳理，积极撰文固化成果，如《语文教学：指导学生在积累中积淀与生成》发表于中文核心刊物《教师教育研究》2015年第11期，于2016年8月四川省第十七次优秀教育科研成果评选中荣获三等奖；《教育研修工作室的成果凝练》发表于中文核心刊物《基础教育课程》，于2018年9月泸州市第十八次优秀教育科研成果评选中荣获三等奖。

三、成效方面

1. 成果

近年来，工作坊成员共计发表论文20多篇，获奖论文50多篇，经验交流文章6篇，论著公开出版1本，论著获省市奖2项；市区级教育科研课题（微型课题）结题，获奖共17项；专题讲座近20次；赛课获奖与指导教师参赛获奖共计15人次，其他获奖10人次。

2. 效果

（1）触动了教师灵魂，研究成了新常态。

“双主体问题导学”课改模式，较大限度地改变了“教师讲得多，学生参与少，不敢放手，课堂效率低下，导致教育教学质量不高”的现状；突出了“解放思想，教师让位，体现学生主体地位，致力课堂高效”的目标。自我研修、小组研修，成了校园亮丽的风景线。骨干教师、年轻教师成为改革的先锋，带动了中老年教师对新理念的学习。过去，生怕领导听课、想办法推诿的教师，如今主动邀请同伴、领导观摩课堂，提出建议，这是质的飞跃，专业共同体对话形态初具。学校因此于2016年被评为江阳区课改合格学校、特色学校。

（2）助推学校文化建设，学校办学效益得以彰显。

教师教育观念的转变，职业倦怠的克服，综合素质的提升，推进了学校的文化建设，使学校发展迈上新台阶。

学校的教育教学质量逐年攀升，区素质教育质量评估从二等奖到一等奖再到特等奖，并荣获泸州市初中教育质量综合评估优秀学校，先后获得泸州市江阳区校本教研培基地学校、江阳区课改合格学校、江阳区特色学校等。

（3）研修团队，助梦飞翔，研修成员，提速发展。

工作坊基于培育队伍、和育共生的理念，赋能、链接、引领的智能驱动，专业阅读、专业发表、专业共同体的对话操作，使研修学员成长迅速。一些年轻的学员成长学校的中层干部，成为学校课堂教学结构改革的践行者，成为我市区教学改革的骨干力量、中坚力量。本工作坊现有市政府表彰奉献奖教师 1 名，市优秀共产党员 1 名，市优秀教师 3 名，市骨干教师 5 名，市优秀班主任 1 名；区级知名教师 1 名，区最美教师 1 名，区优秀教育工作者 1 名，区优秀教师 3 名，区德育工作先进个人 2 名，区骨干教师 6 名，区领航班主任 2 名，领航教师 4 名。其他荣誉若干。

3. 推广应用

工作坊的同志们本着“凝练成果，辐射引领”的神圣使命，以敬业奉献之心，指导教师参与各级赛课获奖。指导税远霞《名片 DIY》一课，参加泸州市信息技术学科说课、赛课均获一等奖第一名；指导潘璐瑶执教《氧气的实验室制取》获市优质课竞赛一等奖；指导侯利君执教《学宪法讲宪法》获区级一等奖。

工作坊领衔导师陈欣为全市骨干教师培训做了中学组、小学组、幼儿教师组三场专题讲座《工作室的组织与管理》；做了江阳区 2015 年新入职教师 2016 年暑期培训专题讲座《怎样培优转差，提高课堂教学效率》；在江阳区分管教学副校长集中研修时做了《立足常规求发展，务实研修寻突破》的专题交流；为江阳区新任班主任培训班撰写了开班寄语和研修总结并作专题发言

《班主任成长三部曲》。研修员周建华、曾杰分别做了《初中化学实验操作规范》《关于化学思维导图的思考》等专题讲座。学员税远霞老师受邀在“国培计划”（2017）网校整合项目纳溪区中小学信息技术班第三次线下研修活动中执教了《文件复制》的示范课。

研修=研究+修炼。校本研修的确是一项意义深远的惠师工程，即以工作坊为载体和平台，关注焦点，立足细节，夯实过程，完美结果。我们将一如既往地努力，于平凡的教育中生发无穷的智慧与力量。

（泸州市江阳区通滩镇初级中学校陈欣、周建华、曾杰）

“蒲公英”练能工作坊自主研修经验介绍

一、工作坊概况

“蒲公英”练能工作坊是泸州市江阳区石寨学校自主建立的帮助教师成长的研修工作坊，是以小学语文教师为主体、以研究练能改革为主要方向的一个学、研、行一体的学习型组织。该工作坊于2017年5月正式组建，由周中尧校长亲自督导，以王海燕为领衔教师，由8位教学一线教师组成。该工作坊有鲜明的核心理念：践行自主练能，夯实“三实”课堂；有明确的文化定位：积·成；有清晰的发展目标：实施乡村课改，培养教学“领头雁”。该工作坊通过做行动规划、学习研讨、开展行动研究等行动，为工作坊成员提供学习、交流、提升的平台。

二、工作坊自主研修活动的开展

（一）谨慎考察，组织建设

学校根据自身实际情况，以“培养学生自主学习能力和创新精神为重点，致力于教与学的方式的改变和创新，切实做到‘把学习的权利还给学生，把课堂还给学生’，为学生营造自主学习、合作学习、探究学习的氛围，充分挖掘学生的学习潜能，构建‘自主练能课堂’的有效学习方式”为指导思想，根据

"以'能力为中心'进行教育教学，构建和谐高效的课堂教学模式——'自主练能课堂'，探索并实践其有效性"的总体目标撰写了工作坊运行方案。

经过反复讨论，工作坊的研习时间和方式得以确定。学校教科处全力配合，在课次的编排上优先考虑课改班教师，为教师的研习提供了充分的时间保证。根据学校的实际情况，经教师主动申报，再由督导组谨慎筛选，最终确定领衔人和成员——学校年轻的、有课改意识的教师。

（二）广泛借鉴，学习经验

学校地处农村，教师的教育教学理论落后，教学技能普遍欠缺。为了解决自主研习中理论素养的问题，工作坊进行了各级各类学习。

首先，工作坊借鉴熊生贵练能工作坊的研修成果和社会知名教育家的部分著作，进行初期的理论学习和探头工作，力图通过自主研习，发现自身的不足，习得改革的方式方法，便于在工作中展开。

其次，学校督导组将专家请进校园——在工作坊运行期间，定期邀请专家到校指导教研工作，对全校教师，特别是工作坊成员进行理论渗透和技术指导。

与此同时，工作坊成员走出校园，参加省、市、区级研讨学习。全体成员借"国培项目"送教下乡培训活动的机会，对语文课标有了更清晰的解读，对课程标准在实际工作中的作用有了更准确的认识，教学技能也有了更大幅度的提升，教学方式方法也有了更多借鉴参考之处。但成员们都不奉行"拿来主义"，在习得经验的基础上，根据学情，对工作的方式方法做出更有利于学生发展的调整。工作坊成员中有熊生贵练能工作坊的成员，他们积极参加工作坊的学习研讨，先后在坊内进行了两次教学经验分享和课例分享；通过校级领导间的沟通，工作坊先后三次到课改先进校进行参观学习，忠山小学两次，长江小学一次，就连忠山小学与矿场小学的“手拉手”活动我们都积极参加，不放过身边任何学习的机会；成员先后10余人次参加了四川新创教育研究院“随课微写”专题教育培训、竞赛活动；3人参加了“最美诵读——中华诗歌小学教师诗词教学素养提升培训”活动，感受诗文对教育的影响，学习诗文在实际教学中如何落地的操作；有成员成为“国培计划”（江阳区）“领航教师”学员，参加暑期集中培训和重庆提升培训；成为“国培计划”乡村教师访名校项目成员，到成都各名校参观学习。

（二）开展活动，研讨教学，诊断改进

工作坊立足实际，根据学习，确定了“1+1＝N”的小学语文新课堂教学模式，即一节课至少解决一个知识点，训练学生一种能力。教师可采用“版块式”教学、“任务驱动式”教学、“牵引练能”教学、“自主课堂”教学，循序渐进地规划课堂教学计划及班级立体化管理。工作坊通过试点班级的改革，有目的地改变教师的教学理念，有计划地提高教师素养，有针对性地训练学生，有思考地进行教学观摩、培训。

工作坊开展教师读书活动，提升教师素养，更新教师理论；走进课堂，在实践中发现问题，解决问题，每周的学习交流会上与与会教师一起分享探讨。“如何训练学生进行字词展练”“学生展练准备不充分怎么办”“如何使用评价推动学生自主展练”“学生的台上礼仪该如何训练”……坊内教师积极思考：哪个阶段的学生该如何训练？如何放手才能让其的潜能得到更大程度的发挥，让其个性得到充分的展示，才更有利于学生的成长？等等。

工作坊每学期进行计划和总结。期初征集坊员亟待提升的项目，形成本期攻克要点，在每次的交流学习会中集中解决，再让坊员在实践中进行操作，在下一次的交流会中进行反思总结。期末征集坊员的心得体会，务实地形成工作坊总结。

坊内成员在活动开展过程中，积极提出活动开展意见，为坊内活动的开展提供可行性意见和建议，为工作坊的可持续性发展提供了保证。例如，“认知自我”活动就是坊内成员张小红老师提出来的，活动的开展形式也是她构思出来的。

工作坊在学习借鉴的基础上，对成员自我进行诊断和提升，分别开展了“认识自我”“提升自我”和“展示自我”的活动。“认识自我”主要是开展批评与自我批评，帮助自己更清晰地认清自己，便于在工作中扬长避短的同时，不忘修补“短板”；“提升自我”主要是在认识自我后在自己需要提升的方面进行改变，通过说课、上课，甚至对组内教师进行现代信息技术的培训等形式展示出来，向大家展示自己的学习过程，带领坊内教师更全面地发展；“展示自我”活动正在筹备中，预计在 2019 年 5 月中旬，工作坊所有成员面向全校领导和老师进行一次展示汇报，把这两年来的成长和收获做一个系统的展示汇报。

（三）实践反思，撰写文章

1. 开展专题研讨，组织修改教学设计

工作坊每周进行专题学习研讨，坊内教师形成了多篇教育教学案例。成员根据农村学生情况，以学情为基础，以熊生贵练能工作坊设计的教学展练案为母版，设计撰写了多份教学设计，为以后全校推广课程改革奠定了资源基础。

2. 成员自我成长，修炼素养

工作坊成员在其他社团、工作坊承担了部分工作，为自身素养的提升辟得更丰富的途径。有成员是江阳区作家协会会员，参与《江阳故事汇》的编撰和《江阳文史——第十七辑》部分篇目的撰写，这对提升自身语文素养起到了非常关键的作用；有成员是熊生贵练能工作坊的成员，参与了《练能 · 生长——自主练能课堂与立体练能体系建构》《练能课练什么》的编写。

3. 课题引领，成绩记录成长

工作坊的研习也在课题的引领下有效地开展。工作坊承接了省级课题《四川省中小学语文“随课微写”理论与实践策略研究》之子课题研究《“随课微写”提取选写点能力的实验研究》。本课题是针对提高教师教学素养而设定的，该课题在有关专家的指导下，正在研究中，对我坊教师的专业成长有很好的指导作用。

针对教育教学中发现的问题，工作坊成员依托各级各类征文比赛平台，撰写多篇文章获奖。《观课拙见》获市二等奖，《美术知识在语文作文教学中的可操作性》获区一等奖，《在路上》获区“优秀文艺作品”等。此外，坊内教师的公开课也在区级赛课和省级赛课中获得奖项。《成长的足迹》获得省级一等奖，《两个铁球同时着地》《自己的花是让别人看的》《总也到不了的老屋》说课获得省级二等奖，班主任技能大赛获区二等奖，指导学生参赛也多人次获奖。

三、成效方面

（一）成果

两年来，工作坊成员共计获奖论文 10 余篇，经验交流 10 余次，微型课题结题、获奖共 18 项，赛课与指导教师参赛获奖 10 余次，各级各类优秀评选数次。

（二）效果

1. 改变了语文教学课堂常态，推进了我校课堂教学结构改革

练能教育改革转变了教师教育教学观念，改变了教师一言堂的现状，解放了工作坊教师的时间。课堂上，学生的主体性得到了更大程度的呈现，学生自主、合作、探究学习的能力显著提升，活动化、版块式教学让学生充分地训练了自己的能力；多样的练，让学生有了更多的展示方式。课外，学生的课余时间更加

充实，他们阅读课外书，提升自己的文学素养；查阅资料，为了课堂展示得更充分；准备展练，为了能在讲台上更完美地呈现。因为有了丰富多彩的展示活动，就连班级中的学困生也有了走上台的机会，胆小害羞的学生也都能经过一次次的历练，在同学面前大方地展示了。最新奇的是，我们经过仔细比对观察，发现课改班的学生利用课余时间“瞎闹”的现象比非课改班的少得多，因为他们课余有事做，因为他们做的是自己感兴趣的事，所以他们没有浪费时间。教师学会了思考，最显著的表现是遇到问题首先从自身查找问题：我哪里没有设计好，才会导致学生不能往我预期发展？而不是一味地责怪学生笨，家长不负责，社会风气差。因为教学和班级管理有了学生的参与，语文课成了学生们喜爱的课，让语文老师从成堆的作业、讲练甚至班主任常规工作中解脱出来，大大解放了老师的工作时间，使其有更多的时间思考教育教学该如何更好地改革下去。如此的良性循环使教师和学生共同感受到课改的益处。学校的课堂教学结构改革进一步深化，成为农村学校中比较突出的课堂教学结构改革的先行者。

2. 工作坊成员成长快

工作坊中的一些成员屡次代表学校参加各级各类赛课，并均有获奖。坊内成员所任教的班级的班风学风也有了较大的改善，个人素质也有了较大的提高。有成员代表泸州市子课题学校向省课题组汇报课题研修成果，成为江阳区首批“领航教师”，成为“国培”项目“乡村教师访名校”活动中江阳区唯一的农村学校教师代表。

四、工作反思

工作坊活动的开展是一群具有教育情怀的教师在牵头领导的促成下组建起来的。工作坊的领衔人也是第一次进行此类活动的组织，在活动的组织开展方面，有待进一步的思考，使其更有利于教师、学生的成长；在成果的收集整理方面亟待提高，目前工作坊的活动资料更多的是过程性资料，具有总结性的阶段性资料还很欠缺。因此，在今后的工作中，除了脚踏实地地开展活动，也要注重成果意识的实施，将坊内的研讨成果进行归类总结。

（泸州市江阳区石寨学校周中尧、王海燕）

黄舣小学青年教师成长工作坊自主研修经验介绍

一、工作坊概况

青年教师成长工作坊是2015年经泸州市江阳区教育局批准成立的学科研修工作室，是主要围绕教育及学科教学组织开展研修活动的学习型组织。该工作坊以校本名师为主导，以学习为主线，以研究为主体，以相互合作为纽带，以课题研究为着力点，以提高教育教学、教育研究能力和促进教师专业成长为目标的研修共同体。该工作坊以“学、行、思、研”四步研习模式为思路，通过学习研讨、躬身力行、反思总结、课题研究等研习活动，为工作坊学员创建学习、交流与成长的平台。该工作坊主要吸纳40岁以下的青年教师，目前有68位成员，占学校教师人数的70%，主要涵盖语文、数学两大学科。工作坊活动的开展，不仅促进了青年教师的专业发展，还在一定程度上解决了学校教师队伍普遍年轻化所导致的教师整体素质提高缓慢的问题，有助于学校长远发展。

二、工作坊自主研修活动的开展

（一）在规划制定中树立方向意识

工作室的导师（教研室及学校主要领导担任）确立工作室发展规划、每学年年度计划，并要求工作室成员完成个人发展规划。学员依据工作室工作计划，结合个人具体教学实践，分别制订出三年中期目标和一年近期任务二份计划书。每份计划书可以分别从教育、教学、读书、科研等方面制定具体措施。在自主制定的基础上，成员之间可以互相交流、借鉴和修正，然后由工作室导师进行全面指导与把关，最终交予本人进行践行与落实。

（二）在专题学习中吸取专业力量

1. 专家讲座，更新理念

为了促进本工作室教师的专业化成长，工作室先后诚邀江阳区教研培训中心袁小平主任、江阳区教研培训中心熊生贵主任、泸师附小李维兵校长等多名专家为工作室成员做专题讲座，如《换一种方式教数学》《中高年级的语文怎么考、怎么教》《低段识字、篇章展练》《立足现实做好高端》《做一名幸福的老师》等。讲座内容涵盖班主任教育艺术、学科教学理念、教师心理调适等内容。一场场专题讲座，一遍遍理念更新，一次次精神洗礼，引领学员们向优秀教育者转变。

2. 外出学习，开阔眼界

近几年，工作室先后派学员赴峨眉、成都、南充、重庆、北京等地观摩学习，如全国小学语文名师优课博览会、全国小学数学名师优课博览会、核心素养下的小学数学课堂转型研讨会、“名师汇”小学语文统编教材培训、“随课微写”专题教学展评活动、国基教育大讲堂等。对于外出学习的学员，工作室都提出了明确的学习要求，即外出学习“六认真”：一是认真听，认真听名师上课，认真听专家讲座；二是认真记，记下课堂的精彩，记下专家讲座的精要；三是认真学，学习名师的教育教学方法，学习专家的核心教育理念；四是认真思考，思考课改中存在的问题，反思自己的课堂；五是认真传达，回校后将所学所得传达给其他成员；六是认真实践，将所学运用于自己的教学，博采众长，为我所用。

3. 互动研讨，集思广益

工作坊不定期开展研讨活动，形式多样，如骨干教师专题讲座、成员教师座谈交流、学科分组分散研讨、研学旅行、课例展示诊断等；主题多元，有班集体管理类，有学生“三转”措施类，有学科教学类，有家校联系艺术进行教育理念更新类等。一个人走可以走得很快；但一群人走，就可以走得很远。工作坊研讨活动为大家提供一个相互交流、学习的平台，学员们参与其中，受益其中，成长其中。

（三）在课例诊断中提高教学能力

课堂是教师的主阵地，也是工作坊研修活动的中心。在课例诊断中，工作坊根据预先确定的主题，对课堂教学进行方向明确的专题性诊断。既有对不同教师执教同一教学内容的对比诊断，如郑雪梅老师和周旭老师同时执教《确定位置》，邱帆老师和先唐老师同时执教《乞巧》；又有对同一教师在不同班级连续执教同一内容的持续诊断，如曹婷老师先后在五三班和五八班执教《口语交际·劝说》等；既有对语文学科的识字教学、篇章教学、作文教学、口语交际教学的分专题类课例诊断，又有对数学学科的数与代数、空间与图形、统计与概率、空间问题的分版块课例研讨。多样化的课例诊断活动，有效引导教师对学科内容进行模块化思考，对课堂教学上教学目标的达成、教学过程的组织、教学方法的使用等环节的有效把握，全面提升教学实践能力，形成独特的教学风格。

（四）在阅读交流中提高自身素养

教师的专业发展离不开阅读，推荐阅读书目与文章，指导他们读名著与名篇，写反思与日志，是大多数名师采取的提高骨干教师素养的一剂灵丹妙药。工作室先后向成员推荐的书目有：大夏书系之《给教师的阅读建议》《优秀教师悄悄在做的那些事儿》《学生综合素质评价：怎么看？怎么办?》《写给教师的心理学》《安静做真实的教育》《学生个案诊疗——让教师更专业》《高效教学：框架、策略与实践》等，魏书生经验论著之《班主任工作漫谈》《素质教育理论与教学模式》《智力引发与训练》《素质教育理论与教学模式》等，熊生贵教育论著之教学转向练能》《练能教育与自主课堂》《练能·生长——自主练能课堂与立体练能体系建构》《练能课练什么》等。在阅读的基础上，成员还要不定期地交流读书体会，深刻领悟专家、学者的教育思想，不断提升自身素养。工作坊每位成员都认真阅读教育理论著作和学科著作，学习与工作、个人成长有关的知识，每学期写出一定数量和质量的读书笔记。

（五）在课题研究中提升研究能力

教师要在专业化的道路上不断前行，就要不断落实以研促教、边教边研、边研边教的研究方式，使每一所学校都成为研究基地，每一间教室都成为实验室，每一位教师都成为研究者。因此，工作坊成员平时要处处留心日常教学中所遇到的各种情况、各种亟需解决的问题，将教学问题作为自己教育科研的日常性研究，使问题专题化、专题课题化、课题课程化。由此，成员逐渐意识到做课题需要实实在在地做和长期积累。工作坊成员形成微型课题，如《一年级语文“和大人一起读”实践研究》《五年级四班数学作业中有效评价方式的研究》《提高黄舣小学二年级学生语文朗读能力的策略的研究》《提升农村小学生语文综合性学习参与度策略的研究》《激发农村小学二年级学生课外阅读兴趣的探究》；区级课题，如《农村小学语文“读—说—写”练能教学的实践研究》《小学高段数学日记的研究与探索》等。课题研究增强了工作室成员教学研究的意识，提高了教学研究的能力，走上在教学中研究、为教学而研究的行动研究之路，走上研究型、专家型、智慧型教师的成长之路。

（六）在师徒结对中加速成长进程

工作坊成员中有新进老师，也有骨干教师，并且新进老师占大多数。为了加速新进老师的专业成长，工作坊采取“一帮一”的师徒结对培养模式，充分发挥骨干教师的“传、帮、带”作用，以教师结对的形式，组成师徒互助二人小组，一方面由经验丰富的师傅对徒弟传授教育教学实战经验，让青年教师尽快成熟起来，以实现以老带新的目标，着力培养学校教育后备力量；另一方面，徒弟们与师傅交流新理念、新方法，使新、旧教育教学观和教学手段产生碰撞，擦出智慧的火花，促进彼此成长，获得双赢。

三、成效方面

（一）成果

近年来，工作坊成员共计发表论文10多篇，获奖论文80多篇，微型课题获奖获奖共14项，赛课获奖与指导教师参赛获奖共计10人次。

经过几年的实践探究，工作坊制定了《黄舣小学青年教师成长工作坊管理制度》《黄舣小学青年教师成长工作坊评价体系》，探索出一系列青年教师培养的可操作性策、探索到青年教师培养的有效途径，为我校教师的培养与管理积累了宝贵的经验。

学校以工作坊研习活动开展为契机，主研大课题《农村学校青年教师的培养》已于2018年结题，并获得泸州市江阳区政府教育科研成果三等奖。学校于2018年立项市级课题《基于现代教育信息技术的教师专业发展实践研究》，立足于乡镇小学教师专业发展的现状，积极探索如何通过信息技术促进教师的专业发展。

（二）效果

1。工作坊成员成长快速，发展迅速

近三年，工作坊青年教师成长快速，中老教师成为学校、全镇发展教育的中流砥柱：周旭、李鸿、郑雪梅3名教师被授予“泸州市骨干教师”称号，刘兴玉、王贤芳、周建春、魏容昌、蒋孝芳5位老师被授予“江阳区骨干教师称号”。青年教师已经逐渐成长起来，他们脱颖而出，茁壮成长，逐渐成熟，成为学校教学和科研方面的骨干力量：万明丽2015年9月调入我校，一年时间快速成长起来，被老师们推选为教科室副主任，主持科研师培工作，在我校课程结构改革研究中表现突出，深受上级领导和老师家长好评，并于2018年被评为“江阳区优秀教师”；马骏老师2014年9月新考入我校，通过学校培养和自身努力，现已担任学校办公室主任一职；成兰老师也是2014年9月新考入我校，由于工作勤奋负责有创新，现担任学校宣传干事；任焰、邱帆、王鹃、刘琪等年轻一批老师教育教学工作出色，被评为“黄舣镇优秀教师”。

2. 促进了学校教师整体素质和学校教学质量的稳步提高

青年教师成长工作坊开展的各种研修活动，引导工作坊成员加强学习教育，增强了道德修养和法律素养，并在活动中得到了最大限度的展示与发展，提高了自身业务素质水平，从而推动了学校教师整体素质的提高。我校也获得长足发展，2018年，我校被评为“江阳区课堂教学改革优秀学校”，并在2017—2018年素质教育质量评估中获得特等奖。

（泸州市江阳区黄舣镇中心小学校万明丽、陈举红）

参考文献

教育部教师工作司，2013.《小学教师专业标准（试行）》解读［M］. 北京：北京师范大出版社.

教育部教师工作司，2013，《中学教师专业标准（试行）》解读［M］. 北京：北京师范大学出版社.

谭念君，2018. 名师工作室引领下的教师专业成长［M］. 北京：中国轻工业出版社.

高琛，2019. 众师行：特色教师工作室的实践与探索［M］. 沈阳：辽宁人民出版社.

熊生贵，2015. 练能教育与自主课堂［M］. 北京：现代教育出版.